LA POETICA DE JUAN RAMON JIMENEZ
DESARROLLO, CONTEXTO Y SISTEMA

A C T A   S A L M A N T I C E N S I A

I V S S V   S E N A T V S   V N I V E R S I T A T I S   E D I T A

STUDIA PHILOLOGICA SALMANTICENSIA

ANEJOS. ESTUDIOS 6

UNIVERSIDAD DE SALAMANCA

FACULTAD DE FILOLOGIA. DEPARTAMENTO DE LITERATURA ESPAÑOLA

LA POETICA DE JUAN RAMON JIMENEZ DESARROLLO, CONTEXTO Y SISTEMA

Francisco Javier Blasco Pascual

CURSOS EXTRAORDINARIOS
SALAMANCA
1981

EDICIONES UNIVERSIDAD DE SALAMANCA
Patio de Escuelas Menores
Apartado 325
SALAMANCA (España)

ISBN: 84-7481-178-3   Printed in Spain   Depósito legal: S. 94-1982

Industrias Gráficas Visedo. Hortaleza, 1. Teléfono 24 70 01. Salamanca, 1982

Ha sido posible la realización de este trabajo gracias, especialmente, al Profesor Dr. Víctor García de la Concha, que fue inspirador de la investigación y estímulo vigilante de cada uno de los pasos de su desarrollo. Al Prof. García de la Concha y a su consejo debo, en concreto, que mi visita a los Archivos del poeta en Puerto Rico fuese posible y provechosa. Quiero agradecer también la facilidad y ayuda que en la «Sala de Zenobia y Juan Ramón» me prestaron Raquel Sárraga y Giannina Delgado; a Francisco Hernández-Pinzón debo el conocimiento de importantes inéditos juanramonianos, así como abundante información sobre Juan Ramón que me ha sido de gran utilidad; a don Ricardo Gullón, la revisión que, en dos etapas distintas de mi investigación, enderezando puntos importantes de la misma, llevó a cabo sobre mi trabajo; a los Profs. Francisco Ynduráin, Eugenio de Bustos, Antonio Llorente Maldonado y Juan Manuel Rozas, importantes sugerencias, que, siempre que me ha sido posible, he tenido en cuenta a la hora de revisar el texto. Gratitud muy especial debo, también, a mi esposa, María del Pilar Celma Valero, que tanta ayuda me ha prestado con sus correcciones, desvelos, sacrificios y compañía.

CONTENIDO

LA POETICA DE JUAN RAMON JIMENEZ
DESARROLLO, CONTEXTO Y SISTEMA

PROLOGO

Vuelve Juan Ramón. Aunque debiéramos preguntarnos si es que en algún momento ha estado ausente del discurrir de la poesía en la España contemporánea.

Sentenciando la dicotomía entre modernismo y 98, fáciles catalogaciones de manual pretendían haberle encarcelado en la torre de marfil y durante muchos años y para muchos aquí no hubo más que Antonio Machado, con Neruda o Miguel Hernández; habían sido los comprometidos y eran —¡tiempos de confusión!, Dios nos asista— los únicos válidos. No le servía en este punto a Juan Ramón su condición de exiliado: quienes podrían haberle valorado se obstinaban en encasillarlo en la condición de raro ególatra y agotaban su recuerdo en mil anécdotas justificadoras de tal actitud; los otros, al tiempo, ya se sabe, no alcanzaban a ver en la concesión del Premio Nóbel más que una jugada política antiespañola. Y así, pongo por caso, uno de los poemas más extraordinarios de la Lengua española, Espacio, pasaba aquí sin comento y con escasa noticia y la boca de la inmensa mayoría lanzaba las palabras de Blas de Otero como piedras contra Juan Ramón: «a la inmensa mayoría».

Claro que Blas de Otero resultaba ser, paradójicamente, un poeta que tenía la Obra de Juan Ramón Jiménez como libro de horas, y que en esa devoción le acompañaban dos de los poetas sociales más reconocidos: Gabriel Celaya y José Hierro. Fanny Rubio acaba de evidenciar en el Congreso Internacional Juanramoniano de la Rábida la decisiva influencia que el maestro de Moguer ha ejercido en la poesía de posguerra, desde los postistas y los esteticistas del «Grupo Cántico» a los que entran en la escena poética en los años cincuenta, Valente, Brines, etcétera.

Iba a ser uno de estos últimos, Angel González, con señas de identidad bien conocidas, quien exhumase del olvido el Juan Ramón de Esto e Historias, libros que constituyen un precedente indiscutible en la temática social. Y ya antes Ricardo Gullón y Aurora de Albornoz habían subrayado esa misma dimensión significativa en el Diario de un poeta recién casado, donde se inaugura un nuevo modo de escritura poética que eleva a categoría de arte lo coloquial cotidiano. Es sobre todo a partir de ese momento cuando se convierte en el maestro de las nuevas generaciones que Ortega preconizaba.

Juan Ramón se murió en el otro costado y allá, en Río Piedras se quedaron sus papeles, más de cuarenta mil textos y documentos, a los que pronto fueron a aña-

dirse los de su leal secretario Juan Guerrero, cónsul general de la poesía, y parte de los papeles y libros de aquel otro raro pontífice de la vanguardia española, Rafael Cansinos. De allí nos iban llegando, con intermitencia, poemas desconocidos, renovadas versiones de otros ya publicados, indicios de la enorme riqueza allí depositada, que venía a sumarse a los fondos juanramonianos del Archivo Histórico Nacional, a los conservados en la Casa de Moguer y en el Archivo particular de su sobrino Francisco Hernández-Pinzón Jiménez.

Cuando en la primavera de 1975 fui a Río Piedras para rastrear en la «Sala Zenobia-Juan Ramón» la relación de éste con la vanguardia hispánica, consultando ficheros y revisando carpetas todavía pendientes, por entonces, de catalogación, me di cuenta de la gran cantidad de notas de crítica literaria y de reflexiones teóricas allí acumuladas. Sabíamos que Juan Ramón Jiménez había sido un poeta consciente de su oficio y, a decir verdad, un análisis meramente superficial de su proceso creador basta para revelar la condición de adelantado escucha del avance de nuevos frentes poéticos. La documentación a la que aludo apuntaba, sin embargo, mucho más; revelaba, en efecto, que Juan Ramón, a más de ser un poeta total o, más exactamente, por serlo, conducía, en curso simultáneo a la escritura creadora, un ejercicio de reflexión teórica y una tarea de crítico literario. Venía así él mismo a llenar el hueco que tantas veces denunciaba: la falta de una crítica que contribuyera a alumbrar cuestiones básicas de poética: qué es la poesía, lo bello, lo feo, lo popular, lo moderno...

Los estudios hasta la fecha realizados sobre Juan Ramón Jiménez ofrecían esporádicas referencias a este o aquel aspecto de su pensamiento poético, pero en el vasto repertorio bibliográfico no disponíamos de un estudio que integrara todas las consideraciones parciales y mostrara su supuesta organicidad. La empresa constituía un reto tan atractivo como dificultoso. Porque era necesario en primer término rastrear en los diversos archivos el abundante material inédito y localizar, a la vez, referencias documentales que permitieran datar y reordenar textos hasta ahora diseminados en diversos libros de prosa. Sobre esa base y con todos los materiales a la vista, había que determinar hasta qué punto Juan Ramón había configurado una Poética y, en caso afirmativo, se trataba de revelar las líneas maestras de su construcción, relacionándolas con el proceso dialéctico de la teoría literaria en nuestro siglo.

Toda esta tarea ha sido llevada a cabo por Javier Blasco con la eficacia y la brillantez que este libro demuestra. Su rigor universitario y la claridad de su talento le han llevado hasta el último rincón en la persecución de un dato textual o de una posible fuente de lectura sospechada. Queda para otro volumen la publicación de muchos textos inéditos y raros. Aquí se ofrece el ideario del poeta debidamente sistematizado y comentado. Ya no cabe duda: Juan Ramón había construido su propia teoría. Proyectos como el tan sugestivo de Alerta, que nuestro joven profesor salmantino recompone en su totalidad, constituyen una prueba irrefutable de ella. Y aquí puede el estudioso del andaluz universal contemplarlo en toda su armónica estructura.

Pero, al mismo tiempo, la investigación proyecta luz esclarecedora sobre el proceso poético español de la primera mitad de siglo o, para decirlo con mayor exactitud, sobre ese primer tercio en el que se perfilan las tendencias fundamentales. Desde aquí, desde estas páginas se puede medir mejor el alcance de la con-

cepción juanramoniana del Modernismo literario como parte integrante del Modernismo ideológico y cultural. *Atraído por el krausismo desde 1896, Juan Ramón aparece como uno de los intelectuales españoles en que aquel gran movimiento de regeneración por la estética se hizo más operante. En tal sentido, Helios, hasta ahora considerada como la plataforma de un modernismo que se disolvía en la evasión, resalta en su esfuerzo por conectar la cultura española con la europea, en concreto a través del simbolismo, y enfocada hacia el objetivo de la regeneración espiritual del país. En mi lección de clausura del Congreso Internacional Juanramoniano he explicado cómo* Platero y yo *es la más clara plasmación literaria de los postulados del* Ideal de humanidad para la vida *y cómo, en última instancia, esa gran epopeya de un concreto pueblo andaluz a lo largo de un año es un producto paradigmático de los propósitos de la Generación de 1914.*

En ésta hemos de insertar a Juan Ramón si queremos valorar correctamente su proyecto ideológico y creador. Que Ortega insistiera en convertirlo en maestro de las nuevas generaciones, no es simple anécdota; como tampoco lo es el que Juan Ramón preparara, con Ortega y Pérez de Ayala, una revista Actualidad y Futuro, *cuyo primer número quedó ultimado. A la filosofía orteguiana debe, en definitiva, el poeta la concepción de la palabra poética como elemento imprescindible en la creación de una nueva objetividad distinta de la racionalista. En 1923 se producirá un distanciamiento de posiciones prácticas, mas para entonces puede considerarse ya básicamente constituida la Poética del moguereño. A él habían ya recurrido de asesoramiento y respaldo los promotores de la vanguardia y quienes iban a componer el grupo generacional de 1927. Posteriores negaciones, pleitos personales y pequeñas miserias no debieran haber servido nunca para desenfocar la historia literaria.*

Este libro de un profesor de nuestro Departamento de Literatura Española, que me honro en prologar, vuelve la página de la pequeña historia y abre excitantes perspectivas: en el principio era Juan Ramón.

VÍCTOR GARCÍA DE LA CONCHA
Universidad de Salamanca

Hoy esa estética puede parecer a muchos un tanto anticuada, aunque quizá tal parecer lo dicten motivos ajenos, en parte, a la literatura. Algunos hasta oponen, como superior al rigor intelectual de Juan Ramón Jiménez, la dejadez fatalista de Machado, lo cual, ya que Machado mezcló ocasionalmente en sus versos la política y aun la sociología, sólo parece justificable en tiempos confusos como el presente.

Luis Cernuda

INTRODUCCION

Parece ser que hoy, por fin, toda la crítica de relieve está de acuerdo en conceder a la obra del poeta de Moguer, dentro del panorama de la poesía española del siglo xx, el puesto de honor que en justicia siempre le correspondió, aunque, por unas razones o por otras, siempre también le fue negado. En mi opinión, Juan Ramón es no sólo uno de los poetas mayores de la literatura española, sino también cima reconocida de la poesía universal. Pocas obras, como la suya, han seguido ganando batallas importantes después de recibir el Nobel.

Existe, sin embargo, una faceta de su producción que, desplazada, quizás, por el relieve de su creación poética, ha pasado casi totalmente desapercibida para la crítica. Me refiero a su teoría poética. Desde luego, puede decirse que la atención que a esta labor juanramoniana se le ha prestado no guarda adecuada relación con el interés, trabajo y dedicación que el poeta, a lo largo de toda su vida, empeñó en ella.

Antes de 1900 debió de escribir Juan Ramón cierto artículo, abogando ya por la necesidad de modernizar y poner a altura europea la crítica literaria española. Aunque desconocemos la referencia bibliográfica, e incluso el contenido del texto, sabemos que éste fue lo bastante incisivo como para merecer la respuesta de L. Alas en uno de sus *Paliques*. [1]

> Por fas o por nefás, el Sr. Orbe no encuentra crítico en España. Pero, es el caso, que en el número siguiente del periódico en que Orbe escribe, aparece un Sr. Jiménez, diciendo que, en efecto, la plaza está vacante y que debe ocuparla... ¡el mismísimo Sr. Orbe! ¡Hombre, es verdad! Sí, Sr. Orbe, anímese usted. Sea usted el crítico que nos hace falta. Cómprese usted un bastón con borlas, como el de un gobernador; a ver si tenemos de una vez una enérgica autoridad literaria. Los gastos de representación se los pagará a usted el Sr. Jiménez.

En 1900, en «Triunfos por *La Copa del rey de Thule*», vuelve sobre el tema con una insistencia que anuncia ya la importancia que el poeta va a conferir a esa parte de su producción ocupada en desarrollar un «texto de reflexión paralelo» a su poesía. El problema sigue preocupándole y, en 1931, aparece claramente formulado:

---

1. Referencia que tomo de Antonio Sánchez Trigueros, *El modernismo en la poesía andaluza* (Granada: Universidad de Granada, 1974), 23.

España es un país —comenta el poeta— donde no hay crítica; lo que han hecho Goethe, Taine, Walter Pater, Nietzsche. Aquí se considera crítica a los artículos periodísticos, hechos, la mayor parte de las veces, para salir del paso [...]; esto no es crítica (*JRVV*, 361). [2]

Por *gran crítica* —y esto es fácilmente deducible de los ejemplos citados en el texto— entiende Juan Ramón «una crítica interna» que, «prescindiendo de todos esos datos anecdóticos que tanto gustan a la mayoría de los críticos», se ocupa de cuestiones de teoría poética, como son «*lo popular, lo moderno, la poesía, lo bello y lo feo, la poesía de la guerra*» (*Mod*, 176). «Sobran», dice en otro lugar, «poetas jóvenes; en cambio, faltan comentadores honrados con un espíritu nuevo y juvenil» (*JRVV*, 47).

Habida cuenta de lo que Juan Ramón entiende por crítica, no extraña que en un determinado momento se sintiese «más crítico que lírico» (*JRVV*, 74). La crítica literaria propiamente dicha aparece y reaparece con intervalos irregulares en diversos tiempos de su obra en prosa. Su reflexión poética y la vigilancia teórica es, sin embargo, compañera habitual de su lírica y opera activamente sobre ella.

La autocrítica juanramoniana, su poética, no tiene, ni mucho menos —como alguien ha sugerido [3]—, un valor circunstancial, sino que responde, por un lado, a la necesidad del poeta de explicarse a sí mismo y explicar su propia creación; y, por otro, a una exigencia ética, similar a la señalada por Antonio Machado, cuando éste dice que «todo poeta supone una metafísica [...] y el poeta tiene el deber de expresarla, por separado, en conceptos claros». Al igual que Machado, Juan Ramón, al reflexionar sobre los problemas de orden estético que rodean su obra, nos dio su visión metafísica de la vida. En ello radica uno de los valores esenciales de la «crítica paralela» juanramoniana y en ello, también, se nos ofrece «la posibilidad» de distinguir —en palabras de Machado, de nuevo— «el verdadero poeta del mero señorito que compone versos». [4]

---

2. A partir de este momento, haré las citas de textos de Juan Ramón según la siguiente tabla de abreviaturas:

AO: *El andarín de su órbita*, ed. de Francisco Garfias (Madrid: Novelas y cuentos, 1974).
C: *Cartas*, ed. de Francisco Garfias (Madrid: Aguilar, 1962).
CI: *La corriente infinita* (Madrid: Aguilar, 1961).
CL: *Cartas literarias*, ed. de Francisco Garfias (Barcelona: Bruguera, 1977).
CP: *Crítica paralela*, ed. de Arturo del Villar (Madrid: Narcea, 1975).
CU: *Cuadernos*, ed. de Francisco Garfias (Madrid: Taurus, 1971).
EEE: *Estética y ética estética*, ed. de Francisco Garfias (Madrid: Aguilar, 1962).
ETM: *Españoles de tres mundos*, ed. de Ricardo Gullón (Madrid: Aguilar, 1969).
LIP, 1: *Libros inéditos de poesía*, 1, ed. de Francisco Garfias (Madrid: Aguilar, 1964).
LIP, 2: *Libros inéditos de poesía*, 2, ed. de Francisco Garfias (Madrid: Aguilar, 1964).
LP: *Libros de poesía*, ed. de Francisco Garfias (Madrid: Aguilar, 1967).
LPr: *Libros de prosa*, ed. de Francisco Garfias (Madrid: Aguilar, 1969).
Mod: *El modernismo. Notas de un curso (1953)*, ed. de Ricardo Gullón y Eugenio Fernández Méndez (Madrid: Aguilar, 1962).
PE: *Prosas escogidas*, ed. de Francisco Garfias (Madrid: Ediciones Iberoamericanas, 1958).
PLP: *Primeros libros de poesía*, ed. de Francisco Garfias (Madrid: Aguilar, 1967).
SAP: *Segunda Antología poética* (Madrid: Espasa-Calpe, 1969).
SC: *Selección de Cartas*, ed. de Francisco Garfias (Barcelona: Picazo, 1973).
TG: *El trabajo gustoso*, ed. de Francisco Garfias (Madrid: Aguilar, 1961).

Además utilizo con regularidad otras dos abreviaturas:

CcJR: Ricardo GULLÓN, *Conversaciones con Juan Ramón* (Madrid: Taurus, 1958).
JRVV: Juan GUERRERO RUIZ, *Juan Ramón de viva voz* (Madrid: Insula, 1961).

3. Bernardo GICOVATE, «Poesía y poética de Juan Ramón Jiménez en sus primeras obras», *ALM*, V (1965), 191-201.

4. Tomo la cita de Eugenio FLORIT, «Literaturas nacionales en la poesía universal» (Conferencia leída el 18 de febrero de 1939 en La Habana).

Deriva, pues, esta faceta de la obra juanramoniana, de la que me voy a ocupar a continuación, del concepto de *honestidad y responsabilidad* que, para Juan Ramón, define la labor del poeta. Responsabilidad, primero, ante la propia creación, pues el poeta, dice Juan Ramón en un texto inédito del Archivo de Río Piedras, «es fatalmente sucesivo y su papel consiste en vigilar su creación emotiva súbita [...]». Es decir, «que el poeta es tan salvaje como el árbol, pero además un hombre civilizado, culto, cultivado por sí mismo, que vijila a su salvaje. Y esta posibilidad de que su intelijencia pueda vijilar a su instinto ha sido también sucesiva [...] como debe ser la poesía».[5]

Luego, responsabilidad ante los destinatarios de la creación poética. En otro inédito, fechado en 1946, Juan Ramón justifica así la publicación de su *crítica paralela*:

> Crítica y poesía son sólo un devenir y lo que vale de ellas es lo que encienden y lo que estimulan (en el poeta, en el crítico, y en el lector). Por eso publico este libro.

En el pensamiento de Juan Ramón, la creación poética plantea, dada la irresponsabilidad de determinada crítica, «un problema grave para el lector crédulo», ya que a éste la obra del poeta le llega siempre mediatizada por los «periódicos o revistas de facción, de fracción» (*EEE*, 168). Es, por tanto, un deber del poeta vigilar continuamente el alcance y el sentido de su creación. Al poeta no le basta con «hacer las cosas a conciencia»; debe también «dejar constancia de por qué se hacen».[6]

Avalada por los mismos fines que Juan Ramón le confiere, su poética posee una entidad y una importancia, que no puede seguirse olvidando por más tiempo. Los materiales de la teoría poética juanramoniana constituyen un corpus amplísimo y contemplan un extenso marco referencial de temas tratados. Si a ello añadimos el valor de las agudas lecturas críticas propuestas por Juan Ramón, los sugerentes puntos de reflexión que surgen de sus meditaciones sobre la poesía y el fondo ético que anima todas ellas, creo que esta investigación queda perfectamente justificada.

Mi trabajo, con la pretensión de lograr un enfoque general de la poética juanramoniana, pretende encarar su estudio desde tres ángulos distintos, que pueden resumirse como recopilación; comentario y sistematización del ideario del poeta; y filiación ideológica del mismo. A cada uno de estos puntos dedico una parte de mi estudio.

La recopilación lleva consigo una enorme dificultad por el estado actual de los materiales juanramonianos. De un lado, la mayor parte de los textos editados han sido reunidos sin rigor alguno y las colecciones de teoría poética existentes ofrecen defectos graves, desde cualquier punto de vista que se las contemple. De otro, hay que tener en cuenta que un gran número de textos, claramente pertenecientes al

---

5. Inédito. Iba destinado a servir de prólogo a un libro que habría de titularse *Críticos de mi ser*. En él Juan Ramón intentaba recoger —y, por los materiales que se conservan en Puerto Rico, su intento estaba logrado en su casi totalidad— toda la crítica que sobre su obra se hubiese escrito.
6. Aforismo inédito de «Crítica paralela», 1920. «Sala de Zenobia y Juan Ramón». Signatura J-1/141(2)/31.

corpus de que voy a ocuparme a continuación, siguen inéditos u olvidados en revistas y periódicos de la época. Me ha sido preciso, por todo ello, revisar cuidadosamente las ediciones modernas; comparar las variantes significativas que los textos de estas ediciones presentan, respecto a los originales corregidos de mano del poeta; localizar y desempolvar aquellos textos que todavía —en los archivos de Madrid y de Puerto Rico— permanecen inéditos; y, finalmente, vaciar, revista a revista y periódico a periódico, aquellas colecciones en las que el poeta, con mayor o menor permanencia, acostumbraba a publicar sus escritos. [7]

Dada la amplitud de la obra del poeta de Moguer —en la «Sala de Zenobia y Juan Ramón» se conservan más de 49.300 documentos del poeta y en el Archivo Histórico de Madrid existe también un número muy elevado de papeles juanramonianos [8]—, el estado de dispersión en que sus materiales se encuentran y, sobre todo, dado el carácter fragmentario de muchos de sus escritos, es no sólo probable, sino seguro, que se me habrán pasado por alto algunos textos. No me cabe duda, sin embargo, que éstos no serán muchos; y, por supuesto, los núcleos ideológicos mayores pienso que han sido todos ellos recogidos y contemplados en mi estudio. [9]

He dividido el cuerpo central de mi trabajo en dos partes; en la primera de ellas intento centrar y definir la filiación ideológica juanramoniana, pasando revista a los núcleos más importantes que contribuyen al proceso de formación de su pensamiento y centrando dicho proceso en el marco histórico literario —modernismo, generación del 14 y generación del 27—, en que se desenvuelve su obra. Ello me ha permitido poner de relieve la repercusión y el significado de Juan Ramón en el cuadro de los movimientos estéticos de la primera mitad del siglo xx.

Comento e intento sistematizar en la segunda parte el ideario poético juanramoniano. Hago un repaso en profundidad de los principales núcleos de su teoría y preciso la operatividad que algunos de dichos núcleos poseen tanto en la propia obra en verso, como en los juicios críticos por él emitidos. Juan Ramón mismo se encargó de señalar que su «Arte poética» carece de todo valor normativo. Es producto del análisis de una obra —la suya— y no un programa desarrollable. Escribe el poeta:

> No pretendo ni deseo que este *Arte poético* sirva a nadie, que el poeta que no es poeta no lo necesita, y el que lo es menos. Además no es un ante nada, sino su resultado. Lo que quiero decir con ello es mi análisis y nada más. [10]

Ello no entorpece, en absoluto, la coherencia interna del mismo. Muy al contrario, es tal la trabazón de todos los elementos de su sistema que, en muchas ocasiones, esto y la peculiar terminología juanramoniana dificultan la comprensión.

7. *El País, Alma española, Helios, Renacimiento, España, Revista de Occidente, El Sol, Heraldo de Madrid, Floresta de prosa y verso, Repertorio americano, Revista cubana, Universidad de La Habana, Poética, Cuadernos americanos, Orígenes, Insula, Indice, Caracola, La Torre y Agora.*

8. Disponemos hoy de un catálogo completo de los fondos que se encuentran en el Archivo Histórico de Madrid. Véase, de María Teresa de la Peña y Natividad Moreno, *Catálogo de los fondos manuscritos de Juan Ramón Jiménez* (Madrid: Ministerio de Cultura, 1979).

9. Como fruto de esta investigación me ha sido posible rescatar alrededor de 80 textos inéditos mayores, en cuya edición trabajo actualmente. Sumando éstos a los ya impresos, creo que es posible iniciar la reconstrucción crítica del *corpus* que constituye la poética juanramoniana.

10. «Aforismos inéditos». *Nueva Estafeta*, 12 (1979), 6.

He procurado, así, aclarar, siempre que me ha sido posible, el sentido de la palabra del poeta y he intentado, igualmente, hacer manifiesta la coherencia que, a pesar del fragmentarismo formal que caracteriza este «corpus», existe en el terreno de las ideas. En todo momento, en esta parte segunda de mi trabajo, he puesto especial atención en ajustarme fielmente al sentido último de las palabras de Juan Ramón.

Quisiera valorar con mi trabajo un campo hasta ahora virgen. Para agotar la riqueza de matices que la poética de Juan Ramón ofrece, serían precisos varios estudios particulares, que la encarasen desde puntos de vista diversos; creo, sin embargo, que los grandes temas que la constituyen quedan —no sé si con acierto— suficientemente centrados en las coordenadas que les corresponden.

Me he esforzado en mantener la imparcialidad crítica precisa, lo cual, al hablar de Juan Ramón Jiménez, no es siempre fácil merced a los errores y falsificaciones que una crítica nada favorable a su estética ha ido elaborando. Circunstancias políticas y personales han contribuido a esta deformación y ciertos vetos culturales han puesto trabas a todo intento de revisión crítica de su obra, colaborando, así, a la impopularidad de la figura juanramoniana. Como homenaje al poeta no me parece excesivo, pues, abogar desde aquí por que la crítica, abandonando el camino trillado de los tópicos, vuelva al lugar que no debió abandonar: la revisión y valoración rigurosa y justa de una de las obras más significativas de toda la literatura española del siglo xx. Es también el momento, cuando acaban de cumplirse cien años del nacimiento del poeta, de sacar a la luz y señalar que, junto a una obra poética, cuyo valor se ha podido falsificar pero no disminuir, nos legó Juan Ramón, en su teoría poética, unas claves de lectura y un caudal de reflexiones sobre el hecho poético, que confirman a nuestro poeta como un inteligente lector y como un original pensador. Si el poeta moderno se define por la fusión de creación y reflexión consciente en su obra, es Juan Ramón, no cabe duda, nuestro poeta moderno por excelencia. Pienso que todavía hoy —y ha pasado bastante tiempo desde entonces— es válida la afirmación que Díez-Canedo hizo en 1944: Juan Ramón «nos da [...] el tipo más perfecto de poeta consciente, que se puede señalar en la literatura española».

Notas para una edición crítica de la poética juanramoniana

A pesar de la innegable significación de Juan Ramón Jiménez en la dirección y orientación de múltiples corrientes poéticas de más de medio siglo de poesía española, esta faceta —su crítica y su teoría poética— ha permanecido inexplicablemente relegada para los estudiosos de la literatura española del siglo xx, tanto en lo que se refiere a tratados, como en lo que toca a ediciones. Los pocos estudios existentes al respecto han sido realizados sobre textos parciales, y no se les escapa a los autores de los mismos [11] el carácter de provisionalidad que sus trabajos re-

---

11. Por su evidente interés destaco los siguientes títulos: Enrique Díez-Canedo, en *Juan Ramón Jiménez en su obra* (México: El Colegio de México, 1944), estudia la labor —más que la obra— crítica del poeta; basta notar la fecha de su estudio, para saber que importantes trabajos juanramonianos han tenido que quedar necesariamente fuera del campo abarcado por el ilustre crítico. Guillermo de Torre

visten. Tal ausencia de estudios fiables se explica y se justifica perfectamente, a su vez, por la carencia de ediciones rigurosas. La mayor parte de las hasta hoy existentes son prácticamente inútiles para el investigador. Dejan fuera una importante cantidad de material —y no me refiero sólo a inéditos de difícil localización—, de forma que los textos omitidos hacen de lo seleccionado un conglomerado parcial. Así, por ejemplo, en el conjunto de ediciones de que disponemos no aparecen recogidos todavía, cuando otros trabajos se repiten en tres o cuatro libros, textos como «Sobre unos apuntes de Emilio Sala», aparecido en *Blanco y Negro* [14, 683 (Madrid: 4 de junio, 1904)]; ni el «Prólogo» a *Nieblas* de Tomás Domínguez Ortiz (Huelva: A. Moreno, 1900); ni «Apuntes (Manuel Palacios Olmedo)», que apareció en *Madrid Cómico* [XII, 24 (14 de junio, 1902)]; ni «Habla el poeta», de *Renacimiento* [VII (Madrid: octubre, 1907)]; ni «Ideas para un prólogo», del *Catálogo de la exposición de Daniel Vázquez Díaz* (Madrid: 1921); ni «Crítica», de *Floresta de prosa y verso* [I (Madrid: enero, 1936)]; ni «De mi Diario poético, 1936-37 (Fragmentos)», de la *Revista Cubana* [VII, 19-21 (enero-marzo, 1937)]; ni muchos otros, en fin, cuya referencia bibliográfica puede verse en la tabla cronológica que doy más adelante.

No aparece compensado, en absoluto, este defecto de omisión, con una buena ordenación de lo recogido. Las ediciones existentes llevan a cabo, sin criterios fijos —utilizando anárquicamente unas veces un criterio cronológico, otras un criterio formal y otras un criterio temático—, una aglutinación de textos sumamente heterogéneos. La ausencia de un criterio riguroso y uniforme explica que un mismo texto —«Ramón del Valle Inclán (Castillo de Quema)», por ejemplo— tenga cabida, para Francisco Garfias, en *Prosas escogidas*, en *La corriente infinita* y en el *Andarín de su órbita*; y que, sin embargo, no figure en *El trabajo gustoso*, que es donde, en buena lógica, le correspondería estar.

Se pierde con ello una visión unitaria de los contenidos de la teoría poética juanramoniana y se da a esta producción un carácter anecdótico que, evidentemente, no es el que le corresponde. Especialmente grave es lo que ocurre con las series de aforismos recogidas en *Estética y ética estética*, donde ni siquiera se respeta la disposición y el orden con que Juan Ramón publicó dichos aforismos, cuando por todos es sabido que, dado el carácter fragmentario de esta producción, los aforismos pierden gran parte de su valor significativo, si se les sustrae de las múltiples referencias que sobre cada uno de ellos proyectan los inmediatamente posteriores o anteriores. No sé, tampoco, bajo qué criterio Francisco Garfias se permite censurar, en su incompleta edición de los «Diarios poéticos» juanramonianos (*EEE*, 171 y ss.), los textos que le vine en gana, alterando a su antojo el

[«Juan Ramón Jiménez y su estética», *Revista Nacional de cultura*, IX, 70 (1948), 6 y ss.], además de sufrir las mismas limitaciones temporales que el anterior, no cubre, ni con mucho, los límites referenciales del título de su trabajo; se limita a hilvanar, uno tras otro, unos pocos aforismos juanramonianos. De corto alcance es también el trabajo de Donal FOLGELQUIST [«Literary criticism», en *Juan Ramón Jiménez* (Boston: Twayne Publisher, 1976), 136-142]. Dos trabajos, cuyos títulos se refieren también a la poética de nuestro autor, ha publicado Bernardo GICOVATE [«El concepto de poesía en la poesía de Juan Ramón Jiménez», *Comparative Literature*, VIII, 3 (1956), 205-213; y «Poesía y poética de Juan Ramón Jiménez en sus primeras obras», *art. cit.*, 191-201], pero de tan escasa fortuna, que ambos artículos entre sí se contradicen. Francisco YNDURÁIN [«Hacia una poética de Juan Ramón Jiménez», *Cuadernos para investigación de la literatura*, 1 (1978), 7-20], al contrario que los anteriores, logra, en una síntesis espléndida de todos los materiales juanramonianos, abrir interesantes caminos para una investigación más extensa.

orden de los restantes. Y todo esto lo hace sin aviso alguno para el lector. Sólo en la edición de los *Cuadernos* Garfias justifica ciertas exclusiones, pero las razones que da para ello no son, en absoluto, convincentes. Dice así:

> Se han omitido sólo algunos poemas —tres o cuatro— que el autor intercalaba caprichosamente [?] de otros autores [...].

Hay también importantes omisiones y errores en la datación y localización de los textos que se reúnen. Casi lo excepcional, en dichas ediciones, resulta ser el que se nos diga la procedencia y fecha de los trabajos recogidos. Incluso en los casos en que se intenta una datación, los errores abundan. Así, por ejemplo, «*Soledades*, poesías de Antonio Machado» es situado por Garfias (*LPr*, 507) entre las prosas críticas de 1907 a 1912, cuando, en realidad, fue publicado en *El País* en 1903. De igual modo, «La elejía accidental por D. Manuel Reina» (*LPr*, 517) aparece fechada entre 1907 y 1912, cuando en el texto mismo —«cerró los ojos *el otro día* don Manuel Reina»— Juan Ramón hace referencia a la proximidad entre el escrito y la muerte de Reina, acaecida en 1905.

Tampoco se ha hecho en estas ediciones una revisión correcta de los textos, ni se han confrontado los allí recogidos con las ediciones primeras de los mismos. En muchas ocasiones se nos da la versión de una de las copias del original juanramoniano y el editor se limita a colocar al final del texto citado la doble fecha (creación y revisión) que el poeta acostumbraba a poner, pero no se acude nunca a la comparación de este texto con el primitivo. Así, tenemos dos versiones distintas de un mismo trabajo: «El español perdido» [12]. Garfias las publica por separado, una en *El andarín de su órbita* y otra en *La corriente infinita*, sin explicar las razones que le mueven a hacerlo así, en vez de darlas juntas en un mismo libro con el fin de que las variantes existentes entre ellas quedasen expuestas, de modo claro, a la vista del lector.

Como labor previa a toda investigación, se hacía preciso, pues, fijar el «corpus» juanramoniano que iba a ser materia de mi trabajo y, junto a ello, proponer para dicho «corpus» una cronología que permitiese operar con datos seguros. En esta última cuestión, la labor es realmente fácil, ya que, para los materiales publicados hasta 1969, Antonio Campoamor González [13] ha conseguido reunir una casi completa bibliografía. Respecto a los materiales inéditos y, especialmente, a los aforismos, el proponer una determinada fecha resulta más difícil, porque no siempre se encuentran en dichos textos referencias históricas precisas, y basarse exclusivamente en una crítica interna —sea formal o temática— puede resultar muy arriesgado. Pero, aunque haya casos en que sólo quede la opción de una datación subjetiva, con el peligro que esto entraña, después de revisar los archivos de Madrid y Puerto Rico, y estudiar al detalle las fechas que pueden darse como seguras, creo que es posible ya ensayar una tabla cronológica. Ella puede servir como índice del «corpus» que me ocupa y sobre ella intentaré, posteriormente, una reordenación que supla las deficiencias señaladas en las ediciones existentes.

---

12. Estas versiones, que se publicaron con una separación de siete años, aparecen por primera vez en *Rueca* [II, 7 (1943)] y *El Tiempo* (Bogotá, 7 de mayo de 1950).
13. «Bibliografía fundamental de Juan Ramón Jiménez», *LT*, 62 (1968), 177-231; 63, 177-213; 64 (1969), 113-145; 65, 147-179; 66, 131-168.

TABLA CRONOLOGICA [14]

1899. «Triunfos (Crítica a la *Copa del Rey de Thule*, de Francisco Villaespesa)», *Noche y Día* (Málaga: 1899); (r. *CP* y *LPr*).

1900. «Prólogo» a *Nieblas*, de Tomás Domínguez Ortiz (Huelva: A. Moreno, 1900).

«Rejas de Oro (Impresiones)», *Vida Nueva*, 87; (r. *LPr*).

1902. «Apuntes (Manuel Palacios Olmedo)», *Madrid Cómico*, XII, 24 (14 de junio, 1902), 190.

1903. *«Peregrinaciones*, por Rubén Darío», *Helios*, 1 (Madrid: abril, 1903), 116; (r. *CP, LPr*).

«Corte de Amor, florilegio de honestas y nobles damas; lo compuso: don Ramón del Valle Inclán», *Helios*, 2 (Madrid: mayo, 1903), 246-247; (r. *LPr*).

«Odios, por Ramón Sánchez Díaz», *Helios*, 2 (Madrid: mayo, 1903), 250-251; (r. *LPr*).

«Canciones de la tarde, por J. Sánchez Rodríguez», *Helios*, 3 (Madrid: junio, 1903), 380-382; (r. *LPr*).

«Antonio Azorín..., J. Martínez Ruiz», *Helios*, 4 (Madrid: julio, 1903), 497-498; (r. *LPr*).

«Jardín Umbrío, por don Ramón del Valle Inclán», *Helios*, 5 (Madrid: agosto, 1903), 118; (r. *LPr*).

«Pablo Verlaine y su novia la luna», *Helios*, 7 (Madrid: octubre, 1903), 301-304; (r. *LPr, CP*).

«Letras de América. Un libro de Amado Nervo», *Helios,* 7 (Madrid: octubre, 1903), 364-369; (r. *CP, LPr*).

---

14. Pretendo, aquí, establecer una lista de los escritos de Juan Ramón Jiménez, que se refieren a crítica y a teoría poética, ordenándolos según su cronología. Para ello tengo en cuenta y parto de lo propuesto por Antonio Campoamor González [«Bibliografía fundamental de JRJ», en *La Torre*, n.º 62, 63, 64, 65 y 66 (1968-1969)], cuando se trata de materiales que ya han sido publicados. En caso contrario, sugiero una fecha aproximada de datación. Normas:
  a) La ordenación se hace por años. El año se refiere normalmente a la fecha de publicación que, si no coincide con la de redacción, se hará constar siempre que sea posible.
  b) Sólo tengo en cuenta los trabajos de reflexión y, marginalmente, las obras poéticas que contienen en sí mismas elementos de reflexión poética.
  c) Una (P), entre paréntesis, precediendo al título del trabajo, indica que éste fue publicado tras la muerte del poeta.
  d) Entre paréntesis se señala, si es posible, el lugar donde apareció el texto por primera vez.
  e) Los escritos recogidos en volumen llevan, al final, las siguientes indicaciones:
  (r. LPr),   recogido en (P) *Libros de prosa.*
  (r. TG),   recogido en (P) *El trabajo gustoso.*
  (r. CI),   recogido en (P) *La corriente infinita.*
  (r. EEE), recogido en (P) *Estética y ética estética.*
  (r. AO),   recogido en (P) *El andarín de su órbita.*
  (r. CP),   recogido en (P) *Crítica Paralela.*
  (r. C),   recogido en (P) *Cartas.*
  (r. SC),   recogido en (P) *Selección de Cartas.*
  (r. CU),   recogido en (P) *Cuadernos.*
  (r. CL),   recogido en (P) *Cartas literarias.*
  (r. CA),   recogido en (P) *Por el cristal amarillo.*
  (r. PLP), recogido en (P) *Primeros libros de poesía.*
  f) En los casos en que falta el primer paréntesis, tras el título del trabajo, es que el texto permanecía inédito hasta el momento de ser recogido en el libro que se cite. Si falta el segundo paréntesis —(r.   )—, no se conoce reimpresión del texto. Si faltan los dos paréntesis de referencia bibliográfica, el texto es inédito, lo cual lo hago constar con una (I).
  Esta tabla puede todavía ser ampliada, en algunos puntos, con datos procedentes de la «Bibliografía fundamental...» (*art. cit.*), de Antonio Campoamor.

«*Valle de lágrimas*. Su autor: Rafael Leyda», *Helios*, 8 (Madrid: noviembre, 1903), 501-503; (r. *LPr*).

«*Soledades*, poesías por Antonio Machado», *El País* (Madrid: 1903); (r. *CP, CI, LPr*).

«Prólogo a la II sección de *Arias Tristes*», en *Arias Tristes* (Madrid: Fernando Fe, 1903); (r. *CP*).

«Glosario», *Helios* (1903-1904); (r. *LPr*).

1904. «Sol de la tarde. Pensando en el último cuadro de Joaquín Sorolla», *Alma Española*, II, 18 (13 de marzo, 1904). [15]

«Notas», (I).

«Sobre unos apuntes de Emilio Sala», *Blanco y Negro*, 14 683 (Madrid: 4 de junio, 1904).

«Prólogo a *Jardines Lejanos*», en *Jardines Lejanos* (Madrid: Fernando Fe, 1904); (r. *PLP*).

1905. (P) «Elejía accidental por D. Manuel Reina»; (r. *CI, LPr*).

1906. (P) «*Alma y Capricho*, de Manuel Machado»; (r. *CI, LPr*).

«Pensamientos», (I). [16]

1907. «Sobre la obra de Rubén Darío», *Renacimiento*, III (Madrid: junio, 1907), 506.

«Habla el poeta», *Renacimiento*, VII (Madrid: octubre, 1907), 422-425.

«Autocrítica», *Renacimiento*, VII (Madrid: octubre, 1907), 426. [17]

«*La casa de la Primavera*, de G. Martínez Sierra», *Renacimiento*, X (Madrid: diciembre, 1907) 747-748; (r. *LPr*).

«Prólogo» a *Baladas de Primavera*; (r. *PLP*).

(P) «*Gémenes*»; (r. *LPr*).

(P) «Joaquín Sorolla y sus retratos»; (r. *LPr*).

1908. (P) «Ideas Líricas»; (r. *LPr*).

(P) «La Alameda Verde»; (r. *LPr*).

1910. (P) «Esquisses»; (r. *LPr*).

«A Ramón Gómez de la Serna (por el *Libro Mudo*)», *Prometeo*, III, 23 (Madrid: 1910), 918-921; (r. *C*).

1911. «Carta prólogo a los Martínez Sierra por *Pastorales*»; (r. *LPr, CP*).

«Rosas de cada día» (Prólogo a la Sección III de *La soledad sonora*); (r. *CP*).

«Perfume y nostalgia» (Prólogo a la Sección VI de *Poemas mágicos y dolientes*); (r. *CP*).

---

15. Este texto que luego no ha sido recogido en las antologías juanramonianas, fue reimpreso en *Atracción* (Valencia: agosto de 1947), 2.
16. Conjunto de aforismos de Juan Ramón Jiménez, corregidos por su autor en 1953 sobre el original de 1906.
17. Pertenece este texto, aunque Juan Ramón lo hace suyo y se sirve de él para concretar en 1907 las líneas generales de su poética, a Ramón María del Valle-Inclán. Cfr. *La ilustración española y americana* (22 de febrero de 1902).

1913. «Voz de Seda» (Prólogo a *Laberinto*); (r. *CP*).

1915. «Elejía Pura (a don Francisco Giner de los Ríos)», *España*, I, 5 (Madrid: 26 de febrero, 1915); (r. *AO, CU*). [18]

«A Azorín en los jardines de Aranjuez», en *Fiesta de Aranjuez en honor de Azorín* (Madrid: Residencia de Estudiantes, 1915).

1916. «Diario», (I).

1917. «Prólogo» (a *Diario de un poeta recién casado*); (r. *CP*).

    (P) «Notas (1907-1917)»; (r. *LPr*).

1920. «Carta a D. José de Ciria y Escalante»; (r. *C*).

«Hombres, letras, arte, ideas. ¿Qué es el arte? Respuesta de Juan Ramón Jiménez», *La Internacional* (10 de septiembre, 1920).

«Crítica paralela», (I).

«Carta a Gerardo Diego»; (r. *SC*).

«Estética y ética estética (1914-1920). Varios libros inéditos», *España*, VI, 290 (Madrid: 20 de noviembre, 1920).

«Divinas Palabras»; (r. *CU*).

1921. «Cartas a Rivas Panedas»; (r. *SC*).

«Disciplina y Oasis. Anticipaciones a su obra», *Indice*, 1 (1921), 9-11; 2 (1921), 33-36; 3 (1921), 59-61; 5 (1921), 19-21; (r. *LPr*).

«Ideas para un prólogo (Urgente)», en *Catálogo de la exposición de Daniel Vázquez Díaz* (Madrid: 1921). [19]

1922. «Carta a D. Manuel Gómez Morente (Prólogo y nota a la *Segunda Antolojía Poética*)»; (r. *CP*).

«Crítica», (I).

1923. «La cultura literaria española», (I).

«Poesía pura y crítica menos pura», (I).

«El silencio por Mallarmé (Respuesta)», *Revista de Occidente*, II, 5 (1923), 243-244; (r. *CU*).

«Del libro inédito *Colina del alto chopo* (1915-1920). Soledades madrileñas y aforismo», *Revista de Occidente*, I, 2 (1923), 137-160.

«Contra y pro Rubén Darío», *España*, IX, 394 (Madrid: 3 de noviembre, 1923), 2.

«Rescate de Rubén Darío», *España*, IX, 398 (Madrid: diciembre, 1923), 7.

«(Sobre el monumento de Rubén Darío). Con el único Rubén Darío», *España*, IX, 401 (Madrid: 22 de diciembre, 1923), 11.

---

18. La edición de *Cuadernos*, hecha sobre el texto de *Presente* (n.º 18, 1933), recoge este texto corregido y ampliado; el de *El andarín de su órbita*, es mucho menos completo que el de *Cuadernos*, y presenta variantes de interés respecto a la versión original de la «Elejía Pura», aparecida en *España*.

19. A pesar de la amplia difusión que este texto tuvo en el momento de su aparición [en junio del mismo año lo reproducía la revista costarricense, *Repertorio Americano*, 24, 4 (1921)], no ha sido recogido luego en ninguna de las antologías de la prosa del poeta. En mi opinión, «Ideas para un prólogo» es un texto de enorme relieve para documentar la pervivencia, todavía en estas fechas, de muchos postulados impresionistas en la estética de Juan Ramón.

1925. «Carta a Pedro Salinas», en *Unidad*, 1 (1925); (r. *CU*).

«Carta a Ernest Robert Curtius», en *Unidad*, 1 (1925); (r. *CU*).

«Estética y ética estética», en *Unidad*, 3 (1925); (r. *CU*).

«*Marinero en tierra* (Carta a Rafael Alberti)», en *Unidad*, 4 (1925); (r. *CU*).

«Gusto (Belleza consciente)», en *Unidad*, 8 (1925); (r. *CU*).

1927. «Juicio sobre Gabriel Miró», *Heraldo de Madrid* (3 de enero, 1927), 4; (r. *AO*).

«Carta a Ricardo Baeza»; (r. *C*).

«Una puñalada aleve»; (r. *C*).

«Diario vital y estético»; (r. *EEE*, *LPr*).

«Carta a E. Giménez Caballero. Ilímite y perejil», *La Gaceta Literaria*, I, 7 (Madrid: 1.º de abril, 1927), 2; (r. *SC*).

1928. «Estética y ética estética», en *Obra en marcha* (1928); (r. *CU*).

«El andaluz universal», en *Obra en marcha* (1928); (r. *CU*, *EEE*, *CP*).

«Historias de España. Planos, Grados, Niveles», en *Obra en marcha* (1928); (r. *CU*, *EEE*, *CP*).

«Notas de la portadilla», en *Obra en marcha* (1928); (r. *CU*, *EEE*, *CP*). [20]

1930. «Evolución superinocente»; (r. *EEE*, pero censurado).

1931. «Satanismo inverso».

«Un andaluz de fuego», *El Sol* (Madrid: 16 de septiembre, 1931), 2; (r. *LPr*, *AO*).

«I, otro y *Ddooss*, I», (I).

1932. «Poesía viva. Juicio sobre Goethe», *Heraldo de Madrid* (24 de marzo, 1932), 2.

«Estética y ética estética», en *Sucesión*, 1, 3, 6, 8 (1932); (r. *CU*).

«Héroes españoles», en *Sucesión*, 4 (1932); (r. *CU*, *EEE*).

«Síntesis ideal», en la antología *Poesía española (1915-1932)*; (r. *CP*).

1933. «Estado poético español (Poesía y Poetría)», (I).

«Con la inmensa minoría», (I).

«El caso de J. B.», (I).

«El Colorista español», *El Sol* (9 de abril, 1933); (r. *CI*, *CU*).

«Unidad libre», *El Sol* (14 de abril, 1933).

«Complemento estético», *El Sol* (30 de abril, 26 de marzo y 28 de mayo, 1933).

---

20. Estos tres últimos trabajos van numerados en *Obra en marcha* con el mismo orden que yo les doy. Sitúa Juan Ramón las fechas de su redacción en 1923, para el primero, y 1927, para los dos últimos. Siguiendo un criterio, que pretende ser uniforme, los he situado en 1928, por ser esta la fecha de su publicación. Francisco Garfias los recoge en su edición de los *Cuadernos* y, más tarde, en *Estética y ética estética*, aquí —no sé con qué criterio pues con ello sólo consigue despistar al lector— con el título «Con la inmensa minoría».

1934. «Prólogo» a *Bosques sin salida*, de *María Luisa Muñoz*, (Huelva: Viuda de J. Muñoz, 1934).

«Respuestas», (I).

1935. «Con la inmensa minoría (crítica)», *El Sol* (17 de noviembre y 29 de diciembre, 1935); (r. *EEE*). [21]

«Crítica», en *Hojas*, 10 y 17; (r. *CU*).

«Respuesta concisa», en *Hojas*, 13; (r. *CU*).

«A Proel»; (r. *C*).

«El color del mundo», en *Hojas*, 17; (r. *CU*).

1936. «Ramón del Valle-Inclán (Castillo de Quema)», *El Sol* (26 de enero, 1936); (r. *CI, CP, AO, PE*).

«Crítica», *Floresta de prosa y verso*, I (Madrid: enero, 1936).

«Sonrisas de Fernando Villalón, con soplillo distinto», *El Sol* (8 de marzo, 1936); (r. *AO, CI*).

«Recuerdo al primer Villaespesa (1899-1901)», *El Sol* (10 de mayo, 1936); (r. *AO, CI, CP, PE*).

«Con la inmensa minoría (crítica)», *El Sol* (23 de febrero, 12 de abril y 26 de abril, 1936); (r. *EEE, CP* —parcialmente—).

«Política poética» (Conferencia, Madrid: Ministerio de Instrucción Pública, 1936); (r. *TG*).

«En los transmuros del mundo», (I).

1937. «A *El diario de la Marina*»; (r. *SC*).

«De mi *Diario poético 1936-37* (Fragmentos)», *Revista Cubana*, VII, 19-21 (enero-marzo, 1937), 55-57.

«Festival de la poesía cubana: explicación inicial», *Ultra*, (marzo, 1937).

«Estado poético cubano», en *La poesía cubana en 1936* (La Habana: IMC, 1937); (r. *EEE*). [22]

«El único estilo de Eugenio Florit», *Revista Cubana* (abril-junio, 1937); (r. *CI*). [23]

«Límite del progreso», *Verbum*, 2 (La Habana: julio-agosto, 1937); (r. *AO*, sin datar). [24]

«El hombre inmune», *Repertorio Americano*, 821 (octubre, 1937); (r. *CI*).

«Ciego ante Ciegos», *Revista Cubana*, X, 28-30 (octubre-diciembre, 1937), 35-51.

«Prólogo» a Eugenio Florit, *Doble Acento. Poema (1930-1936)* (La Habana: Ucacia, 1937).

«De mi *Diario poético 1936-37* (Fragmentos)», *Universidad de La Habana*, V, 15 (noviembre-diciembre, 1937).

---

21. «Con la inmensa minoría» es el título bajo el que Juan Ramón publica en *El Sol* (1935-1936) varias críticas a libros como *Cántico*, de Jorge Guillén; *Salón sin muros*, de Moreno Villa; *Poesías completas*, de Juan José Domenchina; *Poesías completas*, de Antonio Machado; *La realidad y el deseo*, de Luis Cernuda...

22. Francisco GARFIAS, que recoge (*EEE*) la «Introducción» de Juan Ramón Jiménez a esta antología de poesía cubana, no se cuida de sumar a dicha «Introducción» las notas finales que, a modo de epílogo, escribe para la misma nuestro autor. De estas notas no conozco reimpresión posterior a 1937.

23. Existen dos redacciones para este texto, una de ellas inédita y con variantes importantes respecto a la recogida por GARFIAS en *La corriente infinita*.

24. La primera lectura de esta conferencia tuvo lugar en La Habana, en agosto de 1937. La edición de GARFIAS no recoge el «Saludo» que el poeta redactó en 1948 para ir al frente de la misma.

1938. «Prólogo», a *Poesía Puertorriqueña* (La Habana: Inst. Hispanocubano de Cultura, 1938).

«La belleza», *Presencia* (La Habana: enero, 1938); (r. *EEE*).

1940. «Crisis del espíritu en la poesía española contemporánea», *Nosotros*, 48-49 (Buenos Aires: marzo-abril, 1940), 165-182); (r. *EEE*, sin datar). [25]

«Aclaración a Crisis del espíritu...», (I).

«Prólogo» (a su Curso sobre poesía española en el «The American Hispanic Instituto», de la Universidad de Miami), (I).

«Prólogo» a *La Rama Viva* de Francisco Giner de los Ríos (México: Tezontle, 1940).

1941. «Prólogo» a *Españoles de tres mundos, Repertorio Americano*, 909 (15 de marzo, 1941); (r. *ETM*).

«De mi *Diario poético 1937-39* (Fragmentos)», *Universidad de La Habana* (mayo-agosto, 1941), 7-24.

«Aristocracia y Democracia», en *Hispanic-American Studies* (Miami: University of Miami, 1941), 75 y ss.; (r. *TG*).

«Saludo a *Aristocracia y Democracia*», (I).

«Poesía y Literatura», en *Hispanic-American Studies* (Miami: University of Miami, 1941); (r. *TG*).

«Autobiografía», (I).

1942. «Prólogo» a José Bergamín, *Caballito del diablo* (Buenos Aires: Losada, 1942).

«La palabra», (I).

«Crítica. Prólogo jeneral», (I).

(P) «Calidad poética moderna de los Estados Unidos»; (r. *CP*).

(P) «Precedentes de la poesía moderna de los Estados Unidos»; (r. *CP*).

(P) «Alerta (Prólogo segundo)»; (r. *CP*).

«Carta a Pablo Neruda», *Repertorio Americano* (17 de enero, 1942); (r. *CP*).

(P) «La vocación en maestros y discípulos»; (r. *AO*).

(P) «Lo popular»; (r. *CP*).

(P) «La ilusión»; (r. *CP*).

(P) «T. S. Eliot»; (r. *CP*).

«Alerta (Prólogo jeneral)», (I).

«Alerta (Notas lectura 2.ª)», (I).

«José Moreno Villa, Jorge Guillén y Pedro Salinas», (I).

«La lírica explosiva de Walt Whitman», (I).

«La profundidad política. Profundidades poéticas», (I).

«Relijiosidad de Unamuno», (I).

«Eliot, monstruo poético y social», (I).

«Cultura. Contra la civilización de Eliot», (I).

«El problema poético», (I).

«Poesía», (I).

---

25. La redacción de este texto, no obstante, debe retrotraerse hasta 1936. Cfr., *JRVV*, 460.

1943. (P) «El siglo modernista es auténticamente español»; (r. *CP*).

(P) «Prólogo jeneral (el modernismo)»; (r. *CP*).

(P) «San Juan de la Cruz y Bécquer»; (r. *CP*).

(P) «Miguel de Unamuno»; (r. *CP*).

«El español perdido», *Rueca*, II, 7 (México: verano, 1943), 5-10; (r. *AO*).

«¿América sombría?», *Repertorio Americano* (14 de agosto de 1943), 209-210; (r. *CL*).

«A Luis Cernuda», *El Hijo Pródigo*, 6 (México: septiembre, 1943), 337-340; (r. *CP, CL*).

«Diario Poético, 1936-1937 (Fragmentos)», en *Poética*, I, 1 (La Plata: 1943).

(P) «Lado de Miguel de Unamuno»; (r. *CP*).

«Los poetas contemporáneos. Robert Frost», (I).

«Antolojía de F. Hs.», (I).

«Vida. Notas sobre E [mily] D [ickinson] y los versos», (I).

«Conferencia y ensayo», (I).

1944. «Sobre homenajes e indianismo», (I).

«Ramón Gómez de la Serna. Notas para una respuesta», (I).

«Jorge Guillén (Carta inédita)», (I).

«José Moreno Villa», (I).

«Vida en turbio», (I).

«Examen», (I).

«Crítica. Mundo escrito», (I).

«En la última pared de Enrique Díez-Canedo», *Litoral* (México: agosto, 1944), 25; (r. *EEE*).

«Un enredador enredado. Respuesta concisa en letra de archivo» (de Diario de vida y muerte), *Cuadernos Americanos* (Buenos Aires: julio-agosto, 1944); (r. *CI*).

«Historia de España y México. Carta obligada a mí mismo» (de Diario de vida y muerte), *Cuadernos Americanos* (Buenos Aires: julio-agosto, 1944); (r. *SC*).

«Sucesos» (de Diario de vida y muerte), *Cuadernos Americanos* (Buenos Aires: julio-agosto, 1944); (r. *CI*, sin datar, ni citar procedencia).

«A Teresa Wilms Montt» (de Diario de vida y muerte), *Cuadernos Americanos* (Buenos Aires: julio-agosto, 1944); (r. *CI*).

«Wallace, el mejor» (de Diario de vida y muerte), *Cuadernos Americanos* (Buenos Aires: julio-agosto, 1944); (r. *CI*).

1945. «Alerta (Lectura 1.ª)», *Revista de América*, 8 (Bogotá: agosto, 1945), 177-188; (r. *AO*).

(P) «James Joyce»; (r. *CP*).

1946. «Alerta (Lectura II)», *Revista de América* (Bogotá: abril, 1946), 17-31; (r. *AO*).

«Dos aspectos de Bécquer», *Revista de América* (mayo, 1946), 145-153; (r. *CI*).

«Notas a *Dos aspectos*...», (I).

«El *Verbo májico* de Salvador Díaz Mirón», (I).

«El modernismo poético en España e hispanoamérica», *El mundo* (La Habana: 1.º de septiembre, 1946); (r. *AO*).

«Notas a *El modernismo poético...*», (I).

«Encuentros y respuestas», *Orígenes*, III, 10 (verano, 1946), 3-6; (r. *EEE*, sin datar).

«Crítica», (I).

«Crítica. Todo y nada», (I).

1948. «Carta a Angela Figuera»; (r. *CP*).

«Carta a Carmen Laforet», *Insula*, III, 25 (15 de enero, 1948).

(P) «Sobre *Animal de Fondo*»; (r. *CP*).

«La razón heroica», *Realidad*, 4 (Buenos Aires: septiembre-octubre, 1948), 129-149; (r. *TG*).

«Saludo a *La razón heroica*», (I).

«Despedida», (I).

1949. (P) «Marjen a Saint-John Perse»; (r. *CP*).

«Hombre y poesía», (I).

«Por amor consciente», (I).

«Vivienda y Morienda. Las dos eternidades de cada hombre», *La Nación* (Buenos Aires: 30 de octubre, 1949), 1; (r. *CI*).

«El aforismo», (I).

«Mensaje de Juan Ramón al Ateneo Americano», *El Nacional* (México: 2 de noviembre, 1949); (r. *TG*).

«Sobre mis lecturas en la Argentina», *La Nación* (Buenos Aires: 13 de marzo, 1949); (r. *TG*).

«Carta a José Luis Cano»; (r. *CP*).

«Estética de Lyuva Hendrich», (I).

«Notas sobre la poesía 'escondida' de la Argentina y el Uruguay», (I).

«Sofía Azarello», (I).

«Perse, poeta sobrelójico», (I).

1950. «Notas sobre poesía y poetas», *Proel* (Santander: primavera-estío, 1950); (r. *CP*, *EEE*).

«El español perdido», *El Tiempo* (Bogotá: 7 de mayo, 1950); (r. *CI*).

«Crítica paralela», (I).

1951. (P) «¿Fealdad?»; (r. *AO*).

«Historia y Leyenda».

1953. (P) «Nota a *Prosa escojida*»; (r. *CP*).

(P) «Prólogo»; (r. *CP*).

(P) «Prólogo a mi libro *Yo Pecador*»; (r. *CP*).

«A Antonio Vilanova»; (r. *SC*).

«Poesía cerrada y poesía abierta», *La Torre*, I, 1 (1953), 21-49; (r. *TG*).

«Carta a *Caracola*», *Caracola*, 4 (Málaga: febrero, 1953); (r. *C*).

«Isla de la simpatía», *Asomante*, IX, 1 (1953), 5-15.

«Notas jenerales», *Universidad* (Puerto Rico: 25 de febrero y 30 de marzo, 1953); (r. *EEE*, sin datar).

«En casas de Poe», *Buenos Aires literario* (abril, 1953); (r. *CI*).

«Prólogo a 'Ideolojía', para *Metamorfosis*», (I).

«Un ojo no visto del mundo», *Caracola*, 8 (junio, 1953); (r. *EEE*).

«Recuerdo a José Ortega y Gasset», *Clavileño*, IV, 24 (noviembre-diciembre, 1953), 44-49; (r. *AO, EEE*).

«Crítica paralela», *Orígenes*, X, 34 (La Habana: 1953), 3-14; (r. *EEE*). [26]

«Respuesta a una entrevista», *La Prensa* (febrero, 1953); (r. *CI*).

«El siglo XX, siglo modernista»; (r. *Mod, CI*).

«Aforismo», *El Nacional* (3 de agosto, 1953).

«Carta (comentada por J. R.) de J. Benavente», (I).

«Puntos», (I).

«Prólogo a *Críticos de mi ser*», (I).

1954. «Aforística», *Mairena*, 2 (Buenos Aires: 1953-1954).

«Sobre el teatro para niños», (I).

(P) «El modernismo, segundo renacimiento»; (r. *CP*).

«Márjenes propias y ajenas», *Asomante* (enero-marzo, 1954), 5-11; (r. *CI*, sin datar).

(P) «Crisis jeneral y total»; (r. *AO*).

«Ideolojía lírica», *La Torre*, I, 5 (enero-marzo, 1954), 555-562; (r. *CI*).

«Respuesta anticipada de Juan Ramón», *Indice*, 9, 72 (Madrid: 28 de febrero, 1954).

«Autocrítica», *Caracola*, 16 (febrero, 1954); (r. *EEE*).

«Baile y Ballet», *Universidad* (Puerto Rico: 15 de abril, 1954); (r. *EEE*).

«Autocrítica», *Insula*, 100-101 (30 de abril, 1954); (r. *EEE*).

«Ideolojía», *Cuadernos Hispanoamericanos*, 52 (abril, 1954), 3-8; (r. *AO*).

«A *Caracola*», *Caracola*, 19 (mayo, 1954).

«Muerte es beldad. Un hermoso poema de Macedonio Fernández», *Indice*, 9, 74-75 (abril-mayo, 1954), 3; (r. *CI*).

«Crónica Americana, II, Indigenismo», *El Tiempo* (Bogotá: 20 de julio, 1954); (r. *AO, TG*).

«Respuesta a *Caracola*», *Caracola*, 20 (junio, 1954); (r. *CI*).

«Autocrítica», (I).

(P) «Un libro escojido»; (r. *SC*).

(P) «Vida y época»; (r. *CA, LPr*).

«Márjenes», (I).

«Con los locos», (I).

(P) «Prólogos inéditos»; (r. *CP*).

«Padre de conciencia», (I).

---

26. En la edición de Francisco GARFIAS, este texto aparece —sin que medie advertencia alguna al lector— censurado y abreviado.

(P) «Fiesta por la poesía y el niño de Puerto Rico»; (r. *TG*)

(P) «Proceso del verso mío vivido desde 1985»; (r. *CP*).

«Rubén Darío, español», (I).

1955. «Crónica Americana», *Universidad de Antioquía*, XXXI, 123 (1955), 1.

1956. «Límite del progreso o la debida proporción», *El Nacional* (México, 3 de junio, 1956); (r. *AO*).

«Saludo a 'Límite del progreso'», (I).

«Invención (Memoria y olvido)», *Monteagudo*, 14 (Murcia: 1956), 4-5.

«Quemarnos del todo», *Centro* (Buenos Aires: julio, 1956); (r. *AO*, *TG*).

«Arte poética (aforismos)», *Agora*, 1-2 (noviembre, 1956), 32-33; (r. *CcJR*).

1959. (P) «Patria y Matria. España ¿dónde te oigo? 1937-1953», *Indice*, XII, 124-125 (abril-mayo, 1959), 11; (r. *AO*).

(P) «Epílogo de 1948. El milagro español», *Indice*, XII, 128 (agosto, 1959), 3; (r. *AO*).

(P) «El romance, río de la lengua española», *Indice*, XII, 128 (agosto, 1959); (r. *TG*).

1961. (P) «Estética y ética estética», *Poesía española*, 100 (1961), 1.

1967. (P) «Mis ideas ortográficas», *Estafeta literaria*, 360-361 (enero, 1967); (r. *CP*).

(P) «Con Rubén Darío hoy en Sarannah», *Poesía española*, 178 (octubre, 1967), 1-2; (r. *EEE*).

1974. (P) «Mi lengua española», *Revista de Letras*, VI, 23-24 (1974), 287-288.

1979. (P) «Aforismos inéditos», *Nueva Estafeta*, 12 (1979), 4 y ss.

(P) «Aforismos inéditos», *Nueva Estafeta*, 13 (1979).

Trabajos de difícil datación:

«Las manos (cultivo y cultura)»; (r. *AO*).

«Walt Whitman. Lo popular»; (r. *AO*: datable por interés próximo a «T. S. Eliot»).

«El defecto gracioso»; (r. *AO*: datable por mismo tema que *El español perdido*).

«Otro lado de Rubén Darío»; (r. *AO*: datable por proximidad a «R. Darío hoy en Savannah»).

«Mis Rubén Darío»; (r. *CI*: datable por proximidad a «R. Darío, español»).

«De acuerdo con su destino»; (r. *CI*).

«Relaciones de día y lugar»; (r. *CI*).

«Educación, no lejislación», (I).

«La pintura», (I).

«Mi comunismo individualista», (I).

«El cisne negro», (I).

«Falanje literaria», (I).

«El asunto Marinello», (I).

«Gracias a Constancia de la Mora», (I).

Todos estos textos juanramonianos he pretendido estudiarlos como un «corpus» que se caracteriza por su fragmentariedad. Aparecieron muchos de ellos en diarios y revistas, y lo hicieron como unidades gráficas autónomas. Se debe a ello la gran variedad de contenido, de forma y de extensión que presentan: prólogos, conferencias, artículos, críticas, aforismos... Otros son todavía inéditos. Es preciso, por tanto, averiguar si estos *disecta membra* pueden ser estudiados conjuntamente. Pienso realmente que todos ellos constituyen una unidad superior que los engloba, en tanto en cuanto todos son teoría y teoría lírica juanramoniana. Y, sobre todo, pienso que, sólo estudiados en conjunto, adquieren una importancia y significación que suelen olvidar quienes de alguna forma se han acercado a esta producción. Una lectura de los títulos basta para entender que toda la crítica y la poética juanramonianas, desde el primer texto al último, se centra en una etapa limitada de la poesía española —de Bécquer a las últimas formulaciones del poeta—; y, dentro de esta etapa, se concentra, desde la primera crítica a la última, en un tema: la integración de la moderna poesía española en las corrientes estéticas universales.

Fijación, reordenación y descripción del «corpus»

Guillermo de Torre[27], reflexionando en 1948 sobre la estética de nuestro poeta, concluía:

> que la creación poética de Juan Ramón Jiménez obedece a una estética largamente meditada es algo obvio, para quien se haya adentrado en las construcciones tan aparentemente sencillas, y complejas en lo hondo, de su lírica. Ahora bien, esta estética permanece dispersa y el autor riguroso de tantos libros en constante reelaboración no ha cuidado de dárnosla en uno más, reunida y coherente.

Tales palabras eran totalmente exactas en 1948, pero hoy no pueden, en absoluto, servir de excusa a los estudiosos del poeta. Sabemos, con precisión y seguridad total, que los materiales de su crítica y de su estética estaban perfectamente contemplados en los últimos planes editoriales que el poeta, hacia 1953, tenía para su obra. Por sus *Conversaciones* con Ricardo Gullón tenemos noticia fiable de sus intenciones, respecto a la edición de estos materiales:

> En mi libro *Crítica* [...] —escribe Juan Ramón— incluiré también los materiales que estoy encontrando. Primero irán, como es natural, los ya terminados, pero después daré textos que, por una u otra razón, se quedaron a medio hacer o sin acabar: conferencias, ensayos, artículos. Creo que este tipo de trabajos pueden tener interés, pues en ellos se hallará muchas veces mi pensamiento sobre ciertos temas que no pudieron ser desarrollados por completo [...] (*CcJR*, 139-140).

Poco a poco, las referencias del propio Juan Ramón, que yo voy a seguir de cerca en la reordenación que propongo, van afirmando y precisando la idea que el poeta tenía para la edición de su «prosa no lírica», con el nombre de *Crítica* o con otros como *Política* o *Teología*. Las noticias de este proyecto editorial son también frecuentes en los apuntes inéditos del poeta que se conservan en la «Sala de Ze-

---

27. «Juan Ramón Jiménez y su estética», *art. cit.*, 6.

nobia y Juan Ramón», en la Universidad de Río Piedras. Juan Ramón, que siempre pensó en dejar su obra perfecta y orgánicamente ordenada, no podía hacer una excepción con la prosa.

A. Sánchez Romeralo [28] ha exhumado algunos de los proyectos últimos, en los cuales es posible encontrar ya un criterio seguro para fijar los límites del «corpus» que va a merecer la atención de mi trabajo. Dichos proyectos son varios, pero ahora me interesa fijarme especialmente en los datos que sobre *Metamorfosis* publica el citado crítico. De los siete libros que el poeta pensaba reunir con el título general de *Metamorfosis*, quedan fuera de mi interés actual *Leyenda* (poesía), *Historia* (prosa lírica) y *Traducción* (traducciones de poetas extranjeros); me interesan, por tanto, los libros restantes: *Política* (ensayo y crítica), *Ideología* (aforismos), *Cartas* y *Complemento*: es decir, toda la prosa no definida por el poeta como «prosa lírica». Tomando esto como punto de referencia, en mis investigaciones sobre el Archivo del poeta en Puerto Rico intenté localizar cuál era la distribución definitiva que el poeta pensaba dar a estos materiales, habida cuenta de que sobre el proyecto de *Metamorfosis* existía todavía otro último, más amplio y definitivo, bajo el título de *Destino*. De *Destino* da noticia Juan Ramón en el siguiente texto:

> Y teniendo en cuenta que soy un metamorfoseador sucesivo y destinado, puse al frente de cada edición de mis escritos, que ahora empiezo con editores distintos, los nombres de *Sucesión* para la de libros sueltos; *Metamorfosis* para la de libros escojidos; y *Destino* para la edición completa final. [29]

La diferencia entre *Metamorfosis* y *Destino* está en que el primero iba a tener un carácter «escojido y antolójico», mientras que *Destino* pretendía fijar la forma definitiva de todo lo publicado antes. Entre los papeles del poeta conservados en Puerto Rico, pude encontrar alguno de los varios índices de *Destino* elaborados por el poeta; en concreto, los de los libros I y II (pero no el del libro III y último). En dichos índices el poeta recoge la mayor parte de su obra de reflexión. No pretendo, sobre todo teniendo en cuenta que la sola edición de *Leyenda* le supuso a Sánchez Romeralo siete años de investigación, haber dado con la clave para una edición correcta y definitiva de los numerosos y heterogéneos materiales de «crítica» escritos por el poeta; pero sí creo que estos proyectos inéditos deben tenerse en cuenta —y yo he intentado hacerlo así— a la hora de buscar el criterio de ordenación y clasificación para un «corpus» cuyos límites, hasta este momento, sólo he fijado en términos de «prosa no lírica». En el índice que Juan Ramón prepara para *Destino, 1* [30] se recoge la crítica y teoría poética de los años que van de 1936 a 1953, y, por acotaciones del propio poeta a este índice, sabemos que considera definitivas las últimas ediciones de los materiales que allí reúne:

> Este libro está casi todo hecho. No hay más que ponerlo a máquina. Lo nuevo es relativamente escaso.

28. En el «Prólogo» a su edición de Juan Ramón JIMÉNEZ, *Leyenda* (Madrid: Cupsa, 1978), XII. Proyectos de reordenación de su obra, anteriores a éste, los expone Juan Ramón en sus conversaciones con Juan GUERRERO (*JRVV*, 76, 85 y 319). Están estos últimos, no obstante, mucho menos desarrollados y, sobre todo, no dan suficiente cabida a la prosa crítica, producción, en realidad, bastante tardía en nuestro poeta.
29. *Ib. id.*, XIII.
30. Catalogado en la «Sala de Zenobia y Juan Ramón» con la signatura J-1/137 (3)/6.

Abarca el índice de *Destino, 2* de 1915 a 1936, y lleva al margen una indicación similar al anterior:

> En la primera edición de este libro sólo corregiré los signos ortográficos, los *cual*, los *oh*, los *ay*, etc. Después tendré tiempo de lo demás. Lo importante es darlo ahora. [31]

También en las últimas cartas del poeta a Max Aub (*SC*, 336 y ss.) se encuentran referencias minuciosas para la edición de sus aforismos. Más allá de los datos generales que aportan cada uno de los proyectos editoriales que acabo de citar, me interesa señalar ahora la clasificación concreta que el mismo Juan Ramón lleva a cabo en la ordenación de sus materiales de reflexión. Así, en el índice inédito de *Destino, 2 (1915-36)*, al que me he referido anteriormente, distingue, para su prosa crítica y de reflexión poética, los siguientes bloques genéricos —«puntales» dice el texto del poeta:

a) Crítica: «Antes que yo». Recogería allí sus primeros textos de crítica en *Helios*, más sus revisiones históricas de Rueda, R. Darío, Valle Inclán, Villaespesa —a quien califica de «un no logrado»— Villalón...
b) Las primeras series de caricaturas líricas: Giner, Achucano...
c) Primeros aforismos, más las series de los *Cuadernos, España* e *Indice* y la *Gaceta Literaria.*
d) Primeras conferencias: *El trabajo gustoso.*
e) Crítica de actualidad: *Historias de España* y crítica a libros de los poetas de la generación del 27.
f) Polémicas literarias: *Asuntos ejemplares.*
g) Cartas: las estrictamente literarias. El poeta señala «varias largas: L. Bello, R. Darío, G. Diego, Giménez Caballero».
h) Prólogos: «Al folleto de Vázquez Díaz, y a la segunda *Antolojía*».

Irían estos textos intercalados en el libro con la obra poética y la prosa lírica, y el criterio de sucesión lo señalaría su propia cronología. No hay, pues, en *Destino* una separación de materiales marcada por la publicación de libros especializados en poesía, en crítica, etc., como ocurría en *Metamorfosis*; pero, dentro de la sucesión cronológica que preside el proyecto de *Destino*, se respetan los núcleos genéricos mayores que hemos señalado. En *Destino, 1 (1936-1953)*, aparecen como «puntales» los núcleos siguientes:

a) Nuevas conferencias: «Crisis del espíritu», «Aristocracia inmanente», «Lírica y Literatura», «Límite del progreso», «La Razón heroica», «Poesía abierta y poesía cerrada», «El modernismo en la poesía española e hispanoamericana».
b) Alerta: Sus conferencias radiofónicas, luego reelaboradas para su edición en diarios y revistas americanas y más tarde núcleo de sus clases sobre el modernismo.
c) Nueva serie de caricaturas líricas.
d) Prólogos.
e) Actos: Y Juan Ramón señala: «*Ateneo de W*», «Con R. D. en S.». [32]
f) Cartas.
g) Series mayores de aforismos: «*El Español perdido*», «*Respuesta concisa*»...
h) Polémica literaria: *Asuntos ejemplares.*

---

31. Su signatura en la «Sala» es J-1/137 (3)/7 y 8.
32. Se refiere aquí el poeta a su discurso con motivo de la «inauguración del Ateneo Americano de Washington» (*TG*, 195 y ss.) y al titulado «Con Rubén Darío, hoy en Savannah» (*EEE*, 224 y ss.).

Me parecen estas notas de gran interés ya que aportan un criterio objetivo respecto a las intenciones del poeta. Creo por ello que pueden ser de gran utilidad, para intentar una primera clasificación de los materiales que componen el «corpus» objeto de mi análisis. Sobre los datos que importan los documentos del poeta, he acotado para mi estudio los siguientes núcleos genéricos mayores: las cartas, los prólogos, las conferencias, la crítica de actualidad, las polémicas, la revisión crítica de una parcela de la historia literaria, los textos de *Alerta* y los aforismos, dejando fuera sólo el verso, la prosa poética y, también, las «caricaturas líricas», por entender, primero, que éstas forman en sí un «corpus» coherente, que ya ha merecido un estudio detenido y cuidadoso por parte de la crítica [33]; y, luego, porque presentan una problemática tan peculiar, que exige un método de investigación y estudio diferente al resto de los materiales. Hecha esta salvedad, intentaré a continuación una definición de los contenidos que van a ser centrales en mi estudio.

Las cartas

La mayor parte de la obra epistolar de Juan Ramón Jiménez se halla recogida en tres volúmenes —*Cartas, Selección de Cartas* y *Cartas literarias*—, de cuya edición se ha cuidado Francisco Garfias. Son muchas aún las cartas del poeta que, por las notas polémicas que contienen, no han sido reunidas en ninguno de los tres volúmenes. La cifra y la calidad de las ya citadas es suficiente, no obstante, para justificar la importancia que debe conferírseles en cualquier estudio de la poética juanramoniana. Fuera de un número relativamente pequeño de cartas familiares y particulares, el resto de la obra epistolar de nuestro poeta es la demostración palpable de cómo el compromiso literario es llevado por Juan Ramón Jiménez hasta las últimas consecuencias de su vida privada. Los conjuntos de cartas dirigidos a Rubén Darío, a J. E. Rodó, a Unamuno, a los Martínez Sierra, a Ortega, a los jóvenes poetas de la etapa vanguardista de los años 20, constituyen, para la historiografía literaria de medio siglo de poesía española, un documental valiosísimo, que con sabiduría y acierto ha sido ya, en parte, utilizado por Ricardo Gullón [34] para estudiar las relaciones del poeta con los Machado, los Martínez Sierra, etc. El motivo literario es el factor de cohesión para el resto de elementos biográficos que afloran en esta producción epistolar amplísima. Las cartas abarcan —la primera de las recogidas en volumen es de noviembre de 1898 y la última de febrero de 1958— toda la vida del poeta. Hace todo ello que estos materiales formen un conjunto de por sí valioso y digno de ser tenido en cuenta a la hora de estudiar la «crítica» y la «poética» juanramoniana.

---

33. Véase Gerardo DIEGO, «Las prosas de Juan Ramón Jiménez», *Elit*, 458 (15 de diciembre de 1970), 9-10; Ana María SALGADO, *El arte polifacético de las caricaturas líricas juanramonianas* (Madrid: Insula, 1968); Michael PREDMORE, *La obra en prosa de Juan Ramón Jiménez* (Madrid: Gredos, 1966).

34. Véase «Relaciones amistosas y literarias entre Antonio Machado y Juan Ramón Jiménez», *LT*, VII, 25 (1959), 159 y ss.; «Relaciones amistosas y literarias entre Juan Ramón Jiménez y Manuel Machado», *CHA*, 128-129 (1960), 115-139; «Relaciones entre Juan Ramón Jiménez y Villaespesa», *In*, 149 (1959). Además de las colecciones de cartas ya citadas, véase Pablo BILBAO ARISTEGUI, «Cartas y recuerdos de Juan Ramón Jiménez», *Orbis Catholicus*, V, 10 (1962) 257 y ss.; Donald FOGELQUIST, «La correspondencia entre José Enrique Rodó y Juan Ramón Jiménez», *RIA*, XXV, 50 (1960); José Luis CANO, «Tres cartas de Juan Ramón Jiménez», *LT*, X, 40 (1962).

Pero, más allá de este tono medio literario que da carácter a los tres libros editados de cartas del poeta de Moguer, existe otro punto, a mi modo de ver, muy importante: desde sus dieciocho años Juan Ramón comenzó a hacer crítica literaria y a abogar por un mejoramiento de este género en nuestro país. Primero están sus comentarios a *La Copa del Rey de Thule*, de Francisco Villaespesa, y a *Nieblas*, del onubense Tomás Domínguez Ortiz; siguieron luego frecuentes reseñas en la revista *Helios* (LPr, 221) y, más tarde, hacia 1907, nuevos ensayos críticos que, aunque entonces quedaron inéditos, hoy podemos conocer, ya que han sido recogidos por Francisco Garfias en *Libros de Prosa* (pp. 509 y ss.). Sin embargo, en 1910, cuando Juan Ramón ha de hacer la reseña al *Libro Mudo*, de Ramón Gómez de la Serna, abandona los cauces establecidos por la crítica al uso y escoge la carta como medio de expresión para sus reflexiones (*C*, 68-72); desde entonces, éste va a ser uno de los cauces más frecuentes de la crítica de Juan Ramón: cuando quiere dejar en claro su postura como poeta y su concepción de la poesía, opuesta al homenaje que el Ateneo sevillano intenta tributarle en 1912, lo hace por medio de una carta abierta a «Cardenio» (*C*, 96); lo mismo ocurre ante un nuevo intento de homenaje por parte del Ateneo de Sevilla en 1923 («Poetría», en *C*, 240); por carta a D. José de Ciria y Escalante (*C*, 227), a Rivas Panedas (*SC*, 67) y a Gerardo Diego (*SC*, 256) da a conocer su opinión sobre los ensayos vanguardistas de revistas como *Ultra, Reflector* y *Horizonte*; su juicio sobre *Divinas palabras* (*C*, 230), *Presagios* (*C*, 245) y *Marinero en tierra* (*C*, 270) se formulan igualmente por carta; asimismo, su contestación a la petición de D. Manuel G. Morente, sobre una selección de su poesía, que pasa luego a ser prólogo de *La Segunda antolojía poética*, es una carta. La carta, de esta forma, llega a convertirse en un cauce importante para la labor crítica que el poeta se había propuesto. Le permitía esto a Juan Ramón conferir a su juicio un valor íntimo y testimonial, y con ello se liberaba de los caminos normales de una crítica que él juzgaba mediatizada. La mayoría de estos juicios vieron después la luz en los *Cuadernos* del poeta [35], dando así testimonio de la honestidad de una opinión, que históricamente tiene su significación y relieve, si recordamos el escaso interés que la crítica oficial demuestra en 1920 ante Valle-Inclán y ante las vanguardias. [36]

---

35. Véase *Cuadernos, op. cit.*, 241 y ss.

36. *Ib. id.*, 256-257. «El otro día le dec:a yo —escribe Juan Ramón a Valle-Inclán— a nuestro Alfonso Reyes que cómo se parecían algunas cosas de usted, esta hermosísima farsa en especial, a ciertas primeras obras —Yeats, Synge, Lady Gregory— del teatro irlandés moderno» (p. 257). El mismo «parecido» será el que la crítica posterior [Cfr. Cipriano RIVAS CHERIF, «El teatro en mi tiempo, y mi tiempo en el teatro», *Tiempo de historia*, V, 51 (1979), 63] documentará, lo que viene a confirmar, una vez más, la aguda intuición de nuestro autor. Junto a las cartas que cumplen con una intencionalidad crítica, otro núcleo importante de la correspondencia juanramoniana lo componen una serie de cartas, sobre temas de teoría poética, que enlazan directamente con el contenido de otros trabajos mayores, constituyéndose así, unas veces, en apuntes esquemáticos que luego serán desarrollados y, otras, en prolongación y ampliación de los asuntos más polémicos de su obra de reflexión. En este sentido, merecen atención las cartas sobre *simbolismo y platonismo* (*SC*, 41 y 291; *CL*, 61); sobre *romanticismo y clasicismo* (*C*, 323); sobre el concepto de estilo (*C*, 344). Hay que destacar también las claves críticas que el propio poeta aporta sobre *Animal de fondo*, en cartas a Antonio Vilanova (*SC*, 293) y a *La Torre*, (*SC*, 330); sus juicios críticos sobre la evolución e historia de la poesía española del siglo XX desde los supuestos del colorismo (*SC*, 247); sobre Rubén Darío y Unamuno (*C*, 348); sobre el concepto de la Generación del 98 (*C*, 248); sobre el 27 (*C*, 380). Interesan también sus cartas a revistas literarias de la postguerra española, como *Indice, Caracola*, etc., para ver el influjo de su estética en las nuevas generaciones. El examen de esta influencia aún no está hecho, y sólo ello explica que todavía tengan actualidad juicios como los de Castellet, quien en su antología *Veinte años de poesía española* excluye a Juan Ramón, «porque no nos ha gustado», convirtiendo «su gusto» en dato objetivo para la emisión de lo que pretende ser un juicio crítico sobre poesía española.

Todos estos textos constituyen un material historiográfico de gran valor en sí mismo. Pero, sobre todo, debe tenerse en cuenta, que, al ser, en su mayor parte, reflexiones de carácter privado e íntimo, con un destinatario particular y concreto, conservan, en el momento en que son entregadas luego a la luz pública, un matiz de sinceridad, que le permite al poeta autentificar, con textos totalmente fiables, su postura ante diversas interpretaciones críticas que él pensaba equivocadas. La carta se convierte así en una forma más de crítica, y potencia, por otra parte, una gama de posibilidades ausentes en otros cauces de reflexión utilizados por el poeta.

Los prólogos

Desde los primeros proyectos elaborados por el poeta para la edición de su *obra total*, la amplitud que se le concede a la prosa crítica y a la reflexión poética aumentan incesantemente. En 1929, se le otorga *un libro* de un total de nueve (*JRVV*, 50-51); en 1934 (*Unidad*), de un total de 15 volúmenes, se destinan 4 para crítica (*JRVV*, 319); en 1954, en el proyecto que hace para *Metamorfosis*, corresponden 4 libros, de un total de 7, a la crítica y teoría poética, agrupando, sin hacer distinciones de géneros, bajo el título de *Carta particular*, los prólogos y las entrevistas, junto a las cartas sobre temas literarios. Es en los proyectos de *Destino*, donde un criterio formal y selectivo más estricto le lleva a separar por grupos los distintos tipos de materiales y a reconocer en sus «prólogos» una entidad propia y específica, que permite su agrupación, por separado, dentro del voluminoso «corpus» que en los últimos años engrosa su obra crítica.

En lo que a prólogos para obras ajenas se refiere, éstos son relativamente pocos, pero vertebran toda la historia de la escritura juanramoniana. En 1900 prologa la obra *Nieblas*, del también onubense Tomás Domínguez Ortiz, y este texto va ya más allá de los *Atrios* o *Pórticos* habituales entre los modernistas, queriendo servir como «ejemplo de fraternidad» entre todos los jóvenes escritores:

> Yo quisiera —dice en él Juan Ramón— que la juventud que sueña, estuviese unida en esplendorosa falange, defensora de un mismo pensamiento; cobijada bajo la fórmula rosa y verde de la ilusión y la esperanza, para marchar al son de sonoro cántico de ideales, a la Victoria; para derrotar con espantosa derrota al enemigo ejército del Indiferentismo. [37]

En el mismo tono idealista y de sentimentalismo social, que anima todo el prólogo, Juan Ramón, más allá de hacer una simple crítica del libro prologado, intenta ya una definición de la poesía y de la función del poeta:

> Así como el alma, soplo de la divinidad, es más noble, más superior que el cuerpo, materia imperfecta, creo que el fondo, en literatura, es más esencial que la forma; no lo más esencial, sino lo necesario, lo indispensable, sin cuyo aliento morirá esa forma. [38]

Respecto al poeta, un solo consejo da Juan Ramón: «Estudie y trabaje; trabaje y estudie». Luego vendrán sus prólogos a *Presagios*, de P. Salinas (*CU*, 241-242),

37. Tomás DOMÍNGUEZ ORTIZ, *Nieblas* (Huelva: A. Moreno, 1900), 10-11.
38. *Ib. id.*, 15-16.

y a *Marinero en tierra*, de R. Alberti (*CU*, 251-253), que en el complicado mundo literario de 1923-1925 sirven de espaldarazo a los respectivos poetas y apuntan en el «*magisterio interior*» de la poesía y en «*lo popular*» seguros caminos a seguir. «Ideas para un prólogo» sirve de introducción a un *catálogo* para una exposición de Vázquez Díaz (1921) y allí Juan Ramón plantea el estudio de la «técnica impresionista» y su función en la estética simbolista del modernismo español. Ya en el destierro, los prólogos a *Lluvias enlazadas*, de Concha Méndez, *La rama viva*, de Francisco Giner de los Ríos, y *Caballito del Diablo*, de José Bergamín [39] dan testimonio de su contacto con un importante grupo de intelectuales emigrados [40]. A la vez, su trabajo como lector, mentor y estudioso de la joven poesía hispanoamericana queda patente en las antologías por él preparadas y prologadas: *Poesía cubana en 1936* [41], y *Poesías puertorriqueñas* [42]; y todavía están inéditas sus «Notas sobre poesía escondida de la Argentina y el Uruguay», destinadas a servir de prólogo a una antología de jóvenes poetas de ambos países. Estos prólogos no son, en absoluto, escritos ocasionales o de circunstancias, sino que, por el contrario, intentan cumplir con una función cultural primera: servir al alumbramiento de obras y poetas que él consideraba auténticamente valiosos y, sin embargo, preteridos; las obras prologadas le dan motivo, a la vez, para el desarrollo de una serie de reflexiones teóricas (mucho más que críticas) nunca carentes de interés.

Mayor importancia, aún, tienen, a mi modo de ver, los prólogos que el propio poeta pone al frente de sus obras. Después de *Rimas*, Juan Ramón acostumbró a prologar él mismo todos sus libros. Los prólogos de *Arias Tristes* (*CP*, 147), *Jardines lejanos* (*PLP*), *Pastorales* (*CP*, 148), *Baladas de primavera* (*CP*, 149), *La soledad sonora* (*CP*, 150), *Poemas májicos y dolientes* (*CP*, 150) y *Laberinto* (*CP*, 151), no pasan de ser continuación lineal, en prosa, del «paisaje del alma» que da color al lirismo del libro a que se aplican. Muy al contrario, a partir de *Platero y yo, Diario de un poeta recién casado* y la *Segunda antolojía poética*, los prólogos incorporan un elemento discursivo que convierte al poeta en «el mejor crítico de su obra» [43], aportando las claves precisas, sobre las que la crítica posterior ha podido fundamentar correctamente la lectura e interpretación de libros tradicionalmente mal complendidos. Basta ver los trabajos de M. Predmore sobre el *Diario* [44], de A. Sánchez Barbudo [45] sobre *Animal de Fondo*, o de María A. Salgado [46] sobre *Españoles de tres mundos*, para darnos cuenta de hasta qué punto las lecturas que ellos proponen guardan expresa fidelidad a las claves apuntadas por el poeta en los prólogos correspondientes o en las «Notas sobre...» que acompañan a éstos. La obsesión por que libros como *Animal de Fondo* o el *Diario* fuesen bien entendidos es constante en Juan Ramón. A esto responden, como veíamos hace un momento, algunas de sus cartas.

---

39. Un índice completo de los prólogos juanramonianos puede verse en Antonio CAMPOAMOR GONZÁLEZ, «Bibliografía fundamental...», *art. cit.*, LT, 62 (1968), 204-205.
40. Un estudio de interés sobre dicho contacto puede verse en los «Preliminares y notas» de Francisco GINER DE LOS RÍOS a Juan Ramón Jiménez, *Olvidos de Granada* (Madrid: Caballo griego para la poesía, 1979). De gran interés, también, es el artículo de Germán GULLÓN, «El compromiso literario de Juan Ramón Jiménez», *Peñalabra*, 20 (1976), 34-35.
41. La Habana, Institución Hispanocubana de cultura, 1937.
42. La Habana, Institución Hispanocubana de cultura, 1938.
43. Cfr. Michael P. PREDMORE, *La poesía hermética de Juan Ramón Jiménez* (Madrid: Gredos, 1973), 13.
44. *Ib. id.*
45. *La segunda época de Juan Ramón Jiménez (1916-1953)* (Madrid: Gredos, 1962).
46. *El arte polifacético...*, op. cit.

De la última etapa de su obra quedan también abundantes prólogos destinados a encabezar los diversos libros, o sus partes, en los sucesivos proyectos de ordenación de la *Obra* total. Arturo del Villar (*CP*, 139-145) saca a la luz tres, de los muchos que todavía permanecen inéditos: «Nota a *Prosa escojida*, 1 y 2», que, aunque Arturo del Villar no lo documenta así, es evidentemente el prólogo general para los libros de prosa en *Metamorfosis* (1953-1954); «Prólogo a mi libro *Yo pecador*» y «Prólogo», que irían igualmente destinados a encabezar alguna de las partes mayores de uno de los proyectos últimos del poeta; ambos están, en su intencionalidad, muy próximos, y hay en ellos una constante obsesión por poner de relieve el imperativo ético que rige toda su creación:

> Para mí —dice el poeta en el último de los citados— la poesía es incorporación a la verdad por la belleza, o a la verdad en la belleza, y en último término, de mi dios posible por la sucesión de la belleza (*CP*, 144).

Francisco Garfias (*SC*, 355) da también a la imprenta el prólogo redactado por el poeta para su *Libro escogido*, otro de los proyectos de la misma época que *Metamorfosis* y *Destino*. Por mi parte, en el curso de mi investigación sobre los archivos del poeta en la «Sala de Zenobia y Juan Ramón» de la Universidad de Puerto Rico, he podido recoger varios de los prólogos inéditos pergeñados por el poeta en esta última etapa, tan rica en proyectos. Algunos de ellos van destinados a presidir las distintas partes de *Destino* y, sobre la base que ellos nos prestan, es posible ya recomponer algunos aspectos del sentido y la estructura que el poeta pensaba dar a trabajos como *Alerta*, *Críticos de mi ser* [47] o *Ideología*, el libro que había de reunir todos sus aforismos. Otros van destinados expresamente a las «Series de Prólogos» de *Destino, 1 (1936-56)* y tienen un carácter similar a los rescatados por Arturo del Villar: «Sólo pretendo —dice el poeta en uno de ellos— justificar el empleo de mi vida». Por fin, otros son prólogos generales, destinados a encabezar la «edición autocrítica total» en *Destino*.

Las conferencias

En mayo de 1936 Juan Ramón acepta dar una conferencia para el Instituto del Libro Español. Iba a ser esta la primera de una larga serie de lecturas, que el poeta dará por tierras americanas [48]. La intención que le guía en la redacción de este trabajo, «Política poética», es la de presentar y hacer explícita, desde el concepto de poesía por él defendido, una conciencia ética que diversas corrientes literarias de 1936 creían privativa de la poesía social:

> quisiera —dice el poeta— se leyera mucho [el texto de «Política poética»] a ver si servía de algo, pues lo hago con esa intención, por si la gente se da cuenta de que por la poesía se pueden salvar muchas cosas que ahora están en peligro. Pero no con poesías épicas ni cívicas, sino con la poesía natural, directa, auténtica... (*JRVV*, 460).

47. Según documentos que obran en el archivo de Puerto Rico, «Críticos de mi ser» sería el título bajo el cual el poeta recogería la crítica a sus distintos libros. He podido localizar dos posibles prólogos para este libro. Ambos permanecen inéditos.
48. Véase al respecto Ricardo GULLÓN, *El último Juan Ramón* (Madrid: Alfaguara, 1968).

A partir de este momento, las lecturas públicas de Juan Ramón se suceden con relativa frecuencia. El día 7 de octubre de ese mismo año, con el nombre, ahora, de *El trabajo gustoso*, repitió la lectura de «Política poética» en el Paraninfo de la Universidad de Puerto Rico. El día 27 de noviembre, ante el Ateneo puertorriqueño, leyó el trabajo escrito con motivo de la muerte de *Ramón del Valle Inclán*. *Poesía y literatura* y *Aristocracia y democracia* (1940) fueron los títulos de sus conferencias en el American Hispanic Institute de la Universidad de Miami. En el mismo centro leyó en 1942 *Límite del progreso*. En agosto de 1948, Juan Ramón expuso en el Teatro Municipal de Montevideo el trabajo titulado *Poesía cerrada y poesía abierta*. *La razón heroica* fue leída en Buenos Aires, el 3 de septiembre del mismo año. *El romance, río de la lengua española* es del 23 de abril de 1954, y fue escrita para la Universidad de Puerto Rico con motivo del homenaje que esta Universidad dedicó a Cervantes.

Hoy es posible disponer de estos textos gracias a las ediciones de Francisco Garfias, pero éstas no dan cabida al «saludo» inicial que el poeta solía poner al frente de cada una de ellas; no tienen en cuenta las variantes apuntadas por el poeta en las sucesivas revisiones de los textos; y, finalmente, confunden al lector mezclando, en un mismo libro, textos de conferencias con otros de distinto género.

El hallazgo de un número importante de materiales «aclarativos» sobre las conferencias, que todavía permanecían inéditos, me ha permitido revisar los textos de las mismas desde la propia perspectiva del poeta. Así, por un documento manuscrito del Archivo de Río Piedras, podemos saber cuál era la disposición y el orden que Juan Ramón pensaba dar a las conferencias, dentro del libro titulado «Política», en el proyecto de *Metamorfosis*: en él dichos textos constituirían el cuerpo más amplio del libro y se ordenarían como sigue:

1. El trabajo gustoso.
2. Crisis del espíritu en la poesía española contemporánea.
3. Aristocracia y democracia.
4. Poesía y literatura.
5. Límite del progreso.
6. El modernismo en España e Hispanoamérica.
7. La razón heroica.
8. Poesía abierta y poesía cerrada.
9. Crisis jeneral y total.
10. El romance, río de la lengua española.

De este conjunto sólo los textos de «Límite del progreso», «Poesía abierta y poesía cerrada» y «El romance, río de la lengua española» se consideran definitivos; algunos incluso, como es el caso de «Crisis jeneral y total», están sólo esbozados y parece que el poeta pensaba completarlos en varios puntos: a la parte que hoy conocemos de esta conferencia (*AO*, 231) deberían añadirse otras tituladas: «Modernismo», «Indigenismo», «Hispanidad» y «Eternismo», que seguramente no llegaron a escribirse y que, en cualquiera de los casos, yo no he podido localizar.

Los «Saludos» o «Aclaraciones», que el poeta leía al frente de cada una de estas conferencias, inciden sobre el carácter unitario del «corpus» por ellas constituido y son imprescindibles para entender la función que a este material se le confiere en el conjunto de la obra total juanramoniana. Por el «saludo» redactado para *Aristocracia y democracia*, sabemos que lo que da cohesión al «corpus» constituido por las conferencias radica en el mismo fondo ético que el poeta quiso poner de relieve con *Política poética*:

> Yo entiendo la conferencia —dice el poeta en el «saludo» citado— como un *ensayo comunicativo ejemplar*, mezcla de ideología, sensibilidad y ejemplo [...]. De modo que el estilo de una conferencia ha de ser, creo yo, más corriente que el de un ensayo, más sencillo en todos los sentidos, aunque nunca con ese descenso para los vulgares que es la marca, la seña cualitativa, del ente vulgar. La conferencia tiene siempre algo de *divulgación de lo mejor nuestro*. Si no creyéramos que esto fuese conveniente para la inmensa minoría, no lo daríamos nunca. [49]

Y en otra parte del mismo texto añade:

> Vivimos sobre el ejemplo, y el ejemplo es el que me hace pensar y escribir siempre mis conferencias.

Es precisamente este carácter ejemplar, que da unidad a las conferencias juanramonianas, lo que le permite al poeta señalar, dentro de dicha unidad, dos grupos de lecturas íntimamente relacionadas: las que tratan «*de la poesía escrita*», o de «*la escritura poética*», y las que se refieren a la «*poesía no escrita*». En el «Saludo» a *Límite del progreso*, Juan Ramón señala:

> Estas conferencias se han anunciado con el título de «Conferencias sobre poesía y vida», conferencias «Poéticas». Todas lo son, a mi entender; y no porque hable en ellas de *poesía escrita siempre*. En su conjunto total de seis, la primera lo es de esta poesía escrita y de la escritura poética; la segunda, de la *poesía del progreso*; la tercera, de la *poesía del trabajo*; la cuarta, de la *poesía de la aristocracia inmanente*; la quinta, en fin, de la *poesía de la razón heroica*. La última es un conjunto de poemas míos, que quieren ser poéticos de veras, *sobre la conciencia en el dios inmanente*, dios en presencia de conciencia, lo último que he escrito.

En el primer grupo —esto es, en el que se refiere a la «poesía escrita»— pueden situarse: *Crisis del espíritu...*, *Poesía y literatura*, *El modernismo...*, *Poesía abierta y poesía cerrada* y *El romance, río de la lengua española*. Todas ellas intentan una definición de lo poético que va más allá de los límites marcados por la estética, situando en lo *espiritual* el elemento pertinente que le permite a Juan Ramón establecer, en su peculiar terminología, distinciones entre conceptos como *literatura* y *poesía*, *poesía cerrada* y *poesía abierta*. Es, en definitiva, en el valor espiritual de la creación poética, donde Juan Ramón se apoya para conferir a la lírica una finalidad ética, siendo dicha finalidad la alternativa presentada por el poeta a los presupuestos de la llamada poesía social. En la «Despedida» a sus lectores en la Argentina, texto también inédito [50], el poeta insiste en estos mismos puntos:

> Lo divino está en nosotros [...] y la diferencia entre un realista absoluto y un realista con espíritu está sólo en que ha tenido la fortuna de encontrarlo. Se es espiritual y se es material como se es antipático o simpático, es decir contra el alma o con el alma.

49. Este «Saludo», así como todos los otros que Juan Ramón pone al frente de sus conferencias, lo conozco gracias a la amabilidad de Francisco HERNÁNDEZ PINZÓN, que tuvo la gentileza de poner a mi disposición una copia de los mismos.

50. Posteriormente, Juan Ramón utiliza este texto como base para la redacción de «Sobre mis lectores en la Argentina» (*CI*, 255 y ss.).

Nosotros sólo somos los que podemos hacer divino lo humano con nuestra clarividencia y nuestro cultivo instintivo.

[...]Yo gozo de lo real como el que más, pero lo real no me ha limitado nunca, por ventura mía. Si el hombre tiene un poder creador físico, si puede aumentar, inventar, materialmente, insisto ¿cómo no ha de poder crear, aumentar, inventar moralmente? [...]. El poder de la cultura, del cultivo, debe consistir, me parece a mí, en cambiar sencillo por sencillo, la inocencia primitiva, por conciencia última. Si cada vez se desarrolla más o mejor el cuerpo, *¿por qué no se ha de desarrollar mejor y más cada vez el espíritu?* [...] *¿por qué la poesía no se ha de considerar invento sucesivo para la vida íntima?*

Y todavía el poeta continúa:

Pero, si ponemos en todo la calidad de la belleza, habremos cumplido con nuestro destino, unificándolo todo en calidad [...]. La unidad y comprensión humanas sólo pueden venir del cultivo de la sensibilidad paralelo al de la intelijencia [...]. La mayor parte de las doctrinas políticas modernas [...] han fracasado y fracasarán por el desdén de la espiritualidad.

Al conferir a la labor poética un papel primordial en el cultivo de ese aspecto de la espiritualidad, Juan Ramón puede defender la función ética de la poesía. Y una vez hecho esto, nada le impide convertir lo poético en norma para la vida: en norma del *progreso*, que debe ser «armonía» sucesiva en lo material y en lo espiritual; norma del *trabajo*, que debe ser vocativo y creador; criterio de *aristocracia* de espíritu; y *conciencia* de la divinidad posible en el hombre. En este sentido —poesía no escrita—, el segundo grupo de conferencias —*Límite del progreso, El trabajo gustoso, Aristocracia y democracia, La razón heroica y Crisis jeneral y total*— viene a ser demostración ética del valor de la estética defendida en las lecturas sobre «la poesía escrita».

Asuntos ejemplares

Existen también en el Archivo de Juan Ramón, entre sus muchos proyectos editoriales, varios títulos como son *Críticos de mi ser* o *Alrededores*, bajo los cuales el poeta pensaba dar a la imprenta los artículos que la crítica había dedicado a su obra o a su persona, y que él había logrado reunir a lo largo de toda su vida. Este proyecto, como tantos otros juanramonianos, no llegó a realizarse, pero, al margen de esto, sirvió para que hoy dispongamos de un archivo documental de gran importancia en lo que a la poesía, crítica y poética del siglo xx se refiere. Algunos de estos documentos, los que incurrían según la opinión del poeta en deformaciones de su estética, fueron, luego, objeto del estudio y comentario por parte de Juan Ramón y se destinaron, con el título de *Asuntos ejemplares*, a formar parte del cuerpo central de *Destino*. A este conjunto pertenecen los textos que recogen, entre 1923 y 1924, la ruptura del poeta con la línea marcada en aquel momento por la «Generación de Ortega», a la que él mismo pertenecía y cuyas directrices hasta entonces había seguido; me refiero a escritos como «Seis rosas de silencio» (*CU*, 244); «Silencio y normalidad a Mallarmé» (*CU*, 246-249); «Camoens, glorificado» (*CU*, 249-250). Los aforismos de «Estética y ética estética», publicados en *Unidad* (*CU*, 231 y ss.), aportan también datos de interés sobre el tema.

Deben incluirse también en este grupo las cartas dirigidas, a través de la revista *España*, contra Pando Baura [51], ante el cariz que éste —con el beneplácito, más o menos público, de personas como Azorín, Ortega, Ramón Pérez de Ayala y A. Machado, por ejemplo— pensaba dar a cierto homenaje en honor de Rubén Darío. «Una puñalada aleve» (*C*, 293-298) es la respuesta del poeta a la mal intencionada lectura de *Platero y yo*, propuesta por Luis Bello. De la polémica literaria mantenida con Azorín, muy poco estudiada todavía, nos dan noticias algunos textos juanramonianos, publicados en *La Gaceta literaria* con el título «Evolución superinocente» y «Satanismo inverso». El enfrentamiento con la estética de la autodenominada generación del 27 se documenta en «El andaluz universal. Autorretrato (para uso de reptiles de varias categorías)» y en «Historia de España. Planos, Grados, Niveles» (*CU*, 129-132), textos que provocaron en seguida la airada respuesta de personas como Cernuda [52] y, sucesivamente, la de otros miembros de la generación del 27. La clave de esta polémica debe buscarse en *Lola*, donde la actitud adoptada por la revista, ante la negativa de los intelectuales de la generación del 14 —Ortega y Juan Ramón, especialmente— a tomar parte en el homenaje a Góngora, motivó la fricción. «Respuesta concisa» (*CU*, 239-240) informa de la continuación de este enfrentamiento hacia 1935. La carta «A Luis Cernuda» es también respuesta a las acusaciones de otra anterior, escrita por el poeta sevillano, avivando, en 1943, viejas rencillas [53]. La actitud antijuanramoniana adoptada por José Bergamín [54], desde 1933, da motivo a los textos titulados «Historias de España y México» (*SC*, 155-165) y «Un enredador enredado» (*CI*, 133-142). Jorge Guillén [55] tuvo cuidado de que la polémica Juan Ramón-generación del 27 no terminase aquí, suscitando en *Indice* un «Maremágnum crítico» contra el poeta de Moguer, lo que motivó nuevas respuestas del poeta en textos como «Márjenes propias y ajenas» [56] y «Respuesta anticipada».[57]

Todo este conjunto de textos —lo creía Juan Ramón y a mí me parece evidente— tiene un valor marginal dentro del «corpus» general de su obra en prosa. Consciente de ello, el poeta sólo dio a la estampa un número reducido de las respuestas escritas en defensa de las acusaciones que se le hacían. Entre sus documentos inéditos existe todavía un número importante de escritos, a los que una crítica torpe —empeñada en juzgar, por fobias o afinidades, a la persona, más que a los textos— les ha conferido indirectamente un valor histórico evidente; en ellos se encuentran datos que permiten precisar muchos aspectos, aún no aclarados, de las polémicas documentadas:

> Yo creo —dice la acotación manuscrita hecha por el poeta en uno de estos textos— que para hablar de una obra literaria o científica o de lo que sea, que no sea [falta una palabra en el texto], no es necesario mezclarse en los asuntos particulares del escritor

---

51. «Rescate de Rubén Darío», *España*, IX, 398 (diciembre de 1923), 7; «(Sobre el monumento a Rubén Darío). Con el 'único' Rubén Darío», *España*, IX, 401 (1923), 11.
52. Estudiada con escasez y parcialidad en James VALENDER, «Jiménez y Cernuda: 'esquela contra' y 'réplica'», *In*, XXX, 348 (1975), 3 y 6.
53. «A Luis Cernuda», *El hijo pródigo*, 6 (1943). La carta de Cernuda había aparecido también en *El hijo pródigo*, 3 (1943), 148-156.
54. Véase Germán GULLÓN, «El compromiso literario...», *art. cit.*, 34-35.
55. «J. Guillén replica a Juan Ramón Jiménez. Veinte años después», *Indice*, 9, 72 (1954).
56. Recogido en *La corriente infinita*, pero en versión muy censurada, pp. 265-275.
57. *Indice*, 9, 72 (1954).

o de su familia [...]. Intervenir en esto creo que es cosa de fregonas o de anormales. Pero hay quien lo hace, un Gez. de la S., un J. Bergamín, una Constancia de la Mora y ¡ay!, es necesario contestarles para aclarar lo [...] turbio. [58]

Entre los textos inéditos que he podido recuperar destacaré los siguientes: «Uno, otro y *Ddooss*» y «Poesía pura y crítica menos pura» que contemplan la relación del poeta con Azorín; «Ramón Gómez de la Serna. Notas para la respuesta» y «Una rectificación concisa» que salen al paso de los errores en que incurre Ramón Gómez de la Serna, en la biografía que hace del poeta para *Retratos contemporáneos* [59]; en «El asunto Marinello», Juan Ramón aclara, frente a los intentos de utilización política de su figura, cuál es, en este punto, su posición; lo mismo puede decirse de su «Gracias a Constancia de la Mora»; «Vida en turbio» y «José Moreno Villa», con un índice manuscrito de textos que recoge sus relaciones con el poeta malagueño, corrigen las falsificaciones históricas y estéticas que aparecen en *Vida en claro* (1944); «Examen (Inédito»)» va dirigido contra José Bergamín; y «Jorge Guillén» es una carta, terrorífica, que no sé si llegó a ser enviada y que, desde luego, ha sido cuidadosamente suprimida de las colecciones epistolares editadas. Exactamente igual ocurre con algún otro documento, como el titulado «Poesía ¿Pura?» destinado a las clases sobre *el Modernismo*, impartidas por el poeta en la Universidad de Puerto Rico, y que estudia las diferencias existentes entre su definición de «*poesía pura*» y el «*concepto de pureza*» al que responden determinadas partes de la obra de Jorge Guillén, Moreno Villa o Salinas. «Falanje literaria» estudia, en clara alusión política, los entronques de revistas del 27 con una determinada ideología.

El significado de este «corpus», que distingo con el título juanramoniano de *Asuntos ejemplares*, se limita, pues, al valor histórico documental que posee. Sin embargo, indirectamente, estos textos aportan luz para entender el tono polémico de gran parte de la crítica y teoría poética juanramoniana y, en última instancia, para comprender muchas alusiones veladas que se hallan repetidas a lo largo de su obra y que, si no se poseen algunas de las claves referenciales que aquí se aportan, resultan crípticas.

Crítica de actualidad

Dentro del conjunto general de la prosa de reflexión teórica juanramoniana, la crítica propiamente dicha ocupa una parcela no muy abundante. Mucho más amplia es, desde luego, la que él llama «Crítica poética jeneral» (*El Sol*, 25 de junio, 1933), refiriéndose con este título a las distintas formulaciones, de carácter teórico, que constituyen su poética.

Inicia Juan Ramón los escritos de crítica propiamente dicha con los prólogos —ya citados en un apartado anterior— a obras como *La copa del rey de Thule*, de Villaespesa, o *Nieblas*, de Tomás Domínguez Ortiz. Tal como hice constar al hablar de dichos prólogos, la crítica de Juan Ramón nace con un tono polémico que no es ajeno al «debate modernista», en que se inscribe toda la literatura de la

---

58. Signatura en la «Sala de Zenobia y Juan Ramón»: J-1/141 (21)/53.
59. Buenos Aires, Ed. Sudamericana, 1941.

época. Idéntico tono y disposición poseen textos como «*Rejas de oro* (Impresiones)», «*Apuntes* (Manuel Palacios Olmedo)», y sus reseñas a *Peregrinaciones*, de Darío; a *Odios*, de Ramón Sánchez Díaz; a *Corte de amor* y a *Jardín umbrío*, de Valle-Inclán; a *Canciones de la tarde*, de José Sánchez Rodríguez; a *Antonio Azorín*, de José Martínez Ruiz; y a *Valle de lágrimas*, de Rafael Leyda. Todas ellas aparecieron en distintos números de la revista *Helios*.

A este mismo núcleo de la crítica juanramoniana cabe referir la reseña del poeta a *Soledades*, de Antonio Machado, aparecida en el *País* (1903), y diferentes textos del glosario de *Helios*, que, sin tener como centro de estudio una obra literaria determinada, le sirven al poeta de cauce para expresar juicios de valor sobre distintas facetas de la poesía del momento. En definitiva, como tan bien supo ver Cernuda [60], «la crítica de Juan Ramón Jiménez va casi siempre más allá de la figura literaria del personaje, y lo ve y nos lo ofrece como elemento de un conjunto más vasto, en el tiempo o en el espacio, lo cual es [...] la misión de la crítica».

Un lugar destacado, en la crítica juanramoniana de esta primera época, le corresponde a textos como «Un libro de Amado Nervo» y «Pablo Verlaine y su novia la luna», aparecidos igualmente en *Helios*. Del segundo de ellos, en concreto, ha escrito Rafael Ferreres [61]: «es sin duda el mejor trabajo publicado sobre Verlaine entonces y con validez hoy». Las palabras de Ferreres me parecen justas y yo, por mi parte, no tendría inconveniente alguno en hacerlas extensivas a muchas otras de las críticas primeras de Juan Ramón. A lo certero de los juicios del poeta, se añade otro factor que acrecienta el valor de sus trabajos: en estos textos se hallan, claramente definidas, todas las características que incorporan las corrientes innovadoras del modernismo y ellas le sirven al poeta para razonar y hacer explícito el porqué de su adhesión a dichas corientes. En «Triunfos por *La copa del rey de Thule*» denuncia la situación estancada de la poesía española de principios de siglo y esboza una de las más tempranas defensas de los postulados simbolistas; en «Un libro de Amado Nervo» hace un detallado examen del espíritu modernista y pone la obra del poeta mexicano como ejemplo de adecuación de nuestra lengua a dicho espíritu; en «*Antonio Azorín*, por J. Martínez Ruiz», esboza una definición de lo poético, distinguiendo en el texto tres niveles, estrechamente ligados entre sí —la forma, el fondo y el fondo de la forma—, a los que en un apartado posterior habré de referirme más extensamente.

Todavía en 1904 aparecen nuevas críticas del poeta. Ahora, de pintura. Para *Alma española* [62] escribe «Sol de la tarde (pensando en el último cuadro de Joaquín Sorolla)» y para *Blanco y Negro* [63] «Sobre unos apuntes de Emilio Sala». En ambos trabajos el poeta pone de relieve las similitudes que con lo literario —en técnicas y en propósitos— guarda el proceso de renovación que a principios de siglo afecta a todos los órdenes del arte. Después de estos dos juicios, viene una etapa de silencio crítico, la causa del cual es fácil adivinar. Este silencio coincide con el retiro del poeta a Moguer y con el triunfo del modernismo español. La

---

60. «Juan Ramón Jiménez», *art. cit.*, 156.
61. *Verlaine y los modernistas españoles* (Madrid: Gredos, 1975), 182.
62. II, 18 (marzo de 1904).
63. 14, 683 (4 de abril de 1904).

etapa polémica de este movimiento queda superada con *Helios* y, con ello, quedan superadas muchas de las motivaciones que habían determinado el nacimiento de la crítica juanramoniana.

En 1905 ó 1906, Juan Ramón escribió la «Elejía accidental por D. Manuel Reina» y, aproximadamente, de estas mismas fechas debe de ser «*Alma y capricho*, de Manuel Machado». El poeta, sin embargo, no publicó nunca estos trabajos, en los que se percibe ya un tono y una orientación muy distintos a los de los textos citados anteriormente. El juicio de Juan Ramón es aquí mucho más sereno. Ya no le es preciso romper ninguna lanza en favor del modernismo, y lo que hace ahora es deslindar, entre las varias corrientes emergentes del modernismo militante, aquellas que le parecen definitivamente valiosas.

Si dejamos a un lado la reseña que redacta para *La casa de la primavera*, de Gregorio Martínez Sierra, que se publicó en *Renacimiento* [64], apenas encontramos en la obra de Juan Ramón nuevos trabajos de crítica hasta 1933 [65]. La crítica de Juan Ramón deja paso ahora al aforismo —los primeros que conozco son de 1906— y a otras formas de expresión, mucho más aptas para la reflexión teórica que para el juicio crítico. La crítica juanramoniana cede terreno a la reflexión o, superados los motivos que causaron el matiz polémico de la misma, adopta un tono privado y busca, en consecuencia, un medio de expresión más familiar y reservado: la carta. En la década de los años 20 Juan Ramón publicó abundantes notas en *La pluma*, *España* o *Indice*, así como en la década de los 30 lo hizo en *El Sol* y en *La Gaceta Literaria*, pero en dichas notas la reflexión teórica sigue privando sobre la crítica.

Hay, sin embargo, alguna excepción a esta norma. En 1933, publica en *El Sol* [66], con el título de «El colorista español», una evocación crítica de la figura de Salvador Rueda. En 1936 aparecen, también en *El Sol*, los trabajos titulados «Ramón del Valle-Inclán (Castillo de quema)» [67], «Sonrisas de Fernando Villalón» [68], y «Recuerdo del primer Villaespesa (1899-1901)» [69]. Todos ellos, aparentemente, son simples evocaciones literarias de distintas figuras, testigos más o menos próximos del primer modernismo español. Estos trabajos se inscriben, sin embargo, en un contexto literario muy preciso y, tras la evocación de una época ya pasada, esconden un juicio claramente formulado sobre el presente. Quizá, sólo «Sonrisas de Fernando Villalón» es puramente un texto de evocación. Los demás constituyen un «corpus» importante y homogéneo que nos permite hablar de una segunda etapa de la crítica juanramoniana sobre temas de actualidad literaria. En efecto, la crítica vuelve a aparecer en la obra de Juan Ramón al abrigo de una nueva polémica, que se puede resumir en dos palabras: deshumanización y rehumanización. Como había ocurrido con la crítica de su primera época, ésta surge, en la década de los años 30, por motivos claramente tipificados en el contexto

---

64. X (diciembre de 1907), 747-748.
65. Hacia 1907 escribió Juan Ramón Jiménez una reseña para el libro *Gérmenes*, de Pedro García Morales, y una nueva crítica, sobre la pintura de Sorolla, que tituló «Joaquín Sorolla y sus retratos». Estos textos quedaron, sin embargo, inéditos. Hoy pueden leerse ambos en *Libros de prosa*, pp. 255 y 509.
66. 9 de abril de 1933.
67. 26 de enero de 1936.
68. 8 de marzo de 1936.
69. 10 de mayo de 1936.

literario que domina la llamada Generación del 27. Juan Ramón la utiliza, otra vez, como instrumento de defensa y, al hilo de la evocación a Rueda o a Villaespesa, hilvana una serie de juicios de vibrante actualidad. En los trabajos citados esboza una línea que, sin solución de continuidad, va del «colorismo» de Rueda a Moreno Villa, García Lorca, Alberti e Hinojosa; la visión tópica de la España de pandereta a «lo Rueda» le «recuerda a cada instante —dice Juan Ramón— el momento actual de la poesía española [...], el jitanismo, el marinerismo, el rolaquismo, el catolicismo». «Yo definiría —acaba diciendo el poeta— estos "movimientos" españoles [actuales] como el villaespesismo jeneral» (*CI*, 71-72); del estilo de Valle encuentra reflejos en Antonio Machado, en Pérez de Ayala, en Gabriel Miró, en Gómez de la Serna, en Moreno Villa, en Basterra, en Domenchina, en Espina, en Lorca y en Alberti (*CI*, 101).

Continúa esta segunda etapa de la crítica juanramoniana después de su exilio en América. En Cuba, Juan Ramón prepara una antología de la poesía cubana de 1936 y, en el prólogo y epílogo a dicha antología, traza, con una exactitud sorprendente, las líneas maestras que alimentaban el desarrollo de esta poesía (*EEE*, 146-148). De 1937 es un espléndido estudio sobre la poesía de Eugenio Florit (*CI*, 143), y, un poco más tardíos, son sus estudios sobre Macedonio Fernández, Sofía Azarello, y el panorama general que, sobre «la poesía escondida de la Argentina y el Uruguay», escribe tras su viaje a estos dos países [70]. Separada, sin embargo, del ambiente literario que la había hecho surgir, esta crítica se agota en sí misma y pierde la vitalidad que la sostenía. Juan Ramón, tras su exilio, se interesa mucho más en revisar histórica y estéticamente las raíces y la evolución de la poesía española —y universal— del siglo xx, que en intervenir directamente en las distintas polémicas de la poesía española de la post-guerra.

Existen textos —como su carta a José María Valverde (*EEE*, 95)— que demuestran la atenta y expectante vigilancia del poeta a la literatura española de post-guerra. No creo equivocarme, sin embargo, al afirmar que su expectación se vio defraudada, y globalmente la nueva poesía española nunca llegó —salvo raras excepciones— a interesarle de veras.

Revisión crítica de un período de la poesía española

Fuera ya del contexto literario español, en el destierro, Juan Ramón limita su crítica de actualidad, como he apuntado anteriormente, y, movido por factores distintos a los que habían hecho surgir aquélla, dedica su tiempo y atención a reconstruir la historia y a interpretar el desarrollo global de la poesía española del siglo xx. Habida cuenta de lo que he señalado en apartados anteriores, no debe extrañarnos, sin embargo, que su interés se centre, sobre todo, en dos núcleos mayores: *el modernismo*, que para Juan Ramón inicia el verdadero «renacimiento de toda la poesía española», y la *etapa* acotada y presidida por la obra de los que él denomina poetas-profesores, en la que engloba a los principales representantes

---

70. Textos, estos últimos, todos ellos inéditos. Las «Notas sobre la poesía escondida de la Argentina y el Uruguay» las conozco a través de la copia que obra en poder del sobrino del poeta, Francisco Hernández Pinzón. El texto sobre «Sofía Azarello» figura en la «Sala de Zenobia y Juan Ramón» con la signatura J-1/135 (10)/9-11.

de lo que tradicionalmente conocemos por generación del 27. Ambos núcleos habían constituido, también, el germen del que surgieron las dos etapas de su crítica de actualidad.

Son abundantes los textos en que Juan Ramón va anticipándonos su concepción del modernismo. En algunas de sus cartas —es el caso de la dirigida (¿hacia 1926?) a Ricardo Baeza (*C*, 284-286)— sale al paso de la «mezcolanza absurda» que el concepto de *generación del 98* incorporó al acervo de la crítica literaria española y establece una primera distinción entre nombres como Ganivet, Benavente, Rubén Darío, Marquina, Baroja, Valle-Inclán, Azorín y Maeztu, y otros como Villaespesa, Pérez de Ayala, Juan Ramón, Miró y Ortega. En 1935, animado quizá por las coincidencias de su pensamiento con el de Federico de Onís [71] y, quizá, en contestación a la falsificación del concepto de modernismo utilizado por Pedro Salinas, da a conocer su visión de este movimiento en las respuestas a una entrevista publicada en *La voz* (18 de marzo de 1935). Allí anticipa ideas que más tarde van a ser núcleos centrales de su libro sobre el *modernismo* [72]: destaca ya la importancia esencial de los poetas regionales en la renovación que supone este movimiento; concreta dicha renovación en la fecunda unión de dos corrientes mayores de inspiración: una procedente de Unamuno y otra de Rubén Darío; pone de relieve el fondo simbolista que da vida a toda la estética modernista; y, finalmente, distingue dicha estética de las distintas corrientes —exotismo y colorismo, principalmente— que en sus momentos iniciales le fueron anejas.

El pensamiento de Juan Ramón sobre este tema madura a través de varios textos, que estudiaremos en el apartado siguiente —los de *Alerta*—, y da la plenitud de sus frutos en los apuntes que para sus clases en la Universidad de Puerto Rico confeccionó el poeta a lo largo del curso 1953-1954. Dichos apuntes habrían de servirle —era la intención del poeta— para la elaboración de un libro sobre *El Modernismo*, «libro, que con otro, *Época* —dice Juan Ramón—, considero mi testamento crítico» (*TG*, 216). Este libro nunca llegó, en vida del poeta, a ver la luz pública, pero hoy podemos hacernos una idea de su alcance, gracias a la publicación, a cargo de Ricardo Gullón y Eugenio Fernández Méndez, de una edición aproximada del mismo.

El segundo de los núcleos temáticos de la crítica juanramoniana se centra en el estudio de la evolución poética de la generación siguiente a la suya. Texto capital, en este sentido, es el que el poeta, con el título «Crisis del espíritu en la poesía española contemporánea», publicó en *Nosotros*, en 1940. Es éste, a mi juicio, un trabajo fundamental en la historiografía de la poesía española del siglo xx, y a él habrá de referirse necesariamente quien desee estudiar la crítica juanramoniana.

---

71. *Antología de la poesía española e hispanoamericana (1882-1932)* (Madrid: Hernando, 1934).
72. Véase Ángel DEL RÍO [«Notas sobre crítica y poesía...», en *Estudios sobre literatura contemporánea española* (Madrid: Gredos, 1966)], que nos ofrece un estudio espléndido sobre la evolución y gestación de las opiniones de Juan Ramón sobre el tema.

Alerta

Es preciso, antes de pasar a la descripción de los textos juanramonianos que componen su *Alerta*, hacer algunas precisiones. Primero, todos los trabajos destinados a *Alerta* son revisiones críticas, enfocadas al estudio del modernismo, por lo que, temáticamente, deberían enclavarse en el apartado anterior y sumarse así a los títulos allí citados. Todas las referencias del poeta, sin embargo, tienden a destacar la independencia del «corpus» que forma *Alerta* y todos los textos que destina a este proyecto poseen, respecto a los del apartado anterior, una intencionalidad y unas características formales propias y definidas. Segundo, *Alerta* es un proyecto en continua reelaboración. El núcleo inicial lo componen los guiones radiofónicos, que el poeta redactó en 1942 para «La División de Radio de la Oficina del Coordinador de Asuntos Americanos de Washington», como «contribución del poeta —dice Arturo del Villar— a la causa de la paz, mientras Europa se debatía en una larga guerra y en el Oriente luchaban los soldados norteamericanos».[73]

En realidad, el *Alerta* que Juan Ramón proyectó en 1942 tenía un alcance estrictamente literario. Sus guiones —afirma rotundamente Juan Ramón— «no son propaganda política» americana (*TG*, 213). El proyecto estaba orientado, por el contrario, a la difusión de la literatura americana, hispanoamericana y española, bajo el lema —tan juanramoniano— de «exaltación de lo verdederamente poético y crítica jeneral» de las tres literaturas. Juan Ramón pensaba «agotar en lo posible» las figuras más representativas de cada uno de los ámbitos literarios por él acotados, destacando, en su atención a éstos, todos aquellos rasgos que, a su juicio, tuviesen, en el contexto literario de 1942, vigencia y viva actualidad: «Yo destacaré —dice Juan Ramón— lo que considero más vivo de los autores muertos» (*TG*, 215). Pensaba Juan Ramón ir alternando, entre las distintas series, temas como *lo popular, lo moderno, la poesía social, lo bello, lo feo*, etcétera.

Este proyecto englobaba 90 lecturas, de 13 minutos cada una, y, por razones de censura, no llegó nunca a llevarse a cabo. Los guiones, sin embargo, le sirvieron a Juan Ramón para sus clases en las Universidades de Miami, Duke, y Maryland y más tarde, reelaborados, algunos de ellos —dedicados a temas y a autores hispanoamericanos— aparecieron, conservando el título general de «Alerta», en la *Revista de América* (1945-1946). El título de *Alerta* vuelve luego a aparecer al frente de otros escritos juanramonianos. Juan Ramón lo utiliza para encabezar algunas de sus críticas y reflexiones teóricas, escritas para la revista *Universidad*, de la Universidad de Río Piedras. En este caso, sin embargo, los textos que en 1953 se acogen bajo este título no poseen ya el mismo carácter de los núcleos originales (*EEE*, 127 y ss.).

Diversos documentos del poeta[74] demuestran un gran interés por el «corpus» de *Alerta* y evidencian una atención y una dedicación que, hasta este momento, ha dado escasos frutos. Es cierto que algunos textos han sido recogidos ya —bien que anárquica y desordenadamente— en las varias antologías existentes de prosa del poeta. Reunidos todos los textos ya editados, éstos no dan, sin embargo, una

73. *Crítica paralela, op. cit.*, 288 n. 2.
74. Así, su carta a Gastón Figueira (*CL*, 101); «Notas a dos aspectos de Bécquer» (¿inédito?); «Un buen tema» (*AO*, 229 y ss.).

idea aproximada del relieve que el poeta, en los documentos citados, confiere a *Alerta*. Ello me animó a insistir en la búsqueda de nuevos textos y, como fruto de esta insistencia, hoy puedo ofrecer alrededor de una veintena de inéditos verdaderamente relevantes. Y, lo que es más importante, a la luz de estos textos desconocidos, los ya impresos alcanzan su dimensión auténtica. Sacando estos últimos de los lugares en que arbitrariamente han sido colocados y reordenados de acuerdo con las nuevas aportaciones, forman un «corpus» unitario, rico, y coherente con las referencias que Juan Ramón hizo del mismo. [75]

75. Atendiendo a las instrucciones que Juan Ramón mismo adelanta en el «Prólogo jeneral» a *Alerta* (*TG*, 211 y ss.) y recogiendo los textos pertenecientes a este proyecto en cuatro grandes grupos —literatura española, literatura hispanoamericana, literatura en lengua inglesa y reflexiones poéticas aisladas—, el índice de *Alerta* quedaría como sigue:

0.—*Prólogo jeneral* (*TG*, pp. 211-217; y *AO*, pp. 242-248).
—Prólogo segundo (*CP*, pp. 288-293).
—Prólogo. Notas (inédito).
—Crítica. Prólogo jeneral (inédito).
1.—*Literatura española:*
—Prólogo jeneral: primera conversación (*CP*, pp. 270-275).
—El siglo modernista es auténticamente español (*CP*, pp. 267-269).
—San Juan de la Cruz y Bécquer (*CP*, pp. 276-282).
—Dos aspectos de Bécquer (*CI*, pp. 109-120).
—Notas a «Dos aspectos de Bécquer».
—Miguel de Unamuno (*CP*, pp. 282-288).
—Relijiosidad de Unamuno (inédito).
—Lado de Miguel de Unamuno (*CP*, pp. 300-305).
2.—*Literatura hispanoamericana:*
—Precedentes del modernismo español e hispanoamericano (inédito).
—Lectura segunda (inédito).
—El modernismo poético en España e Hispanoamérica (*TG*, pp. 218-235; y *AO*, pp. 249-267).
—A mi modo de ver (inédito).
—El verbo májico de Salvador Díaz Mirón (inédito).
—«Muerte es beldad». Un hermoso poema de Macedonio Fernández (inédito en parte).
—El otro lado de Rubén Darío (*AO*, pp. 277-282).
3.—*Literatura angloamericana.*
—Precedentes de la poesía moderna en los Estados Unidos (*CP*, pp. 293-294).
—Calidad poética moderna de los Estados Unidos (*CP*, pp. 294-300).
—En casas de Poe (*EEE*, pp. 123 y ss.).
—Walt Whitman (*AO*, pp. 274-275).
—El hábito hace al monje [sobre W. Whitman] (inédito).
—Los poetas contemporáneos: Robert Frost y Emily Dickinson (inédito).
—T. S. Eliot (*CP*, pp. 257-262).
—Cultura (Contra la civilización de Eliot) (inédito).
—Eliot, monstruo político y social (inédito).
—El problema poético [sobre T. S. Eliot] (inédito).
—James Joyce (*CP*, pp. 263-265).
—S. J. Perse (*CP*, pp. 265-267).
—Perse, poeta sobrelójico (inédito).
—Henry A. Wallace, el mejor (*CI*, pp. 201-207).
—Teresa Wilms Montts (*CI*, pp. 211-214).
4.—*Temas generales de teoría poética:*
—Estética de Lyuva Hendrich (inédito).
—Lo popular (*AO*, pp. 267-269).
—La ilusión (*CP*, pp. 205-206).
—Las manos (Cultura y cultivo) (*AO*, pp. 271-274).
—¿Fealdad? (*AO*, pp. 270-271).
—Belleza (*EEE*, pp. 192-193).
—La profundidad poética (inédito).
—Poesía (inédito).
—La pintura (inédito).
—Educación, no lejislación (inédito).
El índice completo de estudios que, sobre literatura hispanoamericana, preparaba Juan Ramón lo

Alerta, como anticipaba líneas más arriba, constituye —visto el índice— uno de los conjuntos más importantes de la historiografía del modernismo. A lo largo de las páginas que lo forman, Juan Ramón somete este movimiento a una revisión crítica que resulta hoy día de gran interés y de total actualidad. Sitúa en Bécquer el punto de partida de toda la renovación llevada a cabo por la poesía española del siglo xx; otorga, en esta renovación, un papel importante a «los poetas regionales y del litoral», los cuales sirven al modernismo de engarce con la eterna y auténtica tradición popular española, puesta de relieve por el krausismo; y reconoce en el simbolismo francés y europeo el fondo ideológico —gótico, dice él— más importante de la nueva estética. Es importante, también, el relieve que Juan Ramón concede, en la configuración del modernismo, a la obra de Góngora, a Gracián, al Greco y a la música gregoriana.

Tales corrientes, según Juan Ramón, constituyen el «humus» en el que dos figuras capitales —Unamuno y Darío—, interpretando cada uno a su modo la herencia becqueriana, sembrarán las semillas de toda la poesía española moderna. Modernismo y 98, en la crítica de nuestro poeta, se confunden en una sola orientación literaria, en la que vienen a confluir dos direcciones paralelas e inseparables: una ideológica y otra estética, hijas legítimas ambas del complejo espiritual de fin de siglo. El auténtico modernismo español surge cuando la carga ideológica unamuniana y la profundidad estética de Darío, unidas, producen una sola obra. Cuando las innovaciones estéticas no encuentran «un fondo de tesoros mentales» (*C*, 42) en que asentarse, surgen, por el contrario, los falsos modernismos, las desviaciones: colorismo, exotismo... Teniendo en cuenta todos estos factores, Juan Ramón elabora, a continuación, la nómina del movimiento modernista.

Otra de las cosas, que Juan Ramón intenta demostrar en *Alerta*, es el alcance universal de dicha renovación. El modernismo es, afirma una y otra vez el poeta, un fenómeno de época y no un «movimiento» de carácter nacional, con mayores o menores repercusiones. Por ello, sus presupuestos básicos afectan a todas las literaturas nacionales (Portugal, Brasil, Rusia, Italia, Francia) y se manifiestan en todas las artes (música, pintura, escultura...).

En el primer momento de la renovación modernista, los presupuestos de dicha renovación son universales, perceptibles por igual en los rusos Andrey Biely, Balmont, Blok, e Ivanov; en los ingleses, Willian Butler Yeats, Swinburne y Francis Thompson; en los alemanes Rilke y Stefan George; en el austríaco Hofmannsthal; y en los italianos, d'Annunzio y Ungaretti (*CP*, 309). Más tarde, sin embargo, los

conocemos por sus «Notas a dos aspectos de Bécquer». El estado definitivo de dicho índice habría de quedar así:

I.—M. Gutiérrez Nájera.
   Julián del Casal.
   Salvador Díaz Mirón.
   José Martí.
   José Asunción Silva.
II.—Rubén Darío.
   Guillermo Valencia.
   Leopoldo Lugones.
   Ricardo Jaimes Freyre.
   Enrique González Martínez.
   Amado Nervo.
   Leopoldo Díaz.
   José Juan Tablada.

poetas de habla inglesa serán los que marquen la pauta de renovación y de modernidad: «El desarrollo natural [de la poesía] de esta época —dice nuestro autor—
viene de Estados Unidos, cuya poesía [...] es la más natural de la época».

Los aforismos

Desde 1906, como ya apunté anteriormente, se convierte el aforismo en el
cauce más frecuente y abundante de la poética juanramoniana. Superada la etapa
más polémica del modernismo, la crítica cede terreno a la reflexión poética, y ésta
se desenvuelve especialmente, en Juan Ramón, a través de un *genus dicendi* muy
específico: el aforismo. Le ofrece este cauce al poeta una forma de expresión,
mucho más apta que la crítica, para la reflexión íntima y la exposición estética.
Escribió Juan Ramón aforismos hasta fechas próximas a su muerte y, por sus
afirmaciones —como cuando dice que «hace tiempo que tiene limitada su producción a la poesía lírica, al aforismo y al libro de prosa poemática» (*JRVV*, 48)—,
podemos deducir la importancia que concede a esta faceta de su producción. Lo
que vale, al tiempo, de denuncia de la escasa atención crítica que hasta ahora se le
ha prestado a la misma.

Es muy difícil calcular el número exacto de los aforismos juanramonianos
—las cifras que distintos documentos del poeta nos ofrecen oscilan entre 5.000
y 10.000 aforismos (*CcJR*, 82)—, y no menos difícil resulta, asimismo, precisar
su carácter e intentar definirlos como género. Su función —dentro de la obra total
de Juan Ramón— resulta, no obstante, fácil de adivinar por unas palabras del
poeta, dirigidas a Ricardo Gullón: «*Aforismos* —le dice— debe ser un libro inicial, porque es el verdadero prólogo a mi obra [...]» (*CcJR*, 133).

Las referencias del poeta a los aforismos son raras hasta 1930. Había ido
adelantando algunas series en *España*, sobre todo. Pero sólo hacia 1931 trabaja Juan Ramón en «ver si puede dar este año [...] otro [libro] de aforismos
que tiene dispuestos» (*JRVV*, 74). A partir de estas fechas, los intentos de ordenación de los aforismos serán continuos, aunque su proyecto nunca cuajó en
libro. Por una carta dirigida a Enrique Canito (*SC*, 298)[76] sabemos que al final de
su vida tenía preparados, para su edición, unos 5.000 aforismos y la cifra, en este
caso, parece fiable, porque por las mismas fechas (desde el 20 de febrero de 1953),
Juan Ramón trabajaba con Max Aub en un proyecto firme de edición de los mismos e incluso tenía dispuesta ya su ordenación y recuento:

> Va por correo aéreo y certificado —escribe Juan Ramón a Max Aub— el primer cua-
> derno de «*Crítica Paralela*». Son ahora 15. Los doy así, porque no es posible tolerar una
> serie mayor de aforismos, como no sea en obras completas. Pero no creo que haya en el
> mundo [...] nadie que haya escrito más aforismos que yo. Empecé a escribir a los
> 18 años. El primero fue este: «Orden en lo esterior, inquietud en el espíritu» (SC, 338).

El proyecto —otro más de los muchos del último Juan Ramón— no se llevó
a cabo, y en 1954 (*SC*, 322) sigue preparando su publicación, dentro ahora del
conjunto de su obra total. De la carta a Max Aub interesa destacar lo temprano

---

76.   «Le envío —escribe Juan Ramón a Enrique Canito en 1953— una pájina curiosa: unos 50 aforismos inéditos, escritos entre mis 18 y 24 años, 1899-1905. Son mis primeros aforismos. En este tiempo
no me ocupaba yo mucho de publicar mis escritos en prosa, y tengo miles de pájinas, que ahora me
manda Guerrero Ruiz de Madrid. Estoy reuniendo un libro de unos 5000 aforismos, desde 1899 a hoy...
Además estoy preparando el volúmen de conferencias» (*SC*, 298).

que Juan Ramón dice iniciar esta producción. Según él, empieza a escribir aforismos en 1899, y el interés por esta forma de expresión se mantiene todavía vivo en la última etapa de su vida. Nos damos cuenta de ello a lo largo de todas las páginas del libro de Ricardo Gullón, *Conversaciones con Juan Ramón*, donde también el poeta data sus primeros aforismos en los inicios del siglo xx. Pero aquí, por encima de referencias ocasionales, hay un texto interesante, ya que en él Juan Ramón da una pauta para entender la función y carácter que él confiere al aforismo. Dice Juan Ramón: «Alguna vez picaba en los moralistas. A Pascal, La Rochefoucould y Chanfort los conocía a los veinte años y yo creo que en ese tiempo y por influencia de ellos empecé a escribir aforismos» (*CcJR*, 101-102).

Por estas palabras, unidas al estudio crítico de los textos, se puede deducir que el poeta, en un principio, adoptó la forma del aforismo para reflexiones de carácter personal y ético, como expresión sentenciosa, sintética y fragmentaria, apta para unir reflexiones nacidas de sus lecturas filosóficas. Queda confirmada esta intuición por los primeros aforismos que he podido documentar, pero, poco a poco, en manos de Juan Ramón, la forma del aforismo evoluciona y, cuando empieza la publicación de los mismos, en las series que dio para *El sol* y *España*, son ya un instrumento ágil de crítica o de reflexión poética, «de ética estética»[77]. Tal conversión de un «genus» de reflexión ética en cauce de formulación estética, aunque es real, no debe producir equívocos. Como veremos a la hora de estudiar su poética, ética y estética en Juan Ramón están, a lo largo de toda su obra, indisolublemente unidas. No es posible, pues, sugerir, siquiera, una división de sus aforismos en aforismos de ética y aforismos de estética. La única división que éstos admiten es la que les dio el propio poeta: la temática[78]. Siguiendo un criterio temático, Juan Ramón mismo hablará, al final de su vida, de 52 series de aforismos (*CcJR*, 133). Las distintas series que publicó en vida conservan una profunda coherencia y trabazón temática interna: cada aforismo completa la idea del anterior y adelanta la del siguiente. Luego, sin embargo, cuando en las antologías del poeta se recogen algunas de estas series, el orden de los aforismos se altera arbitrariamente, con lo que el pensamiento que los unifica queda torpemente deformado.[79]

Creo que en los distintos apartados anteriores quedan sucintamente descritas las líneas esenciales, en que vierte Juan Ramón su pensamiento sobre la poesía. Es cierto que, a los núcleos ya citados, habría que añadir ahora los retratos de *Españoles de tres mundos* y muchos de los poemas de libros como *Eternidades*, *Piedra y cielo* o *Belleza*. Por razones que anteriormente expliqué, dejo a un lado, sin embargo, tanto los poemas como los retratos. Acudo a ellos, siempre que lo creo necesario para apoyar mis juicios sobre la poética de Juan Ramón. Pero he pensado que, por su propia peculiaridad, no tenían sitio en el «corpus» que reclama ahora mi atención.

77. Manuel García Blanco [«Juan Ramón Jiménez; cartas y libros de un poeta», *Asomante*, XIII, 2 (1957), 79-84] afirma de los aforismos de Juan Ramón que «son las más simples críticas posibles».
78. Michael Predmore (*La obra en prosa...*, op. cit., 176) distingue tres grandes temas en los aforismos de Juan Ramón: los que giran en torno a su obra (reflexión estética); los de crítica literaria (crítica); y los que versan sobre la vida «en sus aspectos más filosóficos» (ética).
79. En «Nota genérica sobre el aforismo juanramoniano» [*El ciervo*, XXX, 364 (1981), 21-22] completo el estudio de esta producción de nuestro autor en los siguientes puntos: origen; vigencia del género en la literatura del siglo xx; relación del aforismo con una corriente intimista y de interiorización que hunde sus raíces en el siglo xix; y adaptación del aforismo a la expresión poética y a la reflexión teórica.

Primera Parte

CAPITULO I

ETAPA PRELITERARIA

PUNTO DE PARTIDA

Coincide el acercamiento de Juan Ramón a la literatura con la manifestación en su biografía de una serie de crisis ideológicas y religiosas, que, simultáneas a un momento histórico «negativo e incrédulo», motivarán su obra primera y orientarán sus preferencias literarias.

Parece ser que no existen dudas sobre la filiación modernista de la primera poesía juanramoniana. Con todo, la crítica tradicional del modernismo ha hecho hincapié en una serie de puntos que, en lo que a Juan Ramón atañe, deben aclararse. Se ha puesto muchas veces de relieve la «preferente orientación estética» de los mentores del modernismo español, así como la de sus lecturas. Sin embargo, desmontados —como tan manifiestamente lo han sido ya— los esquemas discriminatorios que sentó Díaz-Plaja para el estudio de este movimiento, el propio Juan Ramón demuestra que «*en España [...] el modernismo que influye más es el modernismo ideológico alemán y setentrional*» [1]. La misma crítica [2] ha hablado también, a partir de ciertas poses modernistas frente a la vida burguesa de la Restauración, de «falsificación estética de la vida», desde la literatura y en favor de la literatura; y, subrayando el «tono melancólico» de ésta, se ha puesto de relieve su actitud «escapista y evasiva». Nada, en mi opinión, más lejos de esta reducción simplista que la poesía de principios de siglo y, en concreto, la obra juanramoniana.

1. Así lo afirma Juan Ramón: «En España [...] el modernismo que influye más es el modernismo ideológico alemán y setentrional. Unamuno traduce entonces a Schopenhauer, Angel Ganivet lee a Ibsen y a Bjorson y escribe sobre ellos, influidos ya sobre Alemania; Pío Baroja copia a Gorki, José Martínez Ruiz calca a Anatole France. Son más bien ideológicos que estéticos, si se exceptúa a Valle-Inclán, que copia a d'Annunzio y a Rubén Darío» (*CP*, 306). Otra cosa, distinta a lo pretendido por la crítica, es que las lecturas filosóficas que Juan Ramón anota fuesen, como señala Azorín [«Los balcones de la Gobernación», en *Dichos y hechos* (Barcelona: 1957), 283], mayor estímulo para la sensibilidad que para la inteligencia. Hoy, a la vista de los estudios que Gilbert AZAM [*L'Oeuvre de J. R. Jiménez* (Paris: Honoré Champion, 1980), 121 y ss.] ha dedicado al tema, no existe duda razonable alguna sobre el parentesco existente entre modernismo religioso y modernismo literario.

2. Como resumen, que engloba las críticas más frecuentes que ha sufrido la obra de Juan Ramón, baste citar, de Luis CERNUDA, sus *Estudios sobre poesía española contemporánea* (Madrid: Guadarrama, 1957), 121-135.

En el poeta de Moguer, vida y obra poética se resuelven, como una sola y misma cosa, en *Unidad y Sucesión*. La poesía deja de tener una función representativa, para convertirse en «vis creativa» de espiritualidad, a cuyo través el poeta se plantea toda su existencia y define las respuestas que la vida provoca en él. Es *la obra* el camino para un mayor conocimiento de la vida y la búsqueda de una respuesta satisfactoria a los enigmas que la existencia plantea. Por eso, en la obra se trasluce siempre la tensión entre creación estética y enriquecimiento interior, la «lucha con lo esterno —dirá Juan Ramón— para conseguir en plenitud lo interno» (*EEE*, 290). En última instancia, creación y empleo poéticos no son nunca «evasión» para Juan Ramón. Encarnan, antes que una exigencia estética, un doloroso imperativo ético que ha de acordar vida e ideal. «La desgracia del poeta —en palabras de Juan Ramón— está en que tiene que vivir al mismo tiempo en dos mundos. Y en que, siendo superior en su mundo, exije de su hombre y de su nombre que sea superior en acción y manera en el mundo del hombre».

A partir de la crisis histórica de fin de siglo [3], coincidente con la crisis personal que se documenta en la biografía de nuestro poeta, descubrimos en su acercamiento a la literatura la *búsqueda* de unos contenidos que viniesen a llenar —con un «fondo de religiones muertas», dirá «Clarín»— el vacío ideológico producido por la quiebra de los valores tradicionales. Toda la generación de Juan Ramón está preocupada, simultáneamente, por problemas de estética y problemas de valores últimos. La combinación de preocupaciones espirituales, arte y experiencia, viene a cumplir el mundo de aspiraciones que había dejado vacío la citada crisis religiosa e ideológica. La creación está condicionada, pues, por el sustrato existencial de la crisis personal y, en consecuencia, se define como traducción u objetivación del alma del poeta (*JRVV*, 264). Representa ello una concepción del hecho literario opuesta tanto a la «literatura amena» de Juan Valera [4], como a la «lógica rimada» de Campoamor, por citar tan sólo dos de las ideas decimonónicas que van a ser superadas. Frente a estas posturas, Juan Ramón manifestará su fe en la escritura como «aprendizaje para la vida», ya que —dirá él— «la poesía es práctica en sí misma, porque llena la parte más rica del hombre y su mayor necesidad [...]. Por eso le doy a la poesía un carácter de religión» [5]. En la creación se unifican, para el pensamiento de Juan Ramón, lo verbal literario y lo espiritual que se realiza en el silencio. La obra es, en definitiva, acicate y realización espiritual.

La misma identificación de soluciones vitales y estéticas, desde la perspectiva de la crisis del poeta, permanecerá constante a lo largo de su biografía y motivará el carácter disémico de la terminología empleada por Juan Ramón en la expresión de su teoría poética. Términos como *sencillez, perfección, desnudez* —que tan mal han sido utilizados por la crítica— son a la vez, en Juan Ramón, ideales éticos y

3. Donald SHAW [*La generación del 98* (Madrid: Cátedra, 1977, 266 y ss.] hace referencia a la crisis finisecular, precisamente, desde esta perspectiva: la transformación o el paso del problema de España al problema de la alienación del hombre, con lo que la crisis finisecular se universaliza y, a la vez, se hace interior.
4. Véase «El arte por el arte» [en *Obras Completas*, t. III (Madrid: Aguilar, 1958), 1385 y ss.] Este texto puede ser considerado como la antítesis de la poética juanramoniana. Estimó siempre Juan Ramón, sin embargo, la traducción que Valera hizo de Longo (*LPr*, 134). Véase *Dafnis y Cloe*, con traducción e introducción de Juan Valera (Barcelona: Círculo de Lectores, 1977).
5. Estas palabras revelan en Juan Ramón la herencia recibida, a través del krausismo, de la filosofía y teología idealistas alemanas. Véase Richard A. CARDWELL, *Juan Ramón Jiménez: The Modernist apprenticeship, 1875-1900* (Berlin: Colloquium Verlag, 1977), 49.

principios estéticos. La *estética* juanramoniana será siempre, por ello, *ética estética*; la creación se cargará de significación metafísica; la conquista de la palabra y del lenguaje será conquista y realización personal: creación de una nueva espiritualidad y solución a la crisis religiosa: entrar «en poesía como se entra en religión». *Espíritu* y *belleza* son términos sinónimos en la teoría de Juan Ramón. La obra crea al poeta y, en la medida en que las palabras nacen en su interior, la humanidad de éste se eleva: «Ignoro —dice en 1912— si el arroyo, la mariposa, el árbol, tienen voluntad de perfeccionamiento. Yo la tengo, eso sí. Mas esto tampoco vale nada, porque creo que todos, cada uno en sus empresas, ideales o materiales, tiene un deber estricto de perfección» (*C*, 97).

Tomando estos puntos como hipótesis de trabajo, pretendo ver de qué forma la vida de Juan Ramón Jiménez responde a la de un integral hombre de letras. No trato, en las páginas que siguen, de construir una nueva biografía del poeta [6], sino de recuperar, a partir del complejo significativo de su evolución intelectual, el fundamento *conciente* que el poeta, en su crítica, exigía siempre del creador. Si la crisis espiritual nos da la clave de la estética juanramoniana, es preciso ver todavía cómo dicha estética engrana y se desarrolla al hilo del contexto cultural en que se desenvuelve. Especial atención quiero poner, ya que a un sector de la crítica juanramoniana le ha gustado presentar a este poeta como un hombre de escasas lecturas [7], en seguir el proceso de su formación intelectual y literaria.

---

6. Entre las biografías existentes sobre nuestro poeta hay que destacar la de Antonio CAMPOAMOR GONZÁLEZ [*Vida y poesía de Juan Ramón Jiménez* (Madrid: Sedmay, 1976)]; la de Isabel PARAÍSO DEL LEAL [*Juan Ramón Jiménez. Vivencia y palabra* (Madrid: Alhambra, 1976)], que, a pesar del enfoque psicocrítico con que pretende examinar la obra del poeta, se queda en mera biografía; y finalmente, todavía hoy la más completa, la de Graciela PALAU DE NEMES [*Vida y obra de Juan Ramón Jiménez* (Madrid: Gredos, 1957)]. Por una carta del poeta a Enrique Díaz-Canedo (6 de agosto de 1943) sabemos, además, que el propio poeta llevaba años trabajando, por esas fechas, en «una *Vida*, en la que hablo —escribe Juan Ramón— de mi obra, de mí y mucho de lo circundante. Este libro va muy adelantado y pronto empezaré a publicar fragmentos de él en las revistas» (*C*, 376). En los archivos del poeta («Archivo Histórico Nacional» de Madrid y «Sala de Zenobia y Juan Ramón» de la Universidad de Puerto Rico) se encuentran, efectivamente, bajo el epígrafe *Vida*, algunos documentos, estudiados con exactitud por Graciela Palau de Nemes (*op. cit.*). Aunque evidentemente desbordan lo autobiográfico, pueden citarse también en este capítulo los libros de Ricardo GULLÓN [*El último Juan Ramón* (Madrid: Alfaguara, 1968)] y Bernardo GICOVATE [*La poesía de Juan Ramón Jiménez* (Barcelona: Ariel, 1972)]. Los recientes trabajos de Ignacio Prat sobre los primeros años de la vida del poeta han añadido a las biografías ya existentes muy justas precisiones [«Juan Ramón Jiménez en Burdeos. 1901-1902. Nuevos datos», *In*, XXXIII, 385 (1978), 1 y 12; así como «Aragón y Juan Ramón Jiménez», en *Heraldo de Aragón* (10 de febrero de 1980).

7. Ya en 1899, la crítica (*TG*, 222) saluda a Juan Ramón como «el más pensativo de nuestros jóvenes poetas»; Juan Guerrero Ruiz podía decir de él, en 1913, que demostraba, «citando ejemplos de todos los países [...], una cultura prodigiosa y una memoria felicísima»; para añadir luego: «seguramente no hay en España un espíritu mejor ilustrado, más culto que el de este hombre admirable» (*JRVV*, 31). Frente a estos testimonios, existe, incluso hoy, una crítica que, con lamentable frecuencia, se empeña en presentar la figura de nuestro poeta vacía de todo contenido ideológico sólido. Véase, al respecto, de José BERGAMÍN, «Las telarañas del juicio» [*El hijo pródigo*, IV, 13 (1944), 11-20]; y de Luis CERNUDA, «Juan Ramón Jiménez» [*BHS*, XIX (1942), 163-168]. Estas opiniones quedan desacreditadas totalmente a la vista de la descripción de lecturas juanramonianas que hace Bernardo GICOVATE (*op. cit.*). En el mismo sentido, véase también, de Rafael FERRERES, *Verlaine y los modernistas españoles* (Madrid: Gredos, 1975), 177; de Gonzalo SOBEJANO, *Nietzsche en España* (Madrid: Gredos, 1967), 604-607; de gran interés son también los datos concretos que SAZ-OROZCO, en *Desarrollo del concepto de Dios en el pensamiento religioso de Juan Ramón Jiménez* [Madrid: Razón y fe (1966), 39-52], aporta sobre las lecturas que, por los aledaños del modernismo religioso, realizó Juan Ramón en casa del Doctor Simarro; también, de Harriet S. STEVENS, «Emily Dickinson y Juan Ramón Jiménez» [*CHA*, LVI, 166 (1963), 29-49]; de Angel M. AGUIRRE, «Juan Ramón Jiménez and the french simbolist poets: influences and similarities» [*RHM*, XXXVI, 4 (1970-1971), 212-223]. Es el propio Juan Ramón, no obstante, quien reiteradas veces afirma: «yo no soy un poeta que no lee, sigo la marcha filosófica, relijiosa, social, artística y literaria del mundo» [Véase Daniel PINEDA, «Tres cartas inéditas de Juan Ramón Jiménez», en *CHA*, 300 (1975), 656]

PRIMERAS LECTURAS

Sin necesidad de salir de su círculo familiar, podemos documentar la raíz y el origen de las dos constantes que, según el propio Juan Ramón, recorren toda su biografía literaria y conforman el carácter básico de su obra poética: el elemento popular y el romántico. En efecto, en la biblioteca de su casa disponía Juan Ramón de varias ediciones del *Romancero* [8], cuya temprana lectura justifica su atracción por la poesía tradicional y *popular*; igualmente, a través de las obras francesas heredadas de su tío, entra en contacto con los poetas románticos del país vecino: Musset, Lamartine y Hugo, entre otros. Según Graciela Palau de Nemes, en referencia que no he podido comprobar, posee también en la biblioteca paterna una antología de poesía alemana que recoge poemas de Goethe, Schiller y Heine. Tenemos noticia, asimismo, de su temprano conocimiento de *Las mil y una noches* y de alguna antología de poesía arábigo-andaluza [9]. Tales lecturas, desde muy pronto, van a ir definiendo su gusto por lo popular y la personalidad romántica que vertebra toda su obra.

Ya en el colegio de jesuitas, en el puerto de Santa María, por medio de la antología escolar que allí era preceptiva [10], puede Juan Ramón profundizar en el estudio y conocimiento de la poesía francesa, siendo, probablemente, dicha antología la que lo familiariza también con la obra de los moralistas franceses, tan influyentes —a juzgar por las palabras del propio poeta [11]— en su poesía y en su poética futuras. Conoce asimismo en esta época, y lee apasionadamente, el *Kempis*. En el colegio estudia también la poética de Horacio, cuya *Epistola ad Pisones* Juan Ramón

8. Véase Graciela PALAU DE NEMES, *Vida y obra...*, op. cit., 82. Se conserva todavía en la biblioteca del poeta la edición que J. Menéndez Pidal hizo de *Poesía popular. Colección de romances viejos que se cantan por los asturianos* (1885).

9. *Ib. id.*, 82. Graciela Palau de Nemes toma estas referencias de las *Conversaciones* del poeta con Ricardo Gullón (pp. 101-103) y de un texto hoy recogido en *Libros de prosa*, con el título «Mis primeros romances» (pp. 1225 y ss.). No identifica, sin embargo, las antologías concretas a que el poeta se refiere en los citados textos.

10. *Morceaux Choisis de littérature française (depuis le XVIe siècle jusquà nos jours)* (Paris-Castellón: 1840).

11. Según inédito de la «Sala de Zenobia y Juan Ramón», catalogado con la signatura J-1/143 (1)/58. El texto no lleva título, pero figura al frente la siguiente referencia: «Para antes de los primeros aforismos de *Ideolojía*, en *Metamorfosis*».

ensalza entusiasmado y [nos] dice que cuando ha repasado sus cuadernos del colegio le ha sorprendido encontrar las anotaciones que él ponía al estudiar esta *Epístola*, viendo con alegría que iba directamente a señalar lo mejor sin equivocarse (*JRVV*, 93-94).

Este dato de la formación de Juan Ramón suelen omitirlo sus biógrafos y, sin embargo, el elemento horaciano, y en general la base clásica, está presente y tiene especial importancia en los poetas del grupo que luego congregará *Helios*. Víctor García de la Concha [12] demuestra la presencia del elemento horaciano en Ramón Pérez de Ayala, formado como Juan Ramón en los jesuitas. En lo que al poeta de Moguer se refiere, Horacio está presente, sin duda, en el origen de su ética estética, determinando de forma clara muchos de sus aforismos: «La soledad del sabio es el ideal perfecto» es uno de los primeros suyos (*C*, 42). Después (1905-1912) Juan Ramón leerá también a Ovidio y Virgilio (*C*, 86).

Mucha menos importancia concedía la enseñanza jesuita a la literatura española última. El *Manual de retórica y poética* [13], básico en dicha enseñanza, fundamentaba sus asertos en citas, sobre todo, de los clásicos latinos —Quintiliano, Cicerón, Virgilio y Horacio—; de los españoles de la época áurea —Góngora, Cervantes, Quevedo— y de los neoclásicos. Espronceda representaba el punto máximo de modernidad alcanzada por dicho *Manual*. Los textos allí recogidos suponen, con todo, el primer acercamiento reflexivo de Juan Ramón a la literatura española.

Pueden concretarse, pues, los centros de mayor atracción de las lecturas del primer Juan Ramón en tres direcciones: la poesía romántica, especialmente las *Orientales* de Víctor Hugo, «muchas de las cuales sabía de memoria» (*CcJR*, 102); el *Romancero*; y, finalmente, la literatura de reflexión —el *Kempis* y los moralistas franceses, Pascal y Chanfort—. Tradición romántica europea, elemento popular y afición a la prosa de contenido ético definen el inicio de la lectura y escritura juanramonianas. [14]

En la época de su estancia entre los jesuitas surgen los primeros versos del poeta, como recuerda un papel que transcribo a continuación:

[...] Y sobre mi libro de Historia de España, o sobre mi Gramática Latina, dejé unos versos libres y tristes que tenían lágrimas y campanas de muertos. El corazón no sabría decir por qué se marchitaba. Y lo que yo sentía en mi alma era la tristeza de la música errante y antigua [...].
Nació la primera rima, donde el corazón llora su nostalgia con un ensueño falso de campanas de muertes [...] (*LPr*, 74).

12. *Los senderos poéticos de Ramón Pérez de Ayala* (Oviedo: Archivum, 1970), 125 y ss. Debería, en este sentido, matizarse, pues, la afirmación del siguiente texto de Cernuda: «[...] el comienzo de nuestra poesía contemporánea marca la cesación de todo contacto vivo con la poesía del mundo clásico, latina y helénica» (*Estudios sobre poesía...*, op. cit., 27). Es evidente que el mundo grecolatino, recreado por la poesía parnasiana, dejó sentir también su influencia en la poesía española de principios de siglo. En concreto, sabemos que *Besos de oro*, el libro que Juan Ramón rompió después de una de sus crisis religiosas, era, en parte, un libro de «fábulas mitológicas». Cfr. Francisco GARFIAS, *Juan Ramón Jiménez* (Madrid: Taurus, 1958), 75.
13. Nicolás Latorre y Pérez (Jerez de la Frontera, El Guadalete, 1890). Para una nómina completa de los manuales escolares de Juan Ramón Jiménez, véase a Gilbert AZAM, *op. cit.*, 71.
14. Para más referencias sobre las primeras lecturas del poeta, véase su «Habla el poeta», *Renacimiento*, VII (octubre de 1907), 422-425.

CRISIS RELIGIOSA Y OPCION ESTETICA

El comienzo de la escritura de Juan Ramón, como ya he anticipado, es simultáneo y está íntimamente relacionado con la manifestación en su biografía de una aguda crisis religiosa.

De su infancia [15] en Moguer quedan muy pocos testimonios, pero, entre sus recuerdos, el poeta destaca su inclinación a la soledad y su desconcierto ante los convencionalismos: su «horror instintivo al apólogo, como a la Iglesia, a la guardia civil, a los toreros y al acordeón» [16]. Creo que tenemos aquí, sucintamente esbozada, la clave afectiva de muchos de sus rechazos estéticos y, en concreto, la del rechazo del cristianismo tradicional. Fue este «horror instintivo a la Iglesia» el que determinó, en el choque del espíritu del poeta con el formalismo religioso de la enseñanza jesuita [17], la aparición de la crisis espiritual juanramoniana. En este clima de crisis, la lectura que el poeta hizo del *Kempis* [18] deja una profunda huella en su espíritu y motiva su definitivo retraimiento. De los veintisiete párrafos que Juan Ramón subraya en *La Imitación*, quince versan sobre la vida contemplativa, como huida del mundo y preparación espiritual personal. Venía a coincidir, pues, Juan Ramón, por la vía del *Kempis*, con el espíritu heterodoxo, intimista y personalista del modernismo religioso de la época [19]. Como testimonio de la crisis, nos encontramos con un temprano soneto —1896— que ha suscitado gran interés en la crítica. El soneto se titula «Plegaria»:

Tú, Señor, que de tierra me has creado
¿Por qué me has de volver a sucia tierra?
¿Por qué me has de matar? ¡Yo amo la guerra!
¡No quiero ser tan pronto derrotado!

15. Son varios los textos de Juan Ramón en los que él mismo ensaya, de forma sucinta, algunas notas para su biografía. Un número importante de dichas notas ha sido recogido con el título «Vida y época» en *Libros de prosa* (pp. 1187-1243). Véanse también los «Recuerdos inéditos», recientemente publicados por Arturo del VILLAR [*NE*, 4 (1979), 5-6].
16. *Platero y yo*, CXXV: «La fábula». Se suma Juan Ramón, de esta forma, a la postura adoptada por su generación contra la fenomenología restauracionista: la espada de los militares, la coleta de los toreros, la iglesia...
17. Para situar y determinar dicho choque, basta recordar las palabras de Ramón Pérez de Ayala que hacen referencia a su propia crisis religiosa: «He perdido —dice el escritor asturiano— otro divino tesoro que es la fe. Pero en cuanto le diga que estudié seis años con los jesuitas [...] se explicará Vd. fácilmente esta pérdida» [*El imparcial* (11 de abril de 1904)].
18. Utilizó Juan Ramón la edición de Barcelona: V. e H. de Subirana, 1882.
19. Gilbert AZAM, *L'Oeuvre...*, op. cit., 72.

Mi pensamiento busca el ignorado
palacio en donde la Verdad se encierra
y a conseguir esa Verdad se aferra
y gime y se revuelve encadenado...

Yo creo en Ti; mas abre mis prisiones;
deja que siempre vague por el mundo;
deja que libre vuele al fin mi mente...

¿Han de servir mis blancas ilusiones
para comida del gusano inmundo?
¡No me importa luchar eternamente! [20]

Un estudio desinteresado de los materiales del poeta demuestra que la crisis surge en los últimos años de su estancia en el colegio o, justamente, a la salida de éste. Asegura el propio Juan Ramón, refiriéndose a «Plegaria»:

Cuando escribí este soneto, uno de los primeros que escribí —tenía yo quince años [1896] y aún me duraba *el miedo a Dios*, que los jesuitas me imbuyeron hasta los catorce años—, creí que había cometido un irreverente atrevimiento, una osadía tremenda, y durante una temporada *estuve esperando que Dios me fulminara...* (*LPr*, 1223).

El texto describe perfectamente la fenomenología del conflicto religioso y nos permite documentar éste ya hacia 1896. Además, claramente, en él se hace referencia directa al contexto jesuita que motiva la crisis.

En este último sentido, existe todavía otro texto del poeta, que nadie cita y que es, a mi modo de ver, mucho más interesante, porque viene a confirmar lo que Cardwell en su estudio [21] ya había intuido. Recordando su adolescencia, dice Juan Ramón en carta a G. Palau de Nemes: «me veo con mi fantasía infantil asesinada y enlutada por la enseñanza jesuítica. Porque yo entonces soñaba con cosas bellas, pero creía que no valía la pena escribirlas» (*C*, 391). Este segundo texto proyecta referencias de interés sobre los condicionamientos que «la crisis espiritual» va a ejercer en la génesis del interés estético y literario del poeta y, con el anterior, nos remite a una época de la vida de Juan Ramón —su estancia en el colegio del Puerto—, localizando en ella, a la vez, los conflictos religioso y estético que están en el origen de su actividad creadora. En la quiebra de los valores religiosos representados por la enseñanza jesuita, Juan Ramón busca con su obra de creación «una forma de reconocerse íntima y exteriormente ante la vida». Es importante recalcar, pues, que la crisis religiosa del poeta, según se intuye en el último de los textos citados, tiene ante todo una causa estética: la oposición al concepto

20. «Plegaria», *Vida Nueva*, 67 (17 de setiembre de 1899), 2. Nos sitúa este soneto, frente a lo afirmado por Saz-Orozco (*Desarrollo del concepto de Dios...*, op. cit., 22-23), en el centro de la crisis religiosa de Juan Ramón, producida, precisamente, a partir de la experiencia de un Dios, ajeno al dolor de la humanidad, que está «bañándose en su azul de luceros», mientras se mueren los niños. Dicha crisis provoca en nuestro autor una personal y dolorida interpretación de lo religioso, que desemboca en «la creación de un *dios* por la poesía en la "ciclópea arquitectura espiritual" de *Dios deseado y deseante*» [Cfr. Carmen Conde, «Cuando los poetas hablan de Dios: Juan Ramón Jiménez», *Rueca*, III, 9 (1943-1944), 2]. Tampoco puede hablarse, como hace Francisco Garfias, de que la muerte reciba en Juan Ramón un tratamiento meramente ornamental. Se trata, por el contrario, de conseguir, a través de la creación poética, una visión de la muerte que encaje en una armoniosa explicación de la existencia. Véase, al respecto, Richard A. Cardwell, *Juan Ramón Jiménez...*, op. cit., 78. Cabe, entonces, situar el pensamiento de Juan Ramón en la misma línea que marca el prólogo de Castelar a *Follas novas*, de Rosalía de Castro: «Nada en la realidad tan repugnante, ni nada en el ideal tan hermoso como la muerte». Recientemente, un buen estudio sobre la aparición y significado del tema de la muerte en Juan Ramón Jiménez ha sido realizado por Gilbert Azam, op. cit., 558 y ss.

21. *Juan Ramón Jiménez...*, op. cit.

de belleza que implica el cristianismo tradicional[22], «que pretende cubrir con sombras amarillas la divina belleza: los primeros fanáticos representaron a Jesús viejo y repugnante [imaginería tradicional]; las monjas quisieron valles para sus pechos y creen en una humildad miserable y mal oliente. ¡Malditos los asesinos de nardos, los asesinos de besos, los asesinos de carnes tibias, blancas y fragantes! Por mi lira, pido justicia de amor, para tales asesinatos» (*LPr*, 132).

A la vista de este texto no debe extrañar que, tras el rechazo de la ortodoxia cristiana, Juan Ramón oriente su obra a la exaltación de la belleza absoluta. «Autocrítica»[23] es testimonio de la nueva fe. En el tránsito, sirviendo de vía, están las metas estéticas de la doctrina krausista. La creencia intuitiva —tan claramente expuesta en *El trabajo gustoso*— en el valor del arte como actividad espiritual, que puede suplir, de algún modo, la pérdida de los valores religiosos, procede del contexto krausista, a donde, a su vez, llega a través de Schleiermacher.[24]

El P. Saz-Orozco[25], haciendo un estudio de «Plegaria» y de las primeras composiciones religiosas y «devotas» del poeta, fija la fecha de la crisis hacia 1903 y afirma que hasta ese momento su desarrollo religioso y espiritual no entraña nada anómalo y que nada da indicios de que su paso por el colegio de los jesuitas creara en él el conflicto religioso, que van a experimentar también, y a reflejar en su obra, muchos otros autores de su generación. Analizando el acercamiento del poeta a la *Imitación*, explica Saz-Orozco que éste se resuelve tan sólo en unos poemas de significación «moral», contra «el mundo de pasiones violentas y de brillo»[26]. Estudia, en este sentido, poemas como «A varios ¿amigos?», «¡Solo!», «Vidriera», «La víspera», «Aroma y lágrimas», «Otra oración a la Virgen», etc. Su tesis, sin embargo, es insostenible. Se equivoca el P. Saz-Orozco en la fecha de redacción propuesta para «Plegaria»; se equivoca también en la localización temporal de la crisis religiosa juanramoniana, porque, aunque liga ésta al contacto de Juan Ramón con el krausismo, retrasa dicho contacto a 1903, cuando desde 1896, en Sevilla, Juan Ramón conocía ya esta doctrina; y no acierta, finalmente, en la valoración de los poemas que elige para probar la ortodoxia de la primera poesía juanramoniana. Basta analizar el léxico de dichos poemas, para comprobar la presencia en ellos de unos contenidos y una problemática, que, de modo evidente, remiten a un contexto de acendrada tradición heterodoxa en la expresión de la crisis de fin de siglo. Alguno de estos poemas —«Vidriera» es un claro ejemplo— son ejercicios retóricos de preciosismo parnasiano y simbolista; otros —«La víspera»— son versiones literarias del tema prerrafaelista de las «Madonas»; otros, en fin, son trasunto de una religiosidad popular, de raigambre próxima al

---

22. Ha de ponerse en relación la enfermedad crónica del poeta con el sentido y profundidad del anhelo religioso y estético que alienta en toda su obra. Rechaza Juan Ramón una religión «irreconciliada con la vida» y, en este sentido, su «soñaba con cosas bellas» hay que verlo en relación con el «J'ai rêvé à de grandes choses» de Azaña que comenta Juan Marichal [Cfr. *La vocación de Manuel Azaña* (Madrid: Cuadernos para el diálogo, 1971), 94].

23. «Habla el poeta», *art. cit.*, 426.

24. Véase Richard A. Cardwell, *Juan Ramón Jiménez...*, op. cit., 49 y ss.

25. *Op. cit.*, 23-24. Saz-Orozco sitúa hacia 1903 (*op. cit.*, 35 y ss.) el comienzo de la crisis religiosa juanramoniana. No acepta, pues, la fecha de 1896, que Juan Ramón propone a «Plegaria». Richard A. Cardwell (*op. cit.*, 260) señala, sin embargo, que no hay razón para dudar de la datación que el poeta hace de este poema; el convencionalismo de la dicción de este soneto y su comparación con las versiones que existen revisadas de este mismo poema (*TG*, 221 y *LPr*, 1223) confirman la temprana fecha de su redacción.

26. *Desarrollo del concepto de Dios...*, op. cit., 23.

costumbrismo colorista de Rueda, confluyendo siempre hacia unos núcleos de espiritualidad «al margen de la ortodoxia», que van a ser importantes en la definición de la poesía modernista y que se hallan muy próximos —como ha demostrado Azam [27]— al modernismo religioso. La mixtificada suma de sensualismo erótico y espiritual búsqueda metafísica [28] —que, para Graciela Palau de Nemes y para Lily Litvak, define una de las corrientes más operantes en la espiritualidad finisecular [29]— va a marcar también la evolución del pensamiento del poeta de Moguer, apareciendo como núcleo originario de sus versos y de sus prosas:

> El Kempis y Francina
> ¡Dos cosas tan distintas!
> ... Pues ellas son mi vida.
>
> (*LIP*, 116).

Encuentran resonancia adecuada todos estos elementos —y a ellos deberían añadirse las corrientes gnósticas y herméticas de raíz swedenborguista y la lectura que los simbolistas hacen de la filosofía platónica y plotiniana— en la crisis religiosa que se manifiesta en Juan Ramón Jiménez, constituyendo un «como misticismo que hallare dentro del propio espíritu, divinidad, altar y adorador». [30]

Creo que este aspecto de la biografía de Juan Ramón, al que sus biógrafos no han dado la atención que se merece, tiene especial importancia, porque en él está el origen de la escritura juanramoniana y porque, además, desde él se explica el criterio selectivo que rige las lecturas del poeta y su adscripción a una estética y a unas corrientes literarias que dan cabida y son respuesta a la misma crisis.

27. *Op. cit.*, 225-257.
28. Richard A. CARDWELL (*op. cit.*, 72 y ss.) ha expuesto, con claridad meridiana, en qué consiste dicha búsqueda.
29. La fenomenología de la espiritualidad «fin de siglo» ha sido estudiada con precisión, en lo que toca a la obra del poeta de Moguer, por Graciela PALAU DE NEMES, «Tres momentos del neomisticismo poético del siglo modernista: Darío, Jiménez y Paz» [en *Estudio sobre Rubén Darío* (México: Fondo de Cultura económica, s. a.)], que utiliza el término *neomisticismo* para definir «la búsqueda metafísica por el camino de los sentidos» y «la sed de ilusiones infinitas» que, al margen del dogma, se manifiestan desde *Ninfeas* hasta *Animal de Fondo*. Richard A. CARDWELL (*op. cit.*, 107), refiriéndose a este mismo tema, y en concreto a la obra de Oscar Wilde, hablará de neohedonismo; espiritualización de los sentidos y materialización del espíritu. Lily LITVAK asimismo estudia [*Erotismo fin de siglo* (Barcelona: Bosch, 1979) la mixtificada suma de sensualismo erótico y espiritual búsqueda metafísica como un ensayo plenamente modernista, que pretende integrar lo erótico en una concepción intimista —no pecaminosa— y personal de la belleza. Más referencias sobre el signo de determinadas corrientes eróticas de principios de siglo pueden verse en J. M. AGUIRRE, *Antonio Machado, poeta simbolista* (Madrid: Taurus, 1973), 204, n. 8. Sobre el influjo que las doctrinas ocultistas y esotéricas tuvieron en la configuración del pensamiento finisecular, véase, de A. VIATTE, *Les sources occultes du Romantisme, Iluminisme, Théosophisme* (Paris: 1928); y más recientemente Giovanni ALLEGRA [«Lo esotérico y lo mágico en la literatura simbolista», *Cuadernos para la investigación de la literatura hispánica*, 1 (1978), 207 y ss.; y «Ermete modernista, occultisti e teosofisti in Spagna, tra fine ottocento e primo novecento», *Annali*, XXI, 2 (1979), 357 y ss.].
30. Es preciso señalar el conocimiento que, desde el ya citado *Resumen de Historia de la filosofía*, de don José de Castro y Castro, posee Juan Ramón del pitagorismo, de Plotino, del platonismo y del neoplatonismo. Nadie tampoco, que yo sepa, ha hecho mención de que, en casa del doctor Simarro, Juan Ramón leyó a Swedenborg, cuya obra, como Anna BALAKIAN demuestra [*El movimiento simbolista* (Madrid: Ed. Guadarrama, 1969)], es uno de los soportes ideológicos más importantes de la escritura simbolista y de las corrientes esotéricas paralelas al simbolismo. Para estudiar el enraizamiento de las corrientes poéticas del siglo XX en la tradición cultural occidental, puede verse, de Angelo BERTOCCI, *From Symbolism to Baudelaire* (Carbondale: 1964), donde se retrotraen los antecedentes del simbolismo hasta Plotino; véase también, de Hugo FRIEDRICH, *La estructura de la lírica moderna. De Baudelaire hasta nuestros días* (Barcelona: Seix Barral, 1974), 81; en el mismo sentido puede verse de GARCÍA DE LA CONCHA, «Anotaciones propedéuticas sobre la vanguardia literaria hispánica» [en *Homenaje a Samuel Gili Gaya* (1979), 99 y ss.] y de Marcel RAYMOND, *De Baudelaire al surrealismo* (México: Fondo de Cultura Económica, 1960).

La crisis religiosa —de forma implícita, unas veces, y de forma explícita, otras [31]— vertebra toda la creación juanramoniana, y es preciso tener esto presente a la hora de enfocar su teoría poética, porque es aquí donde debe buscarse la clave del concepto de poesía que Juan Ramón utiliza. Así lo manifestará más tarde el propio poeta:

una de las luchas diarias de mi vida, desde mi adolescencia, y sobre todo después de salir del colegio de los jesuitas, ha sido y sigue siendo pensar en Dios sin todo ese aparato y achaque que le han puesto los hombres durante tantos siglos, sobre su inefabilidad. Yo querría que, al decir yo «Gracias, Dios» [...], no me representara un ídolo, un ente idolátrico, un abuelo con barbas, raya en medio y una bola en la mano, ni un ojo en un triángulo, ni la trinidad con su paloma, ni el cordero con su banderita, etc. Todavía sí, una lengua de fuego, un pan o un vino simbólicos, aunque es claro que tampoco esto podría contentarme. Yo quisiera figurarme a Dios como me figuro mi propia conciencia, un ámbito infinito lleno de ecos, signos y límites, o *como un todo*, sin más ni menos que la palabra. Quizá sólo con una palabra, el nombre de una síntesis del universo. [32]

Nos encontramos, así, con una definición de la poesía —«Quiero que mi obra», dice Juan Ramón Jiménez, «sea una síntesis del universo» [33]— como conversión de la palabra en visión «sintética del universo»; o, lo que es lo mismo, en camino hacia la construcción de *una idea de Dios*, libre de dogma. El trabajo del poeta es «trabajo —como dice Juan Ramón en otro momento— hacia un dios posible por la poesía».

La convicción de que no es posible el retorno a fórmulas hechas, ya superadas, de confesionalidad religiosa, le lleva al poeta a convertir su creación en fundamento de una nueva espiritualidad:

Quisiera yo encontrarte
a la vuelta del camino un día
vestido de ti mismo,
libre al fin, de ricas
estrofas que los otros te colgaron
en tu perfecta desnudez clarísima ...
(*LIP*, 2, 139).

Si este texto es tardío respecto a las fechas a que me esto refiriendo, la idea que traduce se halla ya implícita en textos más tempranos.

Hemos de concluir, pues, que el inicio de la escritura juanramoniana aparece ligado a la crisis religiosa que se documenta en su biografía en torno a 1896. Es abundante el número de textos que nos permiten documentar lo siguiente: Juan Ramón acude a la literatura en busca de valores nuevos que, al margen del dogma, viniesen a llenar el vacío dejado por la crisis religiosa y es éste un punto importante, porque determinará estrecha e íntimamente su concepción de la poesía.

---

31.   Especialmente, puede seguirse el desarrollo de la crisis juanramoniana a través de los libros inéditos de la época de Moguer, donde, a cada paso, nos encontramos con su búsqueda de «inminencias de algo trastornado e infinito» (*LIP*, 2, 289-290).

32.   Texto inédito, procedente de unas «Notas» a *Dios deseado y deseante*, hasta que fue recogido por SAZ-OROZCO (*op. cit.*, 194) con algún error en la trascripción por él propuesta. Así lee «Yo quisiera figurarme a Dios..., como un toro», cuando la lectura *todo* en vez de *toro*, está clarísima en el manuscrito.

33.   SAZ-OROZCO, *op. cit.*, 120.

SEVILLA, 1896-1900. PREMODERNISMO

El año 1896, que Juan Ramón pasa en su mayor parte en Sevilla, tiene una importancia decisiva para la literatura española, siendo, quizá, la situación creada en las últimas colonias españolas la que dará carta de naturaleza a toda una serie de corrientes literarias nuevas que, de una forma u otra, van a definirse por su oposición al espíritu de la Restauración: el modernismo catalán, el castellano y el espíritu del llamado «noventayocho» coinciden en un mismo rechazo [34]. Es más, este rechazo determinará la orientación de nuestros escritores hacia fuentes ideológicas y fórmulas expresivas europeas, motivando con ello una completa renovación de la literatura.

Algo de todo este clima se percibía ya en la Sevilla que Juan Ramón conoce en 1896. Las notas y referencias que sobre este período nos ha legado Juan Ramón prueban, desde las perspectivas que hoy nos da la crítica [35], la exactitud y la certeza de los juicios que, al hacer posteriormente el examen de la poesía española de fin de siglo, emitirá el poeta. En lo que a Sevilla se refiere, nos ha dejado Juan Ramón una pintura exacta del clima poético que allí se respiraba:

> D. José Lamarque me daba siempre consejos y me decía que leyera a don José de Velilla y a su hermana doña Mercedes, a don Luis Montoto y Raustentrausch, a don Francisco Rodríguez Marín y otros, que formaban *la peña poética sevillana del instante parado*, y me dejase de aquellas revistas de Madrid, que no sabían nada de poesía. *Hojas Sueltas* y *La Quincena* significaban *el tránsito de Sevilla a lo moderno*. Yo era un niño mimado en las dos redacciones. *Hojas Sueltas* la hacía un tal Dionisio de las Heras, especie de Quijote del periodismo; y los de *La Quincena*, el mejor grupo, con Juan Centeno, Timoteo Orbe y otros, habían fundado un centro de cultivo, la *Biblioteca*, en un piso que constaba de una buena biblioteca general con mesa de revistas (*TG*, 220).

La lista de nombres que Juan Ramón da, aunque nos remita a un plano local, representa fielmente la querella de lo antiguo —«la peña poética del instante parado»— y lo nuevo —«el tránsito a lo moderno»—, que va a caracterizar la aparición de lo que se llamó poesía modernista. En la Sevilla de 1896 distingue

---

34. Están de acuerdo en este punto autores tan versados en la materia como D. SHAW, RAMSDEN, MARFANY y CARDWELL.

35. Véase, de M. FERNÁNDEZ ALMAGRO, «Juan Ramón y algunos poetas andaluces de su juventud», en *Studia Philológica, Homenaje a Dámaso Alonso*, t. I (Madrid: 1960), 493-507; y de A. SÁNCHEZ TRIGUEROS, *El modernismo en la poesía andaluza* (Granada: Universidad de Granada, 1974), 23 y ss.

Juan Ramón, claramente, dos grupos. El primero, que se reúne en el Ateneo y se aglutina en torno a D. José Lamarque de Novoa, protector de *El Programa*[36], «revivía —según él— tiempos pasados españoles, vistiéndose con trajes anacrónicos y representando escenas de serenatas trovadorescas» (*TG*, 220).

En materia de estética, las discrepancias de Juan Ramón con D. José Lamarque de Novoa son totales. El poeta de Moguer no siguió nunca los modelos que el sevillano, cincuenta y tres años mayor que él, le proponía. Por el contrario, lejos de simpatizar con la estética retardataria del grupo, su visita, casi diaria, al Ateneo sevillano le permite, primero, entablar contacto, por medio de periódicos y revistas que allí se recibían, con las corrientes renovadoras que venían de Madrid; y, luego, profundizar en el estudio de la vena popular de los poetas regionales:

> Mi hora era ya —dice Juan Ramón— el Ateneo; allí leía cuanto encontraba: novela, poesía, teatro, revistas, periódicos, muchos periódicos, todo revuelto y sorbido [...]. Y Madrid, espejismo estraño, en todos los fondos. Jacinto Benavente estaba en pleno éxito. Yo había comprado en la librería Tomás Sanz, mi tesorero literario, que me pedía todas las novedades españolas y algunas francesas, *La Comida de las fieras*, un librito alargado, fino, leve, contra el cual y contra mí, deshechos de golpes los dos, y hablo un mes. José Martínez Ruiz, que comenzaba a señalarse entonces, acababa de prologar un librito de versos de un Vicente Medina de Murcia, donde estaba «Cansera», que yo recitaba ante la indiferencia jeneral. Salvador Rueda [...] era burlado por todos y defendido por Salvador Clemente [...] y por mí. Seguíamos la vida madrileña puntualmente: los estrenos teatrales, las esposiciones de pintura, etc.[37]

Y en otro texto rememorativo añade el poeta:

> En el Ateneo de Sevilla encontré [...] libros de poetas gallegos, y así descubrí a Rosalía de Castro y a Curros Enríquez. Por esa época compré [...] *Follas Novas* y *Aires da minha terra* (*CcJR*, 101).

En el confuso panorama de la poesía de fin de siglo, su aguda curiosidad le va a abrir una serie de perspectivas claras, por las cuales encauzará Juan Ramón su romanticismo instintivo —ese «primer romanticismo [que] nació en el cementerio de [su] pueblo» (*LPr*, 1210)— y su atracción por la poesía tradicional que, a través de los poetas regionales preferidos por él[38], entronca sus raíces en el «humus» popular más acendrado y vivo.

36. Además de los ya citados, constituyen el grupo José Guerrea Ojeda y José Muñoz San Román —a los que más tarde recordará el poeta como «los líricos de Alcalá de Guadaira y de Camas»—, Ramón García, director de *El Programa*, Francisco de León Troyano, Ildefonso Cañaveral, Juan L. de Tamayo y Antonia Díaz de Lamarque, esposa del cabeza de grupo. Está sobradamente probado el acierto de Juan Ramón en el nombre que da al grupo y en el juicio crítico que éste le merece. José María DE Cossío [*Cincuenta años de poesía española, 1850-1900* (Madrid: Espasa Calpe, 1960), 105-109], al estudiar este grupo de poetas de la escuela de Sevilla, coincide con Juan Ramón en definirlos como continuadores, en la segunda mitad del siglo XIX, de los ideales neoclásicos que acompañaron el renacimiento de la escuela sevillana en el siglo XVIII. En la poesía de todos ellos predominan los temas anacreónticos, religiosos y patrióticos, revelando, además de un anacrónico sometimiento a las perspectivas neoclásicas, una moralidad y una ética plenamente restauracionistas. Más referencias sobre los posibles modelos que Juan Ramón podía haber seguido en los inicios de su escritura pueden verse en Richard A. CARDWELL [«Los borradores silvestres, cimientos de la obra definitiva de Juan Ramón Jiménez», *Peñalabra*, 20 (1976), 3-6] y en Rafael PÉREZ DELGADO [«Primicias de Juan Ramón Jiménez», *PSA*, XIX, LXXIII, CCXVII (1974), 13-49].

37. «Vida y época», *art. cit.*, 5.

38. Rafael PÉREZ DELGADO (*art. cit.*) estudia una parte de las entregas del poeta a *El Programa*, lo que le permite concluir que, a pesar de los titubeos de estos primeros poemas juanramonianos, su dirección estética nada tiene que ver con la preceptiva de los poetas sevillanos. Juan Ramón se había empapado ya de otras lecturas. Sus preferencias se orientaban hacia los poetas regionales, Bécquer, Rosalía de

Una influencia distinta ejercerá sobre la obra de Juan Ramón tanto el contacto con el núcleo krausista sevillano [39], como su relación con el grupo que congrega Timoteo Orbe en la *Biblioteca*, el segundo de los centros literarios por él frecuentados. Allí, en torno a *Hojas sueltas* y *La Quincena*, se reunían, con los ya citados anteriormente por Juan Ramón, el periodista Alfredo Murga, el poeta y prosista Juan Héctor, Julio de Mazo —de Moguer, como Juan Ramón—, Modesto Pineda, Tomás Domínguez Ortiz y Enrique Redel. Este núcleo de intelectuales, en el que se vislumbran ya las resonancias del clima poético modernista madrileño, tuvo suficiente entidad para atraer a sus revistas, por mediación de T. Orbe [40], las firmas —entre otras— de Villaespesa, Unamuno, R. Darío, «Angel Guerra» —pseudónimo del crítico canario J. Betancourth—, Sánchez Díaz y Sánchez Rodríguez [41]. En el conciliábulo de la *Biblioteca*, sirvieron de orientación y pauta para el grupo *La España moderna* y el *Madrid cómico*; a Timoteo Orbe lo encontramos muy pronto enzarzado en una polémica literaria con Leopoldo Alas «Clarín» en el *Madrid cómico*; de Modesto Pineda dice *El Programa*, por estas mismas fechas, que «es un espíritu culto formado por el estudio de la literatura contemporánea, especialmente de la francesa; amantísimo del arte y de los nuevos procedimientos; dotado de fina percepción y rico de fantasía; *modernista*, en el buen sentido de la palabra» [42]. Aparecidas al filo del 1900, obras como *Triunfos*, de Villaespesa, o *Alma andaluza*, de Sánchez Rodríguez, eran ya para Juan Ramón testimonios anticipados del triunfo de la nueva estética. [43]

Castro, Manuel Curros Enríquez, Jacinto Verdaguer, Vicente Medina, Manuel Paso...; hacia el «idealismo colorista» de Salvador Rueda; hacia el modernismo que, por aquellas fechas, empezaba a apuntar en Madrid; y hacia el romanticismo alemán, en concreto, hacia Goethe y Heine. Hay que señalar que, en el momento en que nuestro poeta comienza a escribir, existe en el ambiente literario español el influjo de una segunda oleada de atracción por Heine, producto, quizá, de las traducciones llevadas a cabo años antes por José J. Herrero [*Enrique Heine. Poemas y fantasías* (1883) y *Ensayos poéticos. Estrofas* (1884)]. Así, en todo caso, lo señala Juan Ramón (*CcJR*, 55). El influjo de Heine sobre nuestro autor ha sido certeramente estudiado por Cardwell (*op. cit.*, 147, n. 30) y Luis Rosales [«Heine y Juan Ramón Jiménez», en *El sentimiento del desengaño en la poesía barroca* (Madrid: Cultura Hispánica, 1967), 294-298].

39. Referencias de valor sobre el krausismo sevillano encontramos en R. Fenández Carvajal, «Los precedentes del pensamiento español contemporáneo», en *Historia general de las literaturas hispánicas*, t. VI (Barcelona: Vergara, 1967). Son también importantes los análisis que Richard A. Cardwell (*op. cit.*, 66 y ss.) hace de las ideas liberales difundidas por Fernando de Castro entre la juventud sevillana. Estas ideas fueron las que provocaron en 1908 los polémicos sermones del jesuita J. M. Aicardo.

40. Dan noticias de las relaciones que Timoteo Orbe mantuvo con Unamuno las cartas que se conservan en el Archivo de este último. Unamuno, invitado posiblemente por Timoteo Orbe, pronuncia una conferencia en Sevilla, en diciembre de 1896. Gilbert Azam (*op. cit.*, 258) conjetura la posible asistencia de Juan Ramón a dicha conferencia.

41. Véase A. Sánchez Trigueros, *El modernismo...*, op. cit., 23.

42. 3 de septiembre de 1899. Cfr. Richard A. Cardwell, *op. cit.*, 257.

43. La línea innovadora que, en torno a 1900, ofrecen los jóvenes poetas andaluces se orienta, como muy bien señaló en su día Sánchez Trigueros (*op. cit.*), «hacia la interiorización metafísica». La filiación de Juan Ramón a la corriente intimista y metafísica del primer modernismo español no admite dudas. Del 8 de octubre de 1900 es una carta del poeta a Sánchez Rodríguez, en la que podemos leer las siguientes palabras: «El poeta andaluz eres tú sólo; tú no te has dejado cegar por colorines y músicas celestiales; *tú has ido por dentro y has arrancado al alma de Andalucía, toda la dulce nostalgia*». [Véase *Alma andaluza*, ed. de Sánchez Trigueros (Granada: Don Quijote, 1981), XIII]. En la elección juanramoniana de esta dirección intimista tuvieron que ver, no sólo el ejemplo de los poetas «regionales», sino, también, ciertos influjos krausistas. No otra, que la interior, es la dirección señalada por don Francisco Giner en *Del género de poesía más propio de nuestro siglo*. Cabe referir la misma evolución al resto de las artes. En pintura, por ejemplo, estaban de moda, durante la etapa sevillana de Juan Ramón, los pintores coloristas, superficiales y realistas, del tipo de González Bilbao o del tipo del propio maestro del poeta, Salvador Clemente. Se anuncia ya, sin embargo, el triunfo definitivo del impresionismo, que, con Sorolla y Rusiñol a la cabeza, acabará con todo lo anterior en la Exposición de Bellas Artes de 1901. Véase lo que dice, al respecto, R. A. Cardwell, en *Juan Ramón Jiménez*, op. cit., 30 y siguientes.

CAPITULO II

EL MODERNISMO

MADRID, 1900

En la primavera del año 1900, respondiendo a la llamada que Villaespesa y Darío le habían hecho, viaja Juan Ramón a Madrid a «luchar por el modernismo». Son los tiempos heroicos de este movimiento. Por entonces, es Madrid caja de resonancia de la polémica que, a pequeña escala, ya había conocido Juan Ramón en Sevilla.

Sólo la confusión entre la utilización histórica y estética [1] del término *modernismo* ha permitido a la crítica establecer, a la hora de juzgar la literatura de principios de siglo, dos grupos «enfrentados» —el modernista y el noventayochista—, lo que con posterioridad ha producido en el estudio de esta época abundantes confusiones y falsificaciones. Remitiendo a la bibliografía existente [2], no me voy a detener en esta cuestión y utilizaré indistintamente nombres que, hasta este momento, la crítica ha tenido cuidado en separar en listas diferentes. No estudiaré tampoco, puesto que tan fielmente ha sido retratado por Juan Ramón en algunos de sus textos —«Ramón del Valle-Inclán (Castillo de Quema)»—, el ambiente de inquietud, vitalidad literaria y bohemia que nuestro poeta encuentra a su llegada a Madrid [3]. Me limitaré a apuntar las distintas corrientes estéticas e ideológicas que dan lugar a dicho ambiente.

1. Así lo afirma Luis MARFANY en *Aspectes del modernisme* (Barcelona: Curial, 1978), 35.
2. Entre las obras de carácter general quiero destacar, para el modernismo, las de Homero CASTILLO (ed.), *Estudios críticos sobre el modernismo* (Madrid: Gredos, 1968); Ned DAVISON, *El concepto de modernismo en la crítica hispánica* (Buenos Aires: Nova, 1971); Rafael FERRERES, *Los límites del modernismo* (Madrid: Taurus, 1964); Ricardo GULLÓN, *Direcciones del modernismo* (Madrid: Gredos, 1963); Juan Ramón JIMÉNEZ, *El modernismo. Notas de un curso* (Madrid: Aguilar, 1962); Lily LITVAK (ed.), *El modernismo* (Madrid: Taurus, 1975); Luis MARFANY, *op. cit.*; Ignacio PRAT, *Poesía modernista española* (Madrid: Cupsa, 1978); Iris M. ZAVALA, *Modernismo, 98 y bohemia* (Madrid: Cuadernos para el diálogo, 1974). Para el 98: Luis SÁNCHEZ GRANGEL, *La generación literaria del 98* (Salamanca: Anaya, 1973); Ricardo GULLÓN, *La invención del 98 y otros ensayos* (Madrid: Gredos, 1969), 7-18; E. INMAN FOX, *La crisis intelectual del 98* (Madrid: Cuadernos para el diálogo, 1976); Hans JESCHKE, *La generación del 98 en España* (Madrid: Ed. Nacional, 1954); Juan LÓPEZ MORILLAS, *Hacia el 98. Literatura, sociedad, ideología* (Madrid: Ariel, 1972); Herbert RAMSDEN, *The Spanish generation of 1898. Towards a reinterpretation* (Manchester: Manchester University Press, 1975); Donald SHAW, *op. cit.* He intentado, cuidadosamente, dejar fuera de esta sucinta bibliografía todos aquellos trabajos escritos desde una perspectiva disgregadora y bipolarizadora de la época.
3. Véase, de M. ALMAGRO DE SAN MARTÍN, *Biografía del 1900* (Madrid: 1921); una «biografía» exacta del Madrid de la época nos la ofrece también el propio Juan Ramón en su «Recuerdo al primer Villaespesa»: «... nos recitábamos versos de Rubén Darío, de Bécquer, de Julián del Casal, de Lugones, etc., y de nosotros dos, naturalmente, y de nuestros hermanos (nos llamábamos hermanos) José Durbán Orozco, de Almería, Almendros Campo, de Jaén; [...] José Sánchez Rodríguez, de Málaga, Ramón de Godoy, gallego» (*AO*, 92).

En lo que toca a la literatura, provienen éstas, en parte, de un fondo post-romántico, que, arrumbado tras la moda naturalista de finales de siglo y desplazado por el empaque grandilocuente de la literatura de la restauración, había derivado hacia una serie de productos estéticos, lindantes con lo subcultural en el aprecio que el establecimiento literario del momento tiene de ellos. Los modernistas, sin embargo, los recuperan, los hacen suyos y les dan dimensiones nuevas. Entre tales elementos, convergentes en la formación del modernismo, hay que dar especial relieve, de una parte, a la vertiente sentimental y subjetiva de la poesía romántica, en la que, encarnada en Bécquer y Rosalía, los modernistas encuentran, ahora, una intencionalidad metafísica que antes no había sido apreciada; y, de otra, a la poesía de inspiración popular, que, a través de los poetas regionales, especialmente, había mantenido vivas en un medio hostil las esencias más íntimas y auténticas de la poesía española [4]. Los orígenes del modernismo, pues, conectan estrechamente con el colapso romántico de los valores previamente establecidos, y los modernistas intentan sustituir dichos valores caducos por otros más profundos y menos convencionales. Volvieron entonces la vista atrás, en las dos direcciones que acabo de apuntar, pero la progresiva influencia de ciertas minorías intelectuales —a las que más tarde me referiré— les abrió también el camino hacia el presente. Los estudios que hoy poseemos sobre la introducción en España de Nietzsche, de Edgard Allan Poe o de Verlaine [5], dan testimonio del gran esfuerzo de la época por modernizar nuestra cultura, situándola en el nivel marcado por Europa. Quizá, como lema estético de la época, puedan servir las palabras que, entresacándolas de una carta del poeta a Vicente García Gabaldón, cito a continuación: «severidad romántica y espíritu moderno» (*C*, 48).

A través del *Mercure de France* y, sobre todo, a través de los poetas catalanes, que llevaban ya años trabajando en la misma dirección —modernizar la cultura y recuperar las auténticas esencias constitutivas del pueblo—, aparecieron en el contexto castellano los primeros brotes de la influencia simbolista y las primeras

---

4.   Elijo el siguiente entre los muchos textos que Juan Ramón dedica al tema: «En el siglo XIX el romanticismo convencional significaba un amor vulgar, una burguesía ramplona y también una aristocracia falsa. En jeneral, los siglos XVIII y XIX se espresaron en España en una poesía, una escritura mejor dicho, que parecía la traducción mediocre de los clásicos griegos y latinos, un amor sáfico y anacreóntico, etc. Naturalmente, este amor que se espresaba en esta escritura parecía también una traducción modesta del amor clásico griego y latino. Claro es que el pueblo seguía amando y cantando lo mismo que siempre, pero en estos dos siglos, el XVIII y el XIX, el pueblo está invisible en la poesía y en la vida de España. Con el modernismo se ve el pueblo» (*CP*, 274). Gilbert AZAM (*op. cit.*, 183) habla de una primera aproximación de Juan Ramón a lo popular, que él valora en la mera utilización de «les moyens d'expression, la technique et les ressources linguistiques de caractère plus que les themes et les motifs d'inspiration». Tal afirmación, sin embargo, contradice la conciencia que el propio poeta tiene de dicha aproximación: «lo popular estaba dentro de mí —afirma nuestro autor— como un arroyo camino de un río... Aquello [su primer romance] era una copla popular, culta por el modelo inconscientemente reflejado de Heine, Bécquer y Musset» (*LPr*, 1525 y ss.). La presencia de lo popular en Juan Ramón hay que buscarla, en mi opinión, más allá de las técnicas y de las formas utilizadas por el poeta.

5.   Una importancia singular en la apertura de lo español hacia la literatura europea y universal del momento poseen *Los raros*, de Rubén DARÍO, y *La corte de los poetas*, de Emilio CARRERE. Asimismo, hay que citar la importancia difusora de revistas como el *Mercure de France*, *La España moderna*. Sobre el influjo que en nuestras letras tuvieron las nuevas corrientes importadas hay que citar, de Gonzalo SOBEJANO, *Nietzsche en España* (Madrid: Gredos, 1967); de Rafael FERRERES, *Verlaine y los modernistas españoles* (Madrid: Gredos, 1974); Rafael PÉREZ DE LA DEHESA, «Zola y la literatura española finisecular», *HR*, XXXIX, 1 (1971), 49-70; George SCHANZER, *Russian literature in the Hispanic World. A bibliography* (Buffalo: University of Toronto, 1972); H. GREGUERSEN, *Ibsen and Spain. A study on comparative drama* (Cambridge: Mass., 1937); John ENGLEKIRK, *Edgar Allan Poe in Hispanic Literature* (New York: Spanish Institute, 1934); Lisa E. DAVIS, «Oscar Wilde in Spain», *CL*, XXV (1973).

manifestaciones del prerrafaelismo inglés [6]. Luego, las ilustraciones y fotografías de las revistas se encargaron de extender las nuevas tendencias y, así, en la primera poesía juanramoniana, con las notas románticas persistentes, vemos combinados ya algunos signos simbolistas y un cierto reformismo social, que nuestro poeta toma de Ibsen [7], pero que utiliza según los cánones de la estética prerrafaelista [8]. Unos y otros, como estudia Cardwell [9], pueden igualmente rastrearse en la obra de Baroja, Azorín, Ganivet, Unamuno o Darío, por citar tan sólo algunos nombres de quienes intervienen en el proceso a que me estoy refiriendo [10]. Lo que la renovación propuesta por los modernistas venía a significar, ante la estética de la «gente vieja», queda perfectamente plasmado en las palabras de Villaespesa que sirven, en 1900, de prólogo a *Almas de violeta*:

> Las modernas tendencias literarias atraen cada día mayor número de espíritus entusiastas, y aunque no faltan voluntades mezquinas que castran su personalidad para servir, en calidad de eunucos, en el *Harén de los Viejos decrépitos*, la mayoría de la *Juventud*, la Juventud batalladora y fecunda, se agrupa en torno de *la nueva bandera*, decidida a emprender denodadamente la conquista del «Ideal». El arte nuevo es *liberal, generoso, cosmopolita*. Posee las ventajas y los defectos de la Juventud. Es *inmoral* por naturaleza, *místico* por atavismo, y *pagano* por temperamento (*PLP*, 1517).

La definición que, de «las modernas tendencias», Villaespesa nos propone es bastante precisa y los adjetivos que emplea para calificar el «arte nuevo» constituyen la antinomia perfecta del ideal estético restauracionista, lo cual provocó, inmediatamente, la irritada respuesta de los defensores de dicho ideal. Citaré, nada más, tres ejemplos de la crítica antimodernista [11]. Para Cejador «los floripondios ornamentales [del modernismo] ahogan con su hojarasca la idea, y [en él] la idea

6. Véase para este tema, de Lily LITVAK, *A Dream of Arcadia: Anti-industrialism in Spanish Literature, 1895-1905* (Austin: University Texas Press., 1975); y *Transformación industrial y literatura en España* (Madrid: Taurus, 1980). La presencia de Morris y Ruskin en España fue documentada, ya en 1900, en un artículo publicado por MARAGALL en el *Diario de Barcelona* (1.º de febrero): «Los discípulos de Ruskin [...], restauraron cierto idealismo y refinamiento en la industria artística, y hasta un vago y delicado sentimentalismo social, cuya huella permanecerá imborrable y fecunda en la evolución del espíritu humano». En lo que toca a Juan Ramón, este mismo influjo ha sido rastreado por Ricardo GULLÓN, «Juan Ramón Jiménez y los prerrafaelitas», *Peñalabra*, 20 (1976), 7-8.

7. Luis MARFANY (*op. cit.*, 20) da cuenta de la importancia de Ibsen en el triunfo definitivo del modernismo catalán. Desde Cataluña, el aprecio se extiende pronto a toda España. El día 7 de enero de 1900, *Vida Nueva* sale a la luz con varios poemas de este autor. Su traductor había sido Juan Ramón Jiménez. Los poemas llevan los siguientes títulos: *El mimero, El poder del recuerdo, ¡Partida!, A mi amigo el orador revolucionario, Pájaro y pajarero*.

8. El aprecio de Juan Ramón por la estética prerrafaelista se percibe, sobre todo, en la estrecha relación que guardan muchos de sus poemas con pinturas y grabados pertenecientes a dicha escuela. Especialmente interesante, en este punto, es el estudio de Graciela PALAU DE NEMES, «Juan Ramón en la revista *Blanco y Negro*», *Peñalabra*, 20 (1976), 10-12; véase también, de Ricardo GULLÓN, «Juan Ramón Jiménez y los prerrafaelitas», *Peñalabra*, 20 (1976), 7-9.

9. *Op. cit.*, 33.

10. Las acusaciones veladas que Verdes Montenegro tributa a Unamuno [Cfr. Joan COROMINAS, «Correspondencia entre Unamuno y Corominas», *BH*, LXI, 4 (1959), 386-436] y la sugerencia que le hace, para que abandone los «decadentismos, misticismos y simbolismos», dan testimonio de que no es arbitrario sumar el nombre del rector de Salamanca a lo representado por los modernistas. Recientemente, Gilbert AZAM (*op. cit.*, 257 y ss.) ha puesto en evidencia, con todo rigor, la indudable filiación modernista del pensamiento unamuniano.

11. El «anti-modernismo» de gran parte de la crítica literaria española es un tema que hoy conocemos con bastante exactitud. Véase Lily LITVAK, «La idea de la decadencia en la crítica antimodernista de España (1888-1910)», *HR*, XLV, 4 (1977), 379-412; José María MARTÍNEZ CACHERO, «Algunas referencias sobre el antimodernismo español», *Archivum*, III (1953), 311-333, y «Más referencias sobre el antimodernismo español», *Archivum*, V (1955), 131-135; Ignacio PRAT, *op. cit.*, XXV; para el caso concreto de nuestro poeta, véase, de Jorge CAMPOS, «Cuando Juan Ramón empezaba. La crítica burlesca contra el modernismo», *In*, 128-129 (1957) 9 y 21.

misma se saca de las *filosofías menos comunes*, de las *heces anarquistas* y *disolventes*, antisociales y anárquicas» [12]. «Clarín» [13] se opone a todas las corrientes literarias que venían de fuera, *a todo lo nuevo*, en donde veía, también, un peligro grave de *disolución nacional*. Emilio Ferrari, finalmente, toma el modernismo como objetivo y como tema de su conferencia de ingreso en la Real Academia de la Lengua. Este discurso, que lleva el título de *La poesía en la crisis literaria actual* (1905), puede servir de síntesis a todas las críticas de que se hizo acreedora la nueva literatura. Para Ferrari, el modernismo incorpora *el anarquismo intelectual* de Tolstoy y de Nietzsche, los peligros de la filosofía de Rousseau, el análisis corrosivo de la *Enciclopedia*, *el fanatismo* de lo misterioso, y la subversión espiritual y moral. Hace del modernismo en definitiva el punto de confluencia de todas las doctrinas innovadoras y acaba condenándolo, por un lado, en nombre de la religión y la moral cristiana; y, por otro, en nombre de los ideales burgueses decimonónicos. Así puede, desde una posición conservadora y retrógrada, basándose en la identificación de modernismo y decadentismo, condenar todas las tentativas modernas, como contrarias a la obra del progreso, cifrado para él en el continuismo. A la vista de todos estos factores, con Luis Berenguer hay que afirmar que «el modernismo parecía terriblemente peligroso para la inteligencia establecida» [14]. No se equivocaba Juan Ramón al definirlo, en 1953, como un movimiento «de renovación contra la burguesía del siglo xix» (*Mod*, 201).

Sobra con estas referencias, para que nos hagamos una idea de cuál era la distribución de fuerzas y posiciones en la polémica modernista, cuando Villaespesa requirió el concurso de Juan Ramón y su presencia en Madrid. De un lado está el afán renovador y el ansia de «vida nueva»; de otro, la defensa a ultranza de las tradiciones e instituciones caducas del inmovilismo restauracionista. De ambos lados se juzga a la nueva literatura con idénticos adjetivos. Pero, si los modernistas, la llamada «gente joven», ven en «los gestos de protesta de rebeldía, de iconoclasticismo [...], de compunción, de tristeza, de melancolía...», el instrumento de «ese noble deseo de renovación» y la expresión de «un ansia de vida nueva» [15], «los clasicistas», sintiendo amenazado un *stato quo* del que eran responsables y con el que se sentían identificados, se niegan a admitir cambio alguno. En el modernismo no critican sólo lo que consideran, desde su peculiar óptica, una estética decadente. Critican —y la crítica es unánime desde el tomismo eclesiástico

12. Cfr. R. Cansinos Assens, *La nueva literatura*, t. I (Madrid: Sanz Calleja, 1912), 226. Para la identificación que parte de la crítica antimodernista hizo entre modernismo y anarquismo intelectual, véase Gonzalo Sobejano, *Nietzsche...*, op. cit., 82 y ss.; también, Clara Lida, «Literatura anarquista y anarquismo literario», NRFH, XIX (1970), 360-381; asimismo, Eduardo Sanz y Escartín, *Federico Nietzsche y el anarquismo intelectual* (Madrid: 1898); E. González Serrano, «El anarquismo intelectual», *Nuestro tiempo*, V, 52 (1905), 521-536. Lisa E. Davis (*art. cit.*, 136 y ss.) sintetiza la relación existente entre esteticismo finisecular y anarquismo, en los siguientes términos: «The artist seems to stand in splendid isolation from the preoccupations of the age, but he is deeply involved with actual life as a subversive force... He [O. Wilde] incorporates his theories on the practice of art into a program of social reform that would foster a wald made safe for humanizing loveliness». De la lectura que los ámbitos españoles hicieron de Oscar Wilde] da testimonio el siguiente comentario de «Tristán» [«Oscar Wilde», *Prometeo*, 26 (1911), 100]: «Es interesante su silueta locuaz de hombre que acercó más a la humanidad a esa perdición que necesita, creador de ángeles bellos, el gran sistema para hacer caer las tetrarquías y los sistemas y las morales».
13. Cfr. Richard A. Cardwell, *op. cit.*, 90.
14. Angel Berenguer, «El modernismo de Villaespesa: génesis y recuperación», CHA, 349 (1979), 185-191.
15. Antonio Machado, «Divagaciones (en torno al último libro de Unamuno)», *La República de las Letras*, 14, 9, VIII (1905), 9 y ss.

al retoricismo de la academia, pasando por las escuelas de biología [16]—, cualquier intento de modernizar algo, sea en ciencia, en literatura, en política, o en dogma. Ven en todo lo nuevo un ataque directo a sus posiciones de privilegio. [17]

A la vista de todo ello, con Lily Litvak [18], opino que seguir reduciendo el modernismo literario a una escaramuza de mero alcance estético sólo puede hacerse a costa de renunciar, de partida, a considerar el movimiento en sus justas y verdaderas dimensiones, que son tanto ideológicas como estéticas. Conviene no olvidar que, si Juan Ramón fue llamado a enrolarse en las filas modernistas, tal llamada no vino motivada por los valores estéticos que presagiaban sus escasos 20 poemas publicados. Fue la nota, redactada por los hombres de *Vida Nueva* para celebrar «Las amantes del miserable», la que hizo recaer sobre nuestro poeta la atención de los ámbitos literarios de Madrid. Pero dicha nota, que transcribo a continuación, no elogia, precisamente, las calidades estéticas del joven moguereño. Por el contrario, dice así:

> Muy joven, casi un niño: vigoroso narrador. Llora las tristezas de los menesterosos, de los explotados, de los perseguidos y los humildes, no con lamentos femeninos, sino con el impulso de arrebatada ira, cerrando el puño y alzando amenazador al cielo, de donde no nos ha venido ni vendrá nunca la justicia. [19]

Es cierto que una parte importante de las fuerzas modernistas se consumió en fuegos de artificios, en gestos vanos y en una bohemia alegre e intrascendente, lo que el propio Juan Ramón censura en alguno de sus escritos. Pero ello no invalida al movimiento en su totalidad, no anula sus fines. Reducir el modernismo a mero esteticismo es tomar como relevantes los gestos y olvidar los fines a que dichos gestos iban encaminados: la contestación, en todos los aspectos de la vida, al conservadurismo y al desfase del mundo de la Restauración. [20]

Esta polémica entre casticistas (o clasicistas) y modernistas, que vengo analizando, no nace, según se ha intentado hacer ver hasta ahora, exclusivamente en términos de literatura, sino que tiene una configuración social e histórica muy precisa. El marco socio-político que señala Inman Fox [21] presenta la clase media española dividida, tras el fracaso de la revolución burguesa en 1869, en tres zonas: una de pequeña burguesía —preindustrial—, otra de pequeños comerciantes y fabricantes, y una alta burguesía asociada a la nobleza. Constata Inman Fox la no existencia de una burguesía real en España: la burguesía alta se asocia con el poder y la baja tiene que evolucionar hacia el proletariado. El intelectual, en este contexto, encarna todas las contradicciones de un sistema todavía en vías de definición: siente opresivo el cerco de una sociedad que pretendía seguir viviendo bajo unos esquemas considerados inactuales, y su actitud, estética o revolucionaria, es, en cualquiera de los casos, un esfuerzo por alcanzar un mundo que se sueña

16. Lily LITVAK, «La idea de la decadencia...», *art. cit.*, 397.
17. Esta afirmación va bien no sólo con el modernismo, sino, en general, con toda la lírica moderna. Véase Hugo FRIEDRICH, *op. cit.*, 27.
18. «La idea de la decadencia...», *art. cit.*
19. *Vida Nueva*, 78, 3 de diciembre de 1899.
20. Puede documentarse este clima en obras como las de Luis RUIZ CONTRERAS (*Desde la Platéa*, 1884), J. M. LLANAS AGUILANEDO (*Alma contemporánea*, 1899) y U. GONZÁLEZ SERRANO (*La literatura del día*, 1903).
21. *La crisis intelectual...*, *op. cit.*, 214-219.

realizable. Es la etapa de las grandes utopías, mezcla de positivismo e irracionalismo, que postulan unas hipótesis idealistas de solución social —Ganivet, por ejemplo—, bajo pretendidas formas científicas. [22]

El modernismo surgirá de este «caldo de cultivo», debatiéndose entre el anhelo de modernizar la cultura, la oposición al proteccionismo cultural de los «clasicistas», y la necesidad de salvar, frente a estos últimos, las auténticas esencias de lo popular. En literatura, la oposición a «lo viejo» hay que situarla en las mismas coordenadas: en el rechazo del pragmatismo de las estéticas del último cuarto del siglo XIX. En el plano de la realidad objetiva del lenguaje, el enfrentamiento se presenta entre retoricismo (*vestir*) y simbolismo (*desnudar*). Mientras que, en el plano ideológico, la oposición se traduce en el choque del conservadurismo, esgrimido en nombre de la moral y religión cristianas, y las ideas disgregadoras, individualistas y aristocratizantes, procedentes de las filosofías europeas modernas. El modernismo incorpora, al menos, estos tres planos.

De la dura batalla que en este ambiente hubieron de librar los modernistas nos ha quedado, en la palabra de Azorín, un testimonio importante. En un desconocido texto de homenaje a Juan Ramón, Martínez Ruiz compara la resistencia que la nueva lírica tiene que vencer ante los tradicionalistas a la que hubieron de soportar los liberales, ante los conservadores, en la segunda mitad del siglo XVIII [23]. Veremos, a continuación, los matices que, sobre estos presupuestos generales de época, imprime el pensamiento de nuestro poeta.

22. El influjo que el krausismo tuvo en la configuración de estas utopías ha sido puesto de relieve, para el caso de Pérez de Ayala, por Víctor GARCÍA DE LA CONCHA, *Los senderos poéticos*..., op. cit., 80.
23. *La Provincia* (25 de marzo de 1912). Dado el clima de enfrentamiento que rodea a toda esta época, no es extraño que el tema de las «dos Españas» surgiese en este momento con renovada fuerza. Cfr. AZAM, *L'Oeuvre*..., op. cit., 252.

LA PRIMERA POETICA JUANRAMONIANA

Trae consigo Juan Ramón, en este su primer viaje a Madrid, un conjunto importante de poemas que agrupa bajo el título de «Nubes». El manuscrito juan-ramoniano corrió de la mano de Villaespesa a la de Valle-Inclán, y de ésta a la de Darío, hasta acabar dividido en dos colecciones de poemas, que rápidamente —apadrinadas por Darío y Villaespesa— se publicaron con los títulos de *Ninfeas* y *Almas de violeta*. Se sitúan estos libros —por su cronología y por su estética— a la cabeza del primer Modernismo español y merecen una atención mayor que la hasta ahora prestada por la crítica [24]. La vibrante tensión de las expresiones y el tufillo heterodoxo de muchos de sus poemas nos remiten, de modo claro, al clima espiritual e ideológico que he intentado resumir en el apartado anterior. Revelan los versos de estos libros una perspectiva de la vida que comparten modernistas y noventayochistas.

En la ejecución de *Ninfeas* y *Almas de violeta* se percibe, sin embargo, una cierta desorientación, de la que participan también —a juzgar por los pocos poemas que conocemos— *Besos de oro* y *El poema de las canciones*, libros que, aunque no llegaron a editarse, son igualmente de 1900. No le pasaron desapercibidas a Juan Ramón las deficiencias y los errores de sus primeros poemas. A ello aluden las siguientes palabras: «mi profuso libro *Nubes*, sentimental, colorista, anarquista y modernista, de todo un poco ¡ay! mucho» (*AO*, 91). Creyó el propio Juan Ramón que sus primeros libros podían ser *nocivos*, incluso en el campo de la moral [25]. No ocurre lo mismo, sin embargo, con ciertas prosas críticas que son coetáneas a los textos citados. En ellas el pensamiento de Juan Ramón se mueve de modo más libre y seguro, y su poética queda —revelando una gran riqueza de lecturas— perfectamente esbozada. De 1900, aproximadamente, son «Triunfos. Crítica a *La copa del rey de Thule*, de Francisco Villaespesa» [26], el «Prólogo» a *Nieblas*,

---

24. Véase Richard A. CARDWELL, «Los borradores silvestres...», *art. cit.*, 3. Graciela PALAU DE NEMES (*Vida y obra...*, op. cit.), Guillermo DÍAZ-PLAJA [*Juan Ramón Jiménez en su poesía* (Madrid: Aguilar, 1958)] y Enrique DÍEZ CANEDO [*Juan Ramón Jiménez en su obra* (México: El Colegio de México, 1944)] reconocen en estos libros la presencia de todas las corrientes de post-romanticismo de fines del XIX. Falta, no obstante, un estudio totalizador que vaya más allá de lo simplemente descriptivo. Bases importantes para el inicio de dicho estudio han sido esbozadas recientemente por Luis Antonio DE VILLENA, en «*Ninfeas* de J. R. J. o el modernismo como avanzada», *Camp de l'arpa*, 87 (1981), 21-24.
25. Richard A. CARDWELL, *art. cit.*, 3.
26. *Noche y día* (Málaga: 1899).

de Tomás Domínguez Ortiz [27], y «*Rejas de oro*. Impresiones», crítica a un libro de Timoteo Orbe [28]. Constituyen estos trabajos la primera formulación expresa del pensamiento poético juanramoniano, y de ellos voy a ocuparme a continuación. Los tres marchan en una misma dirección, pretendiendo servir al lanzamiento del «grito vibrante, del grito nuevo» (*LPr*, 207), frente a la vieja literatura.

Triunfos por «La copa del rey de Thule»

A excepción de unas cuantas cartas dirigidas a E. Redel (*C*, 25-44), la reseña de Juan Ramón a *La copa*, de Villaespesa, es, como dije antes, el primer manifiesto de las ideas literarias del poeta. Señalaré los puntos más importantes que toca Juan Ramón en el mismo. Comienza por denunciar la deteriorada situación de la poesía española del momento, que se mueve, en su opinión, por mundos muy alejados de la evolución general de la poesía europea e hispanoamericana (*LPr*, 207); otorga carta de defunción a «la pobre Musa erudita de los buenos clásicos» (*LPr*, 207); sugiere una serie de modelos para salir del estancamiento; define el concepto de tradición como espíritu vivo que potencia el dinamismo positivo de todo acto de creación, pero renuncia a seguir considerando lo *tradicional* como norma y excusa del inmovilismo; somete a examen la antigua crítica de las bellezas y de los defectos, basada en reglas y recetas, y propone que sea sustituida por una metafísica que permita examinar en la creación el espíritu del poeta (*LPr*, 212); esboza una temprana defensa del simbolismo (*LPr*, 211); revisa desde postulados simbolistas el concepto de *forma* (*LPr*, 213); y, finalmente, postula cuál debe ser la auténtica función de la literatura: servir de elemento fecundante de la personalidad del lector y potenciar el desarrollo de su propia inmanencia: «En cada hombre —dice Juan Ramón en otra parte— están latentes todas las ideas como todos los microbios» [29], y la función de la auténtica poesía consiste en «despertar», por medio de las sensaciones (*LPr*, 213), dichas ideas. Tales temas están expuestos en un tono fuertemente polémico —de enfrentamiento explícito con los postulados de E. Ferrari, Valera, «Clarín» y Menéndez Pelayo— y el texto revela que el poeta conocía bastante bien el pensamiento de los citados críticos. [30]

El mero enunciado de los temas tratados en este texto deja entrever claramente las líneas de pensamiento en que Juan Ramón inscribe el suyo. Sus ideas se elaboran y comunican dentro, todavía, de una serie de limitaciones expresivas, pero ello no entorpece la claridad de los objetivos que el poeta se propone. Encaradas desde el supuesto enfrentamiento modernismo-noventayocho, sus palabras carecen de sentido. Ofrecen, sin embargo, un alto grado de interés si las examinamos a la luz de la polémica —ya apuntada— entre nueva y vieja literatura. Coloca Juan Ramón el norte de la nueva estética en el simbolismo y hace de él bandera, frente al retoricismo hueco de los «buenos clásicos». Pero las razones que le mueven a hacerlo van, con mucho, más allá de lo puramente estético. Lo

27. Huelva, A. Moreno, 1900.
28. En *Vida nueva*, 87 (1900).
29. *EEE*, 254.
30. El único estudio serio que ha merecido la crítica de nuestro poeta ha corrido a cargo de Angel DEL Río, «Notas sobre crítica y poesía en Juan Ramón Jiménez: el modernismo», *LT*, 19-20 (1957), 27 y ss.; recogido también en *Estudios sobre literatura contemporánea española* (Madrid: Gredos, 1966).

hace en nombre del progreso (*LPr*, 208) y de la evolución universal (*LPr*, 207),
que opone —dentro de la más pura ortodoxia regeneracionista— al «bárbaro
empeño de avivar cenizas», al estatismo, a la adoración de viejos ídolos, a la vida
de los siglos muertos, a los laureles de los «jenios» pasados [31]. Es decir, opone lo
nuevo a lo caduco, lo vivo a lo muerto, y lo hace en nombre de una *teoría de la
evolución*, que —no hemos de olvidar— es para Inman Fox [32], junto a las doctrinas de Schopenhauer, Hegel y Nietzsche, una de las bases del 98. Enfrenta,
asimismo, lo vivo a la convencional fenomenología de la Restauración, a los
símbolos de «esa moral y estética especiales» que, en palabras de Rubén Darío,
«han arraigado el españolismo, [...] que no puede arrancarse ni a veinticinco
tirones» [33]. A la hora de pasar revista al concepto de tradición, se opone también
a la «utilización» conservadora e inmovilista del término [34]. La tradición nunca es
atadura y, menos todavía, símbolo de nada. Es una fuerza viva que lleva al porvenir y al dinamismo [35]. No impide la evolución, sino que la potencia. Todo ello lo
ejemplifica Juan Ramón, ofreciéndonos, frente a las interpretaciones de Menéndez
Pelayo, una lectura simbolista de nuestros místicos (*LPr*, 211-212).

Es cierto que Juan Ramón toca también algunas cuestiones de competencia
exclusivamente estética y, en concreto, esboza —distinguiendo entre *crítica formal*
(la restauracionista) y *crítica absoluta* (la nueva)— una definición idealista del
hecho literario, que contrasta de forma evidente con la concepción pragmática
de los tradicionalistas [36]. No radica el valor de este texto, sin embargo, en sus
ideas literarias, sino en la perfecta sincronización de éstas con el clima, las preocupaciones y los grandes temas del momento.

Prólogo a «Nieblas»

Distinto relieve hay que concederle al «Prólogo» que Juan Ramón escribe
para la obra *Nieblas*, de su amigo Tomás Domínguez Ortiz [37]. Sigue este texto el
mismo tono de protesta y rebeldía romántica, que revelan algunos de sus primeros

---

31. La participación de los modernistas en los «esfuerzos de cultura» regeneracionistas fue reconocida, aunque después la crítica lo haya olvidado y obviado, nada menos que por Unamuno; así se dirige
don Miguel a Rubén Darío: «Quería alguna palabra de benevolencia para sus esfuerzos de cultura de
parte de aquellos con quienes se creía, por encima de diferencias mentales, hermanado en una obra
común. Era justo y noble su deseo. Y yo, arando solo mi campo, desdeñoso en el que creía mi espléndido aislamiento, meditando nuevos desdenes...». Ricardo GULLÓN, *La invención del 98 y otros ensayos*
(Madrid: Gredos, 1969), 22.
32. *La crisis intelectual...*, op. cit., 219.
33. *LPr*, 208. Véase también *LPr*, 509.
34. Francisco LÓPEZ ESTRADA [*Los primitivos en Manuel y Antonio Machado* (Madrid: Cupsa,
1977), 163] documenta en Antonio Machado el mismo concepto de *tradición* que el utilizado aquí por
Juan Ramón.
35. Clara reminiscencia, como nota Richard CARDWELL (*op. cit.*, 159), de la polémica planteada por
Unamuno con su obra *En torno al casticismo*.
36. Escribe Juan Ramón: «La crítica rutinaria penetrará en el libro, a la caza de imperfecciones que
ridiculizar..., es imbécil la crítica especulativa que entra en un libro en busca de una frase o una palabra
impropias..., desgraciadamente, la obra del poeta no se juzga por el estado de exaltación en que se escribió...; habría que compenetrarse con el poeta en una fusión de almas... De otro modo se destroza la
obra y se hace más bien crítica formal que absoluta» (*LPr*, 212).
37. De la amistad de Juan Ramón con Tomás Domínguez Ortiz da testimonio la colección de alrededor de 40 cartas, que conservan los descendientes de este último con un celo que ha impedido, hasta
el momento, que dichas cartas viesen la luz. No aparecen, por ello, recogidas en ninguna de las antologías
epistolares de nuestro poeta.

poemas. Como en ellos, se aúnan aquí un cierto idealismo y un delicado sentimentalismo social, cuyos antecedentes ya señalé en Ibsen y en los prerrafaelistas. Un fragmento nos servirá de ejemplo para ver el alcance y los límites del pensamiento de Juan Ramón. Elijo, abriendo al azar las páginas de este «Prólogo»:

> Nieblas horribles, intensas, sombrías, heladas, coronan la augusta frente del desgraciado, que riega su pan con lágrimas amargas como hieles; nieblas aplastantes tejen sobre su frente augusta punzante corona de espinas que se clavan en ella como garras metálicas que quieren absorber su sangre para trocarla en oro...
> Nada más grande que cantar a la *Miseria*; nada tan alto como unir un gemido desgarrador al sollozo inmenso, entrecortado y lagrimoso que se levanta de fábricas y talleres; al sollozo agónico de una Vida que lucha desesperadamente con una muerte horrorosa que como sol taciturno y misterioso alumbra opacamente el negro día del Dolor y de la Angustia...
> [...] El cántico más solemne, más sublime, es el lúgubre cántico que se acompaña cadenciosamente con el ritmo del martillo sobre el yunque [...], sobre el yunque donde se forja una cadena [...], una cadena que resuena sarcásticamente [...]; como riendo una risa de anhelos remotos de libertades que la conviertan algún día en dogal [...] para ceñir con rabia la garganta del opresor.

Es muy extensa la cita, pero ello nos permite observar mejor el tono melodramático que el poeta imprime a sus palabras. Sin descartar el valor literal de éstas, no hay que olvidar —Cardwell lo advierte al examinar «Las amantes del miserable», poema que, en muchos aspectos, guarda un exacto paralelismo con este texto— que es el propio poeta quien toma, ante la sociedad que lo rodea, el lugar destinado, en el fragmento que acabo de citar, al *Desgraciado* o al *Miserable*, y se sirve de esta identificación, para configurar sobre ella la mitificación del artista moderno: el artista autónomo, solitario y condenado por la propia sociedad a la que sirve. El arte, como rebeldía, refleja la situación sin salida en que se halla el artista, distante, por igual, de la norma pragmática de la oligarquía que manda y del pueblo, mudo espiritualmente. [38]

Más importante, todavía, me parece otra idea que apunta también en este texto. Me refiero a la virtud redentora —idea romántica [39]— que Juan Ramón parece conferir al arte. Posee esta concepción «regeneradora» del arte una amplia resonancia en los ámbitos intelectuales del momento. Esta visión, de la que autores como Ganivet o Unamuno [40] se habían hecho eco en varios lugares, puede enunciarse así, en resumen: se concede prioridad a la reconstrucción espiritual sobre la reorganización temporal; para las cuestiones sociales que más preocupaban en este momento, se buscan no tanto soluciones políticas o económicas, como soluciones

---

38. Para entender la rebeldía del poeta, en sus justos términos, me ha parecido importante la referencia de Gonzalo SOBEJANO (*Nietzsche...*, *op. cit.*, 50) a los conceptos de *uebermensch*, de Nietzsche, *Héroe*, de Carlyle, *Stockmann*, de Ibsen. Arrancando de aquí, la identificación del poeta con el *héroe* se redefine en la lectura que los modernistas hacen de Amiel, Emerson y Ruskin. No está de menos señalar que Juan Ramón mismo localiza en Gracián el origen del concepto de *héroe* utilizado por dichos autores. (*Mod*, 100).

39. El influjo de Novalis, en este aspecto, me parece evidente. Novalis pudo ser conocido por Juan Ramón a través de un artículo que, sobre el poeta alemán, publicó Théodore WYZEWA en *Revue des Deux-Mondes* (15 de noviembre de 1900).

40. GANIVET, *España filosófica contemporánea*, 1889. Miguel DE UNAMUNO, «Alma vasca», *Alma española*, 10 (10 de enero de 1904). En este artículo sale Unamuno al paso del tema de la regeneración, para afirmar que ésta ha de ser «de orden espiritual»; y más aún: «de orden religioso».

filosóficas; es decir, se buscan valores espirituales últimos [41] y, en este sentido, se le confiere a la poesía, como en un texto relativamente posterior hace constar Juan Ramón, el poder de alumbrar una nueva vida:

> Yo prefiero —dice el poeta— lo nuevo, un afán, una intuición, una libertad... Había que soñar a la poesía, *como una acción, como una fuerza espiritual que anhelando ser más, desenvolviéndose en sí misma, creará con su propia esencia una vida nueva, un mundo mágico*... Entonces viviríamos una vida de amor y de piedad y no tendríamos que pensar en un planeta, en donde ahora empieza la vida de la belleza, ni en *obligar* al alma a salir, con el empuje de una bala.
>
> En todos los tiempos ha habido almas grandes que, *viviendo de sí mismas*, han roto con grandes eslabones de oro la monotonía. [42]

Identificando el problema de España con la crisis espiritual que padece la época, no es extraño que se recurriese al arte como panacea, buscando en él un instrumento para la creación de nuevos valores espirituales y de nuevas «corrientes vivas internas», con la fe de que conseguir esto suponía dar un paso definitivo hacia el auténtico progreso social:

> [...] es más cómodo para muchos —dice Giner de los Ríos— pedir alborotados a gritos una revolución, un gobierno, un hombre, cualquier cosa, que dar en voz baja el alma entera para contribuir a crear lo único que nos hace falta: un pueblo adulto. [43]

Implica esta creencia, como es fácil de deducir, una oposición radical a la idea del progreso proveniente de las doctrinas positivistas, ofreciendo frente a ellas una alternativa basada en el «bienestar espiritual» y no en el bienestar material. Es fácil encontrar la misma actitud en el ámbito del modernismo catalán:

> La major part de lo que'n diuen les Conquistes del progrés, no'm sedueixen ni m'agradem... Ells nos han tret la major part de creencies i no'ls hi agraim per altres idees modernes que procuren el benestar del esperit, com fins are s'han cuidat dels egoisme del cas, mes valía no cumplir-nos d'una cultura que mata les ilusions, sense fer néixer esperanses. [44]

Resulta ser éste, en definitiva, un trasunto de la misma problemática que tanto había preocupado en los ambientes del prerrafaelismo inglés. Volveré sobre el tema más abajo, pero, antes de hacerlo, hay otra cuestión, en el «Prólogo» de Juan Ramón a *Nieblas*, que quiero comentar. Después de dedicar unas páginas al examen del contexto en que se inscribe la obra de Tomás Domínguez Ortiz, aprovecha Juan Ramón las últimas líneas del trabajo para darnos su concepción de la obra literaria. Utiliza para ello los conceptos de fondo y forma, y lo hace en los siguientes términos:

> [...] creo —dice el poeta— que el fondo, en literatura, es más esencial que la forma; no lo más esencial, sino lo necesario, lo indispensable, sin cuyo aliento morirá esa forma, como muere el cuerpo cuando se va el alma...; sin embargo, los sentidos necesitan una hermosa percepción que les afecte de modo inmediato, para encontrar reposo comple-

---

41. Richard A. CARDWELL, *op. cit.*, 15 y ss.
42. De «Apuntes (Manuel Palacios Olmedo)», *Madrid Cómico*, XII, 24 (14 de junio de 1902), 190.
43. Cita tomada de D. GÓMEZ MOLLEDA, *Unamuno «agitador de espíritus» y Giner* (Madrid: Narcea, 1977), 14.
44. J. M. R., «Santiago Rusiñol», *Luz*, I, 1, 15 de noviembre de 1977.

to...; la obra que, *yendo animada por bello espíritu,* vaya perfeccionada por cuerpo bello, será más hermosa, más acabada que la obra donde quede obscurecida una parte; un armónico conjunto llenará siempre más que uno desequilibrado en raro desconcierto... [45]

Aunque la identificación del «fondo» con «el espíritu que anima la obra» —y no con el contenido— es, en mi opinión, interesante, el pensamiento de Juan Ramón no ha alcanzado, todavía, la originalidad que revela, tratando esta misma cuestión, la reseña escrita en 1903 para la obra *Antonio Azorín,* de José Martínez Ruiz. [46]

(Impresiones) «Rejas de oro»

El tercero de los textos citados, la crítica a *Rejas de oro,* se inscribe en la misma línea de los dos anteriores. Acorde con su idea de conceder más importancia al fondo que a la forma, apenas trata en él Juan Ramón cuestiones referentes a la literariedad de la obra que comenta. Al hacer la pintura del «espíritu que anima a la obra», nos ofrece, sin embargo, datos importantes para configurar, de modo más exacto, ciertos temas apuntados en los trabajos anteriores.

Hemos visto hasta aquí de qué modo, de acuerdo con las ideas del momento, Juan Ramón concibe la poesía como un instrumento de progreso, de evolución y de regeneración espiritual. Insiste ahora, de nuevo, en subrayar la función social que le corresponde al arte: la de convertirse en *conciencia* «de esos seres miserables que no sienten, que no piensan, que no sueñan ni lloran...» (*LPr*, 218), «que se entregan al deleite del estómago, mientras la conciencia agoniza» (*LPr*, 215) para sacarlos «de [su] corteza material, de [su] egoísmo...» y llevarlos [47] «al santo ayuntamiento espiritual» (*LPr*, 216). Juan Ramón Jiménez —como Baroja o Villaespesa [48]— cree en la fuerza del ideal que la poesía encarna; cree en la especificidad y «valor de la ideación poética dentro del universo pensante» [49], para «templar [el] alma al unísono con el Ideal» (*LPr*, 219). Sin embargo, la sociedad no reacciona tal como el poeta espera:

> Al concluir la lectura de la obra de Orbe —dice Juan Ramón— cerré los ojos y vi el teatro lleno y oí aplausos calurosos [...]. Después vi que terminaba la representación, que salía la gente y de nuevo volvía la sociedad a su vida grosera, olvidándose de las sensaciones estéticas [...]. Vi que la sociedad caía de nuevo en la *charca de sus vicios;* vi el esfuerzo perdido de los que la fustigan [...], la imposibilidad de sacarla del cieno en que está hundida [...], para hacerla entrar por la puerta blanca de la felicidad... (*LPr*, 218-219).

45. *Nieblas*, op. cit., 16.
46. *Helios*, 4 (julio de 1903), 497-499.
47. Anticipa aquí Juan Ramón, en varios años, la idea de *educación* que luego encontraremos y conoceremos como característica de Ortega: «la educación del hombre interior, el hombre que piensa, siente y quiere» (*OC*, t. I, *op. cit.*, 512). Asimismo, en las palabras de nuestro poeta podemos reconocer una postura idéntica a la que Víctor GARCÍA DE LA CONCHA [*Los senderos poéticos de Ramón Pérez de Ayala* (Oviedo: Archivum, 1970), 201] señala en el escritor asturiano, cuando éste, en *Troteras y danzaderas*, define al poeta como la conciencia de la humanidad.
48. Véase Richard A. CARDWELL, *Juan Ramón Jiménez...*, op. cit., 11.
49. Véase, al respecto, Bernardo GICOVATE, «Poesía y poética de Juan Ramón Jiménez en sus primeras obras», *AL*, V (1965), 197.

El aislamiento en que el poeta ve sumida su labor explica su atávico indivi-dualismo [50], aristocratizante unas veces y anarcoide otras. En su actitud se suman reacciones contradictorias. Está, de un lado, su concepción mesiánica del arte; aspira el artista en su creación, desde una concepción aristocrática del arte, a transformar la cultura y la sensibilidad, y a convertirse en guía espiritual de la sociedad. De otro, puesto que «la sociedad moderna es un gran organismo ma-terial; se traga a los seres; los dijiere penosamente en su vientre ayudada por el jugo aurífero, y los arroja al exterior en excrementos nauseabundos»; puesto que «ahí no puede existir parte alguna de idealismo» (*LPr*, 219), necesita expresar, de algún modo, su natural repulsa social. [51]

La pose modernista, los brotes de bohemia, «el desprecio de la sociedad en uno mismo» —de Baroja—, son el testimonio más superficial y efímero de la contradicción moderna entre la rebeldía —ante una sociedad orientada por un sen-tido utilitarista pragmático— y el deseo de laborar en pro de esa misma sociedad, a través de su educación espiritual [52] y cultural. A la misma contradicción, entre rebeldía social del arte y colaboración al enriquecimiento y transformación de la sociedad, pueden reducirse las tensiones entre cosmopolitismo y recuperación de las esencias nacionales, los postulados de progreso (*LPr*, 208) y el ataque a la estructura moderna de la sociedad, en tanto en cuanto ésta se reduce a «un gran organismo material que se traga a los seres» (*LPr,* 219). La tensión, en definitiva, nacía del fracasado intento decimonónico de conciliar dos concepciones del mundo contrapuestas: la idealista y la pragmática. Para los autores de principios de siglo, una masa guiada por principios utilitaristas ofrece, permanentemente, un obstáculo a las aspiraciones intelectuales de los hombres que la componen, al auténtico progreso.

No se trata, pues, de aislar el arte de la cuestión social. Lo que ocurre es que el artista, desde su *yo* eminentemente romántico, desvinculado de un pueblo que ya no es uno, sino que está pasando de una fórmula gremial a una organización de clases, se encuentra con la necesidad de hallar, frente a la concepción tradicio-nal del mundo, otra moderna que la sustituya. Las fórmulas que ensayaron se

---

50. Luis MARFANY, *Aspectes...*, op. cit., 149.
51. Es decir, nos enfrentamos con la interna contradicción encarnada por el idealismo modernista: nacido el modernismo en «la edad de oro del capitalismo —son palabras de Ricardo GULLÓN [*Direccio-nes del modernismo* (Madrid: Gredos, 1963), 43-44]—, cuando nada parecía tener sentido, si no producía ventajas económicas, los rebeldes contra la ola materialista levantaron la bandera de la belleza pura» y, frente al héroe militar de la España de la Restauración y frente al héroe del telar (Cfr. MARFANY, *op. cit.*, 225), levantaron la imagen del héroe intelectual. En tal actitud se confundían el rechazo de la sociedad materialista y el sueño de un mundo mejor. Recientemente, este tema ha sido estudiado con acierto por Richard A. CARDWELL [«Juan Ramón Jiménez y una página verdaderamente dolorosa», *El ciervo*, XXX, 364 (1981), 22-23], quien persigue la vigencia de dicha actitud en figuras, tan dispares entre sí, como Unamuno, Ganivet, Baroja, Azorín, Darío y Rodó. Por un lado, el escritor modernista se siente a sí mismo como *héroe*, destinado a salvar a la sociedad del materialismo que la rodea (*supra*, n. 38); por otro, inútil en una sociedad utilitarista, mercantil y puritana, se declara como un ser al margen de esta misma sociedad. Con estos rasgos, que ya en 1900 nos ofrece el citado texto de Juan Ramón, nuestro poeta levanta el esqueleto de una línea, cuya vitalidad —incluso en el campo de la poesía— llega, por lo menos, hasta *El mal poema* [Cfr. Luis A. DE VILLENA, «Relectura de *El mal poema*, de Manuel Machado», *In*, XXXII, 362 (1977), 1 y 11].
52. La función que Juan Ramón parece otorgar a la literatura está cercana al ideal krausista y a su mensaje de redención de la humanidad, potenciando la realización del hombre en su destino (*TG*). En el credo krausista el perfeccionamiento personal —y Juan Ramón entenderá su poesía desde el primer momento como vía de perfección espiritual— se acopla exactamente con la redención de las masas. Su misión redentora, la del poeta, tiene tanto de intuición poética, como de labor empírica. Cfr. UNA-MUNO, «Alma vasca», *art. cit.*

orientan, principalmente, en dos direcciones y por las dos, haciendo que se complementen entre sí, encauza Juan Ramón su obra. Siente, por un lado, la necesidad —común al krausismo— de «aristocratizar, selectar, individualizar y salvar» a la masa del utilitarismo y materialismo de la vida moderna. Perdida la identidad social con su pueblo, necesita, por otro, enfocar su obra a la recuperación y conquista de las auténticas esencias de lo popular, entendiendo por *popular* todo aquel contingente de notas comunes a un pueblo, que nunca podría verse afectado por la moderna división de la sociedad en clases. Es decir, el término popular es siempre, en Juan Ramón, un término interclasista. De la fusión de ambas pretensiones nace una expresión muy frecuente en la poética de Juan Ramón: la de *aristocracia de intemperie*[53]. Se trata de fundir en una sola y misma cosa los dos conceptos: *lo popular*, que en Juan Ramón es instinto, y lo *aristocrático*, que es cultivo: «El mejor, el más *aristocrático* poeta —dice Juan Ramón— debe ser en rigor, por su cultura o cultivo, el hombre de mejores sentimientos» (*TG*, 74). No se trata de una nueva forma de aristocraticismo clasista, porque

> el poeta es el mayor enemigo, en nombre de lo mejor auténtico, de lo peor, de lo falso; es, siendo el aristócrata puro, el puro popularista; pero el poeta no ha olvidado nunca que lo peor verdadero es la injusticia, el hambre, la miseria por un lado, y por otro, la populachería, el odio, el crimen (*TG*, 79).

Evito entrar en profundidad en el examen de estos temas, porque, luego, los mismos asuntos que ahora preocupan a Juan Ramón alcanzarán amplio relieve en *Helios*, y habremos de referirnos necesariamente a ellos.

---

53. El concepto de *aristocracia*, entre los modernistas, debe leerse emparejado al de *héroe* y al sentido que dimos a ese último término más arriba (n. 38). El contenido de ambos términos conlleva una subversión en la manera de entender la jerarquización, y una crítica a la aristocracia y democracia tradicionales. El término *aristocracia* recibió, cuando lo usaron los modernistas, fuertes críticas, tanto desde posturas conservadoras, como desde enclaves socialistas (véase E. GONZÁLEZ-BLANCO, «El anarquismo intelectual», *art. cit.*). Alvaro de ALBORNOZ («Aristocracia y democracia. Carlyle, Ruskin, Nietzsche», *Nuestro tiempo*, mayo de 1905) supo, ya en 1905, ser mucho más preciso a la hora de categorizar el contenido moderno del término, marcándolo con la idea de servicio al pueblo: aristocracia del pueblo auténtico y no de la herencia. En esta dirección debe entenderse «la aristocracia de intemperie» juanramoniana, la fusión que él realiza de lo popular y lo cultivado, y, finalmente, la confluencia de aspiración aristocrática y acracia intelectual disolvente, como negación, que lo era, de los principios sociales utilitarios. En el fondo, aristocratismo y rebeldía social esconden, y así lo vio la crítica académica de la Restauración, un deseo de conducir la sociedad hacia un nuevo sistema de valores, subversivos respecto a la ideología precedente. Por ello pudo hablarse (E. GONZÁLEZ-BLANCO, «El anarquismo...», *art. cit.*, 531) de «anarquismo aristocrático» y relacionar éste con la búsqueda espiritual y metafísica de los modernistas. LUGONES ha escrito: «Los intelectuales de hoy somos individualistas, porque somos idealistas. La reacción contra el igualitarismo democrático nos conduce a la más intransigente aristocracia, dentro de una acracia absoluta».

BURDEOS. TRADICION Y RENOVACION

Regresa Juan Ramón a Moguer en mayo de 1900. Pasa, después de esta fecha, una corta estancia en los baños de Alhama de Aragón y, por Madrid, vuelve de nuevo a Moguer, donde a los pocos días muere su padre.

La depresión nerviosa que le produce el fallecimiento de su padre y que acompaña a la crisis religiosa, es la causa [54] de su marcha, aconsejado por el doctor Simarro, al sanatorio de Castel d'Andorte, en Le Bouscat (Burdeos), donde es recibido en calidad de amigo del doctor madrileño, y no en calidad de interno [55]. La estancia en el sanatorio le permite incorporar a su acervo nuevo caudal de lecturas. En concreto, orienta su afición por los aledaños del parnasianismo y simbolismo. Conoce a Baudelaire, Verlaine, Laforgue, Mallarmé, Leconte de Lisle, Rimbaud, Amiel y Francis Jammes, cuyas obras alterna con la lectura de d'Annunzio, Leopardi, Carducci y Pascoli [56]. Junto a estas lecturas, hay que señalar el persistente influjo que el *Romancero*, Bécquer y los poetas del litoral, siguen ejerciendo sobre la evolución de su obra [57]. Juan Ramón mismo nos da la clave: fue ésta, escribe, «una época [la de Burdeos] de desorientación, en que me llamaba por igual lo nuevo y lo clásico [...]. Unos [poemas] significan la exageración juvenil hacia lo nuevo. Otros, la reacción natural. Con elementos de una y otra cosa, *depurado ya el gusto*, surjen *Arias tristes, Jardines lejanos y Pastorales*». [58]

En la atracción hacia lo nuevo, que en este texto confiesa Juan Ramón, tuvieron importancia decisiva las lecturas antes citadas. Los simbolistas franceses, que conoció en la biblioteca del doctor Lalanne y a través del *Mercure de France*, de una parte, le abrieron el camino a una lectura distinta de los románticos

---

54. Fue también la crisis religiosa la que motivó que Juan Ramón destruyese dos libros paralelos a «Nubes»: los titulados *Besos de oro* y *El poema de las Canciones*. De estos libros conocemos algún poema que Juan Ramón anticipó en *Electra*.

55. Nuevas precisiones sobre la estancia del poeta en Burdeos se las debemos a la pluma de Ignacio PRAT, «Juan Ramón Jiménez en Burdeos...», *art. cit.*

56. Graciela PALAU DE NEMES, *op. cit.*, 158.

57. Así lo afirma Juan Ramón: «Mi libro *Rimas* lo traje yo, casi todo, de Burdeos... *Rimas* fue un libro de *descenso*. El afán de ser *natural* y *sencillo*, como yo lo entendía entonces, después de "modernismo" de *Ninfeas*. Hay evidentes recuerdos de Bécquer, de Rosalía de Castro y de José J. Herrero, traductor de Kalidasa y Heine, y un afán de encontrar el romance y el endecasílabo españoles, que habían de ser siempre la base de toda mi métrica y de mi prosa» (*LPr*, 903). Sobre las traducciones de Heine, véase p. 68, n. 38.

58. De una nota manuscrita de Juan Ramón, citada por Francisco GARFIAS (Véase *LIP*, I, op. cit., 19).

españoles, especialmente de Bécquer y Espronceda; le descubrieron, de otra, el modo de convertir la poesía en instrumento idóneo para la introspección personal. Veamos este doble influjo. La imagen de Bécquer que había contribuido a formar Menéndez Pelayo, con los textos por él seleccionados —rimas VII y LXXIII— para las *Cien mejores poesías líricas* [59], deja paso a otra nueva, en la que —por el simbolismo potencial de sus rimas, por el componente metafísico y extrasensible de su poesía, y por su escritura impresionista— adquiere mayor relieve la modernidad del poeta sevillano. Fue Juan Ramón —claramente lo demuestra uno de sus «retratos»— uno de los primeros en percibir dicha modernidad:

> Bécquer —dice Juan Ramón— ha vuelto estos días [...] Fue uno de esos instantes en que una serie de velos descorridos dejan ver lo que anda entre nosotros invisiblemente [...]. Su modernidad no está, Bécquer, le dije, en aquellos apuntes para poemas didácticos que usted lamenta haber perdido [...]. Está en sus rimas impresionistas de amor, flores eternas sin anterior apunte [...]. *Romanticismo complicado de alma con paisaje impresionista* (*ETM*, 317-318).

Las *Rimas* de Juan Ramón, escritas unas y recreadas otras en el sanatorio francés, responden a esta lectura simbolista de Bécquer. La moderna poesía francesa y su «instintiva» vuelta a lo español, con el natural rechazo de «lo externo» modernista, determinan en Juan Ramón su búsqueda del «eterno simbolismo español» [60] en la mística del Siglo de Oro, en el Greco, en Bécquer... A partir, pues, de la estética simbolista, Juan Ramón realiza una lectura moderna de las fuentes literarias españolas. En la reinterpretación de Bécquer ahora y, luego, a su regreso a Moguer en 1905, en los místicos, encuentra las raíces del simbolismo español que él aspira continuar y hacer «contemporáneo» suyo. Sigue a esto una etapa de fuerte autocrítica, en la que Juan Ramón pugna por librarse de excesos y vicios, proceso de depuración que se ajusta perfectamente al retraimiento y soledad con que el poeta lleva su vida privada. La clave de la evolución juanramoniana va a ser, por todo ello, plenamente interior. «Mi viaje y Francia» —dirá Juan Ramón—

> me hicieron reaccionar contra el modernismo [...], porque yo estaba comprendiendo ya que aquél no era entonces mi camino y volví por el de Bécquer [...] a mi primer estilo (*TG*, 229).

Queda patente el sentido de esta vuelta en la dirección emprendida por *Rimas* y en el tipo de poemas que este libro recupera de los anteriores [61]. Ya hemos visto, sin embargo, que este retorno no es un retroceso —desde el modernismo—, sino una reinterpretación del romanticismo. Coincide el comienzo de la creación juanramoniana con el romanticismo rezagado, persistente en los poetas del litoral,

---

59. Cfr. Ignacio PRAT, *op. cit.*, XIII.
60. Sabemos por la crítica juanramoniana (Cfr. «Poesía y literatura», *TG*, 35 y ss.; y «Poesía cerrada y poesía abierta», *TG*, 83 y ss.) que lo que el poeta llama «eterno simbolismo español» constituye, para él, una constante de toda nuestra literatura, constante que va, desde la poesía arábigo-andaluza, hasta Unamuno, pasando por el *Romancero*, Gil Vicente, San Juan de la Cruz, parte de la poesía de Lope, Bécquer, Rosalía y Machado.
61. Como señala Antonio SÁNCHEZ TRIGUEROS (*El modernismo...*, op. cit., 29), en *Rimas* «la presencia de sus libros anteriores es realmente importante». Pero lo verdaderamente significativo, en realidad, es el porcentaje de poemas salvados: de *Almas de violeta* se salvan, de un total de 28 poemas que componen el libro, más de la mitad, mientras que de *Ninfeas*, que representa el modernismo más externo, de un total de 35 poemas, se salvan tan sólo tres, «justamente —precisa Sánchez Trigueros— los que se ajustaban a un tipo de poesía popular» que *Rimas* pretende rescatar.

pero, arrancando de allí, su personal voz va a abrir canales nuevos en la poesía española del siglo XX. En el plano de la expresión, *Rimas* aprovecha las «conquistas formales del modernismo», pero, frente a los libros anteriores, aquí alienta ya lo que va a ser la raíz de toda su poesía: la búsqueda de la propia autenticidad y la concepción de la creación poética como instrumento de evolución espiritual:

> Y volví por [...] Bécquer, mis rejionales y mis estranjeros de antes —escribe el poeta refiriéndose a esta época—, a mi primer estilo con la seguridad instintiva *de llegar algún día a mí mismo*, y a lo *nuevo* que yo entreveía y necesitaba por mi propio ser interior (*TG*, 229).

También en ese «llegar algún día a mí mismo y a lo nuevo» —de que habla Juan Ramón— tiene una importancia decisiva el influjo de las lecturas realizadas en Burdeos. Así, en la poética simbolista, además de una nueva clave de lectura de las fuentes literarias españolas que maneja, encuentra Juan Ramón la forma y los motivos sobre los que realizar su propia espiritualidad. Hasta ahora, el libro de *Rimas* incluido, creación y evolución espiritual andaban disociadas en Juan Ramón, ya que aquélla necesitaba construirse sobre formas y temas heredados, cuyo uso literario les confería una cierta autonomía significativa, independiente, en alguna forma, de la peculiar y personal interioridad del poeta que los utilizaba. Este hecho pautaba la expresión íntima del poeta dentro de unos límites significativos, fijados claramente por la tradición. Le ofrece la poética simbolista, por el contrario, la posibilidad de crear libremente sus propios símbolos, así como la de otorgar a éstos una significación, contemporánea de la espiritualidad del poeta, que burlase la codificación tradicional. «Entonces», dice Juan Ramón,

> llegó Verlaine con sus equivalencias en su arte menor [...]. Entonces empezó *mi* romance *contemporáneo mío*, menos pensativo que al principio, más meditativo; menos lógico, más emocional [...] (*LPr*, 1231).

Son las equivalencias de Verlaine, pues, las que le permiten a Juan Ramón sustituir los elementos discursivos por elementos emotivos e intuitivos, produciéndose, así, en su obra, el paso de una significación unívoca a una significación multívoca. La raíz emotiva de la poesía tiende a romper las formas lógicas del discurso. Seguirá existiendo en la poesía simbolista juanramoniana un cierto grado de referencialidad externa, pero ahora es imposible reducir ésta a categorías de verdad o mentira, de bueno o malo. Está de acuerdo todo esto con el intento juanramoniano de crear, «por la belleza», una espiritualidad nueva al margen de la lógica y de la moral de la Restauración.

A su regreso a Madrid, Juan Ramón ha evolucionado intelectual y espiritualmente, y «no sabía ya bien lo que significaba Villaespesa» en su «reciente nueva vida» [62]. Rubén Darío, por otra parte, sigue siendo objeto de su admiración y Juan Ramón llega a aprenderse de memoria muchas de sus *Prosas profanas*, pero, a la vez, tiene clara conciencia de las divergencias estéticas que separan su obra de la del «monstruo» nicaragüense. Dice, refiriéndose a *Prosas profanas*:

---

62. En «Recuerdo al primer Villaespesa» (*AO*, 90 y ss.) Juan Ramón distingue entre la primera época de Villaespesa y su posterior orientación colorista y orientalista. De nuevo, su acierto crítico ha sido puesto de manifiesto por la crítica moderna. Véase SÁNCHEZ TRIGUEROS, *Francisco Villaespesa y su primera obra poética* (Granada: Universidad de Granada, 1975); véase también, de Ricardo GULLÓN, «Relaciones literarias entre Juan Ramón Jiménez y Villaespesa», *In*, 149 (1959).

Fue mi libro de cabecera un año entero y es curioso que *entonces escribía* yo cosas tan diferentes como *Arias tristes* (*LPr*, 908).

Frente a Villaespesa y Darío, que hasta entonces habían sido dos guías de modernidad para su poesía, Juan Ramón, ahora, con técnicas y sensibilidad distintas, orienta su creación por los caminos abiertos por Verlaine. Si, como prueba Ferreres [63], Juan Ramón no fue el primer español que se sintió atraído por el poeta francés, también es cierto que fue el más receptivo de los poetas que intentaron en castellano una poética equivalente [64]. De la poética de Verlaine proceden la mayor parte de los datos en los que se apoya Azorín [65], para señalar cómo Juan Ramón comienza la auténtica superación del romanticismo. El es el primer poeta en que gestos, técnicas y puntos de vista románticos quedan totalmente superados. Esta cuestión ha sido estudiada por Richard Cardwell con suficiente precisión. Evito, por ello, detenerme más en el desarrollo de la misma.

---

63. *Verlaine y los modernistas españoles*, op. cit., 177-198.
64. *Ib. id.*, 182: «Excelente conocimiento de la poesía de Verlaine muestra Juan Ramón Jiménez en el artículo transcrito [*Pablo Verlaine y su novia la luna*]. En este aspecto —continúa diciendo Rafael Ferreres— es sin duda el mejor trabajo publicado sobre Verlaine entonces y con validez hoy».
65. «Juan Ramón Jiménez», en *Los valores literarios* (Buenos Aires: Losada, 1957).

EL SANATORIO DEL ROSARIO. «HELIOS»

Se instala Juan Ramón, a su regreso de Burdeos, en el Sanatorio del Rosario, cuyo ambiente —«de convento y jardín», dirá el poeta— cumplía a la perfección sus ideales: *soledad, recogimiento* y, junto a esto, *naturaleza*, portadora de símbolos sobre los que construir la propia espiritualidad.

La norma de *soledad* que Juan Ramón impone a su vida no debe malinterpretarse. Responde a un ideal de *sabiduría* y tiene, ya que «la soledad —dice el poeta— es buena amiga de la *bondad* y de la *belleza*» (*C*, 41), claras motivaciones, a la vez, éticas y estéticas. No fue nunca, por tanto, incomunicación. Muy lejos de ello, Juan Ramón estuvo, durante esta su segunda estancia en Madrid, en contacto con todo el mundo intelectual de su tiempo: en la etapa del Sanatorio del Rosario aglutinó a su alrededor un importante número de poetas y, de la mano del doctor Simarro, que se los presentó, trató intensamente a Emilio Sala, Sorolla, A. de Icaza, Cossío, Giner y Ruiz Contreras; asistía con regularidad a la tertulia de la esposa de Navarro Lamarca —uno de los focos más importantes en la introducción de la estética prerrafaelista en España—, donde tomaba parte en las discusiones sobre arte y literatura y, sobre todo, escribe Juan Ramón, «*trabajo y leo; leo y sueño mucho* [...]». En este momento, fruto de la amistad de escritores y poetas que Juan Ramón logra reunir en torno suyo [66], surge *Helios*, revista sobre la que me interesa detenerme, ya que —más que cualquier otra publicación del momento— se escapa de los límites en que se ha querido confinar la literatura modernista. Nacía *Helios*, órgano del modernismo español, de la necesidad que un grupo de poetas sintió de encontrar un cauce de expresión —«ser leídos y entendidos»— en el marco de una prensa literaria, que estaba dominada por la «gente vieja» y que no les era propicia. [67]

---

66. La formación e historia de *Helios* ha sido trazada con detalle por Patricia O'RIORDAN, «*Helios*, revista del modernismo (1903-1904)», en *Abaco*, 4 (Madrid: Castalia, 1973), 57-150; en la página 58 de este trabajo, O'Riordan da una bibliografía completa de los trabajos existentes sobre la revista. Sobre las relaciones de Juan Ramón con la revista *Helios* puede verse, de José Luis CANO, «Las obras y los días. Juan Ramón Jiménez y la revista *Helios*», *Clavileño*, VII, 42 (1956), 18-34; y «Juan Ramón, Rubén Darío y la revista *Helios*», *El Nacional* (Caracas: 24 de enero de 1957). Véase también, de María MARTÍNEZ SIERRA, *Gregorio y yo* (México: 1953), 161.
67. Véase Ignacio PRAT, *op. cit.*, XXVII-XXVIII.

Desde el primer número se convirtió la publicación en elemento catalizador de un complejo conjunto de corrientes ideológicas [68], que, con frecuencia, veremos aparecer en la obra crítica y en las reflexiones estéticas y literarias de Juan Ramón. Importa, por ello, examinar cuáles son los intereses centrales de *Helios*.

Fue intención primera de la revista —en la línea señalada por Juan Ramón, al hacer la crítica de *La copa del rey de Thule*— romper con el «aislamiento moral e intelectual» que, respecto a la evolución europea postkantiana, acusaba el pensamiento español, un pensamiento pautado, todavía, por el escolasticismo [69]. No debe extrañarnos, por tanto, la cuidadosa atención que *Helios*, especialmente en cuestiones de arte y literatura, prestó —digámoslo utilizando el título de una de sus secciones— a las «Letras extranjeras». Todas las «novedades editoriales» del momento pasaron por la redacción de *Helios*. Reseña, traducción o comentario merecieron distintas obras de Ruskin, Nietzsche, Poe, Emerson o Carlyle [70]. El mayor foco de interés de *Helios* se centró, con todo, en las fuentes del simbolismo —especialmente el francés—, ofreciendo la revista poemas o estudios de las obras de Rodenbach, Regnier, Rollinat, Samain, Moreas y, sobre todo, dedicando una particular y asidua atención a Verlaine. A través de las páginas de *Helios*, los ámbitos literarios españoles se hicieron eco, asimismo, de todas las polémicas que, por las mismas fechas en que la revista se editaba, iban surgiendo en Francia con relación a estos poetas [71]. El atractivo que para los modernistas de *Helios* tiene el simbolismo es tan grande, que «de hecho —dice O'Riordan [72]— parece que la revista empezó con el propósito de propagar el simbolismo francés en sus páginas». Y, apoyándose en un texto del «Glosario» —la paternidad juanramoniana del cual no llega a identificar [73]—, el mismo crítico afirma que la estética que la revista defiende desde el primer número «viene a ser simbolismo

68. La nómina de los que colaboraron en la revista, así como la amplitud de temas que trata su índice, desmienten el «torremarfilismo» y «el presupuesto crítico de la especialización literaria del modernismo español» (Cfr. Ignacio PRAT, *op. cit.*, XXVIII). Francisco Acebal, Jacinto Benavente, Bernardo G. Candamo, Angel Ganivet, Unamuno, Ortega y Gasset, Azorín, Rubén Darío, Antonio y Manuel Machado, José Ortiz de Pinedo, E. Pardo Bazán, Julio Pellicer, Salvador Rueda, Juan Valera, Rusiñol, Alejandro Sawa, Emilio Sala..., figuran entre el amplísimo número de colaboradores. La pluralidad de intereses, que hay detrás del modernismo representado en *Helios*, queda asimismo clara en su índice. Cito directamente de O'RIORDAN (*art. cit.*, 59): «En un anuncio de *Helios*, que apareció en *Alma Española* (... 21, ii. 04), la revista se describe en los siguientes términos:

    Helios: revista mensual. 132 páginas de texto
    novela-poesía-teatro-música-pintura-
    escultura-filosofía-historia-sociología-
    crítica-bibliografía-letras extranjeras».

69. Cfr. Miguel Asín, «Los libros», *Helios*, III, 12 (marzo de 1904), 360.

70. Sobre Ruskin, véase *Helios*, I, 3 (junio de 1903), 376; sobre Nietzsche, *Helios*, I, 1 (abril de 1903), 118; II, 6 (septiembre de 1903), 244; II, 8 (noviembre de 1903), 436; sobre Poe, *Helios*, III, 12 (marzo de 1904), 347; sobre Emerson, *Helios*, I, 1 (abril de 1903), 81; sobre Carlyle, *Helios*, I, 2 (mayo de 1903), 165. Además se traduce a Martín Hume, Henri Regnier, R. B. Cunningham, Maeterlinck, George Rodenbach, Maurice Rollinat, Paul Verlaine.

71. Véase al respecto Patricia O'RIORDAN, *art. cit.*, 128.

72. *Ib. id.*, 129.

73. El texto del «Glosario» de *Helios*, al que se refiere Patricia O'Riordan, es el que comienza «Desde esta ventana donde rimo...» [*Helios*, X (1903)]. Como es sabido, en la redacción del «Glosario» de *Helios* colabora todo el equipo redactor y los textos que lo componen se publican sin firma. En el que ahora nos ocupa no hay duda alguna sobre su autoría, ya que en los archivos del poeta, en Puerto Rico, se encuentra el original manuscrito del mismo. Un estudio importante sobre los textos juanramonianos del «Glosario» ha sido realizado por Antonio SÁNCHEZ TRIGUEROS, «Juan Ramón Jiménez en el Glosario de *Helios*», *In*, 403 (1980), 10.

puro» [74], opinión que confirma la misma crítica de la época. Así, en un texto que luego fue reproducido en *Helios*, definía Manuel Ugarte la labor del equipo de redacción de la revista:

> Juan Ramón Jiménez, Pérez de Ayala, y cinco o seis más, constituyen un núcleo estimado *que lucha en la revista «Helios» por trasladar al español la modalidad de arte que representan los simbolistas. De acuerdo con un programa de renovar las ideas y las formas de expresión, son los grandes enemigos del «casticismo».* [75]

No puedo por menos, después de lo visto hasta aquí, que estar de acuerdo con lo expresado por O'Riordan. Es preciso, sin embargo, hacer algunas matizaciones. La filiación simbolista de *Helios* —filiación que, como digo, resultó evidente para la crítica de la época— es totalmente acertada, pero hay que advertir que la revista no trata, en absoluto, de importar e imponer dicha estética. Intenta, por el contrario, su reconversión a lo español, y es precisamente este intento el que explica que *Helios*, junto a los escritos simbolistas que divulga, busque, examine y someta a revisión las raíces teóricas de la estética que dichos escritos revelan. Esta búsqueda les lleva —y esto se refleja fielmente también en las páginas de *Helios*— a Plotino, a distintas vías del neoplatonismo, a Swedenborg y, con él, a ciertas doctrinas ocultistas [76], doctrinas que, a través de otras revistas del modernismo, y especialmente de *Renacimiento*, pueden seguirse claramente hasta Cansinos Assens y sus ensayos vanguardistas.

Una vez halladas las raíces teóricas de la moderna poesía, a los hombres de *Helios* sólo les era preciso encontrar la vía de aplicación y el lenguaje que permitiese su efectivo funcionamiento en la expresión de una espiritualidad auténticamente española. Esto lo encontraron, volviendo los ojos hacia la propia tradición, en los artistas y poetas españoles del Siglo de Oro. Encabeza *Helios*, en consecuencia, un movimiento de «vuelta a los clásicos» [77] que, aunque ya había sido anticipado por los Machado y por el mismo Rubén Darío en su atención a «los primitivos», ahora tiene, quizá, una significación distinta, centrándose el actual interés de los redactores de esta revista, sobre todo, en los místicos y en el Greco. Dado que los modernistas, «con su interés por el teosofismo, su dedicación al mundo del espíritu y su deificación de la belleza absoluta, se consideran como unos místicos modernos» [78], no es extraño que, en busca de una espiritualidad de la que se consideraban herederos, volviesen los ojos hacia los místicos del

---

74. «*Helios*, revista modernista», *art. cit.*, 106-107.
75. *Ib. id.*, 106.
76. Así, Navarro Lamarca [Véase «Juan Pablo Richter», *Helios*, I, 2 (mayo de 1903), 165] encuentra en Plotino las bases de la estética de Emerson, Carlyle, Maeterlinck y Richter; se reproducen en las páginas de *Helios*, igualmente, abundantes textos ocultistas y esotéricos de la revista *Sophia* (Cfr. Patricia O'Riordan, *art. cit.*, 97 y ss.), y en ellos se intentan descubrir las bases de la moderna estética; se sienten atraídos por la figura del «gran poeta teósofo Walt Whitman» [Cfr. «La revista», *Helios*, III, 13 (abril de 1904), 469]. Sobre las relaciones del modernismo con ciertas corrientes esotéricas y ocultistas, a la bibliografía ya citada, habrían de añadirse los siguientes títulos: de Anna Balakian, *El movimiento simbolista* (Madrid: Guadarrama, 1969), donde se estudia la raíz swedenborguista de las doctrinas simbolistas (pp. 25 y ss.); José M. Lugo, *El pensamiento oculto de Rubén Darío* (Monterrey, 1967); Eduardo A. Azcuy, *El ocultismo y la creación poética* (1966); E. Reynaud, «Le symbolisme ésotérique», en *La mêlée symboliste (1890-1900)* (Paris, 1920). Para referir la obra de Juan Ramón a este contexto, basta citar la referencia que el poeta hace a Swedenborg en sus conversaciones con Juan Guerrero (*JRVV*, 70).
77. Patricia O'Riordan, *art. cit.*, 110 y ss.
78. *Ib. id.*, 111.

siglo xvi. En el Greco, artista que, en términos generales, no gozó del favor del siglo xix, descubren un maestro de la técnica impresionista, que ellos intentaban adaptar a la escritura, y un anticipador de la «espiritualidad moderna». Fueron, quizá, los poetas de *Helios* quienes hicieron posible la comprensión del Greco que, en 1908, ofrece Manuel Bartolomé Cossío[79]: «invención, anticlasicismo, desprecio del canon, premeditado olvido de la realidad, espiritualismo personal, infidelidad a escuelas, subversión y novedad de procedimiento arbitrario».

Estudiadas las fuentes teóricas de la moderna estética europea y encontrado, en la tradición mística y en el Greco, el modelo para convertir dicha teoría en producto artístico, queda abierto el camino a una versión auténticamente española del simbolismo:

> [...] lo mejor del simbolismo —podrá, de esta forma, decir Juan Ramón un día— es tan español, por el lado de los árabes y los místicos, que cualquiera puede comprobarlo. Más que alemán por la música, o que inglés por la lírica, como se dice, el simbolismo es, por San Juan de la Cruz, español (*TG*, 100).

Además de servir a la ya citada reconversión del simbolismo europeo a cauces hispánicos, la revista *Helios* es también un importante punto de referencia para ver cómo dicha estética, en el trabajo de una parte importante de «nuestros modernistas», arraiga en la problemática española del momento. Me referiré en este sentido a tres aspectos de la revista que juzgo principales: el intento de aunar las fuerzas de los poetas e intelectuales de todo el ámbito nacional, en la conquista de los ideales encarnados por la nueva estética; la concepción del hecho literario como tarea espiritual, necesaria en la conquista de esos ideales; y la conciencia clara de que su trabajo va dirigido a un campo virgen que ellos, creándose su propio público, tendrán que cultivar.

Algunos contactos literarios importantes

Sirvió *Helios* de enlace entre el modernismo castellano y las corrientes afines en lengua catalana, en el momento justo en que estas corrientes iniciaban su reacción *novecentista*[80]. Con relativa frecuencia, *Helios* ofreció a sus lectores fragmentos del *Livre dels poetes*, de Josep Carner; de *Canigó*, de J. Verdaguer; de *La barca*, de Apeles Mestres; y de *Fulls de la vida*, de Santiago Rusiñol. Tributó también un homenaje a Maragall, quien, en un artículo titulado «El ismo» (12 de diciembre de 1901), había defendido la labor de los modernistas en los siguientes términos:

---

79. *El Greco* (Madrid: Victoriano Suárez, 1908). El escapismo místico fue uno de los mayores atractivos que el pintor tuvo para los hombres de *Helios*. Sobre el «misticismo» modernista, véase Richar A. Cardwell, *op. cit.*, pp. 162, 256, 259, 264, 276.

80. Incluso en el plano de las relaciones comerciales, de alguna forma, la revista del modernismo español contaba con el apoyo de determinadas empresas catalanas. Gregorio Martínez Sierra representaba en Madrid a *Hojas Selectas* de Barcelona y, por él, el grupo que dirigía la revista catalana proporcionó a *Helios* distribución y corresponsales. Ya en el primer viaje de Juan Ramón a Madrid, en 1900, habían programado con Villaespesa una revista que primero se anunció como *Aurora* —cambiando luego este nombre por *Luz*— y que seguramente contaba, para su financiación, con el apoyo de su homónima catalana. Las relaciones de *Helios* con la literatura hispanoamericana y portuguesa han sido reseñadas también por Patricia O'Riordan, *art. cit.*, 123 y ss.

Vais por el mundo y, entre el común de la gente, os encontráis con uno o dos individuos extravagantes, vestidos de un modo raro, con aires estrafalarios, y los ojos extra-
viados, como no viendo nada. Son unos soñadores, unos bohemios, unos tales sin nombre que hablan entre sí de cosas vagas que no entendéis, ni ganas. Ricos, como sois,
poderosos, bien relacionados, serios, ¿qué tenéis que ver con ellos? Nada. Pasan y
sonreís. No sonriáis, porque ellos llevan un ismo dentro, y revolverán quizá el mundo,
y a vosotros mismos y todos vuestros intereses positivos.

Muy especialmente, del ámbito catalán, les atrae a los modernistas de *Helios* la
poesía mística de Verdaguer y el énfasis que sobre lo espiritual y lo íntimo pone
Josep Carner (*TG*, 231).

Fuera ya del marco de la literatura catalana, el propio Juan Ramón se encargó
de conseguir para *Helios* la colaboración de Rubén Darío, de Azorín —que desde
presupuestos simbolistas había prologado *Aires murcianos*, el libro de Vicente
Medina— y de José Enrique Rodó, cuyo libro *Ariel* fue una de las lecturas predi-
lectas entre los escritores modernistas.[81]

El grupo redactor de *Helios* buscó, asimismo, el concurso de Unamuno, a
quien hicieron mentor de las nuevas corrientes poéticas[82]. Por estas fechas, todavía no había publicado don Miguel su primer libro de versos, pero, a través de su
correspondencia con Giner de los Ríos[83], sabemos que sus poemas eran conocidos
en los ambientes de la Institución Libre de Enseñanza; de otra parte, su polémica
con Rubén Darío y su prólogo a *Alma* de Manuel Machado le situaba en un lugar
de privilegio respecto a los poetas que entonces iniciaban su singladura. Lo afirma
así Juan Ramón:

> Yo entonces, 17 años más joven que él [Unamuno], seguía ansioso, desde Moguer, su
> pelea con las ideas y la lengua [...]. Unamuno publicaba en todas las revistas juveniles
> desde 1897 [...]. «Y yo devoraba todos los artículos que él escribía [...]». Desde el
> principio, el mismo tono de rebeldía, de formador del idioma, de luces altas. Todo
> el mundo decía: «Pero ¿tú entiendes a ese tío?» (*CP*, 301).

Todavía, alrededor de 1912, al enviar sus libros al rector de Salamanca, Juan
Ramón se dirigía a él en estos términos:

> Deseo de usted una opinión sincera y severa, teniendo en cuenta que para mí la opinión
> no es como para un «*literato profesional*» con afán de popularidades. *Idealista* como
> soy, la vida no tiene otra importancia para mí que la que le doy con mis *éstasis* y con
> mis ensueños; y lo que estimo, porque mis sentimientos son ya musicales al nacer, es mi
> propia *alma* y mi misma carne [...]. Lo que quiero saber es los puntos de contacto que
> mi espíritu pueda tener con el suyo, tan derramado y tan complejo (*C*, 46).

---

81.   Véanse *SC*, 24-25; y *C*, 32-33, 64-65. Las relaciones de Juan Ramón con José Enrique Rodó han
sido estudiadas por Emir RODRÍGUEZ MONEGAL [«Rodó y Juan Ramón Jiménez», *Marcha* (Montevideo:
25 de junio de 1954)] y por Donald FOGELQUIST [«La correspondencia entre José Enrique Rodó y Juan
Ramón Jiménez», *RIA*, XXV, 50 (1960), 327-336]. Su amistad con Darío es el tema de un artículo de
José Luis CANO, «Juan Ramón Jiménez y Rubén Darío», *LT*, V, 19-20 (1957), 119-136.
82.   Para entender las relaciones de Unamuno con el modernismo castellano, debe verse N. LITZ,
«Las relaciones personales y la crítica mutua entre Darío y Unamuno», *Cuadernos de Literatura*, XXIV,
6 (1965); Vicenzo JOSIA, «Juan Ramón Jiménez y Miguel de Unamuno», *Peñalabra*, 20 (1976), 32 y ss.;
y J. VILLA PASTUR, «Juan Ramón Jiménez ante la poesía de Miguel de Unamuno y Antonio Machado»,
Archivum, V (1955), 136-147.
83.   D. GÓMEZ MOLLEDA, *Unamuno «agitador...»*, op. cit., 24.

Toma Ramón Pérez de Ayala a Unamuno, también, como mediador en la polémica que, sobre la función social de la poesía, había suscitado, en *Helios*, Alvaro de Albornoz. Al trabajo que éste escribe, bajo el título «*Liras no, lanzas*», responde el poeta asturiano con una máxima de Unamuno:

> Busca tu mayor grandeza, la más honda, la más duradera, la menos ligada a tu país y a tu tiempo, la universal y secular, y será como mejor servirás a tus compatriotas coetáneos. [84]

Las palabras de Unamuno llevan a Pérez de Ayala a definirse como «supranacional en el espacio» e «inactual en el tiempo», defendiendo que lo profundo y esencial humano, su parte espiritual —«su originalidad», como prefería Giner de los Ríos—, representa, en su pureza no contaminada por «lógica de nación o raza», lo universal. Ahondar en el significado del propio *yo* es profundizar en el sustrato eterno y universal humano, llevando, así, a su cumplimiento la función espiritual —individual y social— de la poesía.

«*Helios*» y la regeneración espiritual

Entramos, con esto, en el segundo de los puntos que antes señalé como característicos del espíritu que animaba la revista *Helios*, y que se cifraba en la concepción del trabajo literario como obra de espiritual regeneración, concepción que —como hemos tenido ocasión de comprobar anteriormente— está, desde las primeras páginas escritas por Juan Ramón, fuertemente arraigada en su pensamiento.

A través de *Helios*, ahora, tendremos ocasión de comprobar cómo estética modernista, ética krausista, y lo que se ha considerado el programa de la supuesta generación del 98, vienen a coincidir en otorgar a la literatura la misma función. En el año 1900, Valera había escrito:

> Es el escribir arte nobilísimo, pero arte en lo esencial como cualquier otro. ¿Qué regenera, qué salva, qué enseña ni qué demuestra el escultor...? Nada de esto tiene más utilidad ni más fin que la manifestación sensible de la belleza y el puro y sano deleite que al percibirla se goza [...]. [85]

De muy distinta manera pensaban, sin embargo, modernistas, noventayochistas y krausistas. Sanz del Río —y lo mismo podría decirse de Giner de los Ríos— ve en el arte la posibilidad de «revitalizar la vida espiritual de la nación». Lo mismo opina —refiriéndose a los modernistas— Rubén Darío en palabras que vieron la luz en *Helios*: «Existe empero —dice el nicaragüense— una juventud que ha encontrado su verbo. *Existen los nuevos apóstoles que dicen la doctrina saludable de la regeneración*» [86]. Pérez de Ayala, en el mismo artículo que cité más arriba, tomando como modelo el *Ideal de la humanidad*, de Krause, e «inquiriendo cuál

---

84. «Liras o lanzas», *Helios*, I, 9 (diciembre de 1903), 513 y ss. Ha sido comentado extensa y agudamente este texto por Víctor GARCÍA DE LA CONCHA, *Los senderos poéticos...*, op. cit., 78-81.
85. *Obras completas*, op. cit., t. III, 1385.
86. «Tierras solares», *Helios*, III, 12 (marzo de 1904), 340. Espíritu similar anima en la obra de Juan Ramón: «el dinamismo debe ser principalmente del espíritu, de la idea, debe ser éstasis dinámico moral..., como acción en el pensamiento o en el sentimiento..., absoluto heroísmo» (*TG*, 136-137). Véase también al respecto Richard A. CARDWELL, *op. cit.*, 178-182.

sea su deber» como escritor, se pregunta: «¿lanzas?, sí, lanzas de amor que hieren el costado de la naturaleza divina, para que broten raudales de agua pura en que se refrigeren las almas». Más explícito todavía es el siguiente texto de Martínez Sierra:

> Conviénele al alma de la patria que hoy la parte superior de su inteligencia se retire a la soledad para *robustecer ideas y embellecer palabras*, que nos han dejado nuestros padres anémicas y feas, gastadas por el acaso noble trajinar incesante. ¡Respetad, por Dios, la meditación silenciosa, la intimidad con el misterio de los poetas de hoy! ¡No les pidáis que griten palabras que no sienten! ¡Están dentro del templo, están rezando quedo, están salvando con su oración el alma de España! [87]

A la «regeneración» auténtica, en la confianza de que «las nobles palabras, escuchadas una y otra vez», harán «nacer los nobles ideales», se le encuentra un solo camino: las obras del espíritu. Por ello, se puede afirmar, con J. M. Aguirre [88], que «nadie podrá decir que los directores de *Helios* consideraban su revista ajena a los problemas sociales de su tiempo». No se equivocaba, tampoco, Oreste Macrí [89], al ver en el espíritu de *Helios* una preocupación plenamente «novantottesca, unamunesca».

La misma profusión, con que, en el léxico de las citas que acabo de hacer, aparecen términos como *alma, espíritu, alma de España*…, nos revela que, al tema central de la «regeneración», va ligado, en estrecha relación, otro nuevo, en cuya formulación la prosa de Juan Ramón también se anticipa —como tuvimos ocasión de comprobar— a la época de *Helios*. Desde 1900, circulaban en los ámbitos literarios castellanos libros como la *España negra*, de Verhaeren, y *De la sangre, de la voluptuosidad y de la muerte*, de M. Barrés. *Helios* se hace eco de estos libros y somete a juicio sus contenidos, de la misma forma que somete a juicio la «España de pandereta», a lo Gautier o a lo Dumas [90]. Tal crítica a dos imágenes tópicas de España lleva emparejada, también, una preocupación por hallar las esencias auténticas del pueblo, preocupación equiparable a la de Unamuno —y toda la generación del 98— por lo «intrahistórico». Ahora bien, para la búsqueda de lo «intrahistórico» fue común entre los noventayochistas acudir, siguiendo con ello un camino apuntado desde 1895 en toda Europa [91], a ciertas fórmulas nacionalistas construidas sobre la base de una reencontrada *alma castellana*, lo que con el tiempo les llevó, aunque siempre de una forma más sentimental que racional, a la construcción —asentada en una cierta ideología imperialista [92]— del moderno mito de Castilla. *Helios*, sin embargo, por motivo de fechas, primero, y por la atención, luego, que presta a lo regional [93], se halla muy lejos de colaborar en dicha construcción.

En lo que a Juan Ramón Jiménez se refiere, no es preciso insistir más en que considera el trabajo literario como obra de «regeneración» espiritual; piensa, asimismo, que dicha «regeneración» pasa por la entraña misma del *alma del pueblo*.

87. Texto citado por Guillermo Díaz-Plaja, *Estructura y sentido del novecentismo español* (Madrid: Alianza Universidad, 1975), 270.
88. *Antonio Machado, poeta simbolista*, op. cit., 96, n. 49.
89. *Metafísica e lingua poética* (Parma: 1958).
90. Cfr. Patricia O'Riordan, «Helios…», art. cit., 77.
91. Guillermo Díaz-Plaja, *Estructura y sentido del novecentismo español*, op. cit., 89.
92. Véase Luis Marfany, *Aspectes…*, op. cit., 111-112.
93. Patricia O'Riordan, «Helios…», art. cit., 80 y ss.

Pero se cuida, muy mucho, de identificar ésta con el *alma de Castilla*. Está Juan Ramón, en este punto, mucho más cerca del pensamiento krausista, que del pensamiento noventayochista. Frente al tratamiento que los del noventayocho otorgan al tema, los krausistas españoles, herederos del pensamiento de Sanz del Río, habían resuelto, siguiendo a Krause y a los filósofos románticos germanos, la vieja contradicción entre «ser ciudadano del mundo» y patriota [94], lo cual venía a facilitar la emergencia de las «españas subyacentes y periféricas».

Partiendo, pues, de los postulados krausistas, Juan Ramón defenderá incesantemente la multiplicidad de España, porque —y es sorprendente ver los puntos de coincidencia que en este tema su pensamiento guarda también con el de J. Maragall [95]— «es absurdo hablar de castellanismo en un país que no es todo Castilla» (*C*, 344). Su rechazo del mito de Castilla es consecuencia directa de la aguda conciencia regional que, desde época muy temprana, caracteriza toda su escritura. Es ya en 1900, cuando —en carta a Sánchez Rodríguez [96]— Juan Ramón anima al poeta malagueño a insistir en su búsqueda de la Andalucía de «por dentro». La misma conciencia regional es la que le lleva a descubrir en la España marginal —la «España del litoral», dice Juan Ramón— la raíz y la savia, que trae a lo moderno la línea oculta bajo la España oficial de la Restauración. Tiene gran cuidado, sin embargo, en que su regionalismo no derive nunca ni hacia el costumbrismo —a lo Pereda—, ni hacia el colorismo —a lo Rueda o Reina—, ni tampoco hacia el exotismo de algún otro modernista. Un texto de las clases del poeta en la Universidad de Puerto Rico puede aclararnos cuál era su pensamiento:

> Lo universal [corre] el peligro —dice Juan Ramón— de confundirse con lo internacional. Lo nacional [corre] el peligro de confundirse con el costumbrismo. Lo universal: elevación de lo nacional a lo absoluto. Goethe: ideas absolutas: Dios, el amor, etc., sin atadero a lo local... El localismo producido por abuso de palabras locales. Nombre de los mares en vez del mar único.
> Lo universal peligra en caer en lo internacional. La persona que por haber viajado describe costumbres de distintos países: internacional [...].
> Lo nacional: la exaltación del país propio va por un lado a lo universal y por el otro a lo regional (*Mod*, 191-192).

Aunque estas palabras pueden resultar tardías respecto a las fechas a que ahora me estoy refiriendo, sirven para demostrar que Juan Ramón conocía perfectamente los peligros que acompañan a todo regionalismo. Su obra toda revela, junto al intento de «elevar lo propio a lo universal», una constante huida del «localismo».

No puedo, finalmente, dejar de referirme a una cuestión que la crítica [97] —creo que con acierto— ha puesto de manifiesto al tratar el tema del «andalucismo» juanramoniano: dicho andalucismo va a ser, incluso, un rasgo determinante de estilo. En su defensa de lo andaluz radica, para Guillermo de Torre, la preferencia en el poeta de Moguer

94. Ha estudiado con precisión este tema Juan MARICHAL, *La vocación de Manuel Azaña* (Madrid: Cuadernos para el diálogo, 1971), 196 y ss.

95. Con palabras muy similares a las de Juan Ramón —lo que viene una vez más a demostrar la «hermandad» modernista, en el pensamiento al menos—, J. Maragall se niega a admitir «el genio castellano que todavía asume la representación del pueblo español» (Cfr. L. MARFANY, *Aspectes...*, op. cit., 105), y, con palabras muy similares también, define el alma profunda de un pueblo como «el alma universal brotando a través de un suelo que es el propio y que hay que conjugar».

96. Citada por A. SÁNCHEZ TRIGUEROS, *El modernismo...*, op. cit., 15.

97. Guillermo de TORRE, «Cuatro etapas de Juan Ramón Jiménez», *LT*, V, 19-20 (1957), 60.

7.

de lo exclamativo en contraste con lo discursivo, del subjetivismo extremado y vagoroso por oposición a cualquier intento objetivista de fijar netamente, castellanamente, los perfiles rigurosos de las cosas [...]. Ahí [en el andalucismo juanramoniano] está el origen verdadero [...] de su menosprecio de lo retórico. De ahí deriva [...] su sentido del matiz frente al ímpetu, su preferencia por lo sintético, y aún lo epigramático [...]. De ahí también su ambición de una poesía «inefable». [98]

De lo visto hasta aquí podemos concluir, con Marfany [99], que el modernismo —también el de *Helios*— es explícitamente simbolismo, pero implícitamente es también regeneracionismo, naturismo, y aspiración a una literatura moderna y a una cultura distinta a la castellana «tradicional». Y lo mismo puede decirse de la obra de Juan Ramón.

El público de «Helios»

Finalmente, en lo que al último de los puntos antes citado se refiere, *Helios* marca una cota significativa respecto a la entidad y coherencia que otorga a las corrientes innovadoras, incorporadas a la nueva poesía. Tales corrientes, hasta este momento, no habían dispuesto de un adecuado cauce de expresión, teniendo que manifestarse en publicaciones no siempre favorables al gusto innovador. La primera revista del modernismo nace, pues, con una necesidad de afirmación de las corrientes idealistas de las nuevas tendencias [100]. *Helios* intenta crearse su propio público, a cuya formación y desarrollo espiritual deseaba servir, convencidos los redactores de que esto se podría lograr desde la postura crítica que la nueva estética implicaba. Se presentaba, desde el primer número, con la voluntad «de hacer algo serio» y de crear, cultivar y fomentar su propio público, rechazando a «los señores que se levantan, comen, van al casino, van a los toros, cenan, se acuestan y leen media hora en el libro más vulgar de la semana, y son incapaces de *sentir a través del alma* el vuelo de una rima» (*LPr*, 222). A esta consigna responde el propósito de reivindicar el valor de la poesía, de significarla y legitimarla respecto a otras formas de expresión, así como la necesidad de fijar un punto de diferencia con el resto de publicaciones periódicas de su época.

El estudio que Ribbans hace del *Madrid cómico* —desde donde, en su día, se atacó con dureza a las nuevas corrientes poéticas— puede dar idea, por comparación, de los valores asumidos por *Helios*. «*El Madrid cómico*», dice Ribbans [101],

lo rige todo una actitud *materialista* complaciente de pequeña burguesía satisfecha, un *patriotismo altisonante y falso*: unos valores, en fin, convencionales y caducos [...]. Se destaca, no obstante, el personaje excepcional de Leopoldo Alas [...]. Semana tras semana imponía sus diversas normas, no libres de pedantería, sobre los jóvenes que iban surgiendo, les exigía sobre todo *casticismo*.

98. Guillermo de TORRE, «Prisma de Juan Ramón Jiménez», *Revista Nacional de Cultura*, 129 (1958), 34.
99. *Aspectes*, op. cit., 55.
100. Véase RUIZ CASTILLO [*Helios*, II, 6 (septiembre de 1903), 240]: «afán innovador, que tiene por ley el desarrollo de la propia individualidad», y también «afirmar y ensanchar la conquista del ambiente..., el cuadro que antes era reproductor indiferente, [... se convierte] en espejo donde se retrata el alma múltiple de las cosas».
101. «Riqueza inagotada de las revistas literarias modernas», *Revista de literatura*, XIII (1958), 31. El *Madrid Cómico* tuvo, no obstante, varias etapas perfectamente diferenciadas y RIBBANS toma buena nota de ello. Según que el director fuese Sinesio Delgado, Clarín, Ruiz de Velasco, o Benavente, la actitud de la publicación hacia las nuevas corrientes es muy distinta.

Frente al materialismo pequeño burgués, al chauvinismo, al retoricismo, al convencionalismo, al casticismo..., que parecen caracterizar al *Madrid cómico*, *Helios* —revista «madura y muy bien calculada» (*C*, 32)— demuestra poseer una aguda conciencia de la responsabilidad que el poeta moderno tiene comprometida en la defensa del ideal de modernidad a que se aspira. Acoge en sus páginas todas las corrientes idealistas [102] de su tiempo y, con la pretensión de hacer «una cosa seria» (*SC*, 25), toma posiciones respecto a los rasgos definitorios de la prensa opuesta. Su modelo, en esta tarea, será el *Mercure de France*, dedicando su «revista de revistas» cada vez más atención a la reseña de artículos aparecidos en *Revue, Revue Blanche, Revue Bleue, La Renaissance Latine, L'Ermitage, La Plume*. Se hace eco de la polémica entre lo viejo y lo nuevo, y al levantar la bandera de la Belleza, incorpora en ella su oposición a la vieja estética, a la vieja ideología y al tradicionalismo religioso. En su divinización, *Belleza* y *Espíritu* [103] se erigen como ideales —no más lejanos ni más nebulosos que los «noventayochistas»—, que abarcan tanto una estética, como una crítica contra el inmovilismo social, el fanatismo religioso y la tradición embrutecedora, rasgos de los cuales los modernistas harán responsable a la prensa de la Restauración, donde, en palabras de Juan Ramón,

> se publican retratos de chinches, de liendres y de piojos! ¡Y esos éxitos de libros de toreros, de curas y de bandidos! Todo esto está bien, para que nosotros digamos que está bien, por reírnos de los de fuera, pero ¡por Dios! Ya no falta más que un libro del Rey sobre «la caza del faisán... cazado y sobre el degüello de gamos libres en corral» (*SC*, 27).

Por primera vez en la historia de la literatura española nos encontramos en *Helios* con un grupo de escritores —Ramón Pérez de Ayala, Juan Ramón, Martínez Sierra...—, que trabajan en una empresa común y que se plantean la literatura como una profesión: «hacer una revista que sea alimento espiritual».

---

102. Patricia O'RIORDAN, «*Helios*...», art. cit., 97.
103. Véase «Génesis» [*Helios*, I, 1 (abril de 1903), 3]; y en el mismo número de la revista (p. 120) «Letanía de la belleza», texto, como el anterior, de toda la colectividad de redactores de *Helios*.

EN LA ORBITA DEL SIMBOLISMO.
LAS RESEÑAS DE JUAN RAMON EN «HELIOS»

La colaboración de Juan Ramón en *Helios*, parcialmente recogida hoy por Francisco Garfias en *Libros de prosa*, fue frecuente y numerosa. Es interesante, comprobar al respecto, cómo las entregas del poeta, salvo unos cuantos poemas, anticipo de *Arias tristes*, y alguna prosa poética evocadora de su estancia en Burdeos, son, en su mayoría, reflexiones de crítica o de teoría poética [104] que vienen a confirmar las líneas esenciales que marcaba *Helios*: la visión del hecho literario como trabajo en la creación de una nueva «idealidad» [«*Canciones de la tarde*, por J. Sánchez Rodríguez» (*LPr*, 229)]; el sometimiento a revisión y examen de las corrientes foráneas recibidas del simbolismo europeo e hispanoamericano [«Pablo Verlaine y su novia, la luna» y «Un libro de Amado Nervo» (*LPr*, 239 y 242)]; la concepción del público como entidad que el propio poeta debe crearse [«*Peregrinaciones*, por Rubén Darío» (*LPr*, 224)]; la conciencia de vínculo y corporación que le da saberse trabajando y colaborando en una tarea común, etcétera.

Dentro de las coordenadas generales de *Helios*, Juan Ramón, personalmente, representó, ya en la etapa de 1903-1904, un importante papel en el campo de la crítica española del momento. Intentaba, con ello, suplir una de las carencias del proceso innovador que el modernismo importaba, carencia que ya en 1899 había sido apuntada por él mismo: el desfase entre la renovación poética y el estancamiento de una crítica detenida en los presupuestos y sensibilidad de Leopoldo Alas «Clarín» y Juan Valera. De este último dice Juan Ramón en un texto del «Glosario» de *Helios*:

> Don Juan Valera es un escritor de grandes galanuras gramaticales, frío, fino si se quiere, pero con la finura de una labor sin alma, hecha para el deleite de la mano: Nosotros nos hemos empeñado en decir que don Juan Valera es un perfecto ironista, en repetir que es esquisito, que es ático, que tiene una distinción misteriosa y un buen gusto escep-

---

104. Una nómina completa de los textos de Juan Ramón que se publicaron en *Helios* aparece en A. SÁNCHEZ TRIGUEROS, *El modernismo...*, op. cit., 30; y más recientemente, del mismo autor, «Juan Ramón Jiménez en el Glosario...», *art. cit.*, 10.

cional. Todos lo hemos repetido de esta manera. Y ésta es la leyenda. En el fondo, don Juan Valera es un crítico de muy mediano gusto, parado en Menéndez Valdés y en Nicasio Gallego, es un novelista que no sabe novelar, es un gran escritor artificioso y muy de gabinete. Cuando le dan el asunto, cuando le ofrecen el alma, él la viste muy bien con su egregia gramática blanca [...] (*LPr*, 133-134).

En mi opinión, da Juan Ramón, una vez más, en el clavo. Pero, ahora, estos textos —las páginas del «Glosario» y las distintas reseñas— no me interesan tanto por el acierto crítico que revelan, como por la precisión con que formula en ellos el poeta una serie de postulados teóricos, que se pueden calificar como el primer programa poético del simbolismo español [105]. Frente a la que, en opinión de Juan Ramón, parece ser la norma de escritura de Valera, advierte el poeta, en la crítica que dedica a *Jardín umbrío*, de Valle-Inclán:

> No está en la gramática ni en la retórica ese encanto interior; se puede escribir admirablemente, decir las cosas de varios modos —y quedarse, al fin, sin decirlas— y estar falto de ese don de milagro (*LPr*, 238).

Si se hubiesen de señalar —aún con riesgo de simplificar, al hacerlo, el pensamiento de Juan Ramón— las líneas del programa que propone en *Helios*, yo optaría por destacar las siguientes: defensa de una nueva concepción de la realidad; búsqueda, en consecuencia lógica con el punto anterior, de un lenguaje distinto que la exprese en toda su riqueza y matiz; y, finalmente, adhesión plena a una formulación intimista de la poesía. Veamos, seguidamente, cómo estos puntos se desarrollan en las reseñas de *Helios*.

Sobre un libro de Amado Nervo

Comienza Juan Ramón, a la hora de explicar —en «Sobre un libro de Amado Nervo»— cuál es el proceder de la nueva lírica, por describir el intento modernista de descomponer la realidad, para formar con sus restos —digamos que seleccionados cuidadosamente, si se quiere, así, distinguir esta actitud de la de obras vanguardistas posteriores [106]— otra nueva. Escribe el poeta:

> Llegamos a perder la noción verdadera de la mujer, bañamos de quimera el recuerdo, y con un nombre bello, con una dulce palidez, con un seno en flor, un cabello de oro y unos ojos violetas, hacemos una novia para la boda de nuestras almas (*LPr*, 244).

¿Esteticismo? ¿Evasión? Ese es, desde luego, el camino fácil de explicación que la crítica suele elegir, al comentar textos como éste. Nos enteramos, sin em-

---

105. Aunque Luis CERNUDA (*Estudios sobre poesía...*, op. cit., 80) afirma categóricamente que el modernismo español se detuvo, justo, en los umbrales del simbolismo, sin llegar nunca a franquearlos, resulta hoy evidente, al menos en lo que se refiere a nuestro autor, que el simbolismo es una de las corrientes más claramente perceptibles del modernismo hispano. Sobre la filiación simbolista de Juan Ramón, véase de Angel M. AGUIRRE, «Juan Ramón Jiménez and the french...», art. cit. En algunos casos, incluso, se ha leído toda la obra de nuestro poeta [Paul ILIE, *The Surrealist Mode in Spanish Literature* (Michigan: University of Michigan Press, 1968)] como puro simbolismo, llevado a sus últimas consecuencias. El propio Juan Ramón insiste, reiteradas veces, en sus clases (*Mod*) en que el modernismo no fue sino una forma hispana del simbolismo europeo. Véase también Ricardo GULLÓN, *Estudios sobre Juan Ramón* (Buenos Aires: Losada, 1960), 161-162.
106. Sobre este modo de proceder la poesía modernista, puede verse Víctor GARCÍA DE LA CONCHA, *Los senderos poéticos...*, op. cit., 144.

bargo, por otro texto de Juan Ramón, de que lo que el poeta pretende en su —llamémoslo así— «desrealización» es conseguir «una visión justa y muy nueva de la vida actual» (*LPr*, 235). Utiliza Juan Ramón los elementos de su entorno real, visuales, filosóficos, morales, teológicos..., pero los integra en una estructura nueva y, sometidos allí a su ética estética, adquieren nuevos valores y sentidos. Su deformación es, entonces, una deformación creadora que amplía la agudeza de nuestra percepción; los objetos dejan de ser superficies planas, para convertirse en signos, en *alma* de las cosas. Puede por ello decir Juan Ramón:

> [...] el camino que siguió mi jeneración, y que venía ya de la anterior a la mía, [es] camino mucho más *real* en el sentido más verdadero, camino real de todo lo real. Con la diferencia de que ésta es la realidad que está integrada en lo espiritual, como un hueso semillero en la carne de su fruto.

Un nuevo texto— tomado, ahora, de la reseña de Juan Ramón al libro *Antonio Azorín*— puede servirnos de guía y alumbrarnos el camino que sigue el pensamiento de nuestro poeta:

> Tal vez haya en las descripciones de Martínez Ruiz —escribe— profusión de detalles; con esto no quiero decir nada en contra de él; es una simple observación; no prescinde de nada; hace que su pluma nos cuente todo lo que han visto los ojos; a veces gruñe un cerdo; a veces un tren pasa sobre una redoblante plataforma jiratoria...; son notas negras, notas pardas que dan a la página *un aire burgués*; *pero bien sé yo que en la vida no sólo hay brisas frescas y rosales florecidos* [...] (*LPr*, 236). [107]

Encontramos aquí, otra vez, las aparentes contradicciones que ya conocemos. Lo que Juan Ramón parece expresar en la primera parte del texto viene a coincidir con lo que, tradicionalmente, de su obra nos ha dicho la crítica. Siempre nos ha escamoteado ésta, sin embargo, el sentido de las últimas frases del texto o, excesivamente prejuiciada y condicionada, no ha sabido verlo. Para ser justos con el pensamiento de Juan Ramón, creo que debemos reconocer que no niega el poeta la realidad total de la vida, ni se sustrae a ella, pues «bien sabe él que en la vida no sólo hay brisas frescas y rosales florecidos». A lo que sí renuncia es a una manera concreta de ver la realidad; renuncia a limitar dicha realidad a una perspectiva «burguesa»; es decir, renuncia a una realidad reducida a la percepción de los sentidos. Ninguna obra, en este sentido, fue —como en su día afirmó el gran poeta sevillano Luis Cernuda— menos convencional que la juanramoniana. Juan Ramón, continúa diciendo Cernuda,

> ha visto con ojos nuevos la tierra, la tierra y la realidad española, y esa frescura de visión es quizá uno de los elementos principales de su fuerza lírica. [108]

---

107. Con estas palabras Juan Ramón se está anticipando, en 27 años y casi con los mismos términos, a las siguientes palabras de Pedro Salinas: «La realidad no es para aceptarla como una cosa lisa, sino como una cosa dramática, problemática. Hay en la realidad una parte de imaginación que es a la que se debe llegar. En caso contrario, entronizaremos el aburguesamiento americano» [«Los nuevos», *Heraldo de Madrid* (28 de febrero de 1930)].

108. Ver Luis CERNUDA, «Juan Ramón Jiménez» [*El hijo pródigo*, I, 3 (1943), 155]. Fue común entre los modernistas españoles esta rebelión contra una visión convencional de la realidad. PÉREZ DE AYALA, por citar tan sólo un caso, escribió [«Los más casos», *Obras completas*, t. III, 265]: «En cada artista yace un sentimiento peculiar del universo, acompañado de una visión propia de la realidad sensible».

Para Juan Ramón la realidad de los sentidos —en camino hacia una realidad más rica— se prolonga en el misterio, en lo desconocido, y es, entonces, «de los soñadores —dice Juan Ramón en su crítica a *Canciones de la tarde*, de J. Sánchez Rodríguez— que se lanza a la obscuridad llena de flores, de matices, de cosas májicas y misteriosas» (*LPr*, 230). El poeta tiene la función de reorganizar la realidad desde claves distintas a las de la lógica restauracionista, buscando los nexos profundos entre las cosas. Además, al rechazar el acervo cultural institucionalizado desde el poder, el interés no se orienta hacia la acumulación noticiosa de conocimientos, sino a la formación de la sensibilidad. Esto va a determinar, y por ello debe tenerse en cuenta al estudiar los pretendidos esteticismos en boga en la primera década del siglo xx, el especial relieve que acaba concediéndose a la estética en todos los movimientos «antirrestauracionistas». Supone ya la estética juanramoniana una evolución importante respecto a la estética pragmática de la Restauración, tal como la formularon hombres como Valera. Para este último el arte puede definirse como «realidad embellecida por una idealidad racional y prudente»[109]; en una palabra, el arte es la «realidad canónica». La ecuación realidad-idealidad resulta ser, en este caso, una limitación, en la que el segundo elemento codifica al primero. Aspira Juan Ramón, por el contrario, a ampliar la realidad con lo ideal, no a someterla a su tributo, porque el mundo del ideal no es ya un esquema previo que organiza la realidad «racional y prudentemente», sino un plano paralelo a ésta, que debe rescatarse y hacerse «habitable». Lejos de justificar «el orden natural de las cosas», el arte es, en este último supuesto, un elemento disgregador de lo convencional y establecido, ya que organiza el mundo del hombre, no desde lo «racional y prudente», sino desde nuevos presupuestos; por ejemplo, la belleza. En virtud de lo cual, no resulta extraña la pauta marcada por Ortega[110] hacia 1910: «No admitir como *verdadera* una palabra que al mismo tiempo no fuese bella, y que, además, no incitara a la actividad». El criterio de verdad se transforma, buscando nuevas claves de interpretación de la realidad. De aquí la enorme importancia concedida a la creación artística como resultado de una visión sintética, intuitiva y mágica de la realidad.

La realidad a la que el poeta aspira es una realidad cualitativamente enriquecida, que no admite la profusión de *detalles* descriptivos y se aviene perfectamente, por el contrario, con lo musical, con el matiz, con el boceto, con lo fugitivo, con lo simbólico, con la variedad de contornos (*LPr*, 227). Tal cosa es así, porque la nueva zona de realidad, que el poema pretende descubrir, la habitan «seres espirituales», sin sustancia corporal alguna (*LPr*, 227)[111]. Escribe nuestro autor en una de sus «notas» para el «Glosario» (octubre, 1903):

> Desde esta ventana donde rimo el valle con mi alma, he pensado hoy en la poesía de contornos limpios que han escrito nuestros poetas gloriosos del siglo de oro. Y no puedo menos de declarar que comprendo cómo ante esta naturaleza fuerte y bella sea precisa y hasta correcta. Pero yo no la pienso así; si el que ha soñado en esta ventana antes que yo ha mirado a la montaña, *yo miro detrás de la montaña. Y mi poesía ha de ser poesía de lo visto. Las copias de una quimera jamás serán precisas...* Las poesías ideales no pueden ser más que bocetos.

109. *Obras completas*, t. II, *op. cit.*, 216.
110. *Obras completas*, t. I, *op. cit.*, 469.
111. Un estudio del «matiz» como técnica del impresionismo ha sido realizado por Calos Bousoño, «El impresionismo poético de Juan Ramón Jiménez (una estructura cosmovisionaria)», *CHA*, XCIV, 280-282 (1973), 519.
112. «Desde esta ventana donde rimo...», *Helios*, X (1903).

Para entender correctamente el agudo discurrir del poeta de Moguer en su crítica de *Helios*, creo necesario acudir, ahora, a dos textos que, aunque no se publicaron en esta revista, están muy próximos a las fechas de circulación de la misma y encajan perfectamente en la estética juanramoniana de este momento. Me referiré, en primer lugar, a «Sobre unos apuntes de Emilio Sala», crítica aparecida en *Blanco y Negro* [113], en junio de 1904. Se trata de una defensa de la filosofía, la técnica y los recursos de la estética impresionista: de «la mancha de color, del apunte [...], del boceto», en definitiva. Frente a la pintura «figurativa», que es «la obra muerta», el mero apunte es la conquista del alma en su flujo vivo de dinamismo espiritual. Es en el matiz, y no en el detalle, donde está la posibilidad de salvar —«con la seguridad de lo no pensado»— lo fugitivo del misterio, que «tantas veces se borra y se pierde en la nada, en la sombra [...], que se quiere y no se puede, que se busca y no se encuentra».

El otro texto, que lleva el título de «Apuntes (Manuel de Palacios Olmedo)», apareció en el *Madrid cómico* [114], en 1902. Es, entre todas las críticas del poeta, en la época de *Helios*, el único escrito suyo en que se escatiman los elogios. De Manuel de Palacios Olmedo, dice Juan Ramón:

> Cuando ve flores, piensa en flores; cuando ve frondas, piensa en frondas [...]. En todo esto se adivina el pensamiento del cerebro.

He traído aquí esta cita, porque creo que añade un elemento que, si bien estaba implícito en los textos de *Helios* ya citados, no aparecía allí expresamente señalado. La realidad, a la que Juan Ramón aspira, precisa «ser sorprendida con otros ojos» [115], que los del cerebro o los de los sentidos; se niega a ser racionalmente codificada. Surge, sin embargo, en la adivinación y en el *ensueño* (*LPr*, 252) y, procedente del mundo interior del poeta, cuando se proyecta sobre la realidad visible, convierte a ésta en correlato del alma creadora. [116]

«Peregrinaciones», por Rubén Darío

Sentada la existencia del doble plano ontológico de todo lo real, y hecha la afirmación de que a cada una de estas zonas de realidad se accede por caminos diferentes (discursivo/intuitivo), Juan Ramón sólo precisa dar un nuevo paso, para concluir, también, que a cada uno de los planos de realidad habrán de corresponder formas de escritura distintas. Se halla esta última afirmación perfectamente formulada en la crítica, aparecida también en *Helios*, que el poeta hace de *Peregrinaciones*, «libro de horas» de Rubén Darío. En opinión de Juan Ramón, esta obra de Darío mezcla las dos escrituras: el lenguaje y la palabra discursivos, adaptados «por las exigencias de la vida o del cerebro» (*LPr*, 221), y dirigidos a la «mano velluda y gruesa del burgués o del escritor académico» (*LPr*, 224); y también «la palabra interior», adaptada a las exigencias del espíritu, que es pa-

---

113. 4 de junio de 1904.
114. *Madrid Cómico*, XII, 24, 1902.
115. En «Sobre unos apuntes de Emilio Sala», *Blanco y Negro* (4 de junio de 1904).
116. Muy interesante, en este sentido, es también el estudio que Juan Ramón hace del libro *Soledades*, de Antonio Machado (*CI*, 30).

labra «que no suena a muchos y dice misterios a los solitarios del valle de nardos» (*LPr*, 224). Sólo esta última forma de escritura, «llena de fugas a lo invisible, de aspiraciones a la luz» (*LPr*, 221), puede, sin embargo, acceder a las dimensiones auténticas y profundas de lo real. «La poesía —dirá Juan Ramón más tarde— no puede ser la momia de la lójica, ni la piedra de toque de la razón» (*TG*, 87). Su lenguaje, por ello, no transmite contenidos sino que los despierta, «templando el alma con el ideal» (*LPr*, 229). Está atisbando Juan Ramón ya, para la literatura, un nuevo lenguaje polivalente que se corresponde con la necesidad creada, al negar la realidad percibida por los sentidos como única. En la ruptura estética que supone —escribe Sánchez Trigueros [117]— «la poesía nueva [...] llega a crear un nuevo lenguaje. De esta forma, la negación vital se entrecruza con la negación de la retórica de Arce y Campoamor, [...] y ello da como resultado la afirmación de una temática inusitada, que rompa con el imperante y mediocre *buen gusto*». En el rechazo al concepto positivista de la realidad, va implícito el rechazo al discurso lógico literario, que servía a la mentalidad burguesa sustentadora de esa realidad; y, con ello, el rechazo a la ideología que se sirve de dicho discurso. Con Ortega [118], hay que reconocer que «no andan descaminados los filisteos, cuando acusan al impresionismo de disolvente, de corruptor de las sustancias imperialistas que dan una cohesión antihistórica».

La realidad juanramoniana de lo misterioso y espiritual posee, a su vez, una doble dimensión simbolista. Se encuentra —hacia dentro— en el alma del poeta, «en esa vida de fantasmas diminutos que llevamos en nuestra frente»; va por lo interior, cantando hacia el horizonte de lo eterno, «en ese mundo tan grande y tan abierto que tenemos en el fondo de la carne negra y cerrada» (*LPr*, 225-226). Se encuentra también —hacia fuera— «en visiones siderales, grandes de pompa orquestal, lentas y grandes, entre salmos de mares y resplandor de astros» (*LPr*, 221). Existirán, por tanto, dos clases diferentes de símbolos para representar esta realidad: las imágenes interiores, fruto de un especial estado de conciencia, y los objetos externos, que, vistos desde la perspectiva del misterio, adquieren así profundidad simbólica, profundidad que no nace de la simple importación de unas técnicas, sino que tiene raíces más profundas. Nace —dice Juan Ramón— de

esta lucha mía, este querer ver a un mismo tiempo, plena, independientemente y relacionados íntimamente, lo interior y lo exterior. [119]

Y nace, enraizando también en lo biográfico, de la ya citada crisis del poeta. Encuentra Juan Ramón en la poesía un instrumento ideal para reducir las tensiones entre mundo interior y mundo exterior, entre lo visible y lo invisible, entre lo racional y lo irracional, en que —dividido en materia y espíritu— se debate. [120]

117. *Francisco Villaespesa y su primera obra poética*, op. cit., 127. Y, comentando a Sánchez Trigueros, Angel BERENGUER («El modernismo en Villaespesa...», *art. cit.*, 185-191) escribe: «En cierto sentido se podría decir que la opción modernista en literatura significa [...] una conciencia de ruptura radical con el pasado, mientras que el 98 materializó una conciencia reformista».
118. «Meier-Graefe», *El Imparcial* (19 de julio de 1908).
119. Archivo Histórico Nacional. Caja 22/188/84.
120. El tema de la escisión interior del *yo* juanramoniano ha sido estudiado, recientemente, por Menene GRAS BALAGUER, «Juan Ramón Jiménez, el poeta y la vocación», *Camp de l'arpa*, 87 (1981), 16-20.

No es preciso insistir en que el camino que Juan Ramón prefiere para solucionar este problema, en su obra, «va por lo interior», en la dirección marcada por la primera de las vías que él mismo reseña. En ella, a través del lenguaje que Juan Ramón opone al «burgués», pretende expresar toda su interior espiritualidad. La palabra deja de ser instrumento de comunicación, para convertirse en elemento fundante de lo espiritual humano.

Interesaría ver, ahora, cómo los diferentes núcleos simbolistas, apuntados en *Helios*, evolucionan en la conformación de pensamiento de Juan Ramón. Aplazaré, sin embargo, el tema, hasta la segunda parte del trabajo, para referirme, antes, a una serie de cuestiones que, al margen del tema central de todas las reseñas juanramonianas publicadas en la revista, trata también el poeta, retomándolas de las ideas que habían sido ya esbozadas en textos anteriores. En varios textos del «Glosario» (*LPr*, 121-132) vemos renacer el mismo rechazo del cristianismo —desde bases estéticas—, que fue posible documentar en el origen de la crisis religiosa de Juan Ramón. Giran estos textos en torno a una idea, de raíz hegeliana, que está activamente presente en todo lo que se ha dado en llamar el *neomisticismo* modernista: el mundo está sometido a una incesante evolución, en virtud de un constante impulso ascendente de lo material a lo espiritual [121]. Sin embargo, en la espiritualidad cristiana —al plantear una irreconciliable dicotomía entre materia y espíritu— ese impulso místico nace de la represión, y no de la sublimación de las naturales energías. [122]

En otra parte (*LPr*, 231), vuelve el poeta a insistir en la necesidad de trabajar, desde la poesía, en la construcción del alma de la auténtica Andalucía: una Andalucía distinta a la de Manuel Reina y Salvador Rueda. En otro, finalmente, toca de nuevo los conceptos de *fondo* y *forma* (*LPr*, 234), cuya definición y significado había esbozado ya, según vimos, en 1900. Introduce, ahora, sin embargo, un concepto nuevo —*el fondo de la forma*—, al que confiere la máxima importancia en el hecho literario. La trascendencia del texto me obliga a reproducirlo aquí:

> En la literatura, además de la esencia de las cosas —de lo que suele llamarse *fondo*— y además de la *forma* hay una esencia, un *fondo de esa misma forma*, que es, a mi modo de ver, uno de los más interesantes encantos de la estética; es un algo íntimo y aprisionado, que viene del alma de una manera graciosa y espontánea, o atormentada —espontánea en este sentido no equivale a fácil— y que cae sobre el papel, entre un lazo de palabras como cosa *divina* y *májica,* sin esplicación alguna natural (*LPr*, 234).

Juan Ramón, al negarse a identificar lo poético con el contenido o con la expresión, ha de recurrir a un concepto nuevo, *el fondo de la forma*, que no comento ahora, ya que habré de volver sobre él más adelante.

---

121. Para comprobar el paralelismo con Maragall en esta idea, véase L. MARFANY, *Aspectes...*, op. cit., 127 y ss.

122. Escribe Juan Ramón: «Es amargo ver que estas pobres mujeres amortajadas tienen que abandonar su pecho, tienen que marchitar sus flores más frescas y más fragantes entre la penumbra y la oración. Porque el misticismo común —[...]— es simplemente consolador: es una bóveda de resignación y de paciencia» (*LPr*, 138).

TRADICION Y HERENCIA KRAUSISTA

Yo me eduqué —dirá a Ricardo Gullón nuestro poeta— con krausistas [...]. Estudié algún tiempo en Sevilla [...]. De don Federico de Castro se decía en tono ofensivo: «es un krausista», y los compañeros de Universidad me preguntaban: «¿Cómo tratas a ese krausista?». Les parecía que serlo era algo pecaminoso (*CcJR*, 57).

Es el krausismo para Juan Ramón una herencia a la que no renunció nunca. Su influjo fue decisivo y contribuyó en gran medida a la configuración de su pensamiento.

Se hace preciso, por todo ello, volver atrás en la biografía de Juan Ramón, para ver en qué circunstancias se produce su primer contacto con el krausismo y señalar qué puntos concretos de influencia determina dicho contacto. En el verano de 1896 marcha Juan Ramón a Sevilla, para aprender pintura e iniciar en la Facultad de Derecho sus estudios universitarios. Conoce allí a Federico de Castro, profesor suyo y representante eximio del grupo krausista sevillano. Importa señalar aquí que lo que distingue a dicho grupo es una «manifiesta inclinación religiosa y metafísica» [123]. No es preciso insistir en la crisis religiosa del poeta, surgida por esas mismas fechas, para comprender que, en la búsqueda de respuestas a sus inquietudes más íntimas, Juan Ramón se sintiese profundamente atraído —como testifica el texto citado más arriba— por las ideas y forma de vida de los krausistas sevillanos. Este influjo determinará una constante de toda su obra: la inquietud personal y espiritual, que se manifiesta primero en un rechazo afectivo de las formas religiosas convenidas, y se resuelve, después de su encuentro con los hombres de la Institución, en una estética o, como el mismo Juan Ramón prefiere, en una ética estética muy personal. A partir de este momento —habida cuenta de su amistad con los doctores Simarro y Achucarro (desde 1902) y conocida la estrecha vinculación que (desde 1913) le une a la Residencia de Estudiantes—, la relación del poeta con la filosofía krausista no se interrumpe. El krausismo le ayuda a superar, en parte, la crisis religiosa y le abre caminos importantes en su formación intelectual y literaria. Es el krausismo, en mi opinión, el que permite reconstruir la línea de evolución que va del «neomisticismo» inicial juanramoniano a la concepción final de su *Dios deseante y deseado*; y, de otra parte, son los doctores

---

123. Según afirmación de R. Fernández Carvajal, «Los precedentes del pensamiento español contemporáneo», *art. cit.*, 43.

Simarro y Achucarro, también krausistas, los que, en Madrid, ponen al poeta en contacto con Giner de los Ríos, Emilio Sala, Sorolla y Cossío[124]. Por el mismo conducto conoce las obras de Voltaire, Kant, Wundt, Schopenhauer, Goethe, Shakespeare, Shelley, y Browning, autores todos ellos que, según demuestran múltiples referencias del poeta en su obra, dejaron en Juan Ramón una profunda huella. Son dos los núcleos de pensamiento que, por vía krausista, vienen a configurar el sustrato ideológico de nuestro poeta: el modernismo religioso y el idealismo postkantiano de la filosofía alemana.[125]

Tal fondo ideológico y la traducción que de él hicieron los krausistas españoles convierten la estancia de Juan Ramón en Sevilla, primero, y su contacto con la Institución Libre de Enseñanza, luego, en dos hitos importantes en su biografía. La ética y la estética y, sobre todo, el significado religioso que alcanzan ambas «ciencias» en el pensamiento krausista —en este sentido los escritos de don Francisco Giner de los Ríos sobre arte y literatura tendrán enorme repercusión[126]— van a originar un giro decisivo en la teoría poética juanramoniana. Veamos a continuación en qué sentido dicho giro se produce.

Influjo de la ética krausista
en la estética de principios de siglo

Acierta Angel del Río, cuando —en referencia concreta a la prosa de Juan Ramón— afirma:

> Se nos ocurre pensar que el ahondar un poco en este contacto de poetas y escritores de la Institución [...] esclarecería particularmente el lazo entre sensibilidad, estética y pensamiento.[127]

El estudio de este «contacto», en toda su extensión, desborda los límites de mi investigación, pero no puedo dejar de referirme a algunos aspectos del mismo, por el significado que éstos tienen para la estética juanramoniana. Es el propio Juan Ramón quien nos da una clave de la relación existente: «En España —dice— el modernismo se *distinguió* por un mayor sentido interior». Y añade: «la dirección es krausista» (*Mod*, 177).

Efectivamente, he apuntado ya que los principios del simbolismo constituyen el núcleo principal de la estética modernista. Fue, sin embargo, el krausismo el elemento que sirvió de vehículo para el trasvase de dichos principios, haciendo de puente entre Europa y España. Al arrancar ambas, ideología krausista y estética simbolista, de los presupuestos del idealismo alemán post-kantiano, las doctrinas simbolistas encontraron en el krausismo, a su entrada en el contexto literario español, un medio sumamente receptivo. Favorecía dicha entrada el mismo len-

---

124. Graciela PALAU DE NEMES, *Vida y obra...*, op. cit., 307.
125. Del influjo de ambos núcleos en el pensamiento de Juan Ramón no puede caber duda alguna, después de los trabajos que Gilbert AZAM (*L'Oeuvre...*, op. cit., 225-273) y Richard A. CARDWELL (*Juan Ramón Jiménez...*, op. cit.) han dedicado al estudio del tema. De la riqueza del idealismo postkantiano en escritores próximos a Juan Ramón, da idea, también, Ramón PÉREZ DE AYALA, en *Más divagaciones literarias* (Madrid: Biblioteca Nueva, 1960), 20 y ss.
126. Francisco GINER DE LOS RÍOS, *Ensayos* (Madrid: Alianza ed., 1969).
127. Véase Angel del Río, «Notas sobre crítica y poesía...», *art. cit.*, 149.

guaje pseudomístico de la filosofía de Sanz del Río [128]. Ahora bien, en el trasvase se variaron sustancialmente los presupuestos de la estética simbolista, al determinar el krausismo la impronta ética que definirá las formas hispánicas del simbolismo [129]. Es un factor de carácter ético, precisamente, el que marca los puntos de divergencia existentes entre la poesía española del momento y sus originarias raíces francesas. El simbolismo europeo —y, de forma muy particular, el francés— creó el marco general de la moderna estética española. Fue el krausismo, sin embargo, el que impuso la dirección ética que caracterizó después su evolución y su desarrollo. Ya hice, a este respecto, alguna referencia al hablar de *Helios*, revista cuya vida se inscribe en el tiempo de mayor influjo krausista en Juan Ramón, quien transmitirá dicho influjo a todo el grupo congregado por *Helios*. [130]

No me cabe duda de que la dirección ética, en lo que a Juan Ramón se refiere, va a marcar, desde este momento hasta el final de su obra, la evolución de su poética. Para justificar esta afirmación, es preciso, no obstante, revisar en qué puntos la ética y la filosofía krausistas contribuyen a la formación de algunos aspectos de la «estética y ética estética» juanramonianas. Señalaré, como más importantes en mi opinión, las siguientes: la identificación de experiencia poética y experiencia religiosa; la concepción inmanentista de la actividad creadora; y, finalmente, la integración de su teoría poética en el marco de una estética de la conducta. Merece la pena que examinemos con cierto detenimiento estos tres aspectos.

Creación literaria y experiencia religiosa

Los poetas de principios de siglo, albaceas de la rica herencia romántica, descubrieron en el carácter espiritual otorgado a todo acto de creación artística un nuevo recurso, pleno de posibilidades, para llenar el vacío producido por la quiebra de todos los valores —religión tradicional, moral burguesa y racionalismo dogmático— absolutos establecidos. En este estado de cosas sólo el krausismo, englobando en su pensamiento toda una serie de corrientes irracionalistas, rechazadas por el racionalismo vigente, ofrece «una respuesta positiva al malestar espiritual» [131]. Acepta el krausismo dichas corrientes en virtud de su valor estético y las convierte, abriendo así una vía de comunicación entre estética y religión, en materiales de una espiritualidad que daba significación nueva al vacío dejado por las estructuras racionalistas rechazadas. Ya en 1881, Urbano González Serrano, pedagogo krausista muy próximo más tarde al grupo de *Helios*, documentaba en la literatura del momento unas

> corrientes misteriosas e influencias poderosísimas, de virtualidad innegable, del arte a la religión y viceversa, [...], entendiendo que un *ideal estético* puede guiar a un *ideal religioso*. [132]

128. Gilbert AZAM, *Valeur metaphysique...*, op. cit., 3.
129. Véase José OLIVIO JIMÉNEZ, «Introducción», en *El simbolismo* (Madrid: Taurus, 1979), 14-16.
130. Al hablar de «Liras o lanzas» [*Helios* (diciembre de 1903), 513 y ss.], hemos podido comprobar cómo Pérez de Ayala sale en defensa de la estética del grupo, esgrimiendo, precisamente, postulados éticos que expresamente reconoce como procedentes del krausismo.
131. Donald SHAW, *La generación del 98*, op. cit., 22 y ss.
132. *Ensayos de crítica y de filosofía* (Madrid: 1881), 93-94.

Vieron en todo esto los críticos de la Restauración un intento de suplantar la tradicional religiosidad española y, en seguida, dieron la voz de alarma. Así en el «Certamen de San Juan de la Cruz» [133], que patrocina la Real Academia de la Lengua, frente a la nueva espiritualidad que en el último cuarto de siglo va surgiendo, se quiere dejar en claro cuál es la postura oficial y ortodoxa. Con explícita referencia al krausismo, en «La poesía mística en España», ataca Menéndez Pelayo [134] la heterodoxia del clima intelectual español y afirma, rotundamente, que la poesía mística «sólo en el cristianismo vive perfectamente pura», acusando a las nuevas corrientes de caer en un «nominalismo grosero [...], descripción sin fin ni propósito». El número de textos antikrausistas que, en esta misma línea, podrían citarse es amplísimo; me limitaré, sin embargo, a traer aquí una crítica de J. Valera, con el fin de probar cómo los mismos términos empleados contra el krausismo se hacen extensivos a la literatura de los modernistas. Ataca Valera, en la crítica que hace de *Azul* [135], la supuesta heterodoxia y la vacuidad espiritual de la nueva literatura, hasta definir el modernismo como un conglomerado de «fragmentos y escombros de religiones muertas, con las cuales [se] procura formar algo nuevo como ensayo de nuevas creencias».

En lo que a Juan Ramón se refiere, hace Saz-Orozco [136] un enfoque certero de la cuestión, estudiando la obra de nuestro poeta como la «trayectoria [...] de un deseo de colmar sus ansias religiosas y artísticas». Juan Ramón «actúa —dice a continuación el crítico— por vocación en su búsqueda de *un dios ideal*, que cree capaz de satisfacerle en un deísmo bastante. Es el *dios* que va sustituyendo en Juan Ramón la idea del Dios cristiano de otro tiempo». Creo que, en este punto, el P. Saz-Orozco acierta totalmente. La búsqueda estética es, a la vez, búsqueda religiosa. Así lo afirma el poeta en sus *Conversaciones* con Ricardo Gullón. Dice Juan Ramón:

> La poesía es una tentativa de aproximarse a lo absoluto, *por medio de símbolos.* Lo universal es lo propio; lo de cada uno elevado a lo absoluto. ¿Qué es Dios sino un temblor que tenemos dentro, una inmanencia de lo inefable? *Los místicos lo hacen,* o al menos intentan hacerlo, y lo mismo procura *a su manera cada cual,* interpretándolo a su modo (*CcJR*, 108).

Apunta el texto dos claves importantes para entender la nueva espiritualidad juanramoniana: la identificación que el poeta hace de lo religioso con una experiencia interior —temblor— de carácter afectivo e intuitivo, y, en segundo lugar, la elaboración de un *dios* que se define no como origen, sino como final de un proceso de «elevación de la propia inmanencia de lo inefable» del hombre; un *dios* como «conciencia inmanente conseguida». Encuentran ambas claves su significado preciso en el contexto de las doctrinas idealistas, antes notadas, que Juan Ramón recibe a través de los círculos krausistas españoles. Por un lado, *religión* y *poesía* se identifican, al ser ambas «experiencias interiores de fenómenos inexplicables

---

133. Este «Certamen», que se celebró en 1881, atrajo inmediatamente la atención de los literatos a la mística. Citaré, nada más, el «Palique» que Clarín dedica al tema: Leopoldo ALAS, *Palique* (Barcelona: Labor, 1973), 267-270.
134. *Ensayos*, II, 72-109.
135. *Obras completas*, t. I, op. cit., 1736.
136. *Desarrollo del concepto de Dios...*, op. cit., 213.

que modifican el alma» [137]. En el *Kempis* y en la doctrina krausista Juan Ramón
aprende que no es en el culto, sino en la experiencia íntima del hombre espiritualmente preparado, donde Dios es accesible. Esto potencia el desarrollo de una religiosidad emotiva y sentimental frente al dogma. La experiencia estética, definida
por el poeta como «contemplación y éstasis», es, de esta forma, preparación para
la religiosa; y, contra el dogma del teólogo que deriva la religión de una idea o
definición de Dios, Juan Ramón Jiménez la concibe como ampliación o creación de
espiritualidad, identificándola en esto con la poesía, actividad estética que

> «crea aquí, ahora y gratuitamente» la eternidad que el relijioso pretende encontrar «allí,
> luego y como mérito». [138]

De otra parte, es igualmente krausista la idea de un *dios final*, no origen, que
es producto del desarrollo de la propia vocación. Con el krausismo, además, se
introducen en nuestra literatura «las raíces pietistas de la nueva filosofía», y, lo
que es más importante, con dichas raíces se incorpora también el uso, habitual
entre los románticos alemanes, del lenguaje de la mística en la poesía. También en
este sentido nos puede servir de ejemplo la obra de Juan Ramón.

No cabe duda de que, como ya he señalado, la obra poética de Juan Ramón, y
también su crítica y teoría poética, se generan a partir de un léxico muy próximo
al de la mística. Está claro también que, detrás de este lenguaje, en la obra juanramoniana no hay «un dios necesario», pero, lejos de caer en un mero nominalismo «sin fin ni propósito», su creación revela una conciencia clara de que la
palabra sustenta, sobre su sentido literal, otro sentido espiritual que potencia,
desde el poema, una ampliación de la realidad vital. En contra de lo que anunciaba
Menéndez Pelayo, la literatura de principios de siglo, encarnando una crítica sin-
tomática y sistemática del racionalismo, renueva el lenguaje simbolista de nuestros
místicos con la carga y significado de la nueva espiritualidad. No deja lugar a
dudas, a este respecto, la crítica de Juan Ramón:

> Los estados de contemplación de lo inefable —dirá el poeta— son panteísmo, misti-
> cismo (no me refiero precisamente a lo relijioso), amor, es decir, comunicación, hallazgo,
> entrada en la *naturaleza* y el *espíritu*, en la *realidad visible y la invisible, en el doble
> todo, cuya sombra absoluta es la doble nada*. Las disposiciones del hombre para este
> estado son sentimiento, pensamiento y acento. El resultado, mudo o escrito, emoción
> universal [...].
> Será, pues, la poesía íntima, profunda (honda y alta) fusión, en nosotros, y gracias a
> nuestra contemplación y creación, de lo real que creemos conocer y lo trascendente que
> creemos desconocer (*TG*, 36-37).

Por su riqueza de claves, este texto deviene capital en la teoría poética de Juan
Ramón Jiménez. Demuestra cómo el léxico especializado por la poesía mística, sin

---

137. La raíz romántica de la concepción religiosa de la creación artística puede seguirse, en la
poesía del siglo XIX, a través de las fórmulas preferidas por Bécquer. Cfr. «Cartas», *Obras completas*
(Madrid: Aguilar, 1969), 630. La idea juanramoniana de que «Dios existirá en el fin y de que cada uno
de nosotros se hace dios con el trabajo vocativo de su vida» [«Confrontación de textos», *LT*, II, 5
(1954), 180] arranca, también, del idealismo hegeliano, donde la identificación de lo absoluto y la conciencia —«dios», dirá Juan Ramón, «no es sino nuestra conciencia»—, y la idea de que dicho absoluto,
por ser producto y creación de la conducta, es ampliable, como la conciencia, constituyen dos principios
filosóficos importantes.
138. En «Encuentros y respuestas», *Orígenes*, III, 10 (1946), 3.

perder su potencial carga emotiva y referencial, sirve ahora a la configuración de una nueva *espiritualidad*. Panteísmo, pitagorismo e idealismo son los componentes ideológicos esenciales en el plano del contenido, pero, en el plano de la expresión, el *verbo* en sí conserva, con una cierta autonomía referencial, el valor afectivo y la función simbólica que le era afín en el campo de la mística. Subyace, en el plano de la vivencia, la misma problemática que está en la base de toda la evolución de la biografía espiritual juanramoniana: la conciencia de la dolorosa separación de los dos componentes —naturaleza y espíritu— del ser hombre, y la necesidad de «fundirlos» en una unidad de significación y permanencia: necesidad de alumbrar y dar sentido a la «sombra absoluta» que el no-ser proyecta sobre la provisionalidad del ser.

La interpretación científica del mundo, por la marginación de lo misterioso e «invisible», cuyo valor y contenido se reivindica en el poema, es considerada como un empobrecimiento de la realidad. En la atención que ambas dedican a lo misterioso, encuentra Juan Ramón Jiménez una nueva base de comparación entre experiencia poética y experiencia mística, sin caer, por supuesto, en la frivolidad de afirmar que su poesía sea en ningún momento una experiencia sobrenatural de carácter religioso. Vuelvo a repetir que —en palabras del propio poeta— la poesía es una experiencia «mística sin Dios necesario»: un anhelo de poblar y dar sentido, con su intuición [139] y a través de lo finito, a lo infinito. Lo que identifica y permite la comparación entre las dos experiencias es la semejante naturaleza *numinosa* que las informa: ambas tienden un lazo de lo visible a lo invisible. Pero, mientras que para el místico lo invisible tiene una realidad entitativa sobrenatural que él recrea o transcribe, el poeta ha de dar entidad natural y, por tanto, *crear* (nombrar) lo invisible. Unamuno habla de «crear lo que no vimos» y Juan Ramón se refiere siempre al «dios por venir», ese dios «que existirá en el fin», porque «cada uno de nosotros se hace su dios con el trabajo vocativo de su vida» (*CP*, 216). La diferencia es radical. El místico aspira a lo sobrenatural por unos cauces ya existentes de espiritualidad; el poeta aspira, simplemente, a la creación de esos cauces de espiritualidad y a hacer «fable» (fundar el contenido) lo inefable. Arrancando de una identidad de base —ambas experiencias, evitando el campo limitado por la ciencia, apuntan hacia lo desconocido—, se diferencian religión y poesía en la perspectiva que cada una adopta. Pretende la primera establecer con lo desconocido una relación que, como en el caso de la ciencia, pueda resolverse en términos de *verdad* o *mentira*; y cuando así actúa, da lugar al *dogma*, dogma cuyas «verdades» corren siempre el peligro de quedar desbordadas inmediatamente por las de la ciencia. La segunda, por el contrario, busca en lo desconocido la *belleza*, y su búsqueda da como resultado un producto que permanecerá siempre inalterable para la ciencia, porque

> el aire que desplaza un cuerpo desnudo de mujer frente a un hombre, ¿qué volumen, qué peso, qué profundidad, qué espesor moral tiene? ¿Lo puede calcular el físico, el filósofo, el historiador? Dilo tú, poeta (*CI*, 322-323).

---

139. Marcel RAYMON [en el prólogo a *De Baudelaire al surrealismo* (México: Fondo de cultura económica, 1960)] estudia con precisión este fenómeno.

Dimensión inmanentista de la actividad creadora

Son muchos los textos juanramonianos que podrían citarse, para demostrar cómo se produce en nuestro poeta la identificación de poesía y religión, a que me estoy refiriendo. Pero lo que, ahora, me interesa aclarar es que dicha identidad está libre, por completo, de toda idea de trascendencia. A pesar de que tanto la religión como la poesía tienen por objeto —lo hemos visto ya— lo absoluto, entre la experiencia poética y la experiencia religiosa surge, pues, un nuevo punto de divergencia. No parte Juan Ramón, como hacían los místicos, de un Dios trascendente, para llegar desde él a las criaturas. Arranca, por el contrario, de su propio *yo*, para crear con lo inmanente a dicho *yo* lo absoluto. Para él toda idea de Dios es una proyección ideal de la subjetividad, «une sorte —escribe Gilbert Azam— de *moi supérieur* resultant d'un dédoublement de la conscience humaine». [140]

No supone la creación poética, a pesar del carácter religioso atribuido a ella por el poeta, un «Dios necesario», sobrenatural y distinto al propio espíritu del poeta, realizado a través del poema. Dice Juan Ramón:

> No es que yo haga poesía relijiosa usual; *al revés*, lo poético lo considero como profundamente relijioso, esa relijión inmanente sin credo absoluto que yo siempre he profesado.

Y añade:

> Hoy concreto yo lo divino como una conciencia única, justa, universal de la belleza que *está dentro de nosotros y fuera también*, y al mismo tiempo. Porque nos une, nos unifica a todos, *la conciencia del hombre cultivado único sería una forma de deísmo bastante* (LP, 1341-42).

Amplía la poética juanramoniana los límites de la estética decimonónica y modifica el concepto de religión tradicional. Dios, por ello, está —como ya anuncié antes— al final del camino, y no al principio, confundido con la conciencia del poeta, cuando ésta ha alcanzado, por el «trabajo gustoso», su perfecto cumplimiento. Arranca de aquí el carácter inmanentista de toda la ética-estética juanramoniana.

No se equivocaba la crítica, pues, al acusar a modernistas y krausistas de «ensayar nuevas creencias». En lo que no acertó Menéndez Pelayo, sin embargo, es en confundir el «inmanentismo» de la «nueva filosofía» con un «nominalismo grosero». Lo que en realidad se «ensayó» fue sustituir los valores *trascendentes* e impuestos, que la religión tradicional supone, por otros de carácter inmanente, para la creación y desarrollo de los cuales se da importancia decisiva a la actividad estética. Los imperativos éticos, que Juan Ramón incorpora del krausismo, tienen como finalidad el desarrollo último y completo de lo humano, pero no van más allá. Es condición indispensable que no pretendan ir más allá. Muy claramente lo dejó dicho el poeta: «Lo que a mí me interesaba de la filosofía de don Francisco era el resultado humano» (*LPr*, 923). La raíz idealista del pensamiento juanramoniano es indudable, pero para nuestro poeta, como claramente expone éste en uno de sus inéditos, «el idealismo»

---

140. Véase *L'Oeuvre...*, op. cit., 470-471. Como claramente demuestra el crítico francés, el pensamiento de Juan Ramón, en este punto, está en evidente deuda con el modernismo teológico de autores como Loisy, Sabatier o Tyrrel.

no es sobrehumano; quiere lo mejor de lo humano, lo inefable que está en lo humano; quiere la poesía mejor, como quiere el amor mejor. No necesita un tipo diferente de hombre, como Nietzsche... Lo justo es cultivarnos en lo mejor, lo más realizado, más esquisito, menos convencional, más libre, que tenemos [...], porque todo lo mejor que puede soñar el hombre [...] está dentro de nosotros. [141]

Hay, pues, detrás de su estética, una determinada forma de humanismo. Es su poesía toda un intento de comprobar

«hasta qué» punto divino —dice Juan Ramón— *podía llegar lo humano* de la gracia del hombre; qué era lo divino que podía venir por el cultivo; cómo el hombre puede ser hombre último con los dones que *hemos supuesto a la divinidad encarnada* [...] (*LP*, 1343-44).

Desde esta perspectiva, muchas de las paradojas que se le han planteado a la crítica desaparecen. No es cierto que sólo después de 1936 evolucione hacia una religiosidad inmanentista. Ya en 1907, tomando prestadas unas palabras de don Ramón María del Valle Inclán [142], concreta Juan Ramón su poética en los siguientes términos:

Y ya dentro de mí, alta rosa obstinada, me río de todo lo divino y de todo lo humano, y *no creo más que en la belleza* [...]. Poeta ultralírico, *no creo*, sin embargo, *en lo sobrenatural; en mi obra he procurado únicamente hacer jardín y hacer valle.*

En este texto se han apoyado muchos críticos, que valoran la obra juanramoniana desde el estetismo o esteticismo, sin llegar nunca a entender por qué la estética de Juan Ramón, en último término, se resolvía en una determinada forma de humanismo inmanentista; es decir, en ética estética. Como señala Cardwell [143], *Belleza* en este texto, más allá de ser un término que responda a un absoluto estético, impuesto por unos cánones externos, es un término que, al margen de toda ética religiosa que siente la raíz y el origen de sus preceptos y normas en lo *sobrenatural*, debe entenderse en el sentido krausista de *verdad última*, conseguida por el cultivo de la propia espiritualidad. En este sentido, la estética juanramoniana presenta, en una cierta mixtificación religiosa, una alternativa ética «sin dios necesario», que busca, aquí y ahora, el «jardín y valle» que las religiones prometen para después de la muerte:

Quienes viven aquí, como en un internado de fondo [...] con opción a premio o castigo foráneos, pierden una existencia segura y otra probable o posible [...]. Aceptar una relijión como ideal colectivo, cuando no se han determinado todavía los ideales propios, es bueno, nadie lo duda [...]; pero ya dueños de nuestra edad *podemos aspirar también o además a ideales particulares, relijiones personales, ciencia, poesía, arte, que no sean necesariamente consuelo de carencias ni ansia de cosas distintas* [...], *vocaciones fundadas en el concepto más presente de belleza y verdad* [...], *ya que cumpliendo nuestra vocación, estamos realizando a dios en verdad y belleza* (*TG*, 191-192).

141.   Sala de Zenobia y Juan Ramón. Signatura J-1/134 (3)/231-235.
142.   *La ilustración española y americana* (22 de febrero de 1902).
143.   *Op. cit.*, 47.

Una estética de la conducta

Pretende Juan Ramón integrar los elementos irracionalistas, la libertad imaginativa y referencial del simbolismo, en una unidad intencional de carácter ético. Pretende equilibrar «vida y fantasía», «voluntad e instinto» (*EEE*, 254); es decir, pretende reconvertir la creación estética hacia un meditado proyecto de existencia. En la impronta ética de su estética radica, como quiero probar, la principal diferencia de su simbolismo con el francés y con otras formas estéticas afines, en ciertos aspectos, a la suya. A este respecto, afirma Vivanco:

> [...] esta actitud suya no coincide con la del esteticismo simbolista. También en este caso se trata de una renovación, por dentro, de esta última actitud. No cabe duda de que la poesía de Rubén Darío, conscientemente elaborada, es, en su resultado poemático, mucho más esteticista que la de Juan Ramón [...].
> En Rubén se trata todavía de literaturizar la vida —el resto prosaico de la existencia— y, en definitiva, de falsificarla estéticamente, de acuerdo con el fin de siglo. Lo de Juan Ramón es otra cosa: no se aplica desde fuera la poesía a la vida, sino que es esta misma exigencia la que se convierte y se incorpora *por dentro* a la exigencia de creación poética. [144]

Entendida la creación poética, según se deduce de los textos citados más arriba, como un desarrollo de lo espiritual inmanente en el hombre, se comprende la estrecha identidad que cobran en la poética de Juan Ramón conceptos como *ética* y *estética*. Es tal la identificación que, en un determinado momento, el poeta llega a concebir toda la ley moral como una *estética de la conducta*. Toda doctrina estética es, entonces, «una enseñanza para amar el bien».

También en este aspecto fue decisiva la influencia krausista en Juan Ramón. Como señala R. Gullón [145], «la filosofía de Krause fue el fermento que operó sobre un grupo de españoles y los incitó a buscar nuevas formas de vida para sí y para su país, formulando un programa educativo y regenerador». Es en este «programa educativo y regenerador», donde la concepción estética juanramoniana adquiere plenitud de sentido ético. Una cuestión importante, que, heredada del concepto de John Dewey de *educación en progreso* [146], se le plantea a la pedagogía krausista es la de determinar si debería prestarse en la enseñanza mayor atención al método o a los contenidos impartidos. El mismo rechazo krausista a las ideas aprendidas o impuestas hace que su orientación pedagógica conceda más importancia al «cultivo» de la propia personalidad, que a la incorporación de contenidos externos. Para un krausista, *hombre culto* [147] es el que *sabe ver*, dar sustancia y contenido a su circunstancia vital; el que se va haciendo a sí mismo en un constante descubrimiento de su interioridad, convirtiéndose así en *hombre sucesivo*; es decir, en hombre *en progreso*.

---

144. Luis Felipe VIVANCO, *Introducción a la poesía española contemporánea* (Madrid: Guadarrama, 1974), 62-63.

145. *Direcciones del modernismo*, op. cit., 42.

146. Véase a este respecto Juan LÓPEZ MORILLAS, «La Institución, Cossío y el arte de ver», *In*, XXX, 344-345 (1975), 1 y 18; también, la interpretación que Luis de ZULUETA, en el mismo número de *España*, en que Juan Ramón publica su *Elejía pura* en honor de Giner de los Ríos [I, 5 (26 de febrero de 1915)], hace sobre este tema.

147. Sobre el concepto de cultura a que me estoy refiriendo, véase José A. HORMIGÓN, *Ramón del Valle Inclán: la cultura, el realismo y el pueblo* (Madrid: Alberto Corazón, 1972), 103.

Son suficientes estos datos para entender el valor que el krausismo acaba concediéndole a la *creación estética*, como instrumento para este «aprender a mirar» sobre el que basa su pedagogía:

> De aquí nace este precepto: «embellécete a ti propio para ser receptivo y simpático hacia todo lo Bello exterior a ti, en espíritu, ánimo y vida...», que el espectáculo de la Belleza y tu comunicación con ella influya tan eficazmente para el embellecimiento de los hombres y de los pueblos. [148]

Son dos las funciones que justifican los valores otorgados a la estética: su participación en el perfeccionamiento moral y, sobre todo, su utilidad de cara al perfeccionamiento entitativo de los seres. Apuntan ambas funciones hacia un doble plano: el individual y personal del creador de la obra de arte, y el social del destinatario, puesto que «el individuo sucesivo —en palabras de Juan Ramón— impulsa al mundo sin proponérselo» (*TG*, 117). Se guían por idénticos principios la conducta y la actividad artística, de modo que las normas pertenecientes a cada uno de estos campos hacen extensiva su operatividad al otro. Tal es la confesión de nuestro poeta a Juan Guerrero. Dice Juan Ramón:

> Yo vivo en un ascetismo espiritual, vivo por la poesía, por el arte y no sólo en poesía, sino en todo, procuro ajustar mi vida a una norma de perfección moral (*JRVV*, 32).

Revisando los textos de Juan Ramón, comprobamos que esta «norma de perfección moral», a la que se refiere la cita anterior, viene dictada, en principio, por ciertas exigencias de carácter estético; en concreto, resume la necesidad de conciliar estética y conducta. Así aparece expuesta la idea en el siguiente texto del poeta:

> Qué difícil para el poeta —escribe Juan Ramón— pasar su memoria y su acción de poeta en su infinito, a su acción y memoria de hombre en su circunstancia limitada [...]. La desgracia del poeta está en que tiene que vivir al mismo tiempo en dos mundos. Y en que siendo superior en pensamiento y sentimiento como poeta que vive en su mundo, exige de su hombre y de su nombre que sea superior en acción y manera en el mundo del hombre. [149]

La elevación de la norma estética a norma ética de conducta se orienta, como veíamos antes, sobre la confianza del poeta en la validez del arte de cara al cultivo y desarrollo del hombre último. Y, sobre esto, se da un paso más que nos traslada del plano de lo individual al plano de lo social. Existe la convicción de que los sentimientos cultivados por el arte son un resorte eficaz en la formación de un delicado instinto de justicia, al margen de lo convencional:

> La verdadera poesía —dice Juan Ramón— lleva siempre en sí justicia (*TG*, 32).

Y en otra parte:

> Levantando la poesía del pueblo se habrá diseminado la mejor semilla social política.

---

148. Del *Compendio de estética*, de Krause; cita tomada de Richard A. CARDWELL, *op. cit.*, 45. A este contexto cabe referir el «misticismo positivo» de que hablará Pérez de Ayala. Ver Ignacio PRAT, *op. cit.*, L.
149. Inédito de la «Sala de Zenobia y Juan Ramón».

Es claro, pues, que el concepto de *belleza*, sobre el que se asienta esta función ética de la poesía, debemos buscarlo más allá de lo que la crítica normalmente entiende por *esteticismo*. Para un krausista, si el hombre no «se acostumbra» primero a la belleza, no podrá alcanzar la libertad espiritual que luego le permitirá apreciar, más allá de las convenciones establecidas, lo bueno y lo verdadero.

Respecto a la segunda de las funciones apuntadas —el perfeccionamiento entitativo de los seres—, deriva ésta de una visión de la creación artística, que considera el arte como «triunfo del espíritu sobre la no entidad» [150]. También marca la pauta, en este sentido, un texto de Giner de los Ríos que creo necesario recoger a continuación:

> El primer deber —y el primer placer— de cada hombre para consigo mismo es el de ser hombre: lo cual implica como toda fórmula, en su aparente simplicidad, muchas cosas bastante complejas, objetivas o subjetivas [...]. Todo *cultivo* —y aun culto— de la *individualidad* es inseparable *del cultivo de la humanidad*, de lo universal y absoluto en nosotros, o, si se quiere, «de los fines divinos en el orden del mundo...» ¿Y cómo servir a la humanidad, sin servirse a la par a sí mismo, aprovechando de rechazo el fruto de nuestra obra objetiva? De ella ante todo [...], pende la formación del ser original que uno lleva consigo, vivo o muerto, muerto las más de las veces, en la vulgaridad de un promedio incoloro [...]. [151]

Señalan estas palabras de don Francisco la dirección y el sentido de muchos otros textos juanramonianos. Ve Juan Ramón en la creación poética un medio especialmente dotado para cumplir con «ese deber» al que se refieren las palabras que acabo de citar. Se trata de conferir al arte una dimensión metafísica: cultivo del propio potencial interior. Como ya hemos visto, esto se sustenta sobre una concepción de la creación poética como experiencia religiosa de autorrevelación y definición de la propia espiritualidad, sin recurso a ningún proceso racional. Habla Juan Ramón de recuperar y crear, por la obra, «*el propio reino interior*»:

> Somos aristócratas por ascender o querer ascender a un ser que todos debemos estar creando, porque estamos aspirando a crear y creando nuestro propio yo superior, nuestro mejor descendiente (*TG*, 62).

Encuentra Juan Ramón en la poesía una forma de vida directamente ideal. A través de la *belleza*, desarrolla una ética que determina el enfoque de la obra sobre la base de los «tres cultivos eternos» (el de la inteligencia, la sensibilidad y la conciencia), hacia la formación y desarrollo del «ser original que cada uno lleva consigo». Es eso lo que expresa, de forma extraordinariamente precisa, el siguiente poema de *Eternidades*:

> Yo solo Dios y padre y madre míos,
> me estoy haciendo, día y noche, nuevo
> y a mi gusto.
>
> Seré más yo, porque me hago
> conmigo mismo,
> conmigo solo,
> hijo también y hermano, a un tiempo
> que madre y padre y Dios.

---

150. Expresión que tomo de Rafael URBANO, «El cardo silvestre», *Renacimiento*, II (1907), 42.
151. Tomo la cita de Enrique DÍEZ-CANEDO, *Conversaciones literarias. Primera serie: 1915-1920* (México: J. Mortiz, 1964), 11.

Lo seré todo,
pues que mi alma es infinita;
y nunca moriré, pues que soy todo.
¡Qué gloria, qué deleite, qué alegría...!

(*LP*, 647).

Es la poesía para su creador cultivo de la propia individualidad y progreso
en lo «universal y absoluto». Esto explica ese hacerse las almas a sí mismas, en
una constante «sucesión» de *yos* [152]: «yo soy —dirá el poeta en otro lugar— lo que
me está esperando». Explica, también, la cíclica sucesión de su obra, al no ser
ésta sino reflejo de los sucesivos *yos* que forman la ampliación de su conciencia.
Pero es la poesía, además, motor de un proceso espiritual similar en el receptor:

Yo he hecho muchas veces la prueba —decía Juan Ramón—, he hablado poéticamente
a unos y a otros, y en dos o tres días he cojido siempre el fruto. *Se les removía a todos
el tesoro, insospechado para mí y acaso para ellos, de su propia belleza: pensamiento y
espresión; eran otros* en oír y hablar al contacto con la poesía. Y no he encontrado uno
solo que se sustrajera, a su modo cada uno, claro está, a esta segura influencia. ¡Qué
labor, señoras poéticas y señores poéticos, la que podríamos todos cumplir cultivando
a gusto la sensibilidad de los que están más cerca de nosotros...! (*TG*, 32-33).

---

152.   No es otra la perspectiva que ORTEGA [«El proyecto que es el yo», en *Goya* (Madrid: Revista
de Occidente, 1966), 71-79] adopta, para encarar la biografía de Goya.

MOGUER (1905-1912). LOS PRIMEROS AFORISMOS

Finalizada la aventura editorial de *Helios*, «los modernistas —dice Juan Ramón— nos dispersamos». Se rompía, así, el frente común que había aunado los esfuerzos de la joven poesía de principios de siglo, y cada uno de los poetas, congregados antes en *Helios*, empezará su propia trayectoria. No había durado muchos años la «hermandad» modernista, pero sí los suficientes para «cambiar el contenido, la forma y la dirección de nuestra literatura». [153]

En 1905 regresa Juan Ramón a Moguer, donde permanecerá hasta 1912. En el momento del regreso lleva consigo el siguiente programa:

> [...] la soledad —escribe a Rubén Darío— es buena amiga de la bondad y de la belleza. Ahora bien, la cuestión es esta: ¿Dónde debe uno aislarse? ¿En un pueblo como Moguer? Hay paz, hay silencio [...] relativo; se reciben libros, revistas, cartas; pero no puede ir uno a un museo, a un concierto [...]. En fin, el asunto es soñar, pensar y cantar de un modo o de otro, que en todas las direcciones puede encontrarse la *belleza* absoluta, ir arrancando rosas por todas las avenidas del destino. Ultimamente me había trazado un plan: estudiar bien algunas lenguas muertas y completar mi cultura en las modernas, para poder leerlo todo [...]. *La soledad del sabio sería el ideal perfecto* (C, 41-42).

Su separación de los núcleos intelectuales madrileños dará origen a una etapa (1905-1907) de desorientación y decaimiento. Influye en ello la crisis económica familiar y la crisis religiosa personal, que, de nuevo, vuelve a aflorar, como testimonia *Bonanza* [154]. Su contacto con el mundo literario se rompe y, salvo breves y esporádicos envíos a *Blanco y Negro* [155], la *República de las letras*, *La lectura*, *Renacimiento*, *El cojo ilustrado* y *Prometeo*, se interrumpe su colaboración en las revistas del momento [156]. Todo esto vino a influir decisivamente en la evolución y desarrollo de su poesía:

---

153. Federico de ONÍS, «Introducción» a la *Antología de la poesía española e hispanoamericana*. Cfr. *Mod*, 276.

154. Así lo afirma también Francisco GARFIAS en su «Prólogo» a *Libros inéditos de poesía*, 2, op. cit., 17.

155. Graciela PALAU DE NEMES («Juan Ramón Jiménez en la revista *Blanco y Negro*», art. cit., 12) hace un interesante estudio de la colaboración de nuestro poeta en esta revista.

156. Para una lista de las colaboraciones de Juan Ramón en los cauces citados, véase Antonio CAMPOAMOR GONZÁLEZ, «Bibliografía fundamental de Juan Ramón Jiménez», *LT*, 62 (1968), 177-231; 63, 177-213; 64 (1969), 113-145; 65, 147-179; 66, 131-168.

Aquí no hay maestros para nada —escribe el poeta, por ese tiempo, a Rubén Darío—, como no sea de salud, el sol, el cielo azul, el campo verde, la arena roja, cosas que, sin un *fondo de tesoros mentales*, pueden conducir a una apoteosis a lo Rueda, ¡tan lamentable! (*C*, 41-42).

El peligro que Juan Ramón, tan claramente, intuía y el influjo negativo de Samain —«Samain no cae en mis manos hasta [...] tarde, y ojalá que no hubiese caído nunca» (*CP*, 307)— y Francis Jammes van a entorpecer la evolución de su poesía.

De Samain aprende Juan Ramón el aprecio de la soledad, como símbolo de vida armoniosa, y de él copia también el motivo de la rosa, emblema de perfección; de Francis Jammes toma la poesía del pueblecito, el redescubrimiento de una naturaleza —frente a la modernista— presente y viva, y una cierta idea de Dios [157]. Ambas influencias determinaron en él una reacción *naturalista* contra los excesos verbales y ornamentales del modernismo, haciéndole caer, sin embargo, en otros vicios: en una poesía «exterior», «con más música de boca que de alma». [158]

La propia autocrítica del poeta, como vamos viendo, abunda en testimonios sobre el tema:

En Moguer, la carencia de ideales estéticos, intelectuales, espirituales, traía como consecuencia natural [...] una entrega mía a la naturaleza y a la religiosidad [...] que, de no salir de allí yo decidido [...], hubiese sido fatal, como lo fue para Francis Jammes hasta el fin de su vida. Naturaleza absoluta, muerte, cementerio, dios cristiano [...]. [159]

Luis Cernuda, en su crítica, deja constancia, asimismo, de la malsana influencia de los poetas menores franceses —tales como Samain, Moreas, Jammes— en la obra de Juan Ramón. Pero, según él, en su creación poética, el poeta de Moguer no se sustrajo nunca de ese influjo. Bastaría citar, no obstante, uno cualquiera de los poemas del *Diario de un poeta recién casado*, para descalificar por completo el juicio del apasionado crítico Luis Cernuda. Ya en 1907 se abre en la biografía de Juan Ramón otra nueva etapa —«de mucha inquietud espiritual», dice él mismo (*CcJR*, 78)—, de la cual dejan constancia indudable los *libros inéditos* de esta época. Entonces comienza, también, a escribir de forma regular sus aforismos de reflexión poética, cauce a través del cual el material espiritual se convierte en estético, y viceversa. El elemento que ahora actúa de revulsivo en la evolución juanramoniana va a ser, primordialmente, de nuevo, la lectura:

Con los *simbolistas*, me nutrí plenamente de los *clásicos españoles*, ya que tenía todo el Rivadeneyra en mi mano, y año tras año, de aquellos siete de soledad literaria, la fusión de todo, vida libre y lectura, va determinando un estilo que culminará y acabará en los *Sonetos espirituales* (*TG*, 231).

Además de las referencias a Samain, Regnier, Moreas y F. Jammes, en sus libros del tiempo de Moguer encontramos citas de Heine, Lamartine, Hugo, Shakespeare, Poe, Baudelaire, Verlaine, Rossetti, entre los escritores y poetas extran-

157. Véase Guillermo Díaz-Plaja, *Juan Ramón Jiménez en su poesía*, op. cit., 122 y ss.
158. Así presenta Juan Ramón su libro *Baladas de primavera*, (*CP*, 149).
159. Citado por Saz-Orozco, *op. cit.*, 117.

jeros; Manrique, Mena, Fray Luis de León, Santa Teresa de Jesús, San Juan de la Cruz, Cervantes, Góngora, Gracián [160], Quevedo, Bécquer, Espronceda, Machado, entre los españoles. Todos ellos reducidos, en la perspectiva crítica de Juan Ramón Jiménez, a dos líneas positivas de influencia: *simbolismo* y *clasicismo*. Junto a los simbolistas franceses y españoles —nuestros místicos, «poetas de espacio y tiempo generales [...], eran los que más influían en mi cambio tan favorable» [161]—, con *nuestros clásicos* del barroco, no tengo ninguna duda en colocar el ejemplo de la poética de Unamuno [162] entre las influencias decisivas en la evolución personal juanramoniana, tal como ésta se inicia hacia 1907.

Guillermo de Torre [163], siguiendo los apuntes biográficos del poeta, señala que el punto de superación del modernismo arranca en Juan Ramón de la lectura que el poeta hizo de los místicos. La opinión de Guillermo de Torre, siendo básicamente certera, ha de precisarse, porque es a través de Bécquer y de Unamuno —y de la poética de ambos—, como Juan Ramón encuentra el acoplamiento necesario para casar el «eterno simbolismo» español de la mística y la moderna espiritualidad de las corrientes literarias europeas. En la mística encuentra la forma de liberar lo espiritual del código de la razón. En Bécquer y Unamuno, la poética que expresase, en toda su modernidad, dicha espiritualidad.

A partir de 1907 reanuda, a través de Villaespesa y Gómez de la Serna, su contacto con el mundo literario madrileño. Escribe mucho y se pone al corriente de la marcha general de la literatura europea del momento [164]. Especial interés, guiado en la lectura por los consejos de su amiga Louise Grimm, dedica a la poesía inglesa, en la que, en su opinión, destacan los nombres de Swinburne, Meredith y Symons [165]. Las anotaciones que va haciendo Juan Ramón en los márgenes de sus libros, de este momento, son un índice excepcional para conocer cuáles eran los intereses que presidían sus lecturas.

En esta etapa de Moguer, su pensamiento sobre el hecho poético va a adquirir madurez, iniciándose plenamente el camino que, sin interrupción, le llevará a definir el poema como «tentativa de aproximarse a lo absoluto por medio de símbolos» (*CcJR*, 108). Lo poético, en la teoría juanramoniana —y esto, según su propia crítica, lo aprende de Unamuno—, va a tener una profunda significación meta-

160. Con postulados, como el siguiente de Gracián, Juan Ramón no podía por menos que estar de acuerdo: «Las verdades que más nos importan vienen siempre a medio decir». Nos quedan además algunos otros testimonios que demuestran que nuestro poeta leyó con cuidado al aragonés. En él, en concreto, encuentra la idea del «héroe» que, a través de Emerson, tanto influjo hubo de tener en toda Europa (*Mod*, 157).
161. «Recuerdo a José Ortega y Gasset» (*AO*, 116).
162. La alusión, por otro lado, en el texto citado más arriba a *Sonetos espirituales* no es gratuita. Vicenzo JOSIA («Juan Ramón Jiménez y Miguel de Unamuno», *art. cit.*, 32) y, antes, J. RUGGIERI SCUDIERI [«Notte alla poessia di Juan Ramón Jiménez», *Estratto da Filologia e letteratura*, 35 (Napoli: 1963)], se dan cuenta de que «el influjo del poeta vasco sobre Jiménez es [...] patente en las colecciones *Estío* y *Sonetos espirituales* y podría —dice V. Josia— no ser pura coincidencia el haber salido a la luz estos libros en 1915, es decir, a los dos años de publicarse el *Rosario de Sonetos Líricos*, de Unamuno». En efecto, ya antes anoté cómo *Helios* prestó cuidadosa atención a la dirección marcada por Unamuno y cómo, también, Juan Ramón lo leyó y buscó su consejo. Tanto la ya citada carta de nuestro poeta (*C*, p. 46) al rector de Salamanca, como sus *Sonetos*, coinciden en cifrar lo poético en lo espiritual y, explícitamente, definen el concepto *poesía* como «éstasis y contemplación».
163. «Cuatro etapas...», *art. cit.*
164. Por lo menos sabemos con certeza que, aunque no fuese regularmente, recibía Juan Ramón en Moguer, *El cojo ilustrado, Trofeos, Revista moderna, El mundo ilustrado, América, El correo del valle* y *Apolo*. Véase Ricardo GULLÓN, «Relaciones literarias entre Juan Ramón y Villaespesa», *art. cit.*, 3.
165. Cfr. Graciela PALAU DE NEMES, *Vida y obra*, op. cit., 544.

física. Frente a la poesía como *forma*, Juan Ramón propone la poesía como *experiencia* inefable [mística = «éstasis y contemplación»; o metafísica = «poesía es traducirse el poeta a sí mismo» (*JRVV*, 264)]. Las cuestiones formales o técnicas quedan en su poética relegadas a muy segundo puesto, porque «el poeta no es un hombre que hace versos, es un hombre que da poesía y nada hay de oficio en su virtud» (*C*, 98).

Son varios los textos de crítica y reflexión poética que, de esta etapa del poeta de Moguer, han llegado hasta nosotros. Citaré los más importantes. De 1906, aproximadamente, son su «Elejía accidental por D. Manuel Reina» y la crítica a «*Alma y Capricho*, de Manuel Machado», inéditos ambos, hasta que Francisco Garfias los recogió en su edición de *Libros de prosa*; de 1907 es el texto que, con el título «Autocrítica», publica en *Renacimiento*, y las reseñas a los libros *La casa de la primavera*, de Gregorio Martínez Sierra, y *Gérmenes*, de Pedro García Morales; del mismo año debe de ser un pequeño estudio sobre «Joaquín Sorolla y sus retratos», recogido también por Garfias en la edición recién citada; de 1910 es su «Carta abierta a Ramón Gómez de la Serna», escrita para celebrar la aparición de el *Libro mudo*; y entre 1907 y 1910 escribe —recogidos también por Francisco Garfias en *Libros de prosa* bajo los títulos de «Ideas líricas», «Esquisses», y «La alameda verde»— sus primeros aforismos.

Las reseñas a los libros de Martínez Sierra y García Morales siguen las mismas pautas formales y de contenido que la crítica de *Helios*, destacando quizás, ahora, el valor y la calidad de la prosa actual juanramoniana, especialmente en la página dedicada a *Gérmenes*. La «Autocrítica» de *Renacimiento* tiene, para 1907, un arcaico sabor a tiempos pasados, constituyendo una síntesis magnífica de todas las ideas que descubríamos en Juan Ramón a través de sus primeros escritos: contiene este texto una adhesión incondicional al simbolismo, a ciertos principios —«el orden en lo exterior y la inquietud en el espíritu»— krausistas; y, junto a ello, un rechazo global del «palacio frío de los parnasianos», de toda la fenomenología —el café, los toros, la religión, el militarismo, el acordeón y la pena de muerte— de la Restauración, de todo lo sobrenatural. Presenta también el texto una defensa, frente al lenguaje «decorado» y a la «palabrería» de la oratoria (*LPr*, 280), del poder significativo y emotivo de ciertos recursos —la musicalidad— irracionales de la lengua. El potenciar dichos recursos lleva consigo la creación de un *subvocablo* dentro de cada palabra, de una *sublengua* dentro de la lengua corriente, lo que constituye el verdadero soporte de la auténtica poesía. En virtud, finalmente, de la fuerza trasmutadora del nuevo lenguaje, la poesía tiene el poder de convertir lo material en valores espirituales. El texto todo es una profesión de fe en la Belleza, que casa mal con el contexto literario de 1907. El clima general, e incluso el tono en que dicha «Autocrítica» está concebida y redactada, nos remite a la época de mayor virulencia del modernismo. No nos equivocamos; este texto no fue escrito en 1907, sino en 1902, y pertenece, como ya hemos señalado, a la pluma de Valle-Inclán. Tal precisión, sin embargo, carece de importancia alguna. No era raro entre la «hermandad» modernista —y Juan Ramón [166] lo hace alguna otra vez— que un autor, sin hacer referencia a ello, se apropiase frases sueltas e incluso textos completos de otros.

---

166. En concreto la reseña a *Jardín Umbrío*, de Valle, está plagada de préstamos que Juan Ramón toma del libro de Valle, engarzándolos en su prosa, para la elaboración del juicio crítico que pretende dar (*LPr*, 237 y ss.).

No me extenderé en explicar el significado que esto pudiese tener. Me interesa señalar, sin embargo, que, si Juan Ramón se apropia de este texto de Valle-Inclán, es porque lo considera síntesis perfecta de lo que había sido su escritura hasta ese momento. Conviene no olvidar que Juan Ramón no presenta las palabras de Valle como un programa a seguir, sino como una «autocrítica» de lo ya hecho.

El aforismo

El programa estético juanramoniano de este momento hay que buscarlo en los aforismos (*LPr*, 269-284, 437-446 y 481-506) y en su carta a Ramón Gómez de la Serna (*C*, 68-73). El aforismo, más tarde, le servirá al poeta para plasmar una estética, aunque no explicitada, sí sobreentendida en su obra en verso. No es éste, sin embargo, el caso de las primeras manifestaciones del género. Nuestro autor adoptó, en un principio, la forma del aforismo como cauce para sus reflexiones de carácter personal y moral, como expresión apta para unir sus pensamientos más íntimos a las ideas escogidas de sus lecturas filosóficas. No puedo ahora detenerme en un análisis profundo de los aforismos de esta época, puesto que a ellos habré de acudir en determinados momentos de la segunda parte de mi investigación. A modo de índice, daré, sin embargo, las ideas centrales que los vertebran, limitándome tan sólo a reseñar los postulados estéticos y dejando a un lado las reflexiones éticas. [167]

Todo —la naturaleza y el hombre— se compone de materia y espíritu. El reino de la auténtica poesía, no obstante, es el del espíritu, y su función, en consecuencia, será la de «dar forma a una cosa que no la tiene» (*LPr*, 270). Partiendo de esta afirmación, el poeta rechaza toda concepción realista del arte, para pasar, a continuación, a esbozar, desde su particular perspectiva, una nueva concepción de la realidad (*LPr*, 272-273). Un número importante de aforismos se orienta también al análisis de ciertos principios [168] del impresionismo (*LPr*, 284), otorgando Juan Ramón a las «impresiones espirituales» un valor primordial en la conformación y moldeado del alma (*LPr*, 270-271). Opone lo universal a lo castizo, y lo importante es que lo hace a partir de un concepto de individualidad; es decir, rechaza una literatura retórica casticista, defendiendo, frente a la mística nacionalista de dicha literatura, el derecho a la libertad y a lo personal (*LPr*, 271). Postula, contra el lenguaje «inflexible, ríjido, suntuoso» del realismo, el lenguaje matizado (*LPr*, 274), evocador, difuso, tembloroso e irisado, ya que la función que a la poesía le corresponde realizar no es «traducir» la realidad, sino abrir ante ella «la fuente de nuestros sentimientos ideales» (*LPr*, 272). Necesita el poeta despertar en los demás una «simpatía» hacia la belleza que él ha logrado extraer

---

167. Perfectamente maridadas, la estética simbolista y la ética krausista son, como ya he señalado, los elementos que pautan el pensamiento de Juan Ramón. Ello da lugar a la doble referencialidad de casi todos sus aforismos. En la época a que me estoy refiriendo ahora, sin embargo, el acoplamiento todavía no es perfecto. Véase Francisco Javier BLASCO, «Nota genérica sobre el aforismo juanramoniano», *El ciervo*, XXX, 364 (1981), 21-22.

168. Cito uno de estos textos: «Jamás un paisaje podrá ser idéntico a través de varios temperamentos, de músico, de pintor, de poeta. Cada paisaje se compone de una multitud de elementos esenciales... A cada individuo le impresiona un conjunto determinado de elementos evocativos..., y las interpretaciones, siendo de una misma cosa, a una misma luz, desde un sitio mismo, serán completamente distintas. Esto en cuanto a lo físico, que en la interpretación espiritual, los valores son infinitos» (*LPr*, 284).

de lo espiritual (*LPr*, 485) y concede, en consecuencia, una importancia decisiva a los sentimientos en la creación poética (*LPr*, 275), otorgándoles fuerza intelectiva y apresurándose a precisar que lo que él entiende por «verdadero poeta sentimental» dista mucho del «vano llorador de lugares comunes» (*LPr*, 277). Niega toda concepción formalista del arte (*LPr*, 281). Nos enteramos de que «lo sexual —tema recurrente en toda su obra y muy apegado a las primeras manifestaciones de la crisis religiosa— para [él] no tiene una importancia sensorial, sino intelectual» (*LPr*, 278); es un camino hacia el «misterio» del mundo de la mujer (*LPr*, 278 y 484); responde a un anhelo de «penetrar en el secreto de las cosas», ya que ese secreto existe (*LPr*, 485). Para terminar, diré que apoya Juan Ramón sus reflexiones —y ello nos da cumplida noticia de sus lecturas— en continuas referencias a Blasco Ibáñez, Sully Predmore, Anatole France, J. Costa, Francisco Giner, Emerson, Nietzsche, Maeterlink, Remy de Gourmont, Ibsen, Shakespeare, Bécquer, San Juan de la Cruz, Kant, Poe y Leopardi.

Nuevas reseñas

El discurrir juanramoniano de los aforismos viene a desembocar, en esta época, en un texto, donde las intuiciones teóricas del poeta convergen densamente agrupadas. Me refiero a su reseña sobre el *Libro mudo*, de Ramón Gómez de la Serna [169]. Este texto, que apareció por vez primera en la revista *Prometeo*, ofrece, a mi juicio, multitud de claves significativas, aunque hasta hoy no haya merecido el detenido estudio de la crítica.

Estudia Juan Ramón la poesía en esta reseña desde una doble perspectiva: como *experiencia* y como *obra*. En el primer aspecto recurre a los sistemas platónicos, al pitagorismo o a fórmulas de la filosofía de Plotino, para definir, por comparación, lo poético como fenómeno intuitivo, no racional, espiritual y preliterario. Partiendo de Platón, el poeta se pregunta:

> ¿Dónde está el mundo de estas ideas? He soñado muchas veces con el mundo abstracto de las ideas del silencio... Algunas noches he estado a punto de comprender dónde está; [... mundo] *puro* —en un sentido de pureza que no es de esta tierra—, *eterno*, solo, sin nacimiento y sin muerte, sin oratoria —¡Ah, sin oratoria!—. Sería como un país total e inmaterial —sin dimensiones [...]—, en donde estuviera contenido todo lo que es *esencia*. El único mundo que debe parecerse a éste que digo es el que vuela de nuestra soledad y de nuestro éstasis [...] (*C*, 72-73).

169. *Cartas*, op. cit., 68-73. El elemento esotérico, mezclado frecuentemente con otros componentes exotistas y anarquistas, no es raro encontrarlo en revistas literarias como *Luz, Catalunnya, Hispania* o *Vida Literaria*. Ya señalé también anteriormente cómo en *Helios* [I, 2 (mayo de 1903), p. 165] Navarro Lamarca, en su crítica, intenta la reconstrucción del sustrato filosófico de la moderna estética, buscando las raíces de ésta en la filosofía de Plotino y en modernas corrientes neoplatónicas. La atracción esotérica está presente también en la tertulia de la mujer de Navarro Lamarca y en el grupo que se congrega en torno a Gregorio Martínez Sierra (Cansinos Assens, Ródenas, Candamo, Ortiz de Pinedo, A. Sawa); reaparece en *Renacimiento* y, por supuesto, en *Prometeo*, de donde —con el resto de factores procedentes del modernismo «degradado o descendente»: erotismo, exotismo orientalista, folletín social, neoespiritualismo— arrancará la primera vanguardia española. Esta misma fenomenología no es difícil encontrarla en *Laberinto*, de Juan Ramón Jiménez. Una corriente esotérica, sin expresarse tan libremente como en *La Lámpara Maravillosa* de Valle Inclán, está indudablemente presente en el texto juanramoniano.

Se sirve Juan Ramón del sistema platónico en sus reflexiones sobre la inefabilidad de la experiencia poética. Pero, es en el plano del lenguaje (*idea, esencia, éstasis, soledad*) donde este contenido filosófico tiene mayor operatividad sobre la formulación estética juanramoniana. De este fondo de filosofías antiguas y «religiones muertas» extrae la terminología adecuada a las precisiones que necesita hacer sobre la *experiencia* poética. Piensa el poeta que un mismo fondo espiritual anima la fenomenología del propio microcosmos personal y la del macrocosmos de la naturaleza. Su obra tiene la función de armonizar las correspondencias entre ambos mundos. De aquí que la poesía pueda ser definida como suma de elementos espirituales que «se alumbran momentáneamente en los rincones del cerebro, surjen al conjuro del arte, para superponer a la vida monótona estampas de belleza, que son como una subvida nuestra que hay que encarnar, que elevar, que poner al nivel de nuestra humilde vida cotidiana» (*C*, 69-70); o como intento de someter «la tierra, el agua, el aire, el fuego..., muchas cosas más, todo en desorden», al proceso de «peregrinación hacia la unidad» (*C*, 71-72), en que el propio poeta está comprometido. El poeta es, por un lado, «testigo y oyente» de sí mismo; y, por otro, amanuense e intérprete «de ese idioma íntimo y concreto que hablan los árboles con las nubes, las estrellas con los pájaros...» (*C*, 71).

El poema es, entonces, *obra* de auténtica creación, ya que incorpora lo desconocido a lo conocido; encarna lo no visto y presta su voz a un «universo que no quiere hablar» (*C*, 69). La necesidad de convertir la palabra en «transparencia» de lo infinito motivará en su poética la elección de un lenguaje de sugerencias y símbolos que pueda ir más allá de lo fenomenológico: «Un libro, pues, para las bibliotecas interiores, en un cerebro sin sentidos» (*C*, 72). Los símbolos de su obra en verso proceden, naturalmente, del punto de confluencia de su espíritu proyectado activa o receptivamente sobre la naturaleza exterior, y conservan siempre esta ambivalencia semántica y referencial. Al contrario de lo que pensaba la crítica, el fondo ideológico de la teoría poética juanramoniana es, incluso en esta primera época, denso y complejo, si bien su importancia no estriba en la coherente utilización de los productos discursivos incorporados, sino en la transformación de los mismos en material estético de plena modernidad.

Profundo interés poseen, asimismo, otros dos trabajos críticos que de esta época de Juan Ramón se han conservado: «Elejía accidental por don Manuel Reina» y «*Alma y Capricho*, de Manuel Machado». Tienen los dos muchas notas en común y constituyen, en una fusión complementaria excelente, la primera revisión crítica juanramoniana de los años iniciales del modernismo español. Encontramos ya en estos textos una visión aguda, definida, inteligente y profunda, de lo que fue una parte importante en la renovación poética de principios de siglo. Es más, me atrevo a afirmar que, para una comprensión exacta de lo que fue el modernismo español, hay que saltar de estos textos a estudios muy recientes, tales como los de Aguirre [170] sobre Antonio Machado, los de Aguilar Piñal [171] sobre Reina, los de Richard A. Cardwell [172] sobre el propio Juan Ramón y los de Sánchez Trigueros [173]

170. *Antonio Machado, poeta simbolista* (Madrid: Taurus, 1973).
171. *La obra poética de Manuel Reina* (Madrid: Editora Nacional, 1968).
172. *Juan Ramón Jiménez: Modernist Apprenticeship* (Berlin: Colloquium Verlag, 1977).
173. *Francisco Villaespesa y su primera obra poética* (Granada: Universidad de Granada, 1974).

sobre Villaespesa. Entre unos y otros, salvando, sin dudarlo, las agudas intuiciones de los escritos de Ricardo Gullón [174], todo lo hecho sobre el tema se resuelve en bellas, pero falsas, construcciones abstractas.

En líneas generales, la «Elejía» es un reconocimiento del valor que supone, frente a la retórica académica del funcionario y banquero Núñez de Arce, la opción elegida por don Manuel Reina, que supo, opina Juan Ramón, conectar con las corrientes renovadoras procedentes de Europa. No acertó éste, sin embargo, en la adecuada selección y asimilación de las mismas. Frente a la auténtica renovación simbolista, optó por un parnasianismo a lo Leconte de Lisle —«falsedad», «pseudoclasicismo», «decoración artificiosa», «exaltación esterior» vacía de alma a fuerza de suntuosidad— y, en esta dirección, casó con lo nuevo «los bandolines», «las espadas a la española, todo revuelto». «Fue —dice Juan Ramón de Reina— un ruiseñor *retórico* que no estuvo enjaulado en la Academia» (*LPr*, 517-519). En una visión sintética y perfecta, con un acierto que hoy resulta indiscutible, Juan Ramón acaba definiendo el «colorismo» de Reina por la suma de elementos costumbristas —procedentes del romanticismo histórico (Zorrilla)— y elementos parnasianos. Frente a dicha suma, las corrientes del modernismo por él representado se decidieron por la fusión de tradición auténtica (Bécquer) y simbolismo: exaltación interior, y no exterior. La diferencia entre unos sumandos y otros revela la existencia de varias líneas —no reductibles a la unidad— dentro del primer modernismo español.

Con «*Alma y Capricho*» examina Juan Ramón, en la figura de Manuel Machado, otra de las direcciones erróneas, existentes en el seno de la renovación poética de fin de siglo. Manuel Machado, en *Alma*, supo aprovechar los valores del simbolismo y este libro —en palabras de Juan Ramón— revela «influencias bien aprovechadas de Verlaine y Albert Samain», pero —«con la coleta desrizada debajo del sombrero y embozado en una *capa andaluza* que quizá tiene *vueltas de seda de París*»— no acierta, luego, a desprenderse de un cierto costumbrismo andalucista y conservador, que limita el alcance de su poesía (*LPr*, 520-523).

Ante las direcciones marcadas por Reina y Machado, Juan Ramón —en un último texto de esta época, «Joaquín Sorolla y sus retratos»— hace explícita su postura y sitúa en la elegida por Sorolla la única opción renovadora válida: la fusión de «la tradición de los viejos maestros y el espíritu joven de sus sueños nacientes». Es ésta —continúa diciendo el poeta— la única forma de «romper con el convencionalismo de su tiempo y crear nuevo ambiente y nuevas armonías» (*LPr*, 509-521).

En vista de todo lo que acabo de apuntar, no puede decirse que los años de silencio y soledad de Moguer fuesen estériles para nuestro poeta. Sus ideas se van haciendo, durante los mismos, mucho más coherentes y profundas. La aguda penetración de su crítica, la continua revisión de sus posturas poéticas iniciales, las seguidas reflexiones teóricas de sus aforismos y las abundantes lecturas de este tiempo, fructificaron en la temprana madurez alcanzada por su pensamiento y por su obra. Si el alejamiento del curso diario de los acontecimientos literarios de Madrid le llevó, en un primer momento, a cierta desorientación estética, muy pron-

---

174. *Direcciones del modernismo* (Madrid: Gredos, 1963).

to supo Juan Ramón aprovecharse de la soledad, explotando todos los factores positivos de su peculiar situación. El distanciamiento le permitía, como él mismo explica en una carta a Antonio Machado, adquirir una perspectiva más exacta y desinteresada respecto a la marcha normal de la literatura española del momento, pues «desde lejos, aunque parezca paradójico, se sabe más de todo, se está más enterado de todo. Y nos comprendemos mejor, y *es menos literaria nuestra poesía*» (*C*, 116). Si es cierto que, en afirmación de Villaespesa [175], la estancia de siete años en Moguer motivó un «profundo silencio» en torno a la figura de nuestro poeta, no lo es menos que —y ahora la afirmación es del propio Juan Ramón (*C*, 83)— le evitó el peligro de caer en cierta «industrialización» del modernismo. Unas palabras, dirigidas por el poeta a Ramón Gómez de la Serna en vísperas de su regreso a Madrid (1912), nos dan el clima espiritual que acompaña a dicho regreso:

> No tengo nada que contestarle en lo que se refiere a la literatura, porque yo hace ya mucho tiempo que estoy completamente fuera de la literatura; quisiera poder prescindir, si esto fuera posible, hasta de la imprenta, del precio, del envío, en caso de regalo (*SC*, 113).

---

175. En una carta de Villaespesa a Juan Ramón (1.º de agosto de 1910) podemos leer lo siguiente: «Me apena —escribe Villaespesa— el silencio que aquí, en España, se hace ahora en torno tuyo, y estoy dispuesto a romperlo...». La carta fue recogida por Ricardo GULLÓN, «Relaciones literarias entre Juan Ramón y Villaespesa», *art. cit.*, 3.

CAPITULO III

EN EL MARCO IDEOLOGICO
DEL GRUPO DE 1914

FILIACION DE JUAN RAMÓN EN LA GENERACION DEL 14

Acierta Juan Ramón, cuando ve la importante evolución que se opera en su labor creadora, desde que abandona Moguer, como desarrollo y ampliación de núcleos intelectuales anteriores. Las líneas centrales de su estética seguirán siendo en esencia las mismas. Sufrirán, sin embargo, profundas modificaciones. No ha pasado desapercibido para la crítica [1] el profundo cambio vital que acompaña el regreso del poeta a Madrid y que influirá de modo decisivo —en el plano de los contenidos y en el plano de la expresión— sobre su obra. Sobre dicho cambio no dejan lugar a dudas los siguientes apuntes del poeta:

> Ordeno y publico toda la labor hasta los treinta años [...]. Me propongo ahora —escribe Juan Ramón— hacer otra cosa. Siento una nueva vida [...], más serena, más libre, más firme, más pura, más plena. Acabo aquí, pues, una vida e intento empezar otra. [2]

Digamos que, por primera vez en la obra de Juan Ramón, su poesía viene a coincidir con la dirección consciente del proceso histórico en que se inscribe la vida del poeta. Comienza ahora, según sus propias palabras, «una época decisiva de [su] vida» (C, 168).

A su regreso a Madrid, Juan Ramón se siente alejado ya de las posturas y ambiente de los actuales representantes del modernismo menguante —Villaespesa, Marquina, los Martínez Sierra—, a quienes acusa de haber «industrializado» el quehacer literario. Por las cartas del poeta a su familia (C, 148 y ss.) se puede observar cómo, a través de la Residencia de Estudiantes, Juan Ramón se mueve en ámbitos literarios muy distintos: Federico de Onís, Basterra, Menéndez Pidal, Azorín, D'Ors, A. Jiménez Fraud, A. Castro, Falla, y, sobre todo, Ortega y Unamuno.

---

1. Así lo ha visto Bernardo GICOVATE (*La poesía de Juan Ramón Jiménez*, op. cit., 181), quien señala en torno del *Diario* un cambio vital en el poeta y, como consecuencia de ello, un cambio estético en su obra. «El poeta —dice Gicovate— está inventando una vida nueva, un pasado contrario al suyo». Todo ello queda fielmente reflejado en algunos poemas del *Diario*. Su «Epitafio de mí, vivo» es sumamente elocuente al respecto. Son sólo dos versos: «Morí en el sueño. / Resucité en la vida».

2. Archivo Histórico Nacional. Signatura 10/53/12.

Es enorme la devoción que Unamuno despierta en Juan Ramón. En sus *Conversaciones* con Ricardo Gullón el poeta no puede ocultar la satisfacción de haber conocido y tratado a quien siempre consideró su maestro en poesía: «Por aquella época [Unamuno] venía mucho a mi casa de la calle del Conde Aranda. En la Residencia nos sentábamos juntos en la mesa [...]» (p. 72). Conocía el libro *Poesías*, que Unamuno le había enviado, y se sentía muy próximo al pensamiento y a la trayectoria literaria del rector de Salamanca. Había leído también el prólogo que Unamuno había escrito para el libro *Poesías*[3], de J. A. Silva, y los subrayados que Juan Ramón traza sobre las páginas de dicho prólogo dan idea de la profunda identificación del poeta con la espiritualidad de la línea poética marcada por don Miguel.

Será Ortega, sin embargo, el gran catalizador del cambio que en este momento se opera en la vida y en la obra de Juan Ramón. En sus años de la Residencia de Estudiantes —«¡Cuántas discusiones lúcidas [...]», recordará el poeta, «tuvimos Ortega y yo en aquellos años de ansia!»—, se sintió Juan Ramón altamente atraído por lo que representaba, dentro del panorama literario e ideológico nacional, la figura del ilustre profesor de metafísica. Los años 1913 y 1914 fueron fecundos en acontecimientos históricos y literarios de relieve, que vivió Juan Ramón en estrecha relación con Ortega. Así, 1913 señala el fin del canovismo y el inicio de una nueva concepción de España, de su historia y su política. Personalidades como las de Azaña y José Ortega y Gasset comienzan a cobrar un protagonismo histórico decisivo. Azaña ocupa la secretaría del Ateneo (1913) y Ortega, con su *Vieja y nueva política* (1914), marca la dirección a seguir: la creación de una minoría que pudiera hacerse cargo de la «gobernación intelectual de España». La fundación, a cargo de ambos, de la *Liga de educación política española* (1913) sirvió para aunar y agrupar a todos los intelectuales en torno a un programa común. La nómina de firmantes de la *Liga* constituye el núcleo base de lo que se ha llamado Generación del 14.[4]

Vivió Juan Ramón muy de cerca todos los asuntos que afectaron a los intelectuales de su generación, y sólo motivos de salud le impidieron tomar parte activa en posturas como la representada por la *Liga de educación política española*, para la que fue solicitada la firma del poeta:

Ortega y Gasset —comenta el poeta con su familia— quiere meterme en política y solicitó mi firma para un manifiesto que se publicará pronto, y que marca una *dirección intelectual* severísima dentro del partido reformista; estuve en su casa hoy a decirle que no quería entrar en política activa. Si tuviera más salud, es decir más actividad, quizá haría algo (*C*, 161).

También en lo literario Ortega hizo gala de un protagonismo decidido que, a través de escritos como «Ensayo de estética a manera de prólogo», «La deshuma-

3. José Asunción SILVA, *Poesías* (Barcelona: 1908).
4. Sobre el concepto de «generación del 14», el nacimiento del término, la nómina que abarca y las ideas que le dan cuerpo, véase Juan MARICHAL, *La vocación de Manuel Azaña* (Madrid: Cuadernos para el diálogo, 1971), 66 y ss.; de José Carlos MAINER, *La edad de plata* (Barcelona: De la Frontera, 1975); y Guillermo DÍAZ-PLAJA, *Estructura y sentido del novecentismo español* (Madrid: Alianza, 1975); Andrés AMORÓS, *Vida y literatura en «Troteras y danzaderas»* (Madrid: Castalia, 1973). Los autores de la *Historia Social de literatura española* [t. II, (Madrid: Castalia, 1978), 259], todavía, cuando se refieren a esta generación, la definen como «un tanto perdida entre el noventa y ocho y la vanguardia».

nización del arte» y «Sobre el punto de vista de las artes», no abandonará ya nunca. En 1913 organiza, con Juan Ramón y Antonio Machado, un acto de homenaje a Azorín [5], que aprovecha para dar por terminado el tiempo histórico del 98, clausurar la estética finisecular y definir los puntos básicos y las posiciones teóricas de un nuevo grupo literario. El programa estético que Ortega propone se hace más explícito y concreto en el prólogo que escribió al año siguiente para *El Pasajero*, de Moreno Villa. Con este prólogo en la mano —y ello es un índice de la importancia programática que su autor le confiere al mismo— elige Ortega a Juan Ramón como mentor de la nueva estética para las jóvenes generaciones. Un texto de nuestro poeta rememora con precisión el momento:

> Cuando Ortega escribió el prólogo para *El Pasajero*, de José Moreno Villa [...], nos lo leyó en la sobremesa de una comida en su casa de la calle de Zurbano, a Moreno Villa, a Américo Castro y a mí; y al terminar, me dijo Ortega: «*Usted tiene la obligación de dar ejemplo constante a estos jóvenes*» (*AO*, 119-120).

Sería cuestión discutible el averiguar si Juan Ramón, realmente, cumplió o no con la función que Ortega en 1914 parece querer conferirle [6]. En lo que coincide toda la crítica es en situar al poeta de Moguer en el marco general del grupo que, estética e ideológicamente, se define en torno a 1914. Por mi parte, creo que la personalidad de Juan Ramón es especialmente interesante para examinar una serie de factores importantes en la configuración de dicho contexto generacional. Su personal evolución nos permite, mejor que otra ninguna, seguir la marcha de una serie de corrientes que, nacidas en el seno del modernismo, llegan a alcanzar su desarrollo y madurez definitiva en el marco de la estética del 14; nos revela, también, la forma en que su propia obra contribuye a la elaboración de la poética de la generación; y, finalmente, nos muestra su intervención en la tarea común que los firmantes de la *Liga* se proponen: «Hacer algo [...] por la vida mejor de España».

---

5. Los textos de este homenaje pueden consultarse en ORTEGA, *Obras completas*, t. I, op. cit., 262 y ss. Las relaciones de Ortega y Juan Ramón se remontan a los años de *Helios*, donde Ortega colaboró en alguna ocasión con el seudónimo «Rubín de Cendoya». Véase «Moralejas: Grandmontagne tiene la palabra», *Helios*, II, 9 (diciembre de 1903), 607; también, «Recuerdo a José Ortega y Gasset» (*AO*, 112 y ss.). La influencia de las ideas juanramonianas en el pensamiento de Ortega, por otra parte, ha sido profusamente documentada por Richard A. CARDWELL, «Juan Ramón Jiménez, José Ortega y Gasset y el problema de España», en las *Actas del congreso internacional conmemorativo del centenario de Juan Ramón Jiménez* (en prensa).

6. Si el magisterio de Juan Ramón para con el 27 fue indiscutible, ha de precisarse, sin embargo, que los puntos de vista de Juan Ramón y Ortega difieren en cómo este magisterio debe ejercerse (Cfr. *AO*, 115).

DEL MODERNISMO AL NOVECENTISMO

De la descomposición del modernismo [7], en el período que va de la muerte de *Helios* al nacimiento de *España*, surgen una serie de corrientes que ahora me interesa tener en cuenta, por el influjo que la obra de Juan Ramón tuvo en la orientación de las mismas. Me limitaré a señalar tres: una línea de interiorización simbolista, que, como observé más arriba, defiende Juan Ramón, frente a las opciones representadas por Reina o Manuel Machado; otra, que puede rastrearse en *Libros de amor* o en *Laberinto*, de aproximación —por la introspección erótica, por la incorporación de ciertos elementos subculturales y por la elaboración de algunos temas orientales— hacia la primera vanguardia; y una última, presente en la mayor parte de los libros inéditos de Moguer, de experimentación con los motivos populares y de enriquecimiento testimonial —particularmente, *Esto* e *Historias*. En la confluencia de estas tres direcciones y en la elaboración novecentista que Juan Ramón hace de ellas es donde deben buscarse las raíces de su ulterior poesía y, en su momento, del renacimiento lírico de la década de los años veinte.

El simbolismo

Los trabajos críticos sobre la presencia de influjos simbolistas en Juan Ramón se iniciaron, enfocados desde presupuestos impresionistas, con el de Neddermann [8]. Su tesis es de 1935 y ha condicionado posteriormente muchos de los trabajos dedicados al estudio de esta faceta en la obra de Juan Ramón. Sólo después de muchos años, tras la revisión de este tema por Sánchez Barbudo [9] y Ceferino San-

---

7. Una bibliografía suficiente y fiable sobre el tema puede verse en Antonio BLANCH, *La poesía pura española* (Madrid: Gredos, 1976), 102. Miguel ARGUMOSA [«Juan Ramón Jiménez y la poesía postmodernista», en *Breve historia de la poesía española* (Madrid: Iruma, 1965), 143-145], que pretende examinar esta cuestión para el caso de Juan Ramón, ofrece de la misma una visión excesivamente simplista.

8. Emmy NEDDERMANN, *Die Symbolistischen Stilemente im Werke von Juan Ramón Jiménez* (Hamburg: Seminar für Romanische Spachen und Kultur, 1935). Yo he consultado su resumen «Juan Ramón Jiménez, sus vivencias y tendencias simbolistas», *Nosotros*, I, 1 (1936), 16 y ss.

9. *La segunda época de Juan Ramón Jiménez* (Madrid: Gredos, 1962).

tos Escudero [10], se ha hecho patente la imposibilidad de reducir la acción del simbolismo, en la obra poética de Juan Ramón, al mero uso de ciertas técnicas impresionistas. Michael Predmore [11], ampliando esta clave de referencia, estudia cómo, desde *Rimas* hasta *Eternidades* y *Piedra y cielo*, el lenguaje simbólico «redunda en la creciente interdependencia de los poemas» y, en consecuencia, los poemas *simbolistas* del primer período, autónomos en relación con la obra de que forman parte, se convierten desde *Sonetos espirituales* en poemas simbólicos.

Quedaban, de este modo, franqueados los viejos límites en que la crítica encerraba la poesía juanramoniana. Pero no se ha visto todavía que el punto de partida de la evolución estética y teórica, en esta poesía, se encuentra precisamente en la confluencia del simbolismo con la ideología subyacente a la nueva retórica novecentista, así como en la elaboración que, desde posturas próximas al grupo del 14, se hace de las tradiciones literarias. Creo que ello es importante, porque, como estudia Predmore, el lenguaje poético de finales del siglo XIX se orienta hacia las corrientes y herencias literarias de su tiempo y el poeta cuenta todavía con un público lector. Pero, como resultado de un intento cada vez más acuciante por liberar la palabra de la cadencia del realismo burgués, el autor llega a crear su propia lengua poética. En consecuencia, el escritor no concibe ya el hecho literario como creación «para un público dado», sino que, por el contrario, le confiere a la propia obra el poder de crear un público. En esto, y en el convencimiento de que por la poesía —por el «mito» dirá Ortega [12]— se puede llegar allá, donde no puede llegar la lógica, se encuentran los puntos de inflexión y contacto del novecentismo con la tradición simbolista. La literariedad es considerada, a la vez, conquista metafísica individual e instrumento de sensibilización del público que se intenta crear.

Acepta Juan Ramón el significado profundo de las corrientes simbolistas heredadas. Desde posturas novecentistas —justicia y honestidad—, se plantea, sin embargo, la licitud de cierta retórica simbolista. Así lo manifiesta, en 1915, la siguiente confesión a Juan Guerrero:

> [...] Sólo se debe escribir lo justo, lo honrado. A veces pienso que tal vez esté en las postrimerías de mi obra poética, porque al fin y al cabo encuentro algo artificioso en la forma poética, y me pregunto: ¿Es honrado esto? Acaso no, a pesar de su belleza. Por eso tal vez escriba ya prosa solamente, una prosa que, claro está, sea poética, elevada, pura [...] (*JRVV*, 35).

No es necesario insistir en la transformación —tan clara en el *Diario*— que por estas fechas hace Juan Ramón de la herencia simbolista. Su poesía queda claramente encarrilada en los ideales de exactitud y sencillez que van a presidir lo que llamará el poeta *poesía desnuda* o *poesía pura*. Esta orientación queda plenamente insinuada ya en el texto que acabo de citar.

---

10. *Símbolos y Dios en el último Juan Ramón Jiménez* (Madrid: Gredos, 1975).
11. *La poesía hermética...*, op. cit., 223 y ss.
12. Cfr. Guillermo ARAYA [*Claves filológicas para la comprensión de Ortega* (Madrid: Gredos, 1971), 98]: «La verdad científica es una verdad *exacta*, pero *incompleta* y *penúltima*, que se integra forzosamente en otra especie de verdad, aunque inexacta, a la cual no habría inconveniente en llamar *mito*».

La vanguardia

Más difícil, y menos estudiado, es el tema que se refiere a los puntos de contacto entre el nacimiento de la vanguardia y el contexto teórico del grupo del 1914 [13]. Para salvar esta laguna, sería preciso un acopio documental que rebasa el ámbito de mi propósito. Existen textos, como la teoría orteguiana sobre la «deshumanización» del arte, que han originado conceptos útiles para observar algunos fenómenos típicamente vanguardistas, pero históricamente estos conceptos sólo son válidos para un momento —1925— de su desarrollo. Sabemos hoy [14], con todo, que las fechas propuestas para la vanguardia española deben ampliarse tanto en lo que se refiere a su inicio, como en lo que se refiere a su finalización. Dentro de los límites de la vanguardia deben situarse los muy tempranos tanteos de Gómez de la Serna y Cansinos Assens. En la revisión de estos datos, así como en el examen de la poesía que acogen revistas como *Alfar* o *Cervantes*, podemos ver cómo modernismo último y primera vanguardia se identifican [15]. En 1907, en un artículo donde se dan cita componentes modernistas, socialismo, nacionalismo, idealismo..., y donde se formulan claramente algunos de los presupuestos novecentistas, aparece expreso ya el *non serviam* creacionista. El artículo aparece en la modernista *Renacimiento* y se titula «Futurismo» [16]. En 1909 Juan Ramón recibía la revista *Poesía* de Marinetti y conocía ya el manifiesto futurista [17]. Desde junio del mismo año, vive de cerca también, a través de *Prometeo*, los primeros experimentos vanguardistas de Gómez de la Serna; y, aunque no tomó parte en los actos que éste —con F. Trigo, A. de Hoyos y Vinent y J. Francés— llevó a cabo en Madrid por estas fechas [18], sus libros *Laberinto*, *Elejías* y *Melancolía* representan un intento de adhesión a las corrientes que, desde el modernismo degradado, aquéllos representaban. Es importante, en esta línea, la ya citada carta de Juan Ramón a Gómez de la Serna por su *Libro mudo* [19]. Veíamos en ella de qué forma, merced al influjo de corrientes innovadoras, afines a las anteriormente citadas, el modernismo juanramoniano evoluciona. Abogando allí por una poesía entendida como conocimiento metafísico, postula Juan Ramón la liberación de toda la energía alógica de la palabra, con el fin de alcanzar, así, nuevas iluminaciones; y aunque lo hace todavía con un léxico de excesiva filiación neoplatónica, defiende la validez poética de lo irracional y del sueño, de la naturaleza como cúmulo ines-

13. Ello es lo que le permite a Guillermo de Torre afirmar que son muy escasas las relaciones existentes entre la vanguardia y los poetas y prosistas nacidos en torno a 1880 [Cfr. *Las metamorfosis de Proteo* (Buenos Aires: Losada, 1956), 67-68]. A pesar de lo cual, las relaciones —ahí está Gómez de la Serna como hombre puente— resultan hoy evidentes.

14. Véase, de Víctor GARCÍA DE LA CONCHA, «Anotaciones propedéuticas sobre la vanguardia literaria hispánica», en *Homenaje a Samuel Gili Gaya* (Barcelona: Bibliograf, 1979), 99 y ss.

15. Especialmente debe citarse el artículo de René de COSTA, «Del modernismo a la vanguardia: el creacionismo prepolémico», *HR*, 43, 3 (1975), 261-274. Véase también Lily LITVAK, «Alomar y Marinetti: Catalan and Italian Futurisme», *Revue des Langues vivantes*, 6 (1972), 586-603. Parece claro, a través de estos estudios, que el «vanguardismo militante se dio a conocer desde las tribunas modernistas».

16. Rafael ALOMAR, «Futurismo», *Renacimiento*, II (septiembre de 1907), 257 y ss.; III (noviembre de 1907), 575 y ss.

17. Véase esta referencia en Ricardo GULLÓN, «Relaciones literarias entre Juan Ramón y Villaespesa», *In*, 149 (1959), 3.

18. Me refiero al acto de homenaje que los citados dedicaron a Larra en 1909. El texto más importante quizá sea el del discurso pronunciado en el Ateneo de Madrid por Gómez de la Serna. Un estudio perspicaz y profundo sobre el contexto a que acabo de referirme es el de Víctor GARCÍA DE LA CONCHA, «La generación unipersonal de Gómez de la Serna», *Cuadernos de investigación filológica*, III, 1 y 2 (1977), 63 y ss.

19. Esta carta-reseña se publicó en *Prometeo*, III, 23 (1910), 918-921.

crutado de claves y de símbolos, y de la literatura como contestación a una mentalidad burguesa. Ciertos principios, centrales para la vanguardia, vienen a confluir en dicha carta con un fondo todavía modernista, precipitando, de esta forma, una una rápida y efectiva transformación del mismo.

Más tarde, la intervención de Juan Ramón en el desarrollo de la vanguardia española es innegable. Los mismos vanguardistas, reclamando la presencia de nuestro poeta en sus revistas, vieron en su poesía el anticipo y el germen de muchas técnicas que ellos intentaban utilizar. Por cartas a Rivas Panedas o a Pedro Garfias puede seguirse el patronazgo ejercido por él sobre revistas como *Ultra* y *Horizonte* (*C*, 66-67 y 74). Guillermo de Torre [20], a la hora de analizar los pasos de la vanguardia, apunta que

> hablar como hoy se hace, con relación a aquel tránsito, de magisterio ejercido por un Antonio Machado [...], Unamuno [...], Valle Inclán [...], son ganas de divagar entre ramajes.

Reconoce, sin embargo, la inspiración recibida de Gómez de la Serna, de Cansinos y de Juan Ramón Jiménez, quien —en palabras del propio Guillermo de Torre—, hacia 1919, conocía perfectamente los ámbitos de *Nord-Sud*, y la obra de Cocteau, Brayne y Max Jacob.

No encajaban, sin embargo, en el meditado programa cultural de la generación de 1914 ciertas poses de los grupos a que me estoy refiriendo. Se aceptan, por ello, determinadas innovaciones, pero se les imprime a las mismas una orientación distinta a la originaria. En el caso de Juan Ramón, en concreto, su amistad con Gómez de la Serna, si fue intensa en un momento, no resulto duradera. Las principales aportaciones de la naciente corriente vanguardista, en su obra, se reducirán —pienso que casi exclusivamente— a aspectos técnicos, que, bajo el pensamiento de la generación de 1914, el poeta se encarga de redefinir en una teoría más sistemática. Las doctrinas cubistas del perspectivismo, la concepción de la imagen como forma de conocimiento, la sistemática utilización de la disonancia, el empleo de procedimientos poéticos en la prosa, y viceversa, así como el valor que se confiere a «la realidad creada» en el poema, que son cuestiones de vigente actualidad vanguardista, merecerán detenida atención en la poética novecentista y, transformadas, se incorporarán con pleno derecho en el proyecto cultural que asume la generación de Ortega [21]. Respecto al valor de ciertos elementos innovadores, escribe Juan Ramón a Rivas Panedas:

> Esté yo o no de acuerdo, en el fondo, con estas tendencias estéticas jenerales, que, a mi juicio, desvirtúan y desintegran la poesía pura, como *arte total* que es, y la convierten en uno, o en varios, de sus elementos, tengo el placer de manifestar a ustedes, en voz alta, mi alegría por la evidente cristalización de vuestras aspiraciones juveniles (*SC*, 67).

---

20. «Confidencias autobiográficas con motivo de Apollinaire», *Revista de América*, s.d. He consultado este trabajo a través de los recortes de prensa que el poeta coleccionaba y no he podido precisar su datación exacta.

21. En este sentido puede citarse el prólogo de Ortega al *Pasajero* de Moreno Villa. Asimismo, el empleo de técnicas vanguardistas por parte de Juan Ramón Jiménez resulta evidente, después de leer la «Introducción» de Aurora de Albornoz a la *Nueva antolojía* (Barcelona: Península, 1973), de nuestro autor.

Reconoce nuestro poeta la dimensión evidentemente positiva de algunos aspectos técnicos de la vanguardia, pero duda del sentido y valor que la utilización aislada de los mismos pueda llevar consigo. Precisan, para que su «utilidad» sea efectiva, de su reconversión hacia una estética abarcante que les dé sentido. Conseguir esto será el propósito que vendrá a presidir muchas de las formulaciones teóricas nacidas al arrimo del 14.

Lo popular

Voy a referirme, por último, a la progresiva aproximación a lo popular que, desde una de las vías de evolución del modernismo, puede documentarse en la literatura de parte del grupo del 14. Quizá no haya con todo, para comprobar este fenómeno, otra obra tan representativa como la de Juan Ramón. Un primer acercamiento a lo popular —que tradicionalmente viene considerándose rasgo caracterizador de cierto regeneracionismo noventayochista— se realiza sobre la base de llegar al reencuentro del *alma de la nación*. Sucede, sin embargo, que esta tendencia nace ligada a ciertas concepciones nacionalistas, que condujeron, a no pocos, a la identificación del *alma del pueblo* con el *alma castellana*. Nació a partir de aquí toda una mística de lo castellano y toda una mitología de Castilla, a cuya elaboración contribuyeron autores y obras que, por estar en la mente de todos, no citaré. En otros casos se busca este alma en «lo latino» o en «lo mediterráneo», el mito, entonces, difiere del anterior en la estructura superficial, pero permanece idéntico en la profunda.

No participó Juan Ramón [22] —como ya tuvimos ocasión de comprobar— en el proceso que todo este contexto denuncia, porque, «aparte de que España no es sólo Castilla» (*C*, 224), él «tenía conciencia de que era andaluz, no castellano, y ya consideraba un diletantismo inconcebible la exaltación de Castilla» (*AO*, 114). No intentó tampoco transplantar a lo andaluz los presupuestos de la literatura castellanista que criticaba. El poeta se sitúa así entre dos puntos —generacionales y teóricos— distintos, equidistantes tanto de la «dilatante y retórica exaltación» de Castilla por autores del litoral, como del concepto de «pueblo andaluz», que según sus palabras se deduce de las obras de Rueda, primero, y de Federico García Lorca, después. [23]

La actitud de Juan Ramón nos aproxima, en mi opinión, a una concepción de lo popular plenamente novecentista ya. Juan Ramón hace al pueblo depositario de las esencias constitutivas de una comunidad histórica, pero no identifica dichas esencias con sus rasgos individualizadores, tópicos y externos. Mantiene vivos el pueblo una serie de valores representativos de un estado de cultura dado, y el deber del arte es transformar dichos valores, hacerlos crecer y evolucionar, darles, en definitiva, dimensión y proyección universal. La obra de Juan Ramón, en su

---

22. A excepción, tan sólo, de su soneto a «Castilla», aparecido en *Sonetos espirituales*, del que luego (*AO*, 115) renegará.
23. «En su *Romancero Gitano* —dirá Juan Ramón de Lorca— no es poeta para el pueblo, tipo corriente, porque su Andalucía es una Andalucía de pandereta, con la gran diferencia sobre los extranjeros de esa Andalucía, de que es profunda y plástica, de color y acento. Pero la Andalucía de pandereta *siempre ha sido para burgueses o para extranjeros*, y el pueblo andaluz siempre se ha reído de ella. Gran parte de la difusión extranjera de Lorca está en el torero, el gitano y el cante jondo» (*SC*, 248).

acercamiento a lo popular, supone un intento de lucha contra el ruralismo, el tipismo, y la espontaneidad inculta, tendencia que, cruzándose con una actitud testimonial, alcanza su plenitud en *Platero y yo*. Encontramos en este libro la fusión —krausista, dice el poeta— de lo popular, vale decir natural o espontáneo, y lo aristocrático [24], es decir, lo cultivado. Nada de gratuito tenía, pues, el declarado aprecio de Francisco Giner por este libro. Exponente vivo de la naturaleza, el pueblo, cultivado y desprovisto de todo lo folklórico, se convierte en Juan Ramón en fuente de la esencia del alma universal.

Ve Juan Ramón en el arte un medio extraordinariamente dotado para proyectar y añadir sobre la naturaleza la mente del creador. No se trata de «corregir» la naturaleza de acuerdo con determinado tópico, sino de orientarla y dirigirla hacia su fecundo enriquecimiento. En uno de los papeles inéditos del poeta leemos:

> ¿Que la «naturaleza» [...] es así ciega, desordenada, incongruente? Bien; ¡y por qué el arte no ha de intentar abrirle los ojos a la naturaleza? [25]

Renuncia Juan Ramón, por tanto, al popularismo y, con él, a las formas primigenias del arte social que éste pretende encarnar. Entiende —en una idea muy próxima a la de la «Escuela Nueva» de Rivas Cherif [26]— que toda forma popularista de arte esconde, en definitiva, un intento de dar vida a productos subculturales, de escaso valor artístico, bajo la noción de que sólo así dichos productos son asequibles para todos. Este tipo de arte —dirá Juan Ramón— se regodea en un momento estancado y primitivo del pueblo, y lo convierte a éste en «espectáculo detenido». En una referencia al indigenismo, como una forma más de popularismo, precisa el poeta la idea en los siguientes términos:

> Un civilizado no puede ser «ya» indíjena, pero un indíjena puede siempre ser civilizado. ¿Y por qué un indíjena no puede [...] salirse del pantano y de la sombra? ¿O es que queremos al indio como un espectáculo detenido, estancado en su mal momento, el indio sufrido sólo por él y gozado sólo por otros, por nosotros? (*CI*, 198-199).

No es preciso insistir en que tal enfoque de lo popular cae, por completo, dentro ya de las coordenadas educacionales del «grupo de intelectuales» a que me estoy refiriendo.

---

24. Escribe Juan Ramón en uno de sus aforismos: ‘‘«La inmensa minoría» está también, y más quizás que en ninguna otra parte, en el verdadero pueblo. Yo he sido siempre (lo he demostrado toda la vida) un hondo amigo, un enamorado del pueblo. Y nunca le he cobrado ni le cobraré nada por ser su amigo’’ (*EEE*, 365).
25. Archivo Histórico Nacional. Signatura 20/152/2.
26. Véase J. Antonio Hormigón, *Ramón del Valle Inclán: la política, la cultura...*, op. cit., 200; igualmente, Tuñón de Lara, *Medio siglo de cultura española (1885-1936)* (Madrid: Tecnos, 1977), 178 y ss.

COORDENADAS ESTETICAS DEL GRUPO DE 1914

Con toda seguridad, la escasez de monografías sobre esta generación ha permitido que ciertas visiones, en exceso simplistas, alcanzasen rango de verdades indiscutibles, potenciando con ello definiciones que distan mucho de ajustarse totalmente a la verdad. Así se ha repetido, una y otra vez, que una de las características del grupo del 14 radicaba en la «primacía concedida a la inteligencia» [27], a lo racional, a lo discursivo. Bien es verdad que no escasean en la historiografía del 14 datos sobre los que apoyar una interpretación en este sentido. Me limitaré a citar un solo ejemplo: el de Eugenio d'Ors. El pensador catalán, en todas las referencias que haga a su generación, dejará patente un tozudo empeño por destacar la razón como rasgo consustancial de su tiempo: «Lo irracional [...], lo ilógico, no es negado, sino prohibido [...]. A mayor tentación por el misterio, culto más fanático por la razón» [28]. En numerosas ocasiones d'Ors afirma que la obra de su generación, por reacción a la generación anterior, va a consistir en «reducir el pensamiento y el arte nuevamente a lo lógico».

No estoy muy seguro, a pesar del modo rotundo con que están formuladas las afirmaciones de d'Ors, de que no sea una errónea parcialización querer definir esta generación por su exclusiva vocación racionalista. Hacerlo así supone, según tendencia típica de nuestra crítica a bipolarizar las etapas estudiadas, separar taxativamente generación del 14 y vanguardia, reduciendo la primera a una antítesis puritana de la segunda. Esta es la tónica del enfoque propuesto por Díaz-Plaja [29], quien, necesitado siempre de este tipo de maniqueísmos en su crítica, reparte la etapa que estudiamos en dos núcleos: Madrid y Barcelona; Ortega y d'Ors. Se esfuerza, desde su dualismo «apriorístico», en definir la generación de Ortega y d'Ors en una serie de términos —superación del autodidactismo anterior, conexión con las corrientes europeas, exaltación de los valores universales «frente»

27.   Así, por ejemplo, Angel del Río, *Historia de la literatura española* (New York: Host. Rinehart and Winston, 1963), 305 y ss.

28.   Manifestación de Eugenio d'Ors en una entrevista que, para *La gaceta literaria* [10 (15 de mayo de 1928)], le fue hecha por Guillermo de Torre. Cfr. Carmen BASSOLAS, *La ideología de los escritores* (Barcelona: 1975).

29.   *Estructura y sentido del novecentismo español*, op. cit., 14.

a los nacionales [...]—, y acaba con una propuesta sobre «el dominio creciente de los valores intelectuales». En lo que a la poesía se refiere, sitúa el punto de «inflexión» generacional en *La Jeune Parque* de Valéry, explicando, desde la «dictadura de la razón sobre el poema» —propuesta por el poeta francés—, nada menos que la «fórmula juanramoniana de la poesía desnuda». [30]

En otros casos, la crítica recurre, para estudiar esta generación, a términos como «predominio de lo discursivo y lo arquitectónico», cuyo contrapunto se busca en «la estética de lo deshecho» de Gómez de la Serna [31]. Resumiendo, se puede ver que los estudios existentes o bien reducen la visión del grupo del 14 a una «vuelta a la razón», o bien se empeñan en definir por series de oposiciones, renunciando a encontrar una perspectiva totalizadora. Arranca el punto de partida de esta confusión de un texto de Azorín, que suele citarse, con frecuencia, como un saludo certero a lo que va a ser la literatura posterior a 1910. Escribe Azorín:

> Lo que antes era libertad bravía, ahora es libertad sistemática y científica. Han estudiado más estos jóvenes de ahora; han disciplinado su espíritu [...] y esto es en resumen lo que caracteriza a la nueva generación: *un mayor sentido de la lógica*. [32]

Aunque las palabras de Azorín están centrando adecuadamente la cuestión y anuncian ya la demanda de Ortega para conseguir una mayor «precisión», la crítica ha extrapolado la referencia a «un mayor sentido de la lógica», dando escasa importancia a lo que en el texto citado se refiere a la *libertad* encauzada en un *sistema*. La vuelta a la razón se convertirá en el denominador común de todas las atribuciones que la crítica haga al período en cuestión. Sin ir más lejos, ésta es la lectura que se hará del «Tuércelo el cuello al cisne [...]», de Enrique González Martínez [33], cuando en realidad se trata tan sólo de sustituir un motivo —el cisne— por otro —el búho—, sin salirse con esto —como bien supo ver Juan Ramón— de la tradición simbolista:

> Quiero señalar ahora —escribe el poeta— algunos casos poéticos importantes o curiosos. Como el de la alarma que promovió Enrique González Martínez echándole un búho, según los malévolos, al cisne de Rubén Darío, en un soneto. Pero González Martínez ha respondido en forma airada, a algunos de los que quisieron desviar el asunto, que nunca intentó siquiera aludir al gran nicaragüense, búho también (*TG*, 234).

Demuestra Juan Ramón que la susodicha vuelta a la razón no supuso una ruptura estética tan tajante como se ha querido ver. No se produce en realidad un abandono definitivo del simbolismo, que seguirá siendo el núcleo esencial de la poética novecentista. La visión mágica de la realidad, la utilización masiva de elementos irracionalistas en la creación, la defensa modernista de lo subjetivo, van a ser componentes de pleno derecho en la configuración de dicha poética; aunque ahora, a diferencia de la etapa anterior, todos ellos serán sometidos a un sistema coherente, que regulará su funcionamiento. Serán finamente analizados y estudiados por el artista, antes de ser utilizados en la obra de arte.

---

30. *Ib. id.*, 263.
31. Guillermo de TORRE, *Las metamorfosis de Proteo*, op. cit., 67-68.
32. Comentado por Ramón PÉREZ DE AYALA, en *Ante Azorín* (Madrid: Biblioteca Nueva, 1964).
33. En este texto se apoyará Pedro SALINAS [*Literatura española del siglo XX* (Madrid: Alianza, 1970), 47] para ver «un cambio de estética que se venía llevando a cabo desde 1905».

La necesidad de una poética

No faltan documentos que prueban cómo pluralidad de fenómenos marginales a la razón son incorporados por los hombres de esta generación a la creación artística. El propio Juan Ramón, en un aforismo que no admite dudas, pide que «inconsciencia y conciencia salgan de igual profundidad de nuestro ser» [34]. Es, sin embargo, un texto de Ortega el que sienta los valores que, frente a la razón, posee la fantasía y el fantasmagórico mundo interior del hombre. Escribe el pensador madrileño:

> Imaginemos, pues, el hombre como un animal enfermo, de una enfermedad que simbólicamente llamo paludismo, porque vivía sobre pantanos infectados. Y esa enfermedad, que no logró destruir la especie, le causó una intoxicación que produjo en él una hipertensión cerebral; ésta originó una consiguiente hipertrofia de los órganos cerebrales que trajo consigo, a su vez, un grado mayor de hipertensión mental —cuyo resultado fue que el hombre se llenó de imágenes, de fantasía—, en que, como es sabido, aún los animales superiores son tan pobres; [...] se encontró dentro con todo un mundo imaginario, frente, aparte y contra el mundo exterior [...]; el primer hombre tiene que vivir, a la vez, en dos mundos —el de dentro y el de fuera—, por tanto, irremediablemente y para siempre, inadaptado, desequilibrado; ésta es su gloria; ésta es su angustia [...]. Y la historia universal es el esfuerzo [...] de ir poniendo orden en esa desaforada, anti-animal fantasía. *Lo que llamamos razón no es sino fantasía puesta en forma.* [35]

El arte, continúa diciendo el texto, no es sino la respuesta del hombre a los dictados de su fantasía. El lenguaje, incluso, proviene de la anormal capacidad del hombre para producir imágenes dentro de sí. Contienen las palabras de Ortega varias claves importantes para el estudio de la estética de su generación. Me limitaré ahora, sin ambargo, a destacar el rango concedido a los elementos inconscientes e irracionales que configuran el mundo interior del hombre. El acceso a dichos elementos le está, en gran medida, vedado a la razón, por lo que constituyen un material propiedad exclusiva del arte. Toda la generación entenderá que es al arte a quien corresponde dar «forma» a la materia informe interior. La creación artística será el vehículo más adecuado para elevar «el mundo de dentro» a la superficie y dar significado y valor a sus elementos constituyentes, logrando, como resultado, una ampliación de la conciencia. Esto, al menos, es lo que afirma Juan Ramón en la carta a Gómez de la Serna que cité con antelación:

> Dramaturjias y madrigalerías que se alumbran momentáneamente en los rincones del cerebro, surjen, al conjuro del arte, para superponer a la vida monótona estampas de belleza, que son como una subvida nuestra que hay que encarnar [...] (*C*, 69-70).

Vemos cómo aquellos valores irracionalistas —el sueño, lo instintivo, etc.— de la primera poética simbolista siguen teniendo validez en la estética de Juan Ramón. En absoluto, puede hablarse, al referirnos a esta etapa, de racionalización e intelectualización del poema. Todos los miembros del grupo a que me refiero saben que un poema, o una obra de arte cualquiera, no se hace de ideas. Lejos por igual del irracionalismo y del racionalismo, la tarea del arte consiste en «dar cuenta» de la vida inconsciente; cargar de significado ciertos impulsos espontáneos;

---

34. «Ideolojía lírica», *Prosas escogidas*, op. cit., 144.
35. Tomo la cita de Guillermo Araya, *Claves filológicas...*, op. cit., 89-90.

incorporar, en definitiva, el material del mundo interior en unos «entramados de sentido». Frente a la teoría romántica del «rapto» de la inspiración, se hace hincapié ahora en la responsabilidad del poeta: «los poetas no son —ha dicho ya Ortega en 1906— *responsables* de la belleza de sus poesías, pero son responsables de la rectitud de su estética» [36]. Ahora bien, nada, en todo esto, permite hablar de la dictadura de «la razón sobre el poema». El elemento latente, en todas las opciones que se postulan para el arte, está mucho más cerca de ser un *imperativo ético*, que un *imperativo lógico*.

En esta línea, creo que deben interpretarse una serie de afirmaciones que no han sido, con frecuencia, bien entendidas. Así, cuando Juan Ramón dice «me está volviendo loco la razón» (*EEE*, 211); cuando, en *Troteras y danzaderas*, Alberto Díaz de Guzmán —Pérez de Ayala— opone el «arte como consciencia» al «arte como emoción», postulado de Montes Valdés —Valle-Inclán; o, cuando Ortega habla de «responsabilidad respecto a la rectitud de la estética elegida», los tres están defendiendo una postura idéntica. Están haciendo hincapié en la necesidad de una poética [37] que, de alguna forma, regule el camino de incorporación de los contenidos, pertenecientes al plano de lo instintivo y espontáneo, en el plano de la cultura. Es decir, están recalcando la necesidad de que el escritor sea profunda y conscientemente responsable en la elección y utiliación de su lenguaje, y en la finalidad conferida al mismo. Esto dará origen a una poética meditada —algo de lo que había carecido el primer modernismo—, que no se limita a meros enfoques formales y técnicos de la creación, sino que lleva consigo toda una concepción coherente de la realidad.

Si la primera poética de Juan Ramón acaba en una definición de la poesía como instrumento paracientífico de *conocer* la realidad, ahora, en el contexto del pensamiento del 14, verá en la creación una posibilidad y una forma de actuar en medio del mundo [38]. Se le confiere a la poesía, en este momento, dos funciones: encontrar *nuevos espacios de realidad* —«erigir mundos sobre este mundo», dijo T. Eliot— para lo espiritual humano, y encontrar *nuevos espacios sociales* para el poeta.

La base teórica del simbolismo y el enfoque ético de las doctrinas krausistas constituyen la herencia recibida, que la generación se encargará de redefinir en las coordenadas de una serie de temas centrales en el pensamiento de Ortega. Vicente Marrero [39] ha estudiado ciertas influencias ejercidas sobre la literatura de vanguardia por los trabajos de estética, firmados por Ortega. No se ha considerado aún, con todo, la repercusión que ciertos conceptos de su filosofía —tales como son el objetivismo, el vitalismo o el perspectivismo— ejercieron sobre la concepción artística de su propia generación. Por la importancia que los mismos tienen sobre el pensamiento de Juan Ramón, ése será, pues, el enfoque que a continuación voy a elegir.

---

36. «Poesía nueva, poesía vieja», en *Obras completas*, t. I (Madrid: Revista de Occidente, 1966), 48 y ss.
37. Este es, según BLANCH (*La poesía pura...*, op. cit., 117), uno de los rasgos más característicos de las letras europeas, durante el período de entreguerras: la reflexión sobre la experiencia poética.
38. Véase el muy interesante artículo de Julio LÓPEZ, «La Obra de Juan Ramón», *In*, XXXIV, 390 (1979), 1 y 12.
39. *Ortega, filósofo «mondain»* (Madrid: Rialp, 1961).

Objetivismo

Sobre el *objetivismo* de Ortega se sustenta un concepto de *realidad* que será altamente operante en la estética de todo el grupo del 14. Surge este tema, en la filosofía de Ortega, de un intento de superar los caminos sin salida en que habían desembocado, durante el siglo XIX, tanto las teorías *subjetivistas*, como las *objetivistas* de raíz positiva. Se trata de responder a la pregunta ¿qué es lo real?, pregunta básica en la estética de todo el grupo.

Una de las preocupaciones teóricas más vivas en el pensamiento del siglo XIX se plantea en la exigencia de casar realidad e irrealidad, mundo objetivo y mundo subjetivo. No está ausente idéntica preocupación en nuestros poetas del siglo XX. Aparece claramente planteada en el «Prólogo» que Antonio Machado hizo en 1917 a su *Campos de Castilla*[40]: «si miramos afuera y procuramos penetrar en las cosas —había dicho el autor de *Campos de Castilla*—, nuestro mundo externo pierde su solidez [...], cuando llegamos a creer que no existe por sí, sino por nosotros. Pero si convencidos de la íntima realidad miramos dentro, entonces todo nos parece venir de fuera, y es nuestro mundo interior, nosotros mismos, lo que se desvanece». La dicotomía entre mundo subjetivo y mundo objetivo sigue en pie. Con estas palabras, Machado, escéptico respecto al arte como solución de la agónica lucha interior por crear una realidad fiable, se aparta de las conclusiones del grupo del 1914.

Ortega define también al hombre como inadaptado, desequilibrado frente al resto de los seres, porque su cerebro se halla lleno de imágenes y fantasías; es decir, el hombre se encuentra —como vimos en un texto citado antes— lleno de un mundo imaginativo interior, «frente, aparte y contra un mundo exterior». Pero, al contrario que Machado, Ortega piensa que es posible una solución por el arte. Ve en la creación artística un valioso instrumento, marginal a la lógica, para superar las dicotomías existentes, dar forma al mundo interior, y superar, de este modo, los caprichos de la fantasía, sometiéndola a un orden[41]. A partir de este momento, la palabra poética será considerada elemento imprescindible en la creación de una nueva objetividad, distinta a la racionalista. Escribe en este sentido Ortega:

> Es la naturaleza el reino de lo estable, de lo permanente. Es la vida, por el contrario, lo absolutamente pasajero. De aquí que el mundo natural, producto de la ciencia, sea elaborado mediante generalizaciones, al paso que *este nuevo mundo* de la pura vitalidad, *para construir el cual nació el arte*, haya de crearlo mediante la individuación.[42]

El texto aporta ya una solución al viejo problema. Frente a las teorías objetivistas y subjetivistas, Ortega ofrece aquí una «concepción vitalista» de lo real. La solución propuesta niega que la realidad auténtica esté en el sujeto o en el objeto; está, por el contrario, en la mutua relación, relación que es *creación* del arte.

No me es posible, aquí, seguir en su total desarrollo la evolución del pensamiento de Ortega en torno al tema. Pero, dado el insistente empeño de la crítica

---

40. Puede consultarse en la *Antología de su prosa*, II. *Literatura y arte*, ed. de Aurora de ALBORNOZ (Madrid: Cuadernos para el diálogo, 1976), 107.
41. Véase nota 35.
42. *Obras completas*, op. cit., t. I, 480.

por definir la labor de esta generación en términos de «vuelta a la lógica», me parece necesario hacer una serie de observaciones. Es preciso señalar que, ahora, se considera al arte, precisamente, una alternativa de la lógica. Y, en este sentido, hay que añadir que, a la vez que se establecen unos límites de valoración para la razón, se le confiere a las impresiones subjetivas un alcance y una funcionalidad, que antes no les era reconocida. En efecto, la *razón* es un instrumento imprescindible para «las ciencias naturales», que trabajan con *conceptos* —conceptos estáticos y abstracciones generalizantes, en términos de Ortega— y limitan su marco de acción a las realidades objetuales y físicas. En virtud de este funcionamiento, la razón nos entrega una *realidad seleccionada*, en la que las cosas aparecen, por decirlo con palabras del propio Ortega, separadas de sus circunstancias. Cada cosa —objeto—, sin embargo, es —y en este punto el pensamiento de Ortega está en deuda con Leibniz— pedazo de otra mayor y por ello, aunque podamos considerarla aislada de las demás, una visión científica de la misma nos ofrece indefectiblemente significaciones parciales. Sólo alcanzaremos la plenitud de contenidos y significados de la cosa cuando la veamos a la luz de los haces de relaciones que mantiene con el resto de los objetos a que nos remite. La auténtica realidad de los seres se resuelve, pues, en puras relaciones. Es ésta una realidad nueva, no objetual, cuya creación corresponde, como claramente se desprende del citado texto de Ortega, al arte [43]. La esencia de esta nueva realidad ya no radica en las cosas, sino *en la experiencia del yo con las cosas*; no tiene existencia autónoma, sino que es *realizada*, «*construida*», «*ejecutada*» por el arte. En cualquier caso, la vida del hombre —espectador— es el único escenario de aparición de la misma. En otras palabras, la realidad radical —vital— de los seres está más allá de los límites que la razón alcanza, en un universo de relaciones que sólo el arte es capaz de crear. El arte restaura la comunicación entre naturaleza —objetos— y espíritu —estados—, dos «provincias» que la ciencia ha separado; frente a las generalizaciones con que trabaja la ciencia, el arte lo hace con individualizaciones y, en ellas, crea el mundo de lo vital. Veamos el siguiente texto, que tan cabalmente resume todo lo que intenté explicar más arriba:

> La realidad de que habla la ciencia no es más que una realidad pensada. Realidad viva únicamente la tienen los objetos cuando en ellos se prende nuestro deseo y nuestra nostalgia. [44]

Vitalismo

A la ciencia —lo acabamos de ver— le es imposible abarcar todo el haz de relaciones de lo vital. Es al arte, por tanto, a quien corresponde el intento de lograr una visión totalizadora. Es éste el punto en que las impresiones, lo fantástico, lo irracional —los componentes, en definitiva, de aquel humano reducto interior al que se refería Ortega—, se convierten en materia prima imprescindible para un arte que aspira a la *construcción* de una nueva *objetividad* vital. Los con-

---

43. A esta creación se refiere también nuestro poeta en el siguiente aforismo: «¡Qué gusto volver a recorrer —pasarles la mano— estas sólidas amarras tendidas por mí, de cosa a cosa, en la vida!» (*EEE,* 304).
44. José ORTEGA Y GASSET, «Epistolario liminar» [en Rabindranath TAGORE, *Obra escogida* (Madrid: Aguilar, 1968)]. Se publicó también en *El Sol,* el 3 de febrero de 1918.

ceptos —dice Ortega [45] en 1914— no deben, ni pueden, sustituir a las impresiones vivientes de la realidad, ya que éstas constituyen «la capa básica de nuestra existencia espontánea». Repite Juan Ramón la misma idea en uno de sus aforismos:

> Ningún pensamiento fijo define la verdad, que es como la forma abstracta que un río conserva perpetuamente de su exacta agua pasajera (*EEE*, 386).

Como la verdad no está dada ni «fijada», de nada sirven las soluciones racionalistas. Estas dejan siempre fuera el mundo del espontáneo fluir vital. Una cultura racionalista se convierte en un lujo inútil, ya que sus productos resultan ser extraños a la existencia y a las necesidades vitales de los individuos. Un nuevo aforismo de Juan Ramón marca otra vez la pauta:

> Las ideas ajenas me repugnan como comida después de comida (*EEE*, 286).

Para la generación del 14 —y esto tendremos ocasión de comprobarlo repetidas veces en la obra de Juan Ramón— hay que volver a arraigar la cultura en la vida; o, lo que es lo mismo, hay que dejar que la vida penetre en la cultura. En lo que al mundo de la poesía se refiere, ya vimos cómo el simbolismo vino a poner fin a la dictadura de la razón en literatura, dando en el poema acogida y liberación a toda una serie de aspiraciones irracionales, hasta allí reprimidas. A las intuiciones, a las impresiones, al sueño, a la fantasía, en cuanto formas no dircursivas de conocer la realidad móvil e inasible de lo vital, se les concede una importancia decisiva. Teniendo en cuenta esto, no es extraño que Juan Ramón subrayase, cuando en 1919 leyó *Discours sur les Passiones de l'amour* [46], de Pascal, el siguiente párrafo:

> L'homme est né pour penser; aussi n'est il pas un moment sans le faire. Mais les pensées pures, que le rendraient hereux s'il pourrait toujours les soutenir, le fatiguent et l'abbatent. C'est une vie unie à laquelle in ne peut s'accomoder. Il lui faut du remuement et de l'action, c'est à dire qu'il est nécessaire qu'il soit quelque fois agité des passions, dont il sent dans son coeur les sources si vives et si profondes.

Todo lo que vengo diciendo no debe, sin embargo, conducirnos a error. No se trata de resucitar forma ninguna de *subjetivismo*. En las fechas a que me estoy refiriendo, una concepción puramente subjetivista de lo real es totalmente impensable. Desde luego, no es ésta la orientación que adopta el pensamiento estético del momento. «Lo subjetivo —dice Ortega [47]— es el error», y añade: lo subjetivo es un «huertecillo apartado en que cultiva cada cual algunos errores, que le son peculiares, amorosamente [...]». Lo mismo ocurre en el Juan Ramón de esta época. Veamos el siguiente poema del *Diario*:

> No más soñar; pensar
> y clavar la saeta,
> recta y firme, en la meta
> dulce de traspasar.

45. *Obras completas*, op. cit., t. I, 318 y ss.
46. París, 1900. Cfr. Bernardo Gicovate, *La poesía de Juan Ramón Jiménez*, op. cit., 205.
47. *Obras completas*, op. cit., t. I, 440.

Todo es bueno y sencillo;
la nube en que dudé
de todo, hoy la fe
la hace fuerte castillo.

Nunca ya construir
con la masa ilusoria.
Pues que estoy en la gloria,
ya no hay más que vivir.

(LP, 428).

Se documenta ahora en la obra y en el pensamiento estético de Juan Ramón una mayor desconfianza hacia lo espontáneo e instintivo. Pero su valor no es negado. Los movimientos espontáneos del mundo interior se consideran válidos en tanto en cuanto inauguran nuevas perspectivas de realidad, y crean nuevos ámbitos y espacios vitales, merced a las insospechadas relaciones que establecen entre las cosas. Hay que tener en cuenta, sin embargo, que la sustancia, con que llenan dichos ámbitos, se caracteriza por su irracionalidad; y las relaciones que establecen entre las cosas «carecen de sentido». En definitiva convierten la *conciencia* en «una isla rodeada —decía Ortega— de irracionalidad». Los sueños, las impresiones…, como formas iniciales de intuición prediscursiva, son elementos importantes. Desarrollan en torno a la *conciencia* un mundo, que en cualquier momento puede convertirse en zona de expansión y ampliación natural de la misma.

Resumiendo, tenemos, pues, que la realidad a que nos da acceso la razón pura es parcelaria y limitada, frente a lo ilimitado de lo desconocido. La inagotable riqueza de lo real queda al margen de la razón y sólo se accede a ella a través de ciertas facultades pre/supradiscursivas. Pero la realidad que así se consigue es, aunque ya no limitada, vaga y significativamente equívoca. Para que dichas facultades se conviertan en instrumentos auténticamente valiosos para los intereses de la estética de la generación, *es preciso cultivarlas*, y esto, en la doble acepción que en el pensamiento del 14 tiene el término. Esto es, de un lado, orientarlas hacia la auténtica cultura, la cual habrá de redundar en una ampliación de la espiritualidad del hombre futuro; y, de otro, multiplicar su capacidad receptiva para «que el secreto de cada existencia halle en nosotros un plano favorable» en que manifestarse [48]. Al nacer el arte ligado a la vida, nace unido a una exigencia de perfección y acoplamiento continuo. Es necesario, por todo ello, someter las fuerzas irracionales a la conciencia; hacerlas funcionar dentro de un sistema; volverlas «precisas», «exactas»… Así lo afirma Juan Ramón, una vez más: «El solo arte es lo espontáneo sometido a lo consciente». Todo ello, con el fin de instaurar una vía segura de libre circulación entre lo *irracional* y lo *consciente*. No es preciso insistir en que este trabajo, para los hombres de la generación de Ortega, le corresponde hacerlo al arte. Sólo este último es inserción de espíritu en la vida, dirigida a cargar de *significado* y *sentido* los ámbitos y los horizontes de realidad abiertos —desde dentro mismo del arte— por las impresiones, intuiciones… Sólo el arte es transformación de los materiales irracionales en valores espirituales de dimensión y proyección universales; y sólo el arte es, a la vez, producción de valores vitales concretos y personales.

48. *Ib. id.*, 451-453.

Es el *Diario de un poeta recién casado* el ejemplo más claro de la puesta en práctica de este pensamiento en la creación de una obra de arte. En él la necesidad de incorporar el «mar de la vitalidad primaria» a la palabra, a la conciencia, a su plenitud de significado, es no sólo principio estético extrínseco, sino clave interna de lectura. Lo que antes era uso mágico, decantación irracionalista del lenguaje, acaba convirtiéndose en forma de cultura viva. Esta diferencia marca en el *Diario*, como repetidas veces en su obra de reflexión hace notar el poeta, la evolución del simbolismo decimonónico al simbolismo moderno.

Perspectivismo

La filosofía orteguiana de la perspectiva se va configurando a través de las *Meditaciones del Quijote* (1914), *El espectador* (1916) y, más tarde, en *El tema de nuestro tiempo* (1923). Es cosa probada que Juan Ramón conoció perfectamente la evolución del pensamiento de Ortega en torno a este tema. La atención del poeta a los escritos de Ortega fue siempre alta, pero en este caso lo fue mucho más por ser él quien hubo de cuidarse de la edición de las *Meditaciones* en la Residencia de Estudiantes. Ejercerá el *perspectivismo* del filósofo castellano fuerte influjo sobre las técnicas poéticas y literarias de todos los escritores de su generación y, de forma especial, como veremos luego, repercute en la conformación definitiva de la estética juanramoniana. No en balde dice Juan Ramón:

> La prosa de Ortega me ganaba más cada vez. El descorría velo tras velo ideológico [...] y a atraer (sic.) con su cambiante posición de clarividencia seguida, horizonte y horizontes a su propio centro. «Imán de horizontes» le llamé yo (*AO*, 117).

A primera vista, el influjo de las doctrinas del perspectivismo se hará más perceptible en el uso de ciertos recursos técnicos. Afectará también, sin embargo, a niveles más profundos, dando contenido teórico a la estética sobre la que se apoyará el uso de dichos recursos. Me referiré sustancialmente al concepto de *perspectiva vital*. Surge este concepto del ya citado esfuerzo por superar las viejas dicotomías decimonónicas y conseguir un nuevo criterio de objetividad. Negaba el racionalismo el valor de toda perspectiva individual, afirmando, por el contrario, la existencia de valores universales trascendentes y externos al hombre. Se afirma, sin embargo, desde doctrinas relativistas, que la realidad se halla dividida en múltiples perspectivas individuales y que, por tanto, no pueden alcanzarse valores universales. Frente a las doctrinas racionalistas, Ortega defiende el valor de la perspectiva individual —vital— de cada hombre, como forma de acceso a lo real; frente al relativismo, mantiene que la independencia de cada perspectiva no supone la negación de los valores universales. Ahora bien, dichos valores no preexisten autónomos a la mirada del hombre, *sino que son creación suya*. Surgen cuando la mirada del hombre y la cosa se encuentran en una visión nueva e individualizada de lo real. Si este encuentro tiene la fuerza suficiente, la visión conseguida se independiza del espectador y de la cosa contemplada; se objetualiza. Surge, así, una nueva realidad, distinta a la aceptada por relativistas y racionalistas. Toda la crítica de arte escrita por Ortega gira en torno a esta idea. No en vano es al arte a quien corresponde alumbrar la nueva objetividad.

En el fondo de toda esta cuestión están los conceptos de *realidad* y *vida*, tal como Ortega los planteó: «Cada vida —dice Ortega— es un punto de vista sobre el universo» [49] y las verdades —si bien fragmentarias—, obtenidas desde cada perspectiva, son susceptibles de conciliarse en una visión verdadera del universo. Es la vida un *proyecto de conciencia* que se va realizando en la progresiva conversión del mundo exterior en valores significativos para el mundo interior. La realidad no está ni en el mundo interior ni en el exterior, sino en los valores obtenidos de la conversión citada. En otras palabras, no existe una realidad dada que pueda referirse a un ser utópico y ucrónico. Sólo existe la realidad con relación a una vida. La vida humana —dice también Ortega— es la realidad radical en que deben realizarse todas las demás, si han de tener valor de realidad para nosotros. [50]

Es en el perspectivismo orteguiano, donde pienso que se explica el concepto juanramoniano de *Dios*. Ver cómo este concepto se genera en la obra de nuestro poeta puede servir de ejemplo para lo que estoy diciendo. El nombre de *Dios* —en vista del «yo [...] he trabajado en dios tanto cuanto he trabajado en poesía», con que Juan Ramón presenta su *Animal de fondo* (*LP*, 1344)— nos remite a una *verdad* o *realidad* creada a través del arte. Es la conversión de todo aquello que no tenía nombre en un valor para la vida; es la creación por la poesía de una nueva «realidad de lo verdadero justo y suficiente» (*LP*, 1342). Dios como concepto trascendente no existe o, si existe, su existencia no tiene valor de realidad para la vida. Cuando Juan Ramón dice «todo mi avance poético en la poesía era avance hacia dios, porque estaba creando un mundo del cual había de ser el fin un *dios*» (*LP*, 1343), está diciendo que *dios* es el nombre último que se aviene con esa nueva realidad hecha *inteligible* —significativa— y valiosa para su vida, desde la creación poética, su trabajo vocativo.

La generación del 14 [51] deja de pensar que la verdad exista como un *todo* al estilo platónico y que el hombre esté alienado de ella. Creen que la *verdad* no existe independientemente de su creación. La realidad la van creando con su obra y su palabra, dándole forma en el espacio y tiempo [52] que limita la vida. Sólo ésta realidad creada posee la verdad suficiente y el valor para hacer al hombre más ideal. No caen, sin embargo, ni en idealismo ni en nominalismo alguno. Saben que los *valores* que van arrancando —haciendo conscientes, es decir, inteligibles— al universo son verdades parciales y fragmentarias —en cuanto que son verdades perspectivistas—, pero no subjetivas. Los nombres, por otra parte, con los que el poeta se refiere a la nueva realidad, no están vacíos de contenido; son, más bien, fundación de contenidos no existentes antes, formas de una conciencia individual que están contribuyendo a edificar la conciencia universal (*LP*, 1342).

49. *Obras completas*, III, *op. cit.*, 200.
50. Véase, para comprobar el influjo generacional de las ideas de Ortega, de Pérez de Ayala, *Ante Azorín*, op. cit., 66: «La vida de cada uno es el escenario en que las verdades fragmentarias se realizan».
51. Véase, al respecto, de E. Colomer, «El pensamiento novecentista», en *Historia general de las literaturas hispánicas*, t. VI, op. cit., 281.
52. Referente a este tema, es importante el siguiente texto aportado por Isabel Paraíso del Leal (*Juan Ramón Jiménez: Vivencia y palabra*, op. cit., 93 y ss.): «La eternidad es sólo / lo que concibo yo de eternidad / con todos mis sentidos dilatados / la eternidad que quiero yo es esta eternidad / de aquí con ella, más que en ella, / porque yo quiero, Dios, / que tú vengas a mi espacio, / al tiempo / que yo he limitado en lo infinito...».

A la luz de los enfoques esquemáticamente reseñados hasta aquí, me atrevería a decir que la sustitución del concepto de *realidad objetual* por el de realidad *ejecutiva* y *ejecutora* de valores y significados, y el hecho de que para Ortega la construcción de esta nueva realidad sea competencia del arte, nos permite entender el enfoque estético de una parte importante del pensamiento de su generación. Toda la crítica coincide en destacar la decidida vocación pedagógica que caracteriza el tiempo vital de esta generación. Se ha de precisar, no obstante, que, dentro de su política educativa, la estética es un elemento clave. Es precisamente la preocupación pedagógica de toda la generación la que les lleva a continuas reflexiones sobre problemas de estética y, en concreto, la que les conduce a un profundo análisis de la palabra poética. El objetivo que consideran principal es, ya que no sienten aprecio alguno por una cultura alejada de la vida, el *cultivo* de la *sensibilidad*. De ahí, la importancia concedida a los medios estéticos.

Pretendo examinar, a continuación, cómo la poética juanramoniana se inscribe en el marco general de la estética del 14 y, para hacerlo, estudiaré los dos ejes de confluencia que creo más importantes: una concepción del arte que contempla la actividad artística como creación de ámbitos de inteligibilidad y, a la vez, como desarrollo de nuevas áreas de influencia social. Estas dos líneas son, en la obra de Juan Ramón, resultado de la evolución de la doble vía —estética simbolista y ética krausista— de que arranca todo su pensamiento. Dan vida, primero, al intento de conocer la «realidad última» y, luego, al deseo del *yo* por apresarse a sí mismo en las relaciones que establece con todo lo que no es *yo*, después de haber situado en dichas relaciones el nexo de significados que permite conjugar la realidad conocida con la desconocida.

EL SIMBOLISMO MODERNO

«Con el *Diario* —ha dicho Juan Ramón— empieza el simbolismo moderno en la poesía española» (*CcJR*, 93). Es, pues, el propio poeta quien encuadra toda su obra, desde el *Diario*, en una estética definida como forma moderna y española del simbolismo [53]. Me parece que es importante, ahora, precisar con cierto detalle en qué grado los temas generacionales apuntados anteriormente intervienen en dicha hispanización y modernidad. Entre los materiales juanramonianos existen índices suficientes de cómo la transformación del simbolismo decimonónico se lleva a cabo.

«No desdeñes —escribe el poeta— una sola flor, ni aun las menos bellas, que cada una tiene un aroma sin par» (*LPr*, 729). La realidad exterior, ahora, no será ya evitada ni seleccionada. Se le concede, por el contrario, a toda ella valor simbólico. La poesía se depura del pesimismo y decadentismo de principios de siglo. En este sentido la poética encubre un deseo de conocimiento auténtico de lo real y organiza, en consecuencia, una nueva técnica expresiva orientada hacia el conocimiento, y no hacia el simple goce de la musicalidad fónica, el colorido, etc. Se pretende fomentar la sensibilidad del público, no en lo sensorial, sino en lo estético, por medio de un lenguaje en el que los elementos emotivos y sentimentales se encauzan a través de la palabra *precisa* y *exacta*. Liberado ahora de connotaciones culturales o estéticas prefijadas, se incorpora también —que no se inserta— el lenguaje cotidiano en la poesía. A partir de este momento, Juan Ramón, «antes de decir una cosa, [tiene] en cuanta cómo dicen la misma cosa las gentes, y después [ve] con sus propios ojos cómo la cosa es» [54]. En la lengua poética de Juan Ramón, lo popular devuelve a la palabra su vigor cotidiano; la desata de sus significados convencionales y le otorga fuerzas significativas ocultas. Finalmente,

---

53. Posteriormente, la crítica se ha encargado de probar la certeza de la afirmación juanramoniana. Así, Gerardo DIEGO [«Juan Ramón Jiménez: *Segunda antolojía poética*», *Peñalabra*, 20 (1976), 53] afirma que *Estío*, y la poesía que este libro inicia, es la contribución más pura al simbolismo moderno español. Gilbert AZAM (*L'Oeuvre...*, op. cit., 379-385), siguiendo las pautas marcadas por Predmore, estudia también las características que, en la poesía de nuestro autor, considera definitorias del moderno simbolismo juanramoniano. Yo pretendo ahora examinar esta modernidad, no tanto desde la perspectiva de la obra, como desde la teoría.

54. Luis CERNUDA, «Juan Ramón Jiménez», *art. cit.*, 154.

puesto que en el contexto de la poesía finisecular se habían puesto de moda determinados códigos de símbolos, el uso reiterado de dichos códigos acabó con su fuerza expresiva y su polivalencia significativa; convirtió los símbolos en estereotipos —princesas, cisnes, fuentes... [55]— y los precipitó hacia la alegoría. Demuestra Juan Ramón en su obra de reflexión tener conciencia de esto y, de ahí, la constante búsqueda de símbolos cada vez más abstractos, libres y personales. Dos aforismos de «Notas», cuyos contenidos se apoyan entre sí, completan la idea que intento recoger. Dice Juan Ramón:

> El sentimentalismo se ejercita primero en temas usuales: los niños, las flores, los pájaros; después, en colores, músicas, en fragancia; más tarde, cuando llegue a la perfección, en sentimientos abstractos (*LPr*, 754).

Y en otro aforismo escribe:

> Como al soldado le basta un jirón de colores para acordarse de su patria, mi corazón se ensancha y se dilata cuando te veo, guión azul del cielo, desde la ventana de mi cárcel (*LPr*, 754).

La transformación del simbolismo del *Diario*, con todo, no se opera sólo en la continua sustitución de los códigos que utiliza el poeta como correlato objetivo de su propia interioridad. No consiste tampoco en abandonar unos símbolos convencionales por otros de libre creación. Radica, sobre todo, en el enfoque de la obra literaria hacia la elaboración de una nueva realidad, orientación que arranca, como ya se ha visto, de la obra de Ortega y, de forma más o menos clara, alienta en la de todos los representantes del grupo del 14. En lo que toca a Juan Ramón, el *Diario, Eternidades, Poesía, Belleza y Piedra y cielo* son libros que, en mi opinión, responden con absoluta exactitud a la creación de esta *nueva objetividad*, no objetual, a que me estoy refiriendo.

Como vimos, la poesía primera de Juan Ramón está marcada ya por el rechazo de una realidad concebida exclusivamente desde las pautas elaboradas por la razón. Frente a dicha realidad, otorgaba entonces el poeta un valor cognoscitivo primordial a distintas vías irracionales. El cambio esencial en su poesía se produce, cuando, a través del pensamiento de Ortega especialmente, encuentra Juan Ramón un camino para *objetivar* todo aquello que en su primera poesía eran tan sólo *fuerzas subjetivas*. Las técnicas, sin embargo, siguen siendo esencialmente simbolistas. Frente al signo, imagen esquemática y fragmentaria que simplifica lo real, el símbolo establece una relación compleja con el exterior: es fuente de ideas; aspira a dar forma, en la obra, a la «totalidad de las relaciones» del *yo* con el universo. La búsqueda de esta *totalidad* definirá, desde 1914, toda la poesía de Juan Ramón. Si el creacionismo pretende inventar un mundo independiente, la intención juanramoniana es muy otra: se trata de definir valores y hacer inteligible, en todas sus dimensiones, el mundo real.

---

55. Un estudio de algunos símbolos usuales en el modernismo español puede verse en Pedro SALINAS, *Literatura española...*, op. cit., 45.

CREAR NUEVOS AMBITOS DE INTELIGIBILIDAD

Según hemos visto ya en un apartado anterior, la realidad auténtica, en el pensamiento de los hombres del 14, no está ni en el espectador ni en el objeto espectado. Es el espectáculo —entendido como acción en que espectador (ahora actor) y objeto entran en relación— lo que la crea, «porque las cosas en sí no son nada en la vida; todo está en el momento, en la luz que cae sobre el corazón». Hay más todavía. Las cosas —intento ahora seguir con fidelidad la idea y la terminología de Ortega en su «Adán en el paraíso», lo primero, escrito en Alemania, que Juan Ramón leyó del madrileño (*AO*, 113)— sólo empezaron a existir en el sexto día de la creación, cuando el primer hombre proyecto sobre ellas su mirada. Desde aquel momento la realidad aumentó constantemente, a medida que se iban abriendo nuevas vías de relación con el exterior. Es por ello por lo que lo real está esencialmente constituido por «ámbitos de inteligibilidad», que un *yo* individual establece con los objetos externos. La única realidad es la visión que cada uno tiene del universo. Ahora bien, esta visión, además de fragmentaria, es totalmente subjetiva; carece de *objetividad*. Sólo cuando dicha visión abre «ámbitos de inteligibilidad» con valor universal, se crea una nueva objetividad y esto, como vimos, es tarea del arte. Sólo la fuerza creadora del arte otorga a la visión individual y particular de las cosas dimensión universal. Convierte la «mirada» en cultura. Recordemos el texto de Ortega citado en la página 142 y completemos la idea allí apuntada con lo que nos dice en las palabras que transcribo a continuación:

> Todos [...] llevamos dentro una visión del universo más o menos fragmentaria. La cultura no es otra cosa que el canje mutuo de estas maneras de ver las cosas de ayer, de hoy, del porvenir. [56]

Hay que dar un paso más, para añadir que lo *objetivo*, *las cosas*, no son, para Ortega, sino valores de cultura con capacidad de pasar enriquecedoramente del hoy al mañana. La nueva realidad es una realidad no objetual [57]. Ya que «del amor y las rosas / no ha de quedar sino los nombres», el poeta ha de crear con la pa-

---

56. «Crítica Bárbara», *El Imparcial* (6 de agosto de 1906).
57. En esta cuestión, hasta cierto punto, vienen a coincidir generación del 14 y vanguardia. Para ver hasta qué punto se encuentran similitudes entre el pensamiento de Ortega y el de Cansinos Assens o Huidobro, puede consultarse René de Costa, «Del modernismo a la vanguardia...», *art. cit.*, 271-272.

labra, el color o la música, una nueva realidad que haga transmisible el significado y valor —su realidad más verdadera— de los objetos. Veamos completo el poema de Juan Ramón, de donde proceden los dos versos que acabo de citar:

> *Creemos los nombres.*
> Derivarán los hombres.
> Luego, derivarán las cosas.
> Y sólo quedará el mundo de los nombres,
> letra del amor de los hombres,
> del olor de las rosas.
>
> Del amor y las rosas,
> no ha de quedar sino los nombres.
> ¡Creemos los nombres!
>   (*LIP*, 1, 287).

Puesto que el mundo de los hombres y el de los objetos ha de cambar y pasar, es finalidad primera de la creación artística erigir una realidad fiable y duradera, que transmita al porvenir los significados afectivos y lógicos que las cosas despertaron en el hombre, en una época histórica determinada. El arte hace del reino de los nombres —letra del amor de los hombres— creación para el presente y depósito para el futuro de la *realidad vital* de un momento dado.

Conviene tener todo esto presente, para no equivocarnos con fórmulas como «salvarnos en las cosas del naufragio de lo íntimo», pues hay que saber que, cuando Ortega [58] hace esta formulación, las *cosas* a las que se está refiriendo son: la geometría analítica de Descartes, el *Quijote*, los *Borrachos* de Velázquez, *El caballero de la mano al pecho*, del Greco. Es decir, Ortega ve en lo *objetivo* el puerto salvador del desorden interior subjetivo. Pero no identifica lo objetivo y lo objetual. Las *cosas* —la realidad objetiva—, a que él se refiere, son todos aquellos productos de cultura susceptibles de «ampliar nuestra morada interior y enriquecerla realmente» [59]. Hecha esta precisión, resulta mucho más fácil situar poemas como «Intelijencia...» [60] en el contexto adecuado, para una correcta lectura. En este poema de *Eternidades*, que copio a continuación, los términos *cosas* e *intelijencia* deben leerse en la acepción orteguiana antes señalada. Veámoslo:

> ¡Intelijencia, dame
> el nombre esacto de las cosas!
>
> Que mi palabra sea
> la cosa misma,
> creada por mi alma nuevamente.
> Que por mí vayan todos
> los que no las conocen, a las cosas;
> que por mí vayan todos
> los que ya las olvidan, a las cosas;
> que por mí vayan todos,
> los mismos que las aman, a las cosas...

---

58. «Renan» (1909), en *Obras completas*, t. I, op. cit., 441.
59. *Ib. id.*, 441. Esta idea ha sido después estudiada y comentada por Antonio RODRÍGUEZ HUÉSCAR, «El primer ensayo de Ortega: *Renan* (Realismo platonizante y teoría de la verosimilitud», en *Con Ortega y otros ensayos* (Madrid: Taurus, 1961), 43 y ss.
60. Sigo de cerca las magistrales líneas marcadas por Víctor GARCÍA DE LA CONCHA [«La forja poética de Juan Ramón Jiménez», *PSA*, XXIII, LXXXVIII, CCLXII (1978), 5-35], quien aporta en su estudio distintas variantes existentes de este poema.

¡Intelijencia, dame
el nombre esacto, y tuyo,
y suyo, y mío, de las cosas!

(*LP, 553*)

La palabra, por la fuerza creadora de la poesía, se convierte en la *cosa* misma.
Es lo objetivo, más allá de lo objetual. Los objetos no tienen valor de realidad,
como no tiene valor de realidad el propio mundo interno del poeta. La realidad
surge de la relación fundante que la palabra —el arte— establece entre ambos
mundos. No es una realidad dada, sino creada, producto de los significados y
valores, surgidos en la interacción dinámica de individuo y universo que el arte
se encarga de perpetuar.

En el poema de Juan Ramón, es la poesía realización de realidades. Esto ya
no puede sonar a verdad tautológica, si tenemos en cuenta que las *cosas* a las que
el poeta se refiere no son realidad hasta el momento en que un hombre las convierte en valores y significados para la vida:

Si yo no estoy aquí —escribe en *Espacio*— con mis cinco sentidos, ni el mar ni el
viento son viento ni mar; no están gozando viento y mar si no los veo, si no los digo
y lo escribo que lo están. Nada es la realidad sin el Destino de una conciencia que la
realiza (*PE*, 31).

Las *cosas* —los objetos— pueden existir en el mundo exterior, pero nos son totalmente indiferentes; no alcanzan valor de realidad, en tanto en cuanto no se realizan en la vida de alguien. «Las cosas solas no son malas ni buenas» (*LPr*, 758).
Es la poesía, en ese caso, realización de realidades de existencia virtual; es, camino
hacia la auténtica realidad. Crea la poesía los *ámbitos de significación y valoración*
que permiten el tránsito de los seres vivos a la realidad auténtica de las cosas.
La palabra poética es camino hacia las cosas, para «los que no las conocen», para
«los que ya las olvidan», para «los mismos que las aman».

Quedan rotas, así, las concepciones racionalistas decimonónicas de la realidad,
en una ruptura que resulta ser paralela, aunque no idéntica, a la vanguardia.
El realismo burgués da las cosas ya valoradas —ética y lógica— y seleccionadas
dogmáticamente; el idealismo crea una tabla de valores absolutos y el grado de
realidad de los objetos aumenta o disminuye, según estén más o menos próximos
a los lugares más altos de dicha tabla; la realidad vanguardista es una realidad
hecha de fragmentos caóticamente recogidos y construida sobre la suma alógica y
azarosa de los mismos; la generación del 14, por el contrario, parte de lo fragmentario, sí, pero lo reincorpora en un universo de sentido —relaciones—, en que
cada una de las partes alcanza plenitud significativa.

Sabemos ahora ya que lo que Ortega entiende por *objetivo* es un grado de
cultura viva, resultante de la imposición del hombre a sus circunstancias. Es la
realidad auténtica una *realidad ejecutada*, producto de los *significados y valores*,
que el hombre, en una interacción vital y dinámica con el universo, extrae de él.
No es, pues, una cosa aparte y en sí, sino un código de relaciones, no subjetivo, mediante el cual el mundo exterior se hace inteligible y valioso para una
vida. Viene la *Obra en marcha* de Juan Ramón a dar cuenta de dicha realidad, que
es, como veremos, algo en pleno e inacabable proceso de realización. La «metáfora» del *bosque* en Ortega, como la del *mar* en Juan Ramón, visualizan plástica-

mente la idea de una realidad esquiva, siempre oculta y preñada de infinitas posibilidades, que nunca han de acabar de realizarse del todo, conservando, así, el conjunto su gracia misteriosa. De aquí extrae el poeta el siguiente principio estético:

> Perfección es penúltima inperfección. De ahí no hay que pasar si queremos seguir vivos. Así es la rosa (*EEE*, 217).

La tarea del poeta, de cara a esta realidad que nunca acaba de realizarse por completo, es ir arrancándole constantemente perfiles expresivos nuevos, que son los que irán constituyendo los cada vez más ricos ámbitos de inteligibilidad entre el hombre y el universo. La realidad se va realizando progresivamente ante la mirada creadora del poeta. Es ésta la experiencia poética que refleja el siguiente poema del *Diario*:

> Parece, mar, que luchas
> —¡oh desorden sin fin, hierro incesante!—
> por encontrarte o porque yo te encuentre.
> ¡Qué inmenso demostrarte,
> en tu desnudez sola
> —sin compañera... o sin compañero,
> según te diga el mar o la mar—, creando
> el espectáculo completo
> de nuestro mundo de hoy!
> Estás, como en un parto,
> dándote a luz —¡con qué fatiga!—
> a ti mismo, ¡mar único!
> y sola plenitud de plenitudes,
> ... ¡por encontrarte o porque yo te encuentre!
>
> (*LP*, 259).

En tanto en cuanto dura el viaje —digo, la vida—, existirá la posibilidad de arrancarle al universo nuevos perfiles inéditos que vengan a enriquecer lo real. En la marcha del hombre por la vida —y no hay que olvidar que el *Diario* y los libros de esta época, según Juan Ramón, son libros metafísicos— se iluminan, a su paso, todas las *cosas*. Veamos otro poema del *Diario*:

> Te tenía olvidado,
> cielo, y no eras
> más que un vago existir de luz,
> visto —sin nombre—
> por mis cansados ojos indolentes.
> ... ...
> Hoy te he mirado lentamente,
> y te has ido elevando hasta tu nombre.
>
> (*LP*, 262).

Carece el mundo exterior de realidad, que es creación del poeta en el momento en que la mirada de éste eleva los objetos a palabra poética. Es sólo el *cielo* un haz indefinido de luz carente de valor y significado (*LP*, 250), hasta que la mirada del poeta se detiene en él. La realidad objetiva no radica, pues, ni en el mundo externo, ni en ese «humano recinto» subjetivo, en que cada cual cultiva sus peculiares errores y fantasías. Radica en los valores significados que cada *sujeto* es capaz de establecer con los *objetos*. La realidad radical es, pues, un código de relaciones

—en constante mutación enriquecedora—, mediante el cual la realidad cósica se traduce en valores susceptibles de arraigar en la vida y de determinar la evolución espiritual de una época. Un caso particular se produce en el *Diario*, cuando el poeta, al encontrarse en un medio lingüístico distinto al suyo, se ve en la necesidad de experimentar la realidad a través de un *nombre* —un código de significación y valoración— distinto al propio, con el fin de convertirla en sentimiento auténtico. Veamos el poema titulado «Sky»:

> Como tu nombre es otro,
> cielo, y su sentimiento
> no es mío aún, aún no eres cielo.
> Sin cielo, ¡oh cielo!, estoy,
> pues estoy aprendiendo
> tu nombre, todavía...
>   ¡Sin cielo, amor!
>   —¿Sin cielo?
>
> (*LP*, 289).

No existe realidad alguna, sin que ésta pase por el alma del poeta. «Mi alma —dice otro poema de Juan Ramón— ha de volver a hacer / el mundo como mi alma» (*LP*, 552). El poeta cuenta con el mundo exterior y, a la vez, con los significados y sentimientos que éste produce en su interior. Posee, además, la palabra, el nombre de las cosas. La fuerza de la poesía hace el resto, dando valor universal a la parcela de la realidad individualizada en la palabra. Ahora bien, ante la *latencia* de múltiples perfiles de la realidad, el hombre vive de *crédito*, apoyado en tabús, religiones, creencias, cultura heredada..., materiales que con mayor o menor fuerza siguen actuando en el plano de la expresión poética. Vive Juan Ramón, sin embargo, una experiencia que es muy otra en el *Diario*. Acabo de citar el poema «Sky». Me referiré ahora al poema «New Sky», precisamente dedicado a José Ortega y Gasset:

> ¡Oh qué cielo más nuevo —¡qué alegría!—,
> más sin nombres!...
> Parece —y palmoteo y salto—
> *que la gloria del cielo —ataviada*
> *de una manera antigua y recargada,*
> amontonada
> barrocamente—
> está allá lejos, por el este
> —cuya nubarronada de poesía,
> baja, tiene la tarde todavía
> en oros rosas de agonía—,
> está, allá lejos, sobre Europa
> que acerca la emoción al horizonte,
> *igual que una edad media*
> *del cielo* —¡qué alegría!— *sin historia*
> —y salto y palmoteo—,
> *sin historias.*
>
> (*LP*, 309).

Se encuentra Juan Ramón, en los dos poemas que acabo de citar, con una experiencia nueva. Conoce los referentes, pero carece de los nombres. Necesita —lo hemos visto ya— llenar las palabras nuevas con los contenidos emocionales e intelectivos de su interior, con el fin de que los ámbitos de inteligibilidad que los nombres crean con las cosas no se rompan. En contrapartida, esto lleva consigo efectos altamente positivos. A través de la palabra nueva —Sky—, libre para Juan Ramón de las connotaciones convencionales que el término *cielo* poseía, obtiene el poeta una visión nueva —sin historia, ni historias— de su referente. Llega, así, a «ver con sus propios ojos cómo la cosa es», característica que, en la opinión de Cernuda[61], define de forma especial toda la poesía de Juan Ramón. La creación poética lo será ahora de forma mucho más intensa, ya que corresponderá a la propia alma del poeta la tarea de llenar de significado aquellos modos de presencia anejos a la palabra, que antes ocupaban la tradición, la historia...[62]. Es la poesía, por ello, además de creación, liberación de las «costras» de interpretaciones (*LP*, 720) que encubren la realidad. Por la palabra poética se inserta el poeta dinámicamente en complejos cada vez más amplios de sentido, lo cual supone en su creación una ruptura constante de los valores conceptuales estáticos, racionales y discursivos, de los significados limitados y convencionales de la palabra. El concepto de realidad resultante tiene siempre un carácter preteorético. Desmantelados la razón y sus conceptos, la realidad radical será el ámbito de inteligibilidad que brota de *dentro* a *fuera*:

> Lo que yo lleve dentro de mí no lo aprenderé mejor de nadie. Lo que no lleve, menos. (*EEE*, 361).

La razón vital será la que dará inteligibilidad al universo externo; no la *razón forastera* inyectada desde fuera a la vida.

---

61. «Juan Ramón Jiménez», *art. cit.*, 154.
62. Desde Shelley, por lo menos, una función de la poesía es «descorrer el velo de familiaridad que empaña el mundo sensible», consiguiendo, así, «hacernos ver los objetos familiares, como si no fueran familiares».

CREAR NUEVOS AMBITOS DE INFLUENCIA SOCIAL: «HACER ALGO POR LA VIDA MEJOR DE ESPAÑA»

Halla Juan Ramón en la creación literaria, al igual que el resto de miembros del grupo de intelectuales a que me estoy refiriendo, un instrumento valioso de *acercamiento a la realidad*, pero también un medio adecuado para *actuar* dentro de ella. Tal hallazgo guarda estrecha relación con el trabajo de todos los hombres del 14, por encontrar, como intelectuales, su propia identidad dentro del cuerpo social de que forman parte. Todos ellos vieron en la creación literaria un medio de hacer cultura; y en la cultura, un medio de despertar pasiones e ideas nuevas. De ahí procede la enorme carga de responsabilidad social que conferían a su trabajo.

Debe entenderse, dentro de este concepto de responsabilidad social, la extraordinaria actividad desplegada por nuestro autor, después de 1915 y durante toda la década de los años veinte. En el espacio que media entre 1915 y 1930, desempeñó Juan Ramón una importante tarea en la editorial de la Residencia de Estudiantes [63]; colaboró con la alternativa educacional que, paralela a la Residencia, ofrecía la «Escuela Nueva» [64], institución para la que tradujo *Jinetes hacia el mar*, de John M. Synge. Pero, sobre todo, ha de hablarse de las numerosas empresas editoriales que, abiertas siempre a las nuevas promociones de poetas, promovió nuestro autor. Recientemente, Gilbert Azam [65] ha elaborado una descripción cuidadosa de las revistas —*Indice, Sí y Ley*— creadas por Juan Ramón. Quedan fuera de este estudio, sin embargo, una larga lista de proyectos editoriales que, aunque por unas u otras razones no llegaron a prosperar, vienen a sumarse a la ya larga lista de trabajos juanramonianos, encarados a cumplir con la responsabilidad social que el poeta siente como suya. *Revista española, Actualidad y futuro, Mino-*

63. Puede verse un índice de esta labor en Juan Manuel Rozas, «Juan Ramón Jiménez y su obra», *Catálogo de la exposición bibliográfica sobre Juan Ramón Jiménez* (Cáceres: Ministerio de Cultura, 1981), 17-19.
64. Manuel Tuñón de Lara, *Medio siglo de cultura española (1885-1936)* (Madrid: Taurus, 1977), 180.
65. *L'Oeuvre...,* op. cit., 394-405. Véase también Francisco Garfias, «Las revistas juanramonianas», *Poesía española,* 140-141 (1964), 9 y ss.

ría, Poesía española, La espiga, Presencia, K. Q. X., Anonimato y *Estado poético*
son los títulos de otras tantas revistas, preparadas por Juan Ramón [66], con la intención de abrir el camino a la obra de los jóvenes poetas del 27. El espíritu que
rige estos proyectos, puede resumirse en las palabras escritas por el poeta para
el primer número de *Actualidad y futuro*: «hacer algo... por la vida mejor de
España».

El espacio que media entre aquel «me río de todo lo humano y de todo lo
divino» (1907), que veíamos anteriormente, y este «hacer algo por la vida mejor
de España» (1917) da idea de la evolución juanramoniana. Del poeta maldito y
rebelde, de los primeros poemas «anarquistas», ha pasado a la intervención directa
y comprometida dentro del entorno social y cultural que le ha tocado vivir. Señala
este tránsito el punto de inserción de nuestro poeta en las coordenadas «pedagó-
gicas» de los intelectuales del 14.

---

66. Para estas revistas, algunas de las cuales estaban ya muy avanzadas en su preparación, Juan
Ramón había recogido abundantes colaboraciones y trabajos. He realizado un estudio más detallado de
las mismas con el título «Algunos proyectos editoriales inéditos de Juan Ramón Jiménez y K. Q. X.»,
Studia Philologica Salmanticensia (en prensa).

UNA POETICA MADURA, 1913-1923

No son muchos los textos juanramonianos de esta época que tratan explícitamente, desde una perspectiva específicamente teórica, temas de poética. En concreto, pueden citarse sus «Notas» a la *Segunda antolojía poética*, sus «Ideas para un prólogo (urgente)», las respuestas que a la pregunta «¿Qué es el arte?» da Juan Ramón a Rivas Cherif en una entrevista para *La Internacional* [67] y los aforismos que, bajo el título «Notas», aparecen recogidos en *Libros de prosa*. A esto deben añadirse, no obstante, las varias series de aforismos que todavía existen inéditos, las abundantes cartas del poeta sobre temas literarios y la no desdeñable cantidad de reflexiones teóricas que aportan los poemas de los libros publicados entre 1917 y 1923.

En una primera aproximación a estos textos, hay que hacer constar que el poeta ahora relega la crítica literaria a la carta y que el aforismo se convierte, definitivamente, en cauce de reflexión poética pura. Al margen del aforismo, textos como «¿Qué es el arte?» o «Ideas para un prólogo» no hacen sino repetir y precisar ideas más o menos conocidas por escritos del poeta anteriores a esta fecha. Los aforismos, por el contrario, son un género totalmente creativo, a través del cual nos es posible hacer la radiografía exacta del pensamiento «in fieri» de Juan Ramón. Las «Notas» a la *Segunda antolojía*, en definitiva, no son sino una serie más de aforismos.

«¿Qué es el arte?»

La respuesta del poeta a «¿Qué es el arte?» (1920) centra de manera exacta uno de los puntos en que se vertebran las coordenadas estéticas del 14: el destino social del arte. Los términos que emplea Juan Ramón para defender dicho destino caen de pleno en el contexto «educacional» de su generación:

---

67. 10 de septiembre de 1920. Este texto, así como el anterior, no ha sido recogido en ninguna antología de prosa del poeta.

El arte —responde el poeta— tiene una misión social, indirecta, como toda misión honrada y fructífera: la de hacer verdaderamente fuertes —quiero decir delicados— a los hombres, y verdaderamente buenos —esto es, enamorados conscientes de la tierna belleza del mundo— [...]. *Misión del artista es templar con el ejemplo de su vida el ánimo de los hombres.* El arte es heroísmo por excelencia, *trabajo sin descanso.* [68]

Insiste Juan Ramón una y otra vez, a través de todas sus respuestas, en la obligación de «trabajar» que todo artista debe asumir, y concreta en dicho trabajo la única forma válida de actuación política, que el poeta puede honestamente permitirse:

Creo que es mi deber, como el de todo artista, trabajar. Trabajar en la propia obra, incluso cuando la gente se agita en la calle. *¿No es ésta la mejor política? Claro que, si yo creyera decisiva mi intervención, lo dejaría todo en un momento dado;* pero había de ser con la seguridad de contribuir de una manera inmediata a una conquista política tangible. Mientras tanto, mi obligación es escribir. El artista cumple una misión relijiosa con infundir una espiritualidad social [...], y no pretendo sino que *por mí,* y no *en mí,* se difunda la idea del renacimiento espiritual del mundo. Creo, con un amigo mío irlandés, escritor de gran talento, que España está llamada, con Rusia e Irlanda, a una nueva vida esencialmente espiritualista.

La identidad de las ideas de Juan Ramón, en este texto, con las del Ortega de «Adán en el paraíso» [69], no puede ser más estrecha. Percibe esto Rivas Cherif y, partiendo del parentesco del pensamiento juanramoniano con los presupuestos de los «intelectuales» del 14, comenta cómo en su obra última

Juan Ramón Jiménez intelectualiza cada vez más su sensibilidad nativa, reduce y castiga la expansión del propio sentimiento, cifra su verbo lírico en imágenes más espirituales y concisas cada vez.

Sólo una objeción, a la vista de la evolución posterior del poeta, puede hacérsele al juicio de Rivas Cherif: Juan Ramón Jiménez se decidirá, en seguida, por una opción *espiritual,* antes que por una *intelectual.* Será ello, precisamente, la causa determinante de su ruptura con Ortega.

«Ideas para un prólogo»

«Ideas para un prólogo» (1921) [70] es una defensa tardía del impresionismo, elaborada a partir de la identidad estética que este movimiento pictórico guarda con el simbolismo musical y poético. El valor de la estética, en que las tres manifestaciones citadas se fundan, radica para Juan Ramón en su funcionalidad de cara a definir «la vida moderna universal». Es decir,

que la vida moderna universal *necesita* definirse estéticamente y creó su arte *necesario;* quedó definida, en belleza, por el arte.

---

68. *Ib. id.*
69. José ORTEGA Y GASSET, *Obras completas,* t. I, op. cit., 469.
70. *Repertorio americano,* 23-24 (20 y 30 de junio de 1921).

El mayor interés del texto radica, sobre todo, en el acierto crítico del poeta. Prueba cómo el impresionismo pictórico y el simbolismo poético acertaron a ser expresión «*artística vital*» y, por tanto, resultaron ser la única fórmula válida para la concreción de una espiritualidad española plenamente moderna, «puesta al nivel de los mejores países». Frente a la opción estética encabezada por estos movimientos, los defensores de cualquier fórmula anterior «son repetidores, trasuntistas, caricaturistas alíricos de los *clásicos normales*; y su triste obra es labor *sin invención* ni tracendencia, expresión de huecos, de vacíos; *ni el ayer, porque ya no existe hoy en el tiempo, ni el hoy*». Es este texto, en definitiva, una defensa —todavía en 1921— de los presupuestos del simbolismo, frente a cualquier intento de reconducir la literatura, y el arte en general, al «cerril realismo centro nacional».

«Notas, 1907-1917»

Si en los dos textos que acabo de reseñar emite Juan Ramón su opinión sobre principios de tipo general, no ocurre lo mismo en «Notas, 1907-1917», donde con bastante frecuencia desciende a examinar cuestiones estéticas muy concretas. El estado en que actualmente se encuentran editados los aforismos de «Notas» nos obliga, sin embargo, a leer los textos allí recogidos con gran precaución y cautela[71]. El margen cronológico en que se inscriben las fechas de redacción de estos aforismos (1907-1917) es excesivamente amplio para poder reducir todos los textos a una interpretación unívoca. Reúne «Notas» escritos de muy distintas épocas de la vida del poeta, lo cual hace imposible sacar del conjunto conclusiones coherentes que permitan describir, en sus límites exactos, las peculiaridades de la estética novecentista juanramoniana. Es claro que una parte de los aforismos recogidos en «Notas» pertenecen al tiempo de Moguer y revelan muchas de las características del primer Juan Ramón: otorgan al *sueño* un lugar preeminente en la creación poética e insisten en el consabido «desdén juanramoniano por la vida». Otros son muy posteriores a 1917 (*LPr*, 776: «Sí, Ramón, todos somos cursis...»); otros, en fin, casan perfectamente con la renovación estética que, al abrigo de las ideas del 14, inicia la obra de Juan Ramón. Serán estos últimos los que ahora, aunque sea de modo sucinto, ocuparán mi atención.

Sigue otorgando Juan Ramón una importancia considerable, en la creación artística, a aquellos productos procedentes del mundo interior. Desconfía ahora, sin embargo, de que el *sueño* sea buen conductor de los mismos. Cree en la inspiración, pero se fía poco de ella (*LPr*, 735). «Los sueños», dice ahora nuestro autor,

> me aprisionan como telarañas en flor. Y tengo que librarme de ellos, porque de otro modo diariamente enloquecería de matices (*LPr*, 730).

---

71. Tengo noticias de que Antonio Sánchez Romeralo está preparando actualmente una edición de los aforismos. Se habrá de esperar a que dicha edición se convierta en una realidad, para examinar y valorar adecuadamente esta producción, cosa que, con las ediciones hoy existentes, resulta absolutamente imposible.

Para que el potencial estético de los sueños sea válido, es preciso, en este momento, que los mismos contribuyan positivamente a la creación de una nueva realidad[72]; es preciso que inspiren y muevan a la acción. Dice Juan Ramón en otro aforismo:

> Aunque tarde, he comprendido una cosa: el hombre no debiera nunca soñar, sino *realizar* los elementos de sus sueños (*LPr*, 762).

Los sueños en sí mismos no poseen una dimensión estética. La alcanzan, sin embargo, cuando aportan materiales para la construcción de una realidad mejor, «porque el sueño es como una vida mejor, cuyas rosas quisiera sembrar en [la] realidad» (*LPr*, 766). En última instancia, al rechazar el *sueño*, no niega Juan Ramón el valor estético de los productos que incorpora. Renuncia, eso sí, al carácter irracionalista e irresponsable del sueño. Exige, ante la afluencia indiscriminada de materiales procedentes del mundo interior, que potencia el *sueño*, un criterio selectivo y, al amparo de las fórmulas vigentes en la época, otorga en la creación poética un lugar eximio a la *conciencia*; esto es, en cada acto de creación poética, el poeta deberá hacer que su mitad consciente vigile constantemente lo que hace su mitad inconsciente. Dice Juan Ramón:

> En el momento de la inspiración *el hombre se sobrepasa a sí mismo*; y esto significa que puede sobrepasarse... La inspiración es como un destello momentáneo de una ventana abierta del alma a una vida posible, una vida ecuánime que existe en potencia y a la que se podría llegar en el fondo de nuestro espíritu (*LPr*, 764).

Acepta Juan Ramón, por lo que tienen de anuncio de una mejor vida espiritual interior, los materiales que inconscientemente, sin que el poeta —inteligencia y voluntad— haga nada para ello, afloran en la creación artística. Pretende, sin embargo, cernirlos en su conciencia, antes de que lleguen a ser palabra escrita, con el fin de obtener de ellos el máximo de posibilidades ofrecidas. El número de textos referidos a este tema es grande. Citaré, nada más, uno entre los muchos aforismos de «Notas»:

> Inútil es en arte, como en la naturaleza, querer que una semilla arraigue en un campo estéril, o en un campo que no sea propicio. *La espontaneidad* prueba de virtud en ambos casos [...]. Pero claro está que hay que cultivar lo espontáneo hasta la perfección más rara y más alta (*LPr*, 759).

Tal exigencia está en íntima relación con otra cuestión que también apunta en los aforismos de «Notas». Por primera vez, se plantea aquí Juan Ramón el problema de la función que a la poesía le corresponde desempeñar en el modelo de la sociedad a que su generación aspira. La misma base simbolista —antipositivista y antipragmática— de la primera poética juanramoniana explica que esta cuestión quedase, hasta cierto punto, marginada en los planteamientos teóricos, recogidos en la obra primera de nuestro poeta. En este momento, el pensamiento de Juan Ramón sigue en deuda con el simbolismo; ha variado, sin embargo, la relación

---

72. Esta idea lleva consigo una sobrevaloración del *presente*, aneja a la nueva concepción de la realidad. Ahora sólo cuenta el presente: «El pasado es falso, porque no vive más que en la memoria; el porvenir es falso, porque no vive más que en la esperanza» (*LPr*, 755).

que recoge el binomio poeta-sociedad y de ello se deriva, necesariamente, un tratamiento distinto de la cuestión. Sin caer en una concepción docente del arte, «es claro», dice Juan Ramón,

> que el fruto perfecto de un espíritu cultivado (sin otra intención que la perfección propia) puede luego educar por su misma perfección (*LPr*, 759).

Es el arte un fin que puede, indirectamente, actuar como un medio. Puesto que «en cada hombre están latentes todas las ideas [...], cuando leemos las de otros», la palabra poética acorta las distancias que median entre lector y autor, y potencia la identificación espiritual del primero con el segundo (*LPr*, 753 y 755).

Dada la perfecta sincronía que existe entre el pensamiento de Juan Ramón y el del resto de los hombres del 14, los aforismos de «Notas» no podían evitar una referencia al papel desempeñado por la *inteligencia* en la creación poética. Trataré detenidamente este tema en la segunda parte de mi trabajo, pero es inevitable ahora hacer una breve referencia al mismo. Ni el recurso de Juan Ramón a la conciencia, ni su invocación a la «Intelijencia» en demanda de «el nombre exacto de las cosas», deben conducirnos al error de pensar que la poética de Juan Ramón deriva en este momento hacia cualquier tipo de intelectualismo abstraccionista. Muy por el contrario, concede Juan Ramón a la inteligencia un escaso margen de actividad estética. No es el medio intelectual un terreno abonado para la realización estética. Escribe Juan Ramón:

> Un «intelectual» suele ser un ser de tan poca *sensibilidad* que necesita adquirirla... o suplirla, con la cultura, el cultivo de la intelijencia (*LPr*, 730).

Para Juan Ramón es la sensibilidad —instinto cultivado— la facultad de mayor responsabilidad en la creación artística, y en su formación interviene de modo más decisivo el sentimiento que la inteligencia:

> Se tiene establecida —dice el poeta— una superioridad del intelectualismo sobre el sentimentalismo, cuando éste es el límite supremo, el fin, la consecuencia lógica —[...]— de aquél (*LPr*, 779).

Y en otra parte:

> Sentimental es el ser naturalmente intelectual (*LPr*, 775).

Teniendo en cuenta que para su generación la cultura no es acopio de datos eruditos, sino espiritualidad que repercute directamente sobre la vida, las palabras de Juan Ramón no deberían ahora sorprendernos. Para él también, «la cultura no es sino aprendizaje de sentimentalismo» (*LPr*, 769). Suprimidos los criterios racionalistas de verdad o mentira, Juan Ramón busca en el sentimiento cultivado un nuevo criterio de valoración de la realidad. [73]

---

73. Dicho proceso desemboca en *El trabajo gustoso*, donde el poeta llega a plantear la cuestión de la siguiente manera: las ideas separan y enfrentan a los hombres; los sentimientos, por el contrario, los identifican y los unen. Poseen éstos, por tanto, mayor dimensión universal y deben ser cultivados con mayor esmero (*TG*, 33).

Hace referencia «Notas», también, a otras varias cuestiones de interés. Dedica Juan Ramón una serie de aforismos a defender, en lo universal y en lo intimista, una opción estética opuesta al localismo casticista (*LPr*, 733-742); ensaya, desde principios impresionistas, una defensa del perspectivismo (*LPr*, 740-746); sitúa en lo «desconocido» e «infinito» el objetivo de la poesía (*LPr*, 737); otros aforismos son acotaciones a lecturas recientes del poeta (*LPr*, 752); y otros, finalmente, son un estudio y una definición del concepto literario de forma. No me detendré, sin embargo, en desarrollar ahora estas cuestiones, pues a ellas habré de referirme, por extenso, en otra parte de mi trabajo.

A través de «Notas», Juan Ramón, en los temas tratados, se ha ido aproximando hacia fórmulas poéticas, que apenas habrán de sufrir ya posterior alteración ni cambio alguno. De esto último dan testimonio los textos aclarativos, que figuran al frente y al final de la *Segunda antolojía poética* (1922), textos que juzgo clave para entender el pensamiento estético de Juan Ramón. En ellos los temas que he ido reseñando encuentran amplia acogida y reciben su formulación definitiva. Si los conceptos de *sencillez, perfección, espontaneidad* y *poesía popular* edifican lo que será, primero, la *poesía desnuda* y, luego, la *poesía pura* juanramoniana, hay que tener en cuenta, aunque ahora no podemos extendernos en el tema, que dichos conceptos se van gestando precisamente en «Notas», hasta recibir en la citada *Segunda antolojía* su definición última.

CAPITULO IV

LA POESIA PURA

EVOLUCION DEL NOVECENTISMO Y
RUPTURA ESTETICA JUANRAMONIANA

Sin pretender discutir las etapas que la crítica ha establecido para el estudio de la producción juanramoniana —dos para Sánchez Barbudo [1], tres para Francisco Garfias [2], cuatro para Guillermo de Torre [3]—, me interesa, ahora, poner de relieve el significado que el año 1923 tiene para nuestro poeta. A partir de esta fecha puede decirse —y creo que también demostrarse con toda clase de pruebas— que se abre un tiempo nuevo en la biografía y en la obra de Juan Ramón Jiménez. Desde este momento, la formación intelectual del poeta puede considerarse cerrada. Sus lecturas serán, después de 1923, más numerosas —si cabe— que antes, pero la amplitud del campo de las mismas no se amplía ya con núcleos nuevos de interés.

De otra parte, y en lo que toca a la obra, 1923 es también un año altamente significativo. Con esta fecha inaugura Juan Ramón Jiménez una etapa de mayor vigilancia sobre su creación; se acentúa el rigor autocrítico y se le plantean al poeta serias dudas sobre el significado y función de su trabajo, lo que, desde otra perspectiva, explica el amplio espacio de tiempo —de 1923 a 1936— que transcurre sin que se añada ningún libro nuevo a su bibliografía personal. En mi opinión, 1923, cuando menos, señala la independencia de Juan Ramón respecto al contexto y evolución de la poesía española de su tiempo. Hasta este momento —así hemos podido comprobarlo— su obra guardaba un estrecho paralelismo con el discurrir de la historia literaria del primer cuarto de siglo; la evolución de Juan Ramón —como he intentado demostrar hasta aquí— se inscribe con pleno derecho en los diversos movimientos estéticos que, entre 1900 y 1923, se van sucediendo. No ocurre lo mismo, sin embargo, desde la fecha señalada y en ello radican las dificultades que su obra ofrece a la crítica, cuando ésta pretende estudiarla en función de la marcha oficial de la poesía española posterior a los años 20.

1. Véase *La segunda época de Juan Ramón Jiménez (1916-1953)* (Madrid: Gredos, 1962).
2. *Juan Ramón Jiménez* (Madrid: Taurus, 1958).
3. «Cuatro etapas de Juan Ramón», *LT*, V, 19-20 (1957), 60 y ss.

Podría deducirse de esto que acabo de decir que la obra juanramoniana queda, a partir de ahora, superada por nuevos y modernos valores poéticos. Esto es lo que, solapadamente, pretende sentarse en la historia interesada que la crítica de los hombres del 27 ha escrito sobre el tema, y esto es lo que explícitamente hace Salinas[4], al dividir la poesía del siglo XX en «tres grandes ondas cronológicas»: la de Unamuno, Juan Ramón y A. Machado, confinada en torno a 1907; la de 1925, que es donde él se sitúa; y la de 1935, que se define por el influjo y la pervivencia de la anterior. Es decir, de la suya propia.

No tiene interés para mí, en este momento, hacer una crítica al entramado político que ha convertido ciertas frivolidades críticas en dogmas literarios. No intentaré ahora, tampoco, demostrar —ya que no es este el objetivo de mi trabajo— que la obra poética de Juan Ramón posee, incluso hoy, una vigencia y actualidad indiscutibles. La independencia juanramoniana —y es necesario insistir en este punto, porque todavía es amplio el sector de la crítica que lee su obra desde el tópico y la leyenda— no significa ni retroceso ni estancamiento estético alguno. Han de matizar sus afirmaciones, en consecuencia, aquellos que continúan, todavía hoy, hablando del «aislamiento» juanramoniano, como estancamiento en «su hornacina modernista». Otra cosa, muy distinta al supuesto aislamiento, es que, a partir de 1923, Juan Ramón intentase —como tendremos sobrada ocasión de comprobar— sustraerse él y mantener su obra al margen de la especial «política poética y cultural» española.

La razón primordial o, al menos, la causa última que determinó esta postura, en un momento muy preciso, fue el desacuerdo de Juan Ramón con los presupuestos culturales orteguianos, que hasta el inicio de los años veinte había compartido en gran parte. Explica ello también el hecho de que, a partir de ahora, la historia de la poesía juanramoniana se desarrolle con total independencia respecto a la historia general de la poesía española. Un texto del poeta puede servir de soporte objetivo, para lo que estoy diciendo. En 1924 escribe en la revista *España*[5]:

> Despedida serena: La mayor alegría que un poeta —un artista— puede sentir en su vida es: que a sus cuarenta y dos años —1923— se le vuelva a zaherir, por raro, por incomprendido, como a sus diez y nueve —1901—. Y la mayor pena, que quienes le den esa alegría sean los que empezaron con él a amar, ensalzar y defender los prestigios del arte puro, que han ido, luego, año tras año, cediendo a los más feos intereses del momento, hasta caer de lleno, quizás sin quererlo, en la irredimible vulgaridad —que pone, para siempre, un desierto de abismos entre ellos y él.

No faltan documentos[6] para entender y precisar cuáles fueron las causas de la ruptura de Juan Ramón con las directrices imperantes en el ámbito cultural español de principios de la década de 1920. Antes de examinarlas, conviene, sin embargo, repasar ciertos hechos históricos de fuerte repercusión literaria. No es preciso insistir en los estrechos vínculos que ligan, en los años de la Residencia de Estudiantes a Juan Ramón y Ortega[7]. En 1917, los hemos visto unidos, junto a Ramón Pérez de Ayala, en un proyecto de revista que no llegó a cuajar, pero,

---

4. *Ensayos de literatura hispánica* (Madrid: Aguilar, 1967), 292 y ss.
5. «Diario vital y estético de *Estética y ética estética*», *España*, 408 (9 de febrero de 1924), 6-8.
6. Bastaría citar las cinco cartas que en un misma día dirige a Machado, d'Ors, Moreno Villa, Azorín, Guillermo de Torre (1925?), según documento que se conserva en el Archivo Histórico Nacional, caja 13/67/9.
7. Véase, del primero, su «Recuerdo a José Ortega y Gasset» (*AO*, 112 y ss.).

desde este momento, sus caminos se separan cada vez más, siendo casi siempre Juan Ramón quien impone las distancias, dejando constancia de las causas que le mueven a este alejamiento.

El día 11 de septiembre de 1923, bajo la dirección de Ortega y a propuesta del mejicano Alfoso Reyes, se celebró en el Botánico madrileño un acto en conmemoración del XXV aniversario de la muerte de Mallarmé y a él asistieron un número importante de representantes del 14[8]. El acto consistió, esencialmente, en guardar cinco minutos de silencio en homenaje al poeta francés. Entre los invitados al homenaje figuraba Juan Ramón, que no asistió. Para Evelyne López Campillo el homenaje del Botánico a Mallarmé fue un acto de «cohesión realizado por cierto número de poetas y escritores». «Es esta —añade— una manifestación significativa, porque nos damos cuenta de la cohesión de una cierta minoría[9]. En lo que a Juan Ramón se refiere, dicho homenaje fue testimonio de todo lo contrario. El propio poeta escribió una carta a Alfonso Reyes, explicando las razones de su ausencia y su profundo desacuerdo con dicho acto «del blando Judas general, volapük y mallarmeano en honor del retraído poeta de Soupir» (*CU*, 246). Aquí no termina todo. Por iniciativa de Fernando Vela, la *Revista de Occidente* propone a los invitados al homenaje que respondan a la pregunta: «¿qué ha pensado usted en los cinco minutos dedicados a Mallarmé?». Las respuestas fueron publicadas por la revista en el número de noviembre[10]. No desaprovechó la ocasión Juan Ramón para criticar la vaciedad, anecdotismo y vulgaridad de los pensamientos que los participantes en el acto escribieron para la «Encuesta sin trascendencia» de Fernando Vela[11]. En los cinco eternos minutos del «silencio a Mallarmé», mientras sus compañeros de generación «adornaban el tristísimo Botánico», él se había dedicado a corregir los siguientes versos:

> Quedó la gracia, salvada
> del poder desconocido,
> por mí, besando mi boca,
> espíritu con espíritu.
>
> Quedó, mirando mis ojos
> con un indeleble signo
> de eternidad, en el reino
> claro y firme de lo dicho.
>
> (*CU*, 247).

Creo que las dos estrofas explican, por sí solas, la intencionalidad de la ausencia de Juan Ramón, así como la de la opción que él, frente al grupo congregado en torno a Ortega, ofrece: trabajo, silencio y espiritualidad, frente a ornato, publicidad e intelectualería[12]. Un texto, escrito por estas mismas fechas, es prueba fehaciente de que Juan Ramón siente que el programa cultural, anteriormente apoyado por él, había sido desvirtuado:

---

8. Dicho acto ha sido puntualmente comentado por E. LÓPEZ CAMPILLO, *La Revista de Occidente y la formación de minorías* (Madrid: Taurus, 1972), 157 y ss.

9. *Ib. id.*, 161.

10. *Revista de Occidente*, II, 5 (1923), 239-256.

11. Las distintas respuestas que este acto de homenaje provocó en Juan Ramón han sido recogidas en sus *Cuadernos*, pp. 246-249.

12. Reverdece Juan Ramón ahora la polémica que Unamuno y Ortega sostuvieron sobre qué era primero y más importante (lo intelectual o lo espiritual) para la formación de una España mejor, decidiéndose, con Unamuno, por lo espiritual. Véase, de UNAMUNO, «Intelectuales y espirituales», *La España moderna*, XIV, 183 (1904), 98-112.

> Como era de esperar, en este 1923 se está confundiendo «sencillez» con «simpleza»; «intelectualismo» con «intelectualería»; «claridad» con «vulgaridad»; «vida» con «periodismo»; «cultura» con «filología», con «lectura secundaria», con «exhumación»; «crítica» con «desahogo». [13]

Poco tiempo después de estos sucesos, es invitado a visitar Madrid Paul Valéry. En los actos de recepción del poeta francés están presentes, de nuevo, Ortega, Díez-Canedo, Marichalar y una pequeña minoría de intelectuales. Juan Ramón, sin embargo, en deliciosa carta al autor de *Le Jeune Parque*, justifica su ausencia «por razones de estética y de ética estética *españolas actuales* que no pueden ni deben tener significado para un poeta de fuera pasajero de España» (*CU*, 244).

Podemos, con estos datos, saber ya en qué consistían las «razones de estética y ética estética» que nuestro poeta esgrime en su carta a Valéry. Ellas son las mismas que le habían impedido, antes, asistir a los homenajes a Mallarmé y Camoens (*CU*, 249). Es perfectamente consciente Juan Ramón de que el «ritual y protocolo» de dichos homenajes —en los cuales son excluidos los poetas más jóvenes— están muy lejos del ideal cultural que, pensaba él, su generación estaba obligada a cumplir de cara al porvenir y a las nuevas generaciones. Es evidente que las mismas razones de política poética, que le hacen declinar la invitación a los homenajes a Mallarmé y Paul Valéry, son las que le llevan a situarse al margen de las directrices y fórmulas culturales trazadas por Ortega. Una carta sin fecha, que no dudo en situar en torno a 1923, documenta claramente esta actitud de Juan Ramón. La carta, que va dirigida a Ortega, dice:

> [...] Lo siento mucho, mi querido Ortega; pero yo no pienso, a pesar de las cariñosas invitaciones de D. X. X., volver a esas farsas [los homenajes] [...]. Yo creo que no es ésta la manera de hacer algo de lo que usted dice, por la vida mejor de España que digo yo. *No tengo fe más que en el trabajo individual en plenitud y desligado de lo demás mientras no tenga nada mejor a que atenerme* [...]. Si doy, como usted sabe, el máximo de mi esfuerzo solitario a lo mejor, esté donde esté, habré servido a España más que el que, como en cajas de feria, aparece y desaparece vestido de colorines como un simio autómata (*SC*, 91-92).

Es esta decisión de nuestro poeta la que explica por qué la historia de su poesía, a partir de este momento, se escribe con total independencia, respecto a las líneas mayores de la historia general de la literatura española. En «Adán en el paraíso» (1910) Ortega había afirmado que «el arte es el reino del sentimiento»; en *Meditaciones del Quijote* (1914), que «la poesía y todo arte versa sobre lo humano y sólo sobre lo humano»; en «Musicalia» (1921), que «el arte es expresión de sentimientos» [14]. Durante el espacio temporal que limitan los citados textos de Ortega, Juan Ramón se ha sentido identificado con las ideas de éste y ello le ha producido la ilusión de estar colaborando en un programa común, capaz de aglutinar el esfuerzo de todos los intelectuales hacia una reespiritualización del país. Paso a paso, se ha ido alejando Ortega, sin embargo, de sus primeras definiciones del arte [15], hasta llegar a concepciones estéticas totalmente enfrentadas con

---

13. «Diario vital y estético...», *art. cit.*, 6-8.
14. Véase, al respecto, César BARJA, *Libros y autores contemporáneos* (Madrid: 1935), 232.
15. Ya en *El tema de nuestro tiempo* (1923) Ortega constata cómo «el arte ha sido desalojado de la zona seria de la vida». Las reacciones ante el cambio de actitud de Ortega, cambio que motivó el alejamiento de Juan Ramón, pueden observarse también en otros autores de la misma generación. Resulta sorprendente que el grupo de *España* y *El Sol*, nacido en torno a la figura del filósofo madrileño, que-

las que acabo de citar. Se negó Juan Ramón a seguirle hasta allí y sus posiciones se fueron progresivamente apartando. En *La deshumanización del arte* (1925), Ortega propone ya la desentimentalización de la actividad creadora; el rechazo de un arte viejo, cuyo resorte eran las pasiones humanas; la deshumanización; el evitar las formas vivas; la conversión de la creación en un juego; la elusión de toda trascendencia. Al espíritu de la «deshumanización» responde Juan Ramón con el siguiente aforismo:

> Hay que oponer siempre *espíritu* a injenio, *hallazgo* a truco, *invención* a eco, *acento* a charlería (*EEE*, 335).

Inició Juan Ramón, al sentirse al margen de las metas de su propia generación, el trabajo en solitario. Se aisló, pero no renunció a lo que consideraba su deber: servir de guía a las nuevas generaciones. En efecto, a partir de 1920, estrecha sus lazos con los jóvenes que entonces empiezan a apuntar en el panorama literario español. Así lo hace constar en carta a Enrique Díaz-Canedo (15 de noviembre de 1920), cuyo texto transcribo a continuación:

> Le mando a usted, para *España*, esas poesías de Federico García Lorca, un joven poeta granadino, a quien no sé si usted conoce ya; tan tímido, que, a pesar de cuanto le he dicho animándolo, no se ha atrevido a mandarlas él directamente.
> —También envío hoy otras cosas suyas a Rivas, para la *Pluma*.
> Me parece que tiene este cerrado granadí un gran temperamento crítico. ¡Qué gusto ver llegar buenos nuevos! ¡Espina García, Salazar, Guillén, García Lorca... otros! ¡Qué alegría!
> —Espina es, sin duda, escepcional. ¡Lo bien que ha cojido su injenio! (*SC*, 141).

Los papeles inéditos que de *Actualidad y Futuro* se conservan dan cuenta, igualmente, de cuál era el ideario cultural que este proyecto de revista se proponía: preparar el terreno *actual* a los escritores mensajeros y constructores del *futuro*, «que vengan con fuego y sentimiento propios», con la seguridad de lograr con ello «hacer algo por la vida mejor de España». Piensa Juan Ramón que la poesía puede servir a la elaboración de nuevos *valores*; tiene conciencia de que, en el mundo moderno, la creación artística tiene, en la configuración de la espiritualidad y ética futura, una misión que cumplir.

Extrema, por tanto, su vigilancia y dedicación a la joven poesía naciente y crea para ella la revista y la biblioteca *Índice*, que da grata acogida a la obra de Pedro Salinas, Antonio Espina, Benjamín Palencia y José Bergamín, entre otros. Presta esmerada atención crítica a *Presagios*, de Salinas (*CU*, 241), y a *Marinero en tierra*, de Alberti (*CU*, 251), orientándoles en sus aciertos y advirtiéndoles en los errores que habrían de corregir. Anima, cuando nadie se atrevía a hacerlo, las nuevas experiencias dramáticas de Valle-Inclán (*CU*, 256), e intenta, con todo ello, paliar la «desorientación» de la política de la *Revista de Occidente*[16]. La misma actitud es la que le lleva a dar la bienvenida a los ensayos vanguardistas de revistas como

---

dase luego, en su mayor parte, al margen de la *Revista de Occidente*, empresa para la que Ortega busca nuevas ideas y nuevos discípulos. Cfr. José Carlos MAINER, *La edad de plata* (Barcelona: Los Libros de la Frontera, 1975), 205.

16. Véase, al respecto, lo que dice Juan Ramón en su «Recuerdo a José Ortega y Gasset» (*AO*, 122). La negativa de Fernando Vela a dar acogida en la revista a la obra de los más jóvenes motivó que nuestro poeta, desde 1924, se refiriese a la publicación con el título de *Revista de Desoriente*.

Ultra (*SC*, 66-67), *Horizonte* (*SC*, 67) y *Reflector* (*C*, 227), publicaciones de
«jóvenes llenos de entusiasmo», entre los cuales se encontraba el poeta «mucho
mejor que entre compañeros de jeneración secos, pesados, turbios y alicaídos»
(*C*, 227).

Hay que observar, sin embargo, que, según puede comprobarse por los textos
que dirige a cada una de las revistas citadas [17], junto a las palabras de aliento, no
oculta Juan Ramón sus discrepancias estéticas. El que nuestro poeta se viese en el
deber de abrir las puertas de la poesía española a las nuevas promociones de poetas, no quiere decir que se sintiese identificado, ni mucho menos, con la estética
que dichas promociones deseaban implantar. Un texto de *Indice* es claro ejemplo
de ello:

> Hemos llegado, en poesía, al sumo de las libertades. Adolescentes que se horrorizarían
> de componer un soneto a semejanza de los de Lope, no vacilan en lanzar, después de
> Marinetti, a voleo, palabras en libertad. *Por de pronto, el juego es mucho más fácil.*
> Y, además, pueden hacerse la ilusión de que, sin trabas, su pensamiento va a remover
> un mundo. Si eso les divierte, no tenemos nada que oponer. [18]

Anima Juan Ramón en la nueva poesía todo lo que ésta tiene de *estética pura*,
de *entusiasmo*, de *gloria interior*, de fe en el *presente* y *futuro*. (*C*, 227). Se
opone, sin embargo, a todo lo que en ella sea puro truco, ingenio, *juego*. Es decir,
rechaza, exactamente, aquellos «valores» de que irá a servirse Ortega, para definir
el arte nuevo. Es en una carta —1920— a Gerardo Diego, donde Juan Ramón
expresa, de forma clara y rotunda, cuál es su postura estética definitiva, ante las
nuevas corrientes que entonces apuntaban. En ella, tras destacar como característica del verdadero arte *la calidad* —«esa *carne espiritual*», dice Juan Ramón, «tan
difícil y tan rara»—, propone una transformación de los logros simbolistas —«el
centro del arte moderno más alto todavía», a su juicio— hacia

> una poesía idealista *más interior,* más sintética, espresada con todas las conquistas de
> sensación y técnica que el simbolismo nos ha legado; *de ningún modo UN ARTE DE
> INJENIO, sótano de lo intelectual.* [19]

Creo, por todo lo que llevo escrito, que no sirven intentos simplistas de establecer, en el confuso marco de la poesía española de los años veinte, clasificaciones
o parentescos fáciles para la obra de Juan Ramón. Se nos presenta la figura del
poeta, en este contexto, distante tanto de los ensayos vanguardistas, como de la
política cultural de los hombres de su generación, y su obra camina con absoluta
independencia respecto a los dos momentos históricos que las líneas antes citadas
actualizan. El grado de distanciamiento no es, sin embargo, el mismo respecto a
ambas. Asentado en una tradición liberal y conformado en muchos puntos con
el de Ortega, el pensamiento de Juan Ramón está mucho más cerca de éste, que
de los poetas del 27. Las discrepancias con Ortega nacen de un diferente enten-

---

17. Lo que Juan Ramón acepta es la dirección «pura» que las revistas citadas manifiestan. Véase,
al respecto, el programa de *Reflector* [I, 1 (1920)].
18. *Indice*, 2 (1921), 37. Texto que aparece sin firma, pero detrás del cual no es difícil adivinar
la mano y la pluma de Juan Ramón. Desde luego, si él no fue su autor, es evidente que sí fue su
inspirador.
19. *C*, 256-257. El subrayado es de Juan Ramón y el texto —conviene no olvidarlo— de 1920, a
diez años vista de la llamada «rehumanización».

dimiento y cumplimiento con una ética-estética, en muchos aspectos, parecida; con el 27 las discrepancias —una vez que Juan Ramón dé por terminado su magisterio— son más profundas. En ningún caso, puede hablarse de identidad ético-estética.

Va a ser ésta la hipótesis de trabajo que intentaré demostrar a lo largo del presente capítulo. Ello me permitirá, de una parte, poner en claro que no es posible uniformar el concepto de poesía pura, que define Juan Ramón, con el utilizado por la llamada «generación española de la poesía pura». Los presupuestos en que se basan una y otra poética —la juanramoniana y la del 27— son totalmente diferentes. Demostrar esto, implica, en otro campo de cosas, una consecuencia ulterior, puesto que dicha demostración es prueba y explicación de la independencia que la obra de nuestro poeta —discrepante con el 14 y alejada del 27— alcanza, a partir de este momento, dentro del contexto de la poesía española del siglo XX. Este aislamiento, buscado primero por Juan Ramón, se vio después aumentado por razones de política-poética, que vetaron, desde 1936 sobre todo, cualquier movimiento inverso de aproximación de la poesía española a las directrices juanramonianas.

LA GENERACION DEL 27 Y JUAN RAMON ANTE LA CRITICA

En diversos estudios, que pretenden abarcar y dar una visión global de la literatura y poesía de la tercera década de nuestro siglo, hay una coincidencia, casi absoluta, en señalar que es a los poetas llamados del 27 a quienes corresponde definir el clima estético de estos años. Afirman, olvidando la deuda del 27 con las vanguardias y —lo que es más grave— olvidando a poetas como Unamuno, Juan Ramón y Antonio Machado, que es la obra de los entonces jóvenes poetas la más representativa de la época. Muchas de las responsabilidades de estos olvidos corresponde a la crítica de los propios hombres del 27, quienes muy pronto se preocuparon de borrar sus orígenes y, disminuyendo a Unamuno y a Machado, sólo volvieron a ellos, cuando sus cartas tenían ya perdida la partida. Toda la crítica parece estar de acuerdo también en señalar, entre 1930 y 1933, un cambio de estética que, unánimemente, se valora como positivo. Coincide, asimismo, en concretar el sentido de dicho cambio en el abandono de la *poesía pura* y en la adopción de una actitud de compromiso y vuelta a la realidad «antes olvidada». Siguiendo, en esto, el criterio de la propia autocrítica de los «poetas-profesores» [20], se divide la historia limitada por el 27 en dos etapas: una primera de poesía pura y otra de compromiso. Hasta tal punto se ha ajustado la crítica a este esquema, que se ha llegado a estudiar toda la poesía escrita entre la primera Guerra Mundial y la Guerra Civil Española bajo el lema «entre pureza y revolución». No habría, en principio, problema alguno en admitir dicho lema, si quien lo propone no intentase, al hacerlo, pasarnos la simplista reducción del concepto de *poesía pura* elaborado por el 27. Me referiré, por citar tan sólo un ejemplo, a Dámaso Alonso. El ilustre académico, utilizando de manera «inconscientemente hipócrita» [21] el sustantivo *herencia*, escribe:

---

20. Así, por ejemplo, Dámaso Alonso [«Una generación poética», en *Poetas españoles contemporáneos* (Madrid: Gredos, 1965), 173] se vanagloriaba de haber sido el primero en señalar esta evolución. Una bibliografía completa de la autocrítica de esta generación puede verse en Juan Manuel Rozas y J. González Muela, *La generación del 27 desde dentro. Textos y documentos* (Madrid: Alcalá, 1974); y Juan Manuel Rozas, *La generación poética de 1927* (Madrid: Alcalá, 1974).

21. Tan sólo entrecomillándola me atrevo a escribir estas palabras para referirme al ilustre académico. Es él el padre de las mismas y las utiliza con el mismo sentido, intención y destinatario, que yo lo hago ahora (*Poetas españoles contemporáneos*, op. cit., 164).

La *herencia*, pues, que recibe mi generación es un frío legado. Una especie de laboratorio técnico. Pero todo su desarrollo y maduración va a ser —por muchos caminos— un aumento de temperatura humana. [22]

Y más adelante añade:

¡Curioso destino el de mi generación! Salió a la vida (1920-1927) como llena de pudores, con limitación de temas, como con miedo de expresar la pasión, con un sacro horror a lo demasiado humano, con muchas preocupaciones técnicas, con mucho miedo a las impurezas, desdén de lo sentimental. [23]

E insiste todavía en otro lugar:

Nacía con frialdad *heredada* y terminó volcán; nacía como vuelta a la forma y terminó en frenesí de libertad. [24]

Vuelvo a recordar que la división del 27 en dos etapas no me parece, en teoría, descalificable del todo. Lo que en modo alguno puede admitirse es el sentido tendencioso que revelan las palabras de Dámaso Alonso: que se afirme que la limitación temática, el miedo a expresar la pasión, el horror a lo humano, la excesiva preocupación técnica y formal, el desdén por lo sentimental..., son para el 27 *herencia y legado* recibidos, mientras que la vuelta a lo humano, el aumento de temperatura humana en la poesía española, es desarrollo, responsable ya, de los poetas del 27. Todo ocurrió, en mi opinión, de forma muy distinta. Si de algo fueron exclusivamente responsables los del 27 fue de conducir la poesía al anquilosamiento formal, cosa que hicieron con la censura expresa de Unamuno, Machado y Juan Ramón. Si, por el contrario, *heredaron* algo, esto fue precisamente la exigencia de colocar en el centro del quehacer poético lo humano [25]. Recordemos, si no, la insistencia juanramoniana sobre el tema, en sus aforismos de «Notas». Cuando, al principio de la década de los años 30, se vuelve a un arte «más humano», los del 27 no hacen sino saltar por encima de sus productos, renunciar a ellos y reanudar —en Unamuno, en Juan Ramón, en Machado, en Valle-Inclán...— el hilo que en vano, en torno a 1925, habían pretendido romper.

No es éste el momento de someter a juicio, una por una, todas las opiniones construidas por una crítica educada en la escuela del 27, pero creo necesario aclarar algunas cuestiones, que afectan de modo directo la visión que de Juan Ramón Jiménez dicha crítica nos ofrece. Antes de referirnos a ello directamente, señalaré que lo que pretendo discutir no es la estética de cada uno de los miembros del 27, sino la visión global que de este grupo nos ha transmitido la crítica. Y ello lo hago sólo con el propósito de corregir los enfoques que han deformado la visión de Juan Ramón.

En la estimación de los «poetas-profesores», no sufrió Juan Ramón, en un principio, la marginación padecida por Unamuno o Machado, pues era al amparo de sus empresas editoriales como estos jóvenes poetas encontraban luz verde para

22. *Ib. id.*, 165.
23. *Ib. id.*, 175.
24. *Ib. id.*, 177.
25. Así lo hace constar Antonio BLANCH [*La poesía pura española* (Madrid: Gredos, 1976), 85 y ss.] al estudiar las posturas adoptadas por Machado, Unamuno y Juan Ramón ante la pureza del 27.

12.

sus versos. Sin embargo, del efímero aprecio del 27 a nuestro poeta se ha servido la crítica para colgarle a él la responsabilidad de muchos de los «errores estéticos» en que cayó dicho grupo. Con absoluta carencia de rigor histórico, se acostumbra tomar a Juan Ramón como punto de referencia del cambio de estética que acaece, en la dirección marcada por Dámaso Alonso, entre 1927 y 1933. Ante este cambio —se suele decir así—, Juan Ramón persiste en una estética purista ya superada por sus discípulos, por lo que la reacción antipurista del 27 es, en definitiva, una reacción antijuanramoniana. Se confunde —así Cano Ballesta[26], por ejemplo— la exigencia juanramoniana de trabajo y seriedad, y se opone el «trabajo a lo «cordial», cuando lo que hace Juan Ramón es oponer «trabajo» a «juego», «seriedad» a «irresponsabilidad». Luego, partiendo de esta confusión, no duda Cano Ballesta en calificar la actitud de nuestro poeta de «reacción conservadora», «ya pasada un poco de moda». Muy por el contrario, yo creo que la tan explotada rehumanización en absoluto podía ser una reacción antijuanramoniana, quien nunca —como tendremos ocasión de comprobar— admite los postulados de la deshumanización; fue una reacción natural contra las fórmulas (1925-1930) del propio 27. No existe ni un solo texto juanramoniano, en que el poeta ataque, ni por asomo, el retorno de la poesía a «lo humano», «lo cordial» y «lo vital». Hay, por el contrario, abundante material para demostrar que, aún oponiéndose a la conversión de la poesía en mera versificación de un programa o doctrina políticos, vio siempre con buenos ojos dicho retorno, que su poesía no necesitó realizar, porque nunca dejó de tener como centro lo humano.

Si constituye un error grave simplificar, como ha hecho la crítica, el concepto de poesía pura vigente en el mundo literario español de los años veinte, lo es, igualmente, considerar la relación y contacto del 27 con Juan Ramón sobre la base de un ideal purista estereotipado y falso. No puede, tampoco, seguirse juzgando esta época por la sola referencia a la obra de los poetas del 27 y, en última instancia, no puede estudiarse el proceso de rehumanización como una reacción antijuanramoniana.

---

26. *La poesía española entre pureza y revolución (1930-1936)* (Madrid: Gredos, 1972), 78 y ss.

EL CONCEPTO DE POESIA PURA

La historia del concepto *poesía pura* [27], sobre los datos aportados por Robert de Souza [28], ha sido trazada con bastante exactitud por la crítica. Tal como recoge Antonio Blanch, nace el término en la pluma de Víctor Hugo (1853) y, a través de Poe, Baudelaire, Tancrede de Visan y A. Thibaudet, entre otros, se va llenando progresivamente de un contenido simbolista inequívoco [29]. Puede decirse, a grandes rasgos, que la poesía pura es un producto surgido de las indagaciones estéticas de los románticos ingleses y alemanes, por encontrar la esencia que distingue el discurso poético de otras formas de expresión. Se equivocan aquellos que pretenden estudiar el término sobre la base exclusiva de la polémica suscitada por Henri Bremond con su famoso discurso, leído ante las cinco Academias Francesas el 24 de octubre de 1925. Un ideal de «pureza poética» preside, desde principios de siglo, toda la poesía española. Desde *Helios*, lo encontramos, a cada paso, en los textos de Juan Ramón y, a través de él, pasa a convertirse en elemento importante de la primera vanguardia española. Es eso lo que declaran los redactores de *Reflector* en su primer número [I, 1 (diciembre, 1920)]: «Ser puros, ante todo y sobre todo, es nuestro lema».

Es verdad, sin embargo, que el sintagma *poesía pura* pasa a ser un tecnicismo literario —que todas las historias de la literatura aceptan— sólo a partir de 1925. En este momento las dos corrientes diferentes, que Hugo Friedrich [30] distingue en la lírica europea postsimbolista, intentan apropiarse del término y, como consecuencia de ello, proyectan sobre él cargas conceptuales distintas. En efecto, la polémica surge, cuando Henri Bremond, contrariando la utilización que Valéry había hecho del término, en su «Avant-propos» a *La connaissance de la Déesse*

---

27. Una bibliografía suficiente sobre la *poesía pura* nos la ofrece A. BLANCH, *La poesía pura española, op. cit.*, 339 y ss.; también Clemente MOISAN, *Henri Bremond et la poésie pure* (Paris: Minard, 1967), 214 y ss.

28. «Un débat sur la poésie», *Mercure de France* (1.º de febrero de 1926).

29. La historia del término ha sido trazada con exactitud por A. BLANCH, *op. cit.*, 199 y ss.; también Alberto MONTERDE, *La poesía pura española* (México: Imprenta Universitaria, 1953), VI y ss.

30. *Estructura de la lírica moderna. De Baudelaire hasta nuestros días* (Barcelona: Seix-Barral, 1974), 184 y 225.

(1920) y en «La poésie pure au XIXᵉ siècle» (1923) [31], lo emplea para nombrar la gracia secreta y la esencia espiritual, que, sin precepto alguno que pueda explicarlas, convierte un lenguaje dado en poesía. Hablan Bremond y Robert de Souza de «inspiración». Paul Valéry y sus partidarios, por el contrario, hablan de pureza de «fabricación» [32]. Si la pureza buscada por Bremond es una gracia originaria que no admite ser forzada ni codificada, la de Valéry será fácilmente fabricada a través de la utilización de diversos filtros formales en la elaboración del poema. La primera acepción nos conduce a «una manera nueva de ver la poesía»; la segunda nos lleva a hablar de los poetas puros como de una *escuela* [33] de carácter *hermético, preciosista y abstracto*. Esta dualidad conceptual hace inviable y peligroso cualquier intento de usar unívocamente el término, error en el que, una y otra vez, cae Cano Ballesta. No ocurre lo mismo, sin embargo, con Antonio Blanch, quien, desde las primeras páginas de su libro, toma la precaución de establecer una precisa distinción, entre las diversas acepciones anejas al término *poesía pura* [34]. Quizá pueda explicarse el mal empleo que tradicionalmente ha venido haciéndose de este término, recordando las circunstancias en que, como tecnicismo literario, fue importado por los hombres del 27.

Los ámbitos literarios españoles, muy bien relacionados con los franceses [35] por aquel entonces, se hicieron muy pronto eco de la polémica [36] suscitada por Henri Bremond y Paul Souday. La traslación del problema a lo español la realizó, a través de la *Revista de Occidente*, Fernando Vela [37] que en la primera parte de su trabajo hace un análisis histórico y crítico bastante exacto del debate. En concreto, el examen que hace de la *poesía pura* en Mallarmé y Valéry es sencillamente espléndido. No ocurre lo mismo con el análisis reductivo que dedica a las ideas de Bremond, con la finalidad de preparar la entrada a tres opiniones españolas sobre el tema: las de Antonio Machado [38], Jorge Guillén [39] y Antonio Espina [40]. Las opiniones de A. Machado y A. Espina están, a todas luces, fuera de lugar, respecto a lo que en realidad se debatía con el término *poesía pura*. Las de Guillén, por el contrario, llevan consigo una decidida toma de postura en favor de las ideas de Valéry: de una concepción de la poesía pura como ejercicio de laboratorio con reglas fijas, que se afana, dice Vela, en «la destilación fraccionada de aquel producto bruto que antes se llamaba poesía»; de una concepción de la poesía que identifica el poema con una «ecuación matemática, aplicable a cualquier

31. Hoy recogido por Juan Manuel Rozas, *La generación del 27 desde dentro*, op. cit., 109-111.

32. Así lo han visto César Barja (*Libros y autores contemporáneos*, op. cit., 243) y Antonio Blanch (*La poesía pura española*, op. cit., 236).

33. Alberto Monterde, *La poesía pura...*, op. cit., p. V.

34. Con Antonio Blanch (*op. cit.*, 12-13), podemos hablar de *pureza expresiva* (P. Reverdy, Max Jacob), que consiste en rechazar los términos imprecisos y ornamentales; *pureza formal* (Valéry), consideración de la poesía como actitud espiritual, cuya única finalidad es someterse a una forma verbal, es decir, hacerse forma. Esta *forma*, así purificada, es el contenido más preciso del poema; *pureza creadora* (H. Bremond), pureza de inspiración. En definitiva, podemos señalar dos líneas (pureza formal y pureza creadora), pues la *pureza expresiva* es exigencia que se da en cualquiera de las otras dos.

35. La aportación de las letras francesas a las españolas, en estos años, ha sido espléndidamente trazada por Antonio Blanch, *op. cit.*, 178 y ss.

36. *Ib. id.*, 198 y ss.

37. «La poesía pura (Información de un debate)», *ROcc*, IV, XLI (1926), 217-240.

38. De «Reflexiones sobre la Lírica», *ROcc*, XXIV (1925).

39. Resumen de la carta dirigida por Jorge Guillén a Fernando Vela, publicada íntegra en el «Epistolario» de *Verso y prosa*, 2 (febrero de 1927), y luego recogida en la antología *Poesía española contemporánea*, como síntesis de la poética del vallisoletano.

40. Nota escrita, expresamente, a petición de Fernando Vela, para el texto citado «La poesía pura (Información de un debate)».

materia»; de una concepción de la poesía como «fabricación —la creación— de un poema compuesto únicamente de elementos poéticos, en todo el rigor del análisis» [41]. Si Vela toma la concepción guilleniana, para apoyar en ella su voto a favor de Valéry, utiliza las manifestaciones de Machado y de Espina para apuntalar las palabras de Guillén: se sirve de la defensa que don Antonio hace de lo conceptual, para oponerse, de este modo, a la liberación de la palabra poética de sus funciones discursivas, propuesta por el simbolismo y defendida en la tesis de Bremond [42]. Utiliza la declaración de Antonio Espina, a su vez, por el relieve que éste otorga a *la imagen* en la creación poética: «Reducir todos los elementos poemáticos a la imagen o imágenes, es situar la poesía en la estricta categoría intelectual que le pertenece». En definitiva, si reconstruimos lo que el texto de Vela nos dice entre líneas, tenemos que el poema, en la moda neoclasicista imperante en España en torno a 1925, es el resultado de despejar una ecuación matemática, que juega con dos factores: lo conceptual y la imagen; o, si se quiere, «la fabricación» de silogismos por medio de imágenes. Es decir, en el contexto literario español, negando la acepción que Henri Bremond otorgaba al término, se acepta la etiqueta de pureza para denominar una estética que es suma de la filosofía de la «deshumanización» y ciertos presupuestos vanguardistas franceses. Toda otra pureza es negada. «En España —escribe Blanch—, en el momento del debate, se habló de *poesía pura* según la acepción de Paul Valéry, desestimándose prácticamente las tesis de Bremond» [43]. «La marca registrada» por Valéry fue la única que logró un cauce de difusión aceptable [44]. No todo el mundo, sin embargo, admitió la reducción potenciada desde la *Revista de Occidente*. Uno de los primeros en manifestar su desacuerdo fue Juan Ramón. Sobre Paul Valéry, señalando cómo en él se produce una ruptura de la tradición simbolista auténtica, escribe:

> Paul Valéry no es, creo yo, un poeta, un pensador, un crítico propiamente dicho, sino un virtuoso, un ejecutante perlado, terso, demasiado redondo de la crítica, la idea, la poesía.
> Hay gran diferencia y distancia entre él y Mallarmé, su constante e imperecedero maestro: Valéry hincha, rellena, cae en lo académico de retorno, en lo platonizante discurseado [...]. Mallarmé adelgaza, contrae y nunca deriva a lo académico [...] (*EEE*, 72).
>
> La poesía puede ser metafísica, pero no puede ser filosófica, como la quiere Valéry (*JRVV*, 179).
>
> [Valéry] es en realidad un divulgador de Mallarmé. Lo que en él no es mallarmeano, su pesada Filosofía con mayúscula, es lo que lastra de impureza su poesía. Ha buscado siempre la poesía pura, mágica, inefable y no la ha encontrado nunca; la ha cargado siempre de arena discursiva. [45]

41. *Art. cit.*, 219, 216 y 238.
42. La postura de Juan Ramón, en este sentido, es totalmente divergente. El, como muy acertadamente ha puesto de relieve BLANCH (*op. cit.*, 273), «se oponía tajantemente a todo lo que [en la poesía de Valéry] era discurso y razonamiento». Dice uno de sus aforismos inéditos conservados en la «Sala de Zenobia y Juan Ramón»: «Si el sueño de la razón produce monstruos, su vijilia produce cadáveres y momias... Como la verdad nos es desconocida, la poesía, si ha de ser bella, ha de detenerse en un límite suficiente... Si la razón pretende investigar exajeradamente en poesía, como en teolojía, y en todo lo que no es empírico, corre el riesgo de crear ruinas. Y este es el caso de Valéry».
43. *Ib. id.*, 237.
44. Una bibliografía sobre los estudios de la época dedicados a Paul Valéry aparece esbozada, también, en A. BLANCH, *op. cit.*, 268-271; sobre la relación Valéry-Guillén, *ib. id.*, 284-300. Frente a esta relación, las divergencias entre nuestro poeta y el escritor francés han sido puestas de manifiesto por Alberto MONTERDE (*op. cit.*, 9) y Julio TORRI [*La literatura española* (México: 1952), 368].
45. Tomado de LEZAMA LIMA, «Coloquio con Juan Ramón Jiménez», *Revista Cubana* (enero de 1938), 82.

Los mismos reproches y reparos le ofrece la obra de Jorge Guillén [46]:

> Jorge Guillén es, para mí, nuestro primer poeta científico de hoy [...]. Es Jorge Guillén el más invicto Proveedor contemporáneo español del Joreyo de las Musas. Su *Cántico* [...] podría titularse también «Reino de la Joya» o «Suma del perfecto tallista de la piedra poética». Y mejor que nada «Interjección del Diamante». (Tenor de la Maravilla y la Blancura, ¡Mira, mira y cántica!) (*EEE*, 63-64).

No concibe nuestro poeta una pureza poética asentada, exclusivamente, en la técnica. No cree en la poesía resultante de la combinación química de elementos puros, o simples, aislados mediante selectivo análisis previo. El ideal de pureza en Juan Ramón no reviste nunca una acepción «química», sino metafísica. El poeta no excluye nada. Ideas, imágenes, sentimientos, incluso «la podredumbre esterior» [47], todo es materia susceptible de ingresar en el poema. Ahora bien, esto constituye sólo el abono, no la rosa. Para que dichos materiales adquieran carácter propiamente poético, necesitan la presencia transformadora y unificante de *algo* que no puede ser químicamente aislado, ni —mucho menos— puede reducirse a lo formal. Sólo este *quid* desconocido —dice Juan Ramón, estableciendo una comparación con lo poético— es el que permite que «el mar lleno de detritus animales, y vegetales [...] sea, con todo, agua pura, donde nos bañamos». [48]

Desde época muy temprana, Juan Ramón pone a los jóvenes poetas españoles en guardia, advirtiéndoles, ya en 1925, que «no hay que olvidar que Valéry está en rápida y profunda baja» (*C*, 281) y abogando por un ideal de pureza muy distinto al del poeta francés [49]. En un principio, la advertencia juanramoniana chocó gravemente con las tendencias en boga y produjo gran escándalo entre los jóvenes. Recordemos la referencia que Dámaso Alonso hace al tema en «Una generación poética» y su desconcierto, cuando Juan Ramón le pregunta «¿qué es Valéry más que un poeta ripioso? ¿No lo cree usted?». No. Dámaso Alonso no lo cree entonces. Pero, después ha de convenir en que:

> Ni las imágenes ingeniosísimas, pero adobadas y extrañas a nuestros pulsos, del poeta francés, ni aquel juego peligroso y sinuoso de rimas sabrosas, podían satisfacerle. Sí; el juego de las rimas puede parecer riguroso y preciso, de puro desvergonzado. Las mayores purezas ocultan a veces no poca suciedad o trampa. Así, con las luces de unos espejos límpidos, el prestidigitador escamotea un feo y moquilloso perrito de lanas. [50]

Para que el cambio de opinión se produjese en Dámaso Alonso, y en el resto de poetas de su generación [51], algo sustancial hubo de transformarse en el contexto literario español. Me refiero a la consabida rehumanización. Complicaciones políticas aparte —que también las hubo—, la transformación de los presupuestos

---

46. Véase también el retrato que nuestro autor hace de Jorge Guillén, en *Españoles de tres mundos*, op. cit., 163.

47. Diversos textos del poeta dan prueba de que, para él, la poesía pura no implica limitación temática alguna: «Para el poeta auténtico no hay tema vedado. Puede exaltar siempre el sol, la hormiga, la rosa, su madre, la noche, la primavera, su hijo, la muerte, lo que sea y él quiera» (*EEE*, 330).

48. Cita que tomo de Ricardo GULLÓN, «Relaciones Pablo Neruda-Juan Ramón Jiménez», *HR*, 39, 2 (1971), 141-166. Véase también *EEE*, 65.

49. Algunas de estas diferencias han sido claramente intuidas por Wladimir WEIDLÉ, «La poesía pura y el espíritu mediterráneo», *LT*, 19-20 (1957), 199 y ss.

50. «Una generación poética», *art. cit.*, 165.

51. Así Gerardo DIEGO, «La poesía de Paul Valéry», *Leonardo*, V (1945), 194-195; José BERGAMÍN, «Monóculo de Paul Valéry», *Litoral*, 8 (mayo de 1929), 26-27.

estéticos imperantes viene acompañada de una vuelta a Machado, Unamuno y Juan Ramón. Sólo en este momento, comenzamos a apreciar en la crítica un rechazo de la estética de Valéry y una creciente estima al ideal de pureza defendido por Bremond y Juan Ramón Jiménez, un ideal que devolvía la creación poética a sus orígenes simbolistas, salvándola del anquilosamiento formalista. Aunque tarde, críticos como M. Abril [52], Guillermo de Torre [53] y Enrique Díez Canedo [54] supieron apreciar el valor de esta otra corriente, marginada por la dictadura poética del 27, y se encargaron de poner de manifiesto la independencia de lo poético, respecto a la lógica y la construcción, defendida por la misma. Distinguieron perfectamente en el poema entre el significado, que pertenece al intelecto, y la poesía, que no es ejercicio exclusivo de una facultad intelectual. Digamos, como conclusión, que se ha hecho la crítica de una de las líneas de la *poesía pura* española; la otra, sin embargo, permanece inédita.

52. «Las sílabas de Dios, o la poesía pura», *Cruz y Raya*, 7 (1933), 132-135.
53. «Paul Valéry. Poesía pura», en *La aventura y el orden* (Buenos Aires: Losada, 1943).
54. *La nueva poesía* (México: El Nacional, 1941).

EL 27 O LA ESCUELA DE LA POESIA PURA

Nos encontramos en este punto con que existen, al menos, dos acepciones perfectamente diferenciadas en el uso del término *poesía pura*. Juan Ramón lo utiliza para nombrar ese elemento misterioso y no reglamentado que da coherencia y valor poético a todos los demás elementos congregados en el poema. El 27 lo emplea para etiquetar un producto, obtenido de la puesta en práctica de un método riguroso y preciso. [55]

La expresión *poesía pura* deja de ser, así, un concepto histórico impreciso y se convierte en nombre distintivo de una escuela y un estilo poético [56]. Como toda escuela, la poesía pura española se guía por una serie de principios filosóficos —más que metafísicos—, técnicas y reglas que, en su utilización extrema, derivan con bastante facilidad hacia el retoricismo; en este caso, hacia un retoricismo anti-tradicional, si se quiere. Y, como en toda poesía retórica, dichos principios y reglas son, al contrario de lo que ocurre con la poesía auténtica, fácilmente reductibles a sistema. No me detendré en este punto, porque ya ha sido estudiado —creo que con suficiencia y acierto— por Antonio Blanch. Insistiré, sin embargo, en señalar las coordenadas que, en mi opinión, limitan la «poesía pura» que define una parte de la obra del grupo del 27.

Es el término *poesía pura*, en la acepción que los poetas-profesores lo usan, un eslabón que encubre, en el momento a que me estoy refiriendo, el paso de unos orígenes vanguardistas, poco menos que inconfesables, a unas posiciones de mayor cotización social: las representadas por el neoclasicismo de los intelectuales de la

---

55. En este sentido entiendo que debe leerse el siguiente texto de Jorge Guillén: «Poesía pura es —dice Jorge Guillén— todo lo que permanece en el poema después de haber eliminado todo lo que no es poesía. *Pura* es igual a *simple*, químicamente [...]. Puede ser este concepto aplicable a la poesía ya hecha, y cabría una historia de la poesía española, determinando la cantidad —y por tanto, la naturaleza— de elementos simples poéticos que haya en esas enormes compilaciones heterogéneas del pasado [...]. Pero cabe asimismo la fabricación —la creación— de un poema compuesto únicamente de elementos poéticos en todo el rigor del análisis: poesía poética, poesía *pura* [...]». Véase su «Carta a Fernando Vela», en *Poesía española...*, op. cit., 327. Sobre este texto de Guillén tiene Juan Ramón un sabroso comentario: «Yo quiero señalar —escribe— una equivocación de Jorge Guillén, que escribió, en la antología de Gerardo Diego, que su poesía era pura *ma non tropo*, lo cual quería decir que lo que él escribe es poesía, pero no mucho, y aún cuando es verdad, no es lo que él quería decir que es, ni lo que es, en puridad, *poesía pura*» (*EEE*, 222).
56. Antonio BLANCH, *op. cit.*, 11; también Alberto MONTERDE, op. cit., V.

Nouvelle Revue Française. Queda la *poesía pura española*, de esta forma, a caballo entre ambos puntos de referencia [57]. Es éste el sentido que tiene, en la citada carta de Jorge Guillén a Fernando Vela, el intento del poeta vallisoletano por autorizar, en nombre de Valéry, ciertos ensayos creacionistas suyos y de Gerardo Diego. Es éste, también, el sentido en que deben leerse las normas de *Mediodía*. Así se presenta la revista:

> Por ello una sola norma: depuración. Pocas ciudades tienen que lamentar una falsa leyenda emplebeyecida [...] como nuestra ciudad. Contra semejante leyenda sólo una rigurosa depuración puede oponerse. Depuración en todos los órdenes dentro de una fina cordialidad para los diferentes gustos y tendencias. Las épocas de avanzadillas literarias de ismos y escuelas han pasado al fichero del cronista. Hoy sólo hay arte. [58]

Sintetiza G. de Torre, de forma clara, este proceso en los siguientes términos:

> Los poetas de *Litoral*, *Mediodía* y grupos colindantes, me producen el efecto de ser —mitad y mitad— continuadores y disidentes [de la vanguardia]. Continuadores que toman como punto de partida para sus exploraciones líricas la última meta alcanzada por sus predecesores.

Respecto al portazo que el 27 dio a los «ismos» —que no fue tal en realidad, porque, con buen criterio, sus componentes, siguieron aceptando muchos de los hallazgos expresivos de la vanguardia— podrían hacerse fáciles lecturas e interpretaciones sociológicas. Pues, si en los desplantes vanguardistas —e incluso en el «minoritarismo» juanramoniano— puede verse un fermento revolucionario y un intento de ruptura con la tradición pequeño burguesa de la literatura imperante años antes, en el ideal purista hemos de ver un movimiento de retorno y de búsqueda de la burguesía culta [59], una capacidad de adaptación al medio literario que los del 27 —al menos como bloque— nunca desmintieron. De que no es ésta una opinión particular y subjetiva dan testimonio las siguientes palabras de Guillermo de Torre (1925):

> Clasicismo, neoclasicismo y clasicismo de lo moderno. Estos lemas y preocupaciones han prendido especialmente en aquellos espíritus débiles que un momento incorporados al movimiento moderno, después, al poco tiempo, por laxitud, pereza o ausencia de fe, *no han tenido valor para seguir adelante, para llegar hasta la meta, quedándose detenidos en un recodo del camino, estratégicamente situados.* Son aquellos espíritus que, si en un principio (y nuestro ultraísmo, malhadamente, es fértil en ejemplos) siguieron de buen grado la corriente de algo que a su vez sólo era moda efímera —[...]— y se enrolaron en las huestes exaltadoras del maquinismo [...], después se han golpeado el pecho abominando ingenuamente de las «alas mecánicas» [...]. [60]

No insistiré ahora en este punto, porque lo que me interesa examinar es el proceso de reconversión de los principios vanguardistas, para comprobar a continuación cómo el resultado difiere cualitativamente de lo buscado por Juan Ramón en su poesía y en su obra de reflexión. Me limitaré a las líneas esenciales.

57. Véase A. BLANCH, *op. cit.*, 189-190; también, A. Leo GEIST, *op. cit.*, 124.
58. *Mediodía*, 1 (junio de 1926), 2. Véase también la reseña de Guillermo de TORRE a *Vuelta*, de Emilio Prados [*GL*, 13 (1.º de junio de 1927), 4]; y, de A. Leo GEIST, *op. cit.*, 156-157.
59. Así lo entiende César María ARCONADA en texto de 1933, recogido hoy en *Los novelistas sociales españoles (1928-1936)*, ed. de Esteban-Gonzalo Santoja (Madrid: Ayuso, 1977), 116.
60. «Clasicismo y romanticismo en la novísima literatura», *Plural*, 2 (febrero de 1925), 13-14. De «neoclasicismo camuflado de *vanguardismo*» tachó, ya en 1924, A. Marichalar a la joven poesía española. Cfr. E. LÓPEZ-CAMPILLO, *La «Revista de Occidente»...*, op. cit., 191.

Los jóvenes poetas del 27 llegan a la palestra literaria en un momento en que están en plena efervescencia movimientos como el creacionismo y el ultraísmo. Siguiendo los pasos ultraístas, reaccionan los profesores-poetas contra la tradición más reciente con una actitud hostil, que hace su explosión definitiva en los actos de homenaje a Góngora [61] y que, de forma tan clara, queda retratada en *Lola*. Mayores huellas dejó en ellos el creacionismo, cuyos postulados, sintetizados en las fórmulas que propone Antonio Blanch, asumieron totalmente: «estilización extrema de la realidad; reducción de la realidad física o psíquica a imágenes, que, sin dejar de representar lo real, se encuentren lo más lejos posible de la naturaleza; elaboración de imágenes que signifiquen la naturaleza, pero mediante un gran rodeo de abstracción, pues la belleza no radica tanto en su poder de significación natural como en su propia realidad plástica de imágenes verbales» [62]. A través de ultraístas y creacionistas accedieron a Apollinaire y Cocteau, conocieron la estética del grupo *Nord-Sud*, y especialmente a Pierre Reverdy y Max Jacob. De ellos tomaron su preocupación por el lenguaje; la confianza en la fuerza poética de la imagen; la necesidad de transformar la sintaxis y conferir poder de significación a la distribución tipológica de los signos y a los espacios en blanco; y, sobre todo, el intento de lograr una poesía arquitectónicamente más construida [63]. Del mismo contexto vanguardista extrajeron el sentido lúdico de la creación, la gratuidad del arte y la exigencia de lograr una total asepsia sentimental, postulados, todos ellos, básicos también en la fórmula de la deshumanización.

La transformación de estos presupuestos en la retórica de la *poesía pura* se realiza, al dictado de la *Nouvelle Revue Française*, cuando los hombres del 27 sintieron la necesidad de sustituir el libre funcionamiento de dichos presupuestos por una doctrina que englobase a todos ellos y regulase, de forma sistemática, su utilización. Viene a concluir este proceso con el «alza —dice Antonio Blanch [64]— del racionalismo y la crítica» en torno a 1925. Supieron los del 27 acomodarse a este alza y, cuando Gerardo Diego dice «necesitamos una poética» [65], se ha dado ya el primer paso para la transformación de los orígenes vanguardistas, de donde él y la mayor parte del grupo surgen.

Conocemos la finalidad perseguida por esta *poesía pura*: crear, es decir, fabricar «formas y estructuras fijas en las que reine el orden y la necesidad». Sabemos también quién es su inspirador: Paul Valéry y el grupo de la *N. R. F.* [66]. Veamos ahora cuáles son los principios en que se basa:

1.º *Vuelta a la estrofa y a las formas clásicas* [67], con el peligro que esto lleva consigo: el de caer —como muy pronto vio Marichalar [68]— en una mera versificación vanamente ornamental, peligro que, si hemos de ser sinceros, no siempre

61. De los cuales fueron excluidos, si bien lo fueron indirectamente, Ortega, Unamuno y Juan Ramón. Véase BLANCH, *op cit.*, 93-94; también Leo GEIST, *op. cit.*, 38-40.
62. Antonio BLANCH, *La poesía pura...*, *op. cit.*, 112. El influjo creacionista en los poetas del grupo del 27 ha sido tratado también por A. Leo GEIST, *La poética...*, *op. cit.*, 43-48 y 93-104.
63. Antonio BLANCH (*op. cit.*, 227-233) aporta una bibliografía amplia y escogida sobre tales influencias y contactos.
64. *Op. cit.*, 118.
65. «Retórica y poética», *ROcc*, VI (1924), 284
66. Antonio BLANCH, *La poesía pura...*, op. cit., 150-151.
67. *Ib. id.*, 215 y 279.
68. Cfr. Leo GEIST, *op. cit.*, 135.

acertaron a vadear los poetas-profesores [69]. Coincide esta involución clasicista con el gusto por lo abstracto y por el cultismo. [70]

Mientras los jóvenes poetas hacían esto, Juan Ramón se preocupó de señalar cuál era el origen, las limitaciones y los peligros, que la sistemática vuelta a la estrofa llevaba consigo. Sus palabras en este sentido no admiten equívocos:

> [...] Es evidente. De ¿2, 3, 4, 5? años acá, por no sé qué mezclas y qué conclusiones, coincidencias, incidencias, azares franco-españoles —Mallarmé, Valéry, Góngora, Rubén Darío, J. R. J.—, algunos de nuestros jóvenes poetas y prosistas de los mejor dotados jeneralmente, pero sin la espontaneidad y el dinamismo propios de la juventud, han dado en un manosear, en un limar, lamer, lamir, de fuera a fuera, el verso y la prosa que empalagan y hastían. Revistas, libros, vienen llenos de confites recortados de una misma confitería con varias sucursales [...].
> ¿De dónde viene concretamente todo esto? Jorge Guillén era el dispuesto, el pertrechado. Alfonso Reyes aquí, Cassou, Valéry Larbaud allá, los impulsores. Me parece que el instrumento de partida ha sido la décima. Una décima nada gongorina, por cierto, de Manuel Machado, publicada, si no recuerdo mal, en *Alfar*, de La Coruña, y reproducida, ¿no?, por Jorge Guillén en *La Libertad*, de Madrid. Entonces viene el reino efímero de la décima, los decimistas, los decimales, los decimados, los décimos. Empieza un joven maestro del verso y de la prosa: Guillén. Su décima es ya gongorina y calderoniana también. Sigue Gerardo Diego, que salta así del creacionismo; Luis Cernuda y otros, otros, otros que sin hacer décimas hacen décimas y tercetos, sonetos y octavas como décimas, y versos de circunstancia y acrósticos como décimas, y charadas, todo igual.
> Ahora bien: ¿Es esto gongorismo? ¿dónde aquí el acento, la potencia, la consecuencia de Góngora? Góngora, como todo poeta en plenitud, vivió en sí la historia de la poesía. Primero lo romántico —su romanticismo ¿eh?, no el de luego—, lo tierno, lo sensitivo, lo más lijero, lo propio de la juventud: luego, lo clásico, lo varonil, lo serio, lo alambicado, lo recargado, lo redicho, siempre con el gran aliento de lo jenial. Pero jóvenes, queridos amigos, lo redicho, lo alambicado, no se puede profesar ni difundir más que cuando es producto último y espontáneo de un propio y lójico desenvolvimiento, como en Góngora (*EEE*, 25-26).

Abundan los textos en que Juan Ramón defiende su punto de vista y su posición frente a la tendencia citada. Anotaré, nada más, algunos de sus aforismos:

> Número, acento, rima, nunca están en el verso, sino siempre en el poeta. Por eso no hay formas uniformes, y no es imprescindible inventar otras, que sin poeta de voz y movimiento propios, siempre serán, por diferentes que sean, las mismas; y con poeta pleno, serán equivalentes siempre a las normales (*EEE*, 378).

> Para que la poesía sea lo que nosotros queramos, el verso libre, blanco, desnudo; para que sea lo que ella quiera, el consonante, el asonante, la medida y el acento exactos (*EEE*, 308).

2.º *Exaltación y sobrevaloración del virtuosismo técnico*, concediendo especial importancia al *ingenio*, con el fin de sustituir el misterio simbolista de la otra *poesía pura* por la dificultad de lectura, el enigma y el hermetismo [71], valores de

---

69. Quién dudaría hoy del acierto de JARNES [«Sistema lírico decimal», *El estudiante*, 11 (21 de marzo de 1926), 12], cuando, al comparar las aleluyas de Machado con algunas décimas de Guillén, afirma: «Aquí [en Machado] los ladrillos son las alas. Pero no podría volarse con diez. Y entre diez ladrillos inertes, el pensamiento queda muy prensado». Sin embargo, de que la vuelta a la estrofa no tiene un único significado da testimonio Leo GEIST, *op. cit.*, 132 y ss.

70. *Ib. id.*, 138.

71. CANO BALLESTA, *op. cit.*, 48.

alta cotización en la bolsa de la «escuela española de la poesía pura». En 1927, resumía M. Arconada esta característica de la poesía de su tiempo con las siguientes palabras:

> Nos enseña, simplemente, la supremacía de lo complicado sobre lo sencillo...
> En arte, la sencillez es fragilidad; la complicación es peso, es densidad, es fortaleza [...]. Fragilidad: fugacidad. Densidad: perennidad. Lo sencillo siempre tiene un impulso corto y limitado... Contener enigmas es contener futuro. El alcance de las trasparencias es corto [...]. En cambio, la complicada belleza, áspera y cortante de aristas, es, de continuo, una llamada incitadora para los espíritus curiosos. Nada atrae tanto como las sombras [...]. [72]

Cano Ballesta [73], que recoge este texto, le adosa el siguiente comentario:

> Se supervalora el ingenio y trabajo del artífice; Juan Ramón Jiménez sirvió de ejemplo y acicate en ello.

¿Cómo puede Cano Ballesta decir lo que dice, si el ideal estético de Juan Ramón es la antinomia matemáticamente exacta del texto citado? Recordemos, uno por uno, los siguientes aforismos; todos ellos son de esta época que estamos estudiando. Nos servirán para comprobar, una vez más, la radical diferencia que existe entre Juan Ramón y el ideal de pureza representado por el 27. Escribe Juan Ramón:

> Una obra atraerá tanto tiempo cuanto dure su secreto *revelado* (*CU*, 223).
> Al secreto más raro, recto, por un camino franco (*CU*, 230).
> Evasión: para los oscuros tengo lo claro; para los claros, lo secreto (*CU*, 236).
> Un *raro* tan *sencillo*, que perdure raro a través de todas las complicadas *rarezas* pasajeras (*EEE*, 367).
> Fuerte, pero sólo en la medida bastante para no dejar de ser delicado (*EEE*, 203).

Si la poesía pura española camina hacia el *hermetismo*, la juanramoniana lo hace hacia el *orfismo*. Pongamos a Juan Ramón en su sitio justo. Su poesía puede ofrecer dificultades de lectura, pero siempre ello se debe a la riqueza de la intuición, que el poeta pretende hacer transparente, y nunca contradice el ideal juanramoniano de claridad y sencillez expresiva. No se trata de crear enigmas, sino de revelar secretos. No ocurre esto, por lo general, en la mayor parte de la *poesía pura española* de esta época. Las dificultades que asaltan al lector son resultado de un alambicamiento formal y expresivo, detrás del cual puede dar la impresión de que lo único que nos queda, en la mayor parte de los casos, son significados banales. [74]

3.º *Distanciamiento de realidad y vida*, principio en estrecha relación con la exigencia anterior. La orientación de la poesía del 27 hacia la realidad exterior, tantas veces reseñada por la crítica, tiene por objeto la creación de una realidad al margen de la vida. Todo signo de vida, todo sentimiento, incluso el yo del poeta, es suprimido. No se trata de lograr una visión pura y sorprendida ante las maravillas del mundo exterior, sino de interponer entre la vida y la realidad las *formas*

---

72. «La música en la obra de Góngora», *Verso y prosa* (6 de junio de 1927).
73. *La poesía española entre pureza y revolución*, op. cit., 25.
74. Remito al comentario que Juan FERRATE [*Dinámica de la poesía* (Barcelona: Seix-Barral, 1968), 62 y ss.] hace de «Naturaleza con altavoz», de Jorge Guillén.

creadas, de lo que resulta una visión profundamente codificada, mediatizada y culturizada. El poeta del 27 —y es el propio Salinas el que lo afirma— magnifica, exalta la realidad. La realidad cruda no le parece poética y opera en ella con el poder mágico de la palabra, la metáfora y la imagen. [75]

Sirva de resumen de los tres puntos comentados el siguiente texto, que Giménez Caballero, aceptando la juanramoniana distinción entre *poesía pura* y *pura poesía*, dedica a la obra del 27:

> Estos productos, los de la poesía pura, están casi todos caracterizados por un estilo que pudiera llamarse hermético. Una poesía para pocos. Poesía algebraica, numérica, de laboratorio y de alquitara. Por eso se denominó pura a esa poesía. Sin que ello supusiera que esta poesía pura fuese pura poesía. Se hizo una escuela, un cliché, un standard. Y como tantas otras escuelas de poesía que en la historia existieron, produjo versificadores que no todos ellos eran poetas. [76]

Veamos a continuación cómo la analizada tendencia formalista [77], en que se resuelve la retórica purista del 27, difiere esencialmente de la estética que define el ideal juanramoniano.

---

75. Pedro SALINAS, *Reality and the Poet in Spanish Poetry* (Baltimore: The John Hopkins Press, 1966), 139-140.

76. Recorte de prensa fechado por el propio Juan Ramón en 1933. El texto se publicó en *Informaciones* de Madrid.

77. Antonio BLANCH, *op. cit.*, 150 y ss.

LA PUREZA POETICA JUANRAMONIANA

Se dio cuenta, en seguida, Juan Ramón de que el término *poesía pura*, en mano de los poetas-profesores y de su crítica aliada, desembocaba en una retórica —la de Valéry y, por extensión, la de Guillén. Lo que él busca, sin embargo, no es una retórica, sino una estética abarcante que enfocase su estudio a la esencia de lo poético, y no a la confección de normas, ni a la exaltación de ciertas técnicas. Citaré para abrir este párrafo un extenso texto juanramoniano, escrito en 1927:

> La poesía española —como su prima política la francesa hasta el día de Baudelaire— raras veces ha alcanzado las sétimas órbitas de la gran poesía, donde jiran, perdurables, la inglesa, por ej., o la alemana.
> En los últimos tiempos —Góngora sólo pudo sublimar la forma—, algún orgulloso poeta descontento había tenido la fortuna de ascenderla totalmente, con ansia y fervor, al suelo universal de la estabilidad y el ejemplo. Otros, tres, cuatro, cinco, cojieron después, con más o menos decisión, el camino firme. Ahora, de pronto, desgraciadamente, y como si esto no hubiera sido nada, parte de una juventud asobrinada casi toda ella, y desganada, tonta, pobre de espíritu, vana, inculta, en jeneral, pretende limitarla en nombre de lo popularista o lo injenioso, a la arenilla fácil, al azulillo bajo del aro y el globo infantil [...].
> Lo que suele llamarse popular y, en otra escala, lo injenioso, deben estar asumidos en todo poeta, como una savia y un capricho [...]. Sus guirnaldas de encanto [...] adornan y completan [...] la obra plena de un artista verdadero. Pero, cuidadito, injeniosillos, popularistas, que esas lijeras gracias aisladas y a todo trapo, cansan y terminan, como las gracias repetidas de los niños.
> Recuerdo a ciertos jóvenes actuales que puedan y quieran todavía entenderme —a riesgo de su enemistad y con la evidente ilusión de que no se queden adormilados para siempre contra el olé y el ay del arbolé, contra el acróstico y la charada, contra el eco y el humo, contra el diletantismo del xismo: contra tanta idea minúscula—, la hermosa galería secreta de la frente reflexiva, el mirador difícil de los orizontes [sic] abiertos, el alto ámbito casi desierto del ala poderosa; los planos, los grados, los niveles de la poesía suprema (*CU*, 131-132).

Es cierto que, para muchos, este texto seguirá siendo ejemplo del carácter veleidoso e irritable del poeta. Para mí, es la crítica justa y exacta —otra cosa es que lo que Juan Ramón valora negativamente sea realmente negativo— de una época.

Revelan las palabras de Juan Ramón un desacuerdo absoluto con las *tendencias formalistas* de la *poesía pura* del 27, y dejan entrever claramente que su ideal de *pureza* marchaba por rumbos muy distintos. El mismo sentido tienen algunos aforismos:

> Los poetas se salvan por la forma. Pero eso no quiere decir que la forma se haga con la idea de salvar la poesía (que no admite más forma que la suya) (*EEE*, 216).

> Supongamos que encontrásemos en nuestro camino a Dios. ¡Qué fracaso para El y para nosotros! Pues así esa monserga de la poesía acabada, cerrada, perfecta. Las doce en el reló. Doce tiros a la poesía y al lector (*EEE*, 217).

No se basa Juan Ramón en la atención a las *formas*, sino en el cultivo de lo espiritual:

> Góngora eleva la *forma* a la altura que los grandes poetas abstractos —Dante, Shakespeare— habían elevado el espíritu. Yo no soy gongorino. Yo depuro de dentro a fuera. Nunca he pensado la palabra como *joya*, sino como *vida* (*EEE*, 42).

Tal, y no otra, es la tesis que nuestro poeta mantiene en esta época y que más tarde, en su espléndida crítica titulada «Crisis del espíritu en la poesía española contemporánea» (*EEE*, 149 y ss.), desarrolla. Desde este punto de partida, contradice la estética de Juan Ramón, uno por uno, todos los presupuestos de la retórica del 27. Acabamos de ver en el apartado anterior cómo se opone tanto al ideal de obscuridad, dificultad y enigmatismo, como a la condicionada vuelta a la estrofa, que, durante la época de la poesía pura de los años veinte, se produce. No me detendré, por ello, en estos dos puntos y pasaré a estudiar el tercero de los anteriormente citados.

Su concepción de la palabra como *vida*, y no como *joya*, nos sitúa ya en el lugar preciso para enfocar esta última cuestión de forma adecuada. No trata Juan Ramón de crear con su poesía una realidad al margen de la vida, sino de abrir con su palabra nuevas vías de conocimiento y de valoración hacia las auténticas realidades: aquellas que tienen una operatividad dentro de la *vida*. Si la realidad que el 27 aspira a crear se representa «no en ideas o valores morales, sino en volumen, formas, apariencias seductoras» [78], las pretensiones de Juan Ramón se orientan, en sentido totalmente opuesto, a la creación de un instrumento que permita transformar el mundo exterior en valores y significados para la *vida*. Concibe la palabra como *vida* y no como joya. No se trata de «corregir» la realidad, sino de perpetuarla y darle existencia, porque, pregunta Juan Ramón,

> Poetillas del vistoso artificio de la guardarropía metafórica, ¿ha sido necesario nunca inventar una nueva mujer desnuda? (*EEE*, 299).

Y si el ideal de pureza juanramoniano difiere totalmente de las líneas generales de la *poesía* pura de los del 27, la distancia no es menor en cada uno de los presupuestos, en que dichas líneas se apoyan. Tomaré, como punto de referencia, los rasgos esenciales que la crítica ha destacado en la caracterización de la etapa purista del 27. Si ésta se caracteriza por el predominio de lo *intelectual* y cerebral [79], propondrá Juan Ramón que se escriba «en el idioma de los *sentimientos* y no en

---

78. Pedro SALINAS, *Reality and the Poet...*, op. cit., 139.
79. Leo GEIST, *op. cit.*, 87, y 153-154.

el idioma de las palabras» [80]. Si tiende a la *abstracción*, advierte Juan Ramón que «la poesía ideolójica no debe ser puramente ideolójica; para evitar cierta sequedad, que [...] existe siempre en el concepto aislado [...], conviene mezclarlo siempre con un paisaje [...], con una *entrevisión lírica*» (*LPr*, 490). Si se le concede a la imagen una actividad relevante en la creación poética [81], limitará Juan Ramón el valor de la imagen a su dimensión simbolista [82]; el resto de «imágenes creadas» es «desechado» (*Mod*, 209-210), en tanto en cuanto alejan poema y vida. Si se confía excesivamente en la técnica [83], advierte Juan Ramón que «un poeta sucesivo, renovado [...] lo es primero por su *espíritu*, nunca por su materia artística o científica, ni por la materia que traiga entre manos [...]. La técnica puede servirle para fijar las radiaciones de su ser íntimo, *que nunca saldrían de la técnica por sí misma*» (*TG*, 118). Si la poesía del grupo que preside Guillén «depende de las cosas» [84], está volcada hacia los objetos de la vida moderna, opta Juan Ramón por una poesía de «elementos eternos», válidos para «la vida verdadera» (*EEE*, 335). Si, al definir el arte como juego, afirman aquéllos el carácter gratuito y voluntario de la creación, les sale Juan Ramón al paso, dejando en claro que la poesía auténtica no depende de un acto de la voluntad, sino que responde a una necesidad ineludible para el auténtico poeta:

> El poeta fatal es el que cumple involuntaria y voluntariamente su destino. El poeta simplemente voluntario «cumple», como suele decirse, con la poesía, pero su destino puede ser otro, otros son sus destinos. Escribe su poesía, digo, su escritura poética, como haría un reló, una escalera o una jaula. Es, sin duda, un artesano.
> Paul Valéry, que significa hoy el máximo de este tipo de poeta voluntario (Mallarmé era fatal, fatalmente voluntario en todo caso), dice con frecuencia que él es un poeta artificial.
> Pero si no lo fuera, y más de lo que él mismo cree, si pudiera no serlo, no lo diría con tan jactante postura (*EEE*, 202).

Si generalmente se había aceptado la «deshumanización del arte», Juan Ramón en 1927 escribirá:

> [...] mis libros no tienen para mí importancia alguna. Soy ante todo humano (*C*, 243).

Es suficiente, por ahora, dejar constancia de las radicales diferencias que la estética de Juan Ramón establece respecto a la retórica de la generación española de la poesía pura [85]. No me detendré ahora, pues, en analizar y comentar en qué consiste el concepto manejado por nuestro autor. Aplazando este trabajo hasta la segunda parte de la presente investigación, basta añadir que, si la poesía pura española pretende romper con los restos del romanticismo, vivos todavía en la herencia modernista, el ideal de pureza juanramoniano busca, precisamente, todo lo contrario: profundizar en los hallazgos del modernismo —es decir, del simbolismo—, a través de la dirección intimista marcada por Bécquer. Las diferencias son, pues, globales y esenciales, además de parciales y concretas.

---

80. Véase (*EEE*, 246) la respuesta de nuestro poeta al «no se hacen versos con ideas, sino con palabras». Cfr. Antonio BLANCH, *op. cit.*, 122.
81. *Ib. id.*, 133.
82. Véase lo que afirma Sabine R. ULIBARRI, *El mundo poético de Juan Ramón* (Madrid: Edhijar, 1962), 127; y también, de Ricardo GULLÓN, «Símbolos en la poesía de Juan Ramón», *LT*, V, 19-20 (1957), 211.
83. Leo GEIST, *op. cit.*, 128.
84. Jorge GUILLÉN, «Más allá», *Cántico* (Barcelona: Lábor, 1970), 86.
85. Antonio BLANCH, *op. cit.*, 14.

LA REACCION ANTIPURISTA

Aunque toda la crítica está de acuerdo en señalar, al final de los años veinte, el inicio de una reacción antipurista, no existe acuerdo para calificar dicha reacción. Se ha hablado de *rehumanización, neorromanticismo y compromiso*. Tampoco hay coincidencias a la hora de precisar las fechas en que el cambio de estética se produce. Sabemos que es alrededor de 1925, cuando se inicia lo que Guillermo de Torre expone en el siguiente texto:

> Son ya demasiadas las alusiones y la estrecha corriente clasicista, aumentada por la lupa de algunos turiferarios parciales, amenaza ser un río desbordado [...].
> Clasicismo, neoclasicismo y clasicismo de lo moderno [...]. He aquí, repetidos, los modelos propuestos como faros alucinadores a los jóvenes pintores y poetas, desde los fríos «pasticheurs» de Ingres hasta los discípulos de Jules Romains en *Le mouton blanc*, pasando por los hipotéticos seguidores dorsianos. *Y enfrente*, como máscara aterradora, como fantasma siniestro del que debe huirse a paso ligero, es colocado el emblema del Romanticismo, exornado de los más caprichosos atributos. Ciertamente, si creemos a los hábiles trastocadores de enseñas y otorgamos al clasicismo, sin discusiones, el monopolio del concepto del «arte por el arte», la razón sobre la sensibilidad, la perfección, la medida, la trascendencia y hasta la posteridad asegurada —con otras ventajas que burlonamente calificaríamos de domésticas y burguesas y que lo equiparan a un seguro de vida—; y si vemos, por el contrario, en el romanticismo el concepto del «arte de la belleza», la inquietud o la novedad, el predominio de la sensibilidad sobre la razón [...], pocos serán los jóvenes que no vacilen y se adscriban inmediatamente al culto del primero, del clasicismo. [86]

Definen con exactitud estas palabras un momento determinado de la escuela española de la poesía pura, vigente entre 1925 y 1929 aproximadamente. La actitud que revelan no puede, sin embargo, aplicarse a poetas como Unamuno, Machado y Juan Ramón. El antirromanticismo afectó al grupo del 27, pero estuvo muy lejos de convertirse en una tendencia generalizada en la poesía española de aquellos años. Frente al fervor del 27, la oposición al «clasicismo de lo moderno», fue muy fuerte. En 1927, Unamuno comenta:

86. «Clasicismo y romanticismo...», *art. cit.*, 13.

[...] recibo un número de *La Gaceta Literaria* que consagran a D. Luis de Góngora y Argote y al gongorismo los jóvenes culteranos y cultos de la castrada intelectualidad española [...] y veo que esos jóvenes «mucho Océano y pocas aguas prenden». Y el océano sin aguas es acaso la poesía pura [...]. Y ved cómo yo [...] no encuentro poesía, esto es, creación, esto es, acción, donde no hay pasión, donde no hay cuerpo y carne de dolor humano, donde no hay lágrimas de sangre. [87]

No está dispuesto don Miguel a reducir la poesía a «una quisicosa puramente formal y técnica, que se trabaja a fuerza de escoplo, regla, papel de lija y barniz». Con la misma crítica nos encontramos en las palabras que dirige A. Machado a Giménez Caballero en 1928:

[...] Esos mismos poetas [los de la poesía pura española] que no son, como los simbolistas, hondos y turbios, sino a la manera de su maestro Valéry, claros y difíciles, tienden a saltarse a la torera —acaso Guillén más que Salinas— aquella zona central de nuestra psique donde fue siempre engendrada la lírica. No están fuera de la gran corriente planificadora del arte.
Son más ricos de conceptos que de intuiciones y, con sus imágenes, no aspiran a sugerir lo inefable, sino a expresar términos de procesos lógicos más o menos complicados. [88]

Desde 1921, por lo menos, viene elaborando también Juan Ramón una concepción «artística vital» [89]. No es preciso extenderse en comentar estas notas, para comprobar que, a la vez que una parte reducida de la poesía española se lanza por los caminos de la «deshumanización» y la pureza química, otra parte —al menos tan representativa como la primera— se niega a seguir dichos pasos: no admite la supremacía de la razón sobre la sensibilidad y, entre las opciones que el texto de Guillermo de Torre ofrecía, prefiere decididamente la segunda de ellas: la romántica. La deshumanización y el antirromanticismo de la primera etapa (1925-1929) del 27 no pasan de ser rasgos distintivos de un grupo y no pueden, por ello, tomarse como punto de referencia para definir el clima poético general de la época. Resulta peligroso, en consecuencia, hablar de *rehumanización* [90] o de *reacción neorromántica*, si, al hacerlo, pretendemos constatar otra cosa que no sea el fracaso de la estética del grupo de poetas-profesores y su retorno, a través de los tres poetas mayores, a las líneas centrales de la poesía española del siglo XX. Dos revistas, especialmente, dan testimonio de que esto es así: *Héroe* y *Los cuatro vientos*. Ambas, para cada uno de sus números, buscan —y en ello yo veo algo más que un gesto— la presencia de Unamuno, Juan Ramón Jiménez o Machado para la primera página [91]. Basta citar, como una prueba más de lo que acabo de decir, el texto en que Dámaso Alonso [92] acuña el término *neorromanticismo*:

[...] poco a poco, en un espacio de unos tres años (1929-1932) se ha estado produciendo un fenómeno curiosísimo, y es este: que muchos de estos mismos poetas tachados de «poco humanos» (Alberti, Aleixandre, Altolaguirre, Cernuda, García Lorca, Sali-

---

87. *Cómo se hace una novela* (Madrid: Alianza, 1976), 158.
88. En *La Gaceta Literaria* (15 de marzo de 1928). Véase también su respuesta a «¿Cómo ven la nueva juventud española?», *GL*, 53 (1.º de marzo de 1929).
89. De «Ideas para un prólogo», *art. cit.*
90. Carlos y Pedro CABA, en *Eco. Revista de España*, 9 (octubre de 1934).
91. Véase cómo J. de IZARO [«Decadencia del esteticismo», *El sol* (16 de septiembre de 1932), 2] se coloca bajo la advocación de Unamuno, en cuya obra encuentra el camino para escapar de los límites cerrados de la poesía pura.
92. «La poesía de Vicente Aleixandre» (1932), en *Poetas españoles contemporáneos*, op. cit., 269-270; también —y antes— José Díaz FERNÁNDEZ [*El nuevo romanticismo* (Madrid: Zeus, 1930)] supo observar, en la literatura española del momento, un alza de los valores románticos.

nas, etc.), por los caminos más distintos [...], vuelven los ojos a la profunda raíz de la inspiración poética, y no eluden el tema directamente personal ni el tono apasionado [...]. Asistimos, pues, a un movimiento que podríamos calificar de *«neorromántico»*, por lo que tiene de reacción contra la contención anterior, pero sin atribuir a tal palabra nada de precisión cualitativa ni cuantitativa.

Dentro de la imprecisión con que Dámaso Alonso acuña el término, el *neorromanticismo*, en principio, nada añade que no existiese ya antes. El «retorno a Bécquer» [93] hubo de realizarse necesariamente —quisiéranlo o no los del 27, en su momento— a través de Juan Ramón Jiménez. Era en definitiva plegarse a lo que Unamuno, Machado y el propio Juan Ramón habían pedido insistentemente.

Reducir, pues, la poesía española de 1925 a 1936 a la dialéctica de *pureza* y *revolución* resulta excesivamente simplista. Menos sintética, pero, en mi opinión, más exacta es la propuesta de Antonio Marichalar. Para él, en el período citado, coexisten tres formas de concebir el arte: el arte al servicio del arte (poesía pura), el arte al servicio del hombre (Juan Ramón y el programa cultural del 14) y el arte al servicio de la moral, o de la política (poesía social) [94]. Tomando, pues, como punto de partida la división propuesta por Marichalar, podemos decir que, en la etapa comprendida entre 1925-1929, la poesía se mueve en el enfrentamiento dialéctico de las dos primeras opciones entre sí, mientras que en los años siguientes (1929-1936) la oposición se da entre las dos primeras, por un lado, y la tercera, por otro. La vertiente *neorromántica* no añade elementos nuevos, ni cualitativa ni cuantitativamente, a la «rehumanización». El mismo término *rehumanización* queda en entredicho, ya que la deshumanización nunca había alcanzado obras como la de Juan Ramón o Machado. Ni siquiera el discutido influjo del surrealismo [95], en la poesía española posterior a 1929, supuso una inflexión definitiva en la formación del concepto de poesía «humana», que implicaba el ideal de pureza juanramoniana. Sirvió, por el contrario, para poner de relieve la validez y modernidad de muchos de sus postulados: así, la identificación de lo esencial poético con una fuerza interior incalificable, en constante lucha con las insuficiencias expresivas del lenguaje; la concepción del poeta como *medium*; o, finalmente, el arraigo *vital* de toda experiencia artística. Un cambio real no se produce hasta el momento en que el arte se pone «al servicio de la revolución». Hago mías las palabras que Leo Geist dedica al tema:

> El surrealismo en España no fue un fenómeno monolítico, y ya hemos destacado su carácter doble de transición. *En el caso de Aleixandre el uso de técnicas surrealistas constituye, en un sentido muy importante, una continuación de la línea vanguardista y purista.* Para Alberti, García Lorca y Cernuda, en cambio, el surrealismo había sido el primer paso necesario en la formación de una conciencia social en su poesía; *pero también les había sido preciso superar esa etapa para confrontar en su arte las realidades sociales del tiempo.* Surgirá en los próximos años la formación de nuevos módulos literarios ajustados a la expresión del nuevo sentido. [96]

93. Del interés que ahora suscita la figura de Bécquer dan noticia los artículos que le dedican Luis CERNUDA [«Bécquer y el romanticismo español», *Cruz y Raya*, 26 (1935)], Dámaso ALONSO [«Aquella arpa de Bécquer», *Cruz y Raya*, 27 y 30 (1935)] y J. CASALDUERO [«Las Rimas de Bécquer», *Cruz y Raya*, 32 (1935)].
94. «Poesía eres tú», *ROcc*, 110 (1932), 292.
95. Vittorio BODINI, *Los poetas surrealistas españoles* (Barcelona: Tusquets, 1971); Paul ILIE, *Los surrealistas españoles* (Madrid: Taurus, 1972); Antonio BLANCH, *op. cit.*, 80-81; Leo GEIST, *op. cit.*, 173 y ss.; Víctor GARCÍA DE LA CONCHA, *Poesía española de postguerra* (Madrid: Editora Nacional, 1973), 33; C. B. MORRIS, *Surrealisme and Spain* (Cambridge: University Press, 1972).
96. Leo GEIST, *op. cit.*, 188-189.

Es cierto quizá que en el surrealismo el centro se traslada de lo individual a lo social, de lo supraconsciente a lo inconsciente. Pero no hay un cambio radical de estética. Una renovación auténtica se produce tan sólo, como acabo de señalar, através de la poesía social-revolucionaria. Sólo en esta vertiente última la transformación afecta, por igual, a expresiones y contenidos. Importa un lenguaje poético, unos temas y unas perspectivas ideológicas que marcan, en poesía, una ruptura definitiva con todo lo anterior. Respecto a una concepción del *arte al servicio del hombre*, no comporta dicha poesía una oposición exclusivamente estética. Ofrece, sobre todo, un claro enfrentamiento ideológico, desde perspectivas fascistas o comunistas, con la mentalidad liberal de la generación del 14. Si el ideal estético encarnado por los hombres del 14 se mantiene aún vivo —en figuras como Juan Ramón— durante los años 20, padecerá, desde el inicio de los años 30 —desde *Post-guerra* (1927) a *Octubre* (1934)—, un ataque directísimo, basado en una concepción distinta de la función asumida por el intelectual. «Ahora, los intelectuales [están] vinculados directamente a las vanguardias de clase, al borde mismo de la militancia». No es una casualidad que la época de mayor auge en la poesía revolucionaria comience en un momento de desengaño (1933-1935), respecto de la eficacia de la *República* de los liberales del 14.

Frente a la «retórica blanca» (*CU*, 180) del purismo representado por Jorge Guillén, la *poesía pura* juanramoniana enlaza —más cerca de la tesis de Henri Brémond, que de la de Paul Valéry— con el simbolismo, y no con el parnasianismo. Conserva siempre, por ello, un fondo romántico, que, en absoluto, podría contravenir los principios del «nuevo romanticismo», surgido en torno a 1930. Sos escasos los postulados estéticos del *neorromanticismo* que no hubiesen sido anticipados ya por la obra de Juan Ramón. Existen diferencias, sin embargo, en la ideología, sobre la que dichas estéticas se asientan. La pureza juanramoniana, partiendo del liberalismo novecentista, sirve a los ideales culturales y pedagógicos del 14. Choca, primero, con las tendencias formalistas del 27 y, más tarde, con las posturas confesionales que, desde la izquierda o desde la derecha, se ofrecen. No ataca el *compromiso* en sí, sino el sometimiento a un programa y la conversión de la poesía en mera versificación de una proclama política. Confiere a la creación la función de abrir caminos y posibilidades diferentes de vida, pero niega que sea lícito marcar direcciones de circulación obligatoria. Puede la poesía desarrollar la sensibilidad crítica, pero debe dejar que la elección, entre las posibilidades ofrecidas, corra a cargo del lector. No interesa transmitir contenidos específicos, sino capacitar al lector para que sea él quien los adquiera. No se le niega al poeta la libertad de tomar partido, pero se afirma que ello exige una forma de expresión distinta a la de la poesía:

> El poeta no es uno de esos verbos perentorios, de urgencia, para el mitin o el motín que se improvisan. La función magistral del poeta sólo a la larga repercute en la sensibilidad del pueblo. Su intuición progenerada, por lo mismo que invade los planos del futuro, carece de contemporaneidad [...].
>
> ¡Al ágora, pues, los hombres de pro, aptos y enérgicos, cabalmente dotados, intelectual y fisiológicamente, para tan brillante menester [...]. Pero dejemos, al margen de la cosa pública, un rincón académico para los poetas, ciudadanos celícolas [...]. [97]

---

97. Juan José DOMENCHINA, «Los poetas y los tribunos», *GL*, 110 (15 de julio de 1931); sobre la relación de la política con la literatura, véase la encuesta que *La Gaceta Literaria* (núms. 22-26, 28 y 30) llevó a cabo entre los intelectuales españoles —en 1927 y 1928— y que ha sido comentada, acertadamente, por Leo GEIST, *op. cit.*, 110-113.

La poesía comprometida lleva consigo, por supuesto, una muy distinta concepción de la creación poética. El cambio de estética, sin embargo, no es producto del cansancio producido por la técnica, el formalismo y la limitación temática de los puros. Frente a ellos, ahí estaban Juan Ramón, Antonio Machado y Unamuno. Es producto de la sensibilización política que generó el advenimiento de la República[98]. Sólo tras la politización de la escritura poética, surge la necesidad de crear un nuevo lenguaje, lo que en sí supone, además, una nueva y distinta concepción de la función del poeta — la de confundir con el pueblo su vida, en vez de dirigirlo espiritualmente—, de la creación, del código, del mensaje y de los referentes. Si, en un determinado momento, esta opción se nos presenta en franca oposición a Juan Ramón Jiménez —*Caballo verde para la poesía*—, esto sucede, porque en ese momento (1935) la *poesía pura* de los hombres del 27 estaba ya suficientemente descalificada, cosa que no ocurría con la concepción juanramoniana. Desde las diferentes formas de confesionalidad adoptadas —basta citar el catolicismo de Bergamín, el fascismo e imperialismo de Giménez Caballero y el comunismo de Alberti— por la literatura posterior a 1930, surge una estética nueva, detrás de la cual es posible ver siempre, una decidida oposición a los postulados del 14. Es *Post-Guerra* (1927-1928), quizá, la primera revista que da testimonio de esto, al declararse revista del proletariado. Pronto, sin embargo, empiezan a surgir editoriales —como Zeus, Cenit, Oriente— que potencian el desarrollo de una poesía confesional y en 1930-1931 aparece *Nueva España* como clara contestación a *España*, exponente de las posiciones liberales de los intelectuales del 14.

Poco a poco, conforme se va aclarando el organigrama político, los enfrentamientos se hacen más matizados y precisos. Desde la derecha, Ledesma Ramos, Agustín Espinosa o Eugenio Montes, coinciden en la necesidad de una «cruzada contra el ateísmo y el *liberalismo* de la Europa senectutaria»[99]. Un texto del último de los citados resume los ataques de la derecha a los intelectuales del 14.

> Desde la lejanía ecuménica a que yo tiendo, la política española de hoy me parece mezquina y miserable. Una España joven tiene que aplastar, como a sapos, a esos *intelectuales* politicantes que [...] impiden la circulación del nuevo espíritu. Cuando los estudiantes derriben lo que ahora manda y entierren con los mandarines a Marañón y a Jiménez de Asúa, quizá yo pueda hablar de política.[100]

Lo mismo puede decirse de los que toman posturas entre la izquierda. Para ellos, «la cultura», representada por el establecimiento intelectual, no es sino «un freno impuesto por la perfidia burguesa al progreso social».[101]

Son los rasgos políticos, tanto como los literarios, los que se convierten en distintivos del arte nuevo, y ello explica la aparición, ahora, de «nuevos géneros», tales como el *mitin* y el *sermón, opuestos* a los habituales del 14. Escuchemos a Giménez Caballero:

---

98. Véase lo que afirma Francisco Pina en su «Prólogo» a *Escritores y pueblo* (Valencia: Cuadernos de Cultura, 1930).
99. Referencia que tomo de Cano Ballesta, *op. cit.*, 100-101.
100. *GL*, 86 (15 de julio de 1930), 3.
101. Cano Ballesta, *op. cit.*, 102; y Leo Geist, *op. cit.*, 205.

Sustituir el ensayo —género anglosajón, liberaloide y extranjerizante— por el castizo *Sermón*, por la *Profecía*, por el *Alerta*, por algo que no salga del intelecto, sin haber pasado antes por las entrañas.

La nueva generación deberá aborrecer el título repulsivo de «intelectual». ¡Basta ya de *intelectuales* en nuestras letras! Que el intelecto sea solo y simplemente el órgano expresivo de las fuentes vitales del hombre: la entraña, el corazón, el sexo...

Hacia 1931 los conceptos de liberal e intelectual, que sirven para definir a Juan Ramón y a su generación, están desprestigiados en toda Europa. Si, en el *ensayo*, los intelectuales del 14 buscaron el desarrollo de la sensibilidad crítica del público a que se dirigían, el director de *La Gaceta Literaria* pretende infundir «implacabilidad, intransigencia, fanatismo, para quitar de en medio todo lo que estorbe a la salvación de nuestros destinos nacionales, cada día en peligro más atroz» [102]. La calidad de la obra de arte comienza a medirse por criterios no estéticos, precisamente. Quizá pueda servirnos, como resumen de la estética del compromiso, el siguiente texto de César Vallejo:

El arte debe ser controlado por la razón [...]. Debe servir siempre a la propaganda política, y trabajar con ideas preconcebidas y claras, y hasta desarrollarse en tesis, como una teoría algebraica. ¿Los Temas? La salud colectiva, el trabajo, la justicia [...]. [103]

---

102. *Hoja literaria* (junio-julio de 1933).
103. César VALLEJO, «Un reportaje en Rusia. V. Maiakoski», *Bolívar*, 6 (15 de abril de 1930), 7.

«POLITICA POETICA» FRENTE A POESIA POLITICA

La polémica literaria de mayor relieve en los años 30 se sitúa en torno a dos opciones: la concepción liberal y las concepciones dogmáticas —fascistas, neo-católicas o comunistas— de la creación literaria [104]. Ha desaparecido prácticamente el ideal purista de los hombres del 27 y éstos evolucionan hacia uno u otro extremo de la polémica. Sus posturas originarias no cuentan ya para nada.

No ocurre lo mismo con la *oferta* estética juanramoniana, en la cual creo ver representadas las premisas ideológicas de los intelectuales novecentistas. Frente a la vertiente politizada de la rehumanización, Juan José Domenchina, a quien también Cano Ballesta coloca en su lista de poetas «conservadores», es uno de los primeros en criticar a los «poetisos» de la *poesía pura* y uno de los primeros en ver en Juan Ramón, hacia 1933, una norma segura y «un delicioso canon artístico» [105], ejemplo de poesía para el futuro. Una persona tan inequívoca como Arturo Serrano Plaja señala cómo cualquier tipo de renovación poética pasa necesariamente por la obra del poeta de Moguer:

> Se da el paradójico caso que hoy, la juventud que se proponga un nuevo concepto de la poesía, *debe apoyarse para abandonar conscientemente el anterior, no en su inmediato y anterior precedente, sino que, saltando por encima, ha de ir a parar nuevamente a Juan Ramón.*
> Por eso le debemos los jóvenes este homenaje. Y quizá también por eso, por *tener que volver a él, para empezar*, quisiéramos incluso reaccionar lentamente contra el [...]. [106]

Si ahora queremos concretar en qué consiste el «canon estético» de nuestro poeta, hemos de definir éste en su oposición a los frentes sucesivos que, en el panorama literario de 1929-1936, lo delimitan. Resulta ser, por un lado, una me-

---

104. No escasearon, desde posiciones más o menos próximas a los hombres del 14, las protestas contra la subordinación del arte a un programa político preciso. Si fue Azaña quien dijo que «en el momento en que el arte se subordina a la política, los artistas viven pero el arte se muere», Guillermo de Torre coincide con él en el siguiente texto: «En el fondo, comunistoides y fascistizantes se dan la mano y se reconocen como hermanos gemelos en el común propósito de aniquilar o rebajar la libre expresión literaria y artística, queriendo reducirla a mera propaganda». Tomo la cita de CANO BALLESTA, *op. cit.*, 165.
105. «Lección de poesía», *El Sol* (5 de febrero de 1933), 2.
106. «Homenaje a Juan Ramón», *Frente literario*, 1, 3 (1924), 6.

ditada contestación a la *poesía pura* del 27 y, por otro, una alternativa a la literatura confesional de los años 30. Todos los textos críticos de esta etapa de nuestro autor dejan traslucir este doble frente de oposición. Me limitaré a citar, nada más, un caso altamente explícito de todo lo que vengo diciendo. Como respuesta al primer manifiesto de *Caballo verde para la poesía* (1935), Juan Ruiz Peña, Luis F. Pérez Infante y Francisco Infantes Florido publican, en la recién nacida *Nueva poesía*, un «manifiesto» que reproduzco a continuación:

Hacia lo puro de la poesía

Ha sido una feliz coincidencia que al salir nosotros esté ya en la calle la revista *Caballo verde para la poesía*, que explica su actitud en un prefacio titulado «Sobre una poesía sin pureza». Aprovechamos la ocasión para declarar que nuestra poética es muy distinta de la de *Caballo verde*. Nosotros queremos ir hacia lo *puro de la poesía*, entendiendo por puro lo limpio, lo acendrado. Y por poetas puros a San Juan de la Cruz, Garcilaso, Fray Luis de León, Bécquer, Juan Ramón Jiménez [...]. Rechazamos lo impuro, en el sentido de confuso, caótico. A todo esto oponemos una gran palabra: *PRECISION.* Nuestra poesía ha de ser —lo pretendemos al menos— poesía de siempre, en una palabra: *POESIA*, algo que no se define pero que se intuye. Creemos que el superrealismo no es sino Romanticismo de escuela llevado a sus consecuencias últimas, la agonía de ese movimiento. Y *Caballo verde*, uno de los últimos baluartes de una escuela y un estilo que desaparecen. [107]

A la vista de este manifiesto y de ciertos aforismos publicados por el poeta de Moguer por aquellas mismas fechas, Cano Ballesta se pregunta «si no se trata de una campaña concertada contra la arrolladora revista de Neruda» [108] por Juan Ramón Jiménez. Esto es totalmente erróneo. Veamos uno de los aforismos a que Cano Ballesta se refiere. Es obvio que en él contesta Juan Ramón, simultáneamente, a *Caballo verde* y a *Nueva poesía*:

Amigos y poetas del *Delirio* y de la *Precisión*: un *Caballo verde* puede galopar con precisión y un Diamante lucir con desvarío.

Más que un ataque a *Caballo verde*, lo que las palabras de Juan Ramón revelan es una preocupación ante el continuismo que, respecto a los postulados puristas del 27, *Nueva poesía* pudiese representar. Atienden otros aforismos de esta misma serie al frente nuevo:

Matemático que politiquea, pintor flautista, político que fotografía, médico que literatea, guitarrista que materniza, madre que feminitea, falta de vocación y de amor. Lo desnudo siempre es nuevo. Lo vestido, más viejo cada vez. [109]

Del mismo modo que se había opuesto a la limitación temática, al mero virtuosismo técnico, a la abstracción, a la supresión de la vida, a la concepción de la creación poética como juego... de los poetas-profesores, disiente Juan Ramón de la politización en que, un poco más tarde, vendrá a caer la poesía. Se opone a confundir lo *social* con lo *humano;* critica el realismo materialista de la nueva poesía y niega la llamada *poesía social*, porque «tiene no sé qué de oficiosa actividad docente» y, sobre todo, porque cree que actividad poética y actividad polí-

---

107.   *Nueva poesía*, 1 (1935), 1.
108.   *Op. cit.*, 213-214.
109.   «Con la inmensa minoría. Crítica», *El Sol* (17 de noviembre de 1935), 2.

tica, aunque no son incompatibles en un mismo hombre, exigen dedicaciones y formas de expresión totalmente distintas. No se opone Juan Ramón a una política cultural, pero sí a una cultura de signo político. La poesía va dirigida a una zona de lo humano que ningún programa político —sea del signo que sea— puede llegar a satisfacer. Reducir el arte a mero reflejo servil de una dirección ideológica o confesional es, por tanto, desatender dicha zona, olvidar la misión primera y específica del arte [110]. Contesta Juan Ramón, con el texto que sigue, los distintos intentos de politizar el arte:

> Pues yo, hombre libre, no quiero nada con ninguna de ellas: ni la falsa España imperialista, ni la falsa España comunista [...]; la imperialista vive en una hueca y aparatosa mentira, que es literatura retórica; y la otra ¿quién cree que es la plena y modesta verdad, poesía? Detesto el fascismo y el comunismo dictatoriales. El hombre superior no es dictador ni imperialista, sino un hombre humano, espandido de amor, delicadeza y entusiasmo, que es, en sí mismo, toda una humanidad superior [...].
> El poeta es el mayor enemigo, en nombre de lo mejor auténtico, de lo peor, de lo falso [...]. No ha olvidado nunca que lo peor verdadero es la injusticia, el hambre, la miseria, por un lado, y por otro, la populachería, el odio y el crimen [...]. Hagamos diariamente con nuestro trabajo gustoso, nuestro propio hombre bueno (*TG*, 77-81).

Un estudio detenido de ese tema, así como de las implicaciones estéticas que lleva consigo, me ocupará en la segunda parte del trabajo. Anotaré ahora, tan sólo, que ante la doble oposición citada, la propuesta juanramoniana vuelve a quedar aislada:

> En 1924 publiqué esta nota [...] y en 1934 la vuelvo a publicar literalmente. Sólo que los que ahora me echan al subsuelo son los que me subían a las nubes en 1924, cuando me echaban al subsuelo los que me ponían en las nubes en 1914, cuando me echaban al subsuelo los que me ponían en las nubes en 1904.
> Y mientras las generaciones pasadas van cayendo cada diez años en la Academia, en el pedido, cambiado o comprado éxito fácil, en el medro político; nuevas jeneraciones, que ahora parece que desprecian la adulación y el logro, como yo he hecho siempre, vienen a mí. Veremos que pasa dentro de diez años, si vivo. Si muero, otros lo verán.
> Pero es bien grato morir vivo y libre. ¡Y qué gran palabra poética esta: desprecio! [111]

Como siempre, eso sí, deja abierta Juan Ramón la puerta y la posibilidad de contacto con las nuevas generaciones. Conocer quiénes son ahora para él los representantes de dichas juventudes nuevas y cuáles son sus ideales puede servirnos para delimitar la postura estética juanramoniana, en el momento en que escribe la nota anterior. Aunque tardía, una carta de nuestro autor a José María Valverde da cuenta de que es en jóvenes poetas como Vivanco, Valverde y Rosales en quienes confía la continuación de la línea Bécquer-Unamuno-Juan Ramón Jiménez, que el 27 había interrumpido (*EEE*, 95).

---

110. Así lo afirma también Machado en sendas entrevistas para *Almanaque literario* (1935) y *La libertad* (12 de enero de 1934). Ambas pueden leerse en *Los novelistas sociales españoles*, op. cit., 66 y ss.
111. Documento J-1/134 (1)/9, de la «Sala de Zenobia y Juan Ramón».

Segunda Parte

CAPITULO I

COORDENADAS GENERALES
DE LA ESTETICA JUANRAMONIANA

PUNTO DE PARTIDA

Existen muy pocas referencias a la poética y al pensamiento estético de Juan Ramón Jiménez [1], y casi todas ellas han sido formuladas con la vaguedad, provisionalidad y cautela que impone la ingente cantidad de materiales juanramonianos todavía inéditos. Algunas de estas referencias apenas hacen otra cosa que dejar constancia de la existencia de esta faceta en su obra. Se ha intentado en otros casos «buscar su concepto de la poesía en la obra poética», pero se han despreciado sus reflexiones teóricas, porque, según afirma Gicovate [2], las definiciones teóricas juanramonianas «pertenecen no al reino de la investigación estética de la esencia de lo poético, sino al campo de penumbra en que se esconde el poeta para no explicarse»; son «parte de la leyenda pseudomística que se ha formado el poeta para satisfacer a un público incrédulo». En consecuencia, mi investigación echa a andar sin apoyaturas bibliográficas. Sólo esta carencia explica contradicciones como la siguiente: El propio B. Gicovate, que, como hemos visto, calificaba despectivamente el «corpus» teórico juanramoniano de «leyenda pseudomística», a la hora de examinar, en otro artículo [3], la poética de las primeras obras juanramonianas, se desdice completamente. Afirma que «se hace necesario averiguar qué concepción del arte informaba los poemas de esta época» y, en este caso, se lamenta de que Juan Ramón haya «dejado muy poco o casi nada, para el estudio de su poética explícita». Por ello, su examen —se excusa— no puede ser «el examen de los dichos y sentencias teóricas que acompañan a la obra», sino el de los poemas. Todo, para acabar reconociendo que, en consecuencia, su «visión no tendrá la autoridad que se puede alcanzar al estudiar la poética madura de Jiménez, puesto que nos faltará la rúbrica de sus propias palabras en prosa».

---

1. En puridad, estudios que versan explícitamente sobre la poética y estética juanramonianas, pueden citarse tan sólo los de Guillermo de TORRE, «Juan Ramón Jiménez y su estética», *art. cit.*; los dos de Bernardo GICOVATE, «Poesía y poética de Juan Ramón Jiménez...» y «El concepto de poesía en la poesía de Juan Ramón Jiménez», *arts. cits.*; y el de Francisco YNDURÁIN, «Hacia una poética de Juan Ramón Jiménez», *art. cit.*; también Lisardo ZÍA, «Ideario estético de Juan Ramón Jiménez», *Poética*, I (1943), 15-19. Existen, además, dos tesis doctorales sobre este tema, pero no me ha sido posible el acceso a ninguna de ellas. Son las de Sor Mary CYRIA HUFF, *Juan Ramón Jiménez. Theory of Poety* (Washington: The Catholic University of America, febrero de 1945), 49 pp.; y de José María RUIZ SENOSIAIN, *La poética de Juan Ramón Jiménez* (Madrid: Universidad de Madrid, 1957).
2. Bernardo GICOVATE, «El concepto de poesía en la poesía de...», *art. cit.*, 205.
3. «Poesía y poética...», *art. cit.*, 192-193.

Ninguno de los dos juicios de Gicovate me parece acertado. Son muchos, en principio, los textos que Juan Ramón nos ha legado «para el estudio de su poética explícita». Pero, además, éstos, en mi opinión, poseen una coherencia tal [4], que los aleja definitivamente de cualquier tipo de «leyenda seudomística». Estoy convencido de que el amplio caudal de reflexiones teóricas que Juan Ramón nos legó tiene en sí mismo un valor intrínseco, que justifica el esfuerzo expositivo que aquí intento realizar. Pero, aún en el caso de que esto no fuese así, habrá que reconocer el valor ancilar que dichas reflexiones tienen para una mejor comprensión de su poesía.

Existe un punto de carácter general del que, antes de abordar el análisis de la teoría juanramoniana, me interesa dejar constancia. Si el «Arte poética» juanramoniano tiene un valor importante para el estudio de su obra en verso —y puede tenerlo también considerado en sí mismo—, hay que señalar, ya desde el principio, que dicho valor no pretende constituirse en norma:

> No pretendo ni deseo —afirma rotundamente Juan Ramón— que este Arte poético sirva a nadie, que el poeta que no es poeta no lo necesita, y el que lo es, menos. Además, no es un ante nada, sino su resultado. Lo que quiero decir con ello es mi análisis y nada más. [5]

Ya había dejado constancia de la misma idea en otro texto muy temprano:

> En la ciencia la explicación de los procedimientos es ejemplar y útil. En el arte sólo servirá para anular otras personalidades (*LPr*, 484).

La poética de Juan Ramón está en función de su propia poesía. No pretende en ningún momento resolverse en reglas. No es normativa, sino analítica. Y lo que Juan Ramón analiza, en un intento de explicar y justificar su propia obra, no es el poema concreto, sino los principios en que se apoya su creación, el proceso espiritual que le da vida, los valores que lo definen y a los que aspira.

---

4.   Lisardo Zía («El ideario estético...», *art. cit.*, 15) afirma que las ideas de Juan Ramón «se han renovado veinte veces en cuarenta años» hasta llegar a negarse unas épocas a otras. Una de las conclusiones que yo pretendo demostrar aquí, sin embargo, es la contraria. La poética de nuestro autor nunca marcha a bandazos. Evoluciona, sí, pero siempre dentro de unas coordenadas precisas. En la primera parte de la presente investigación no pretendí otra cosa que hacer la historia de dicha evolución, y, como allí puede comprobarse, los pasos de esta estética son «contados y bien contados». Asegurando, así, «la unidad esencial fundada en líneas de inspiración y sentimiento apenas alterados», coincido plenamente con la opinión de Ricardo Gullón [«Plenitud de Juan Ramón Jiménez», *Hispania*, XL, 3 (1957), 271], frente a los que pretenden dividir la obra de nuestro autor en etapas muy distintas.

5.   «Aforismos inéditos», *NE* (noviembre de 1979), 6.

MAS ALLA DE LO PURAMENTE ESTETICO

Radica uno de los problemas capitales que se plantean, a la hora de ensayar una sistematización expositiva del pensamiento estético de Juan Ramón, en la amalgama de intereses, que dicho pensamiento intenta abarcar en sus formulaciones. El campo acotado en su poética supera y desborda, siempre, los límites de la estética.

Como ya vimos en capítulos anteriores, el inicio de la actividad poética está íntimamente ligado en Juan Ramón, en relación causa-efecto, con la crisis religiosa padecida tras su estancia en el colegio de los jesuitas de Puerto de Santa María. Su epistolario de juventud —a pesar de ser escaso e incompleto— reúne documentos suficientes para conocer qué era lo que Juan Ramón buscaba, cuando se acercó al mundo de la literatura y de la poesía. Todo hace pensar que lo que persigue en ese momento es hacer —en palabras suyas— algo *que sea alimento espiritual*» (C, 33) frente a las aspiraciones latentes en la crisis religiosa. Recurre por esto a la poesía en demanda de solución para aquellos problemas espirituales que tenía planteados desde la manifestación de su crisis religiosa y, a través de la poesía, pretende, antes que crear un producto estético, encontrar su propio yo. Sus reflexiones abarcan siempre una variable que se escapa de los dominios de la estética, y es esta variable la que determina en gran parte su definición de la poesía.

No son los valores literarios de la poesía los que, en principio, atraen su atención hacia este campo, pues «yo alcanzo poco en materias literarias», dice a E. Redel en carta del 9 de mayo de 1899 (C, 29). Su interés por la poesía reside en otros aspectos, y hay en su epistolario datos que nos convencen de ello:

> Usted —continúa diciendo a Enrique Redel— refleja en sus obras su corazón (dice en su prólogo), y yo digo más: Usted refleja no sólo el suyo, sino el corazón del que es poeta [...]. Al leer la primera composición de su libro, «El accidente epiléptico», *he sentido* como pocas veces [...] cuando leo sus versos, los creo míos; *sus ideas* son las que *yo llevo en mi alma* (C, 29).

En la lectura de una obra ajena busca el poeta moguereño un «sentir» y un «reconocerse a sí mismo» ante lo que ella expresa. La meta que persigue con su creación es idéntica a ésta. Cuando, en un determinado momento (1912), envía sus libros a Unamuno [6], pidiéndole un juicio sobre los mismos, le hace saber que:

> para mí la opinión no es como para un literato profesional con afán de popularidades [...], lo que quiero saber es los puntos de contacto que mi espíritu pueda tener con el suyo, tan derramado y tan complejo (*C*, 46).

No se sitúa aquí muy lejos de la ya vieja teoría romántica, la cual concibe la obra de arte como un medio a través del cual se manifiesta el alma de su autor [7]. Algo muy parecido, y que desde luego implica una concepción similar de la obra literaria, dice, cuando señala la orientación que, a su juicio, debe adoptar el crítico de poesía:

> En vez de analizar químicamente un libro, debe estudiarse *con amplitud un espíritu*, y este estudio debe ser un paseo al través *de un alma artística* (*LPr*, 212).

Podemos afirmar, pues, en un primer acercamiento al pensamiento de nuestro poeta, que éste es heredero de las teorías expresivas de los románticos, sin renunciar por ello, tan tajantemente como muchas de estas teorías, a una consideración pragmática del hecho literario [8]. El poema, para Juan Ramón, no es sólo expresión de «un alma artística», sino también «alimento espiritual». Es la poesía «una sustancia que alimenta como esencia».

---

6. La fecha es imprecisa. El texto que hace referencia a este envío aparece recogido en *Cartas* (página 46). Por su referencia a «El dolor solitario», sin embargo, podría datarse en 1912, fecha en que, en las páginas de *Melancolía*, se anuncia este título.

7. Exponente de dichas teorías puede ser la cita siguiente de Carlyle: «Las obras [literarias] son otras tantas ventanas, por las cuales vislumbramos el mundo que había dentro de su autor». Tomo esta cita de M. H. ABRAMS [*El espejo y la lámpara* (Buenos Aires: Nova, 1962), 328], quien hace un agudo y sabroso estudio de la teoría a que me estoy refiriendo.

8. Utilizo los términos teoría *expresiva* y teoría *pragmática* en el sentido que da a los mismos ABRAMS (*op. cit.*, 19-31). El paso de una postura sicologista a un enfoque metafísico de la creación poética se produce cuando al sujeto ya no le bastan sus *intuiciones*, sino que se desdobla en sujeto-objeto y funde *intuición* y *reflexión* en un mismo acto.

HACIA UNA DEFINICION DE LA POESIA

Aunque los textos en que hasta ahora me he apoyado son de la primera época, nos bastan para entender que no es posible hallar en la teoría de Juan Ramón una definición de la escritura poética reductible a meros límites estéticos. Veamos nuevas referencias:

> Yo escribo siempre *para encontrarme a mí mismo* y en mí mismo, y no altero mis ideas ni mis sentimientos en relación a tal o cual público. [9]

Y esta otra:

> Escribirnos no es más que recrearnos, crearnos una segunda vida para un poco más de tiempo; y dejarla en manos de los otros (*AO*, 142).

Estas definiciones no varían, en lo esencial, respecto de lo que intuíamos en los textos, de etapas anteriores, ya citados. Pero aportan perspectivas nuevas, fruto de ese crecimiento orgánico y constante que sufre la teoría de Juan Ramón. Así, en el primer texto, concibe él la escritura como *búsqueda* de su propio yo; en el segundo, como *creación* de una segunda naturaleza que trasciende los límites espacio-tiempo, a los que necesariamente está subordinada su vida. Uno y otro testimonio certifican el arraigo existencial y la proyección metafísica de la teoría de nuestro poeta.

Quisiera ahora mostrar cómo, en virtud de la definición de poesía que toma como punto de partida, la poética de Juan Ramón no es casi nunca una filosofía del poema. No toman sus reflexiones, como centro de atención, el producto de la creación sino su génesis y, sobre todo, sus efectos: la actividad que lo genera y el dinamismo espiritual que dicho producto, a su vez, es capaz de poner en movimiento. He aquí otro texto que nos va a permitir aclarar y matizar esta idea. Dice Juan Ramón:

> Poetizar es llegar, *venir a ser yo* cada día en una *nueva visión* y *nueva expresión* de mí mismo y del mundo que yo veo, mi mundo (*TG*, 126).

9. «Saludo» a *Aristocracia de intemperie*, texto inédito que conozco gracias a la generosidad de Francisco Hernández-Pinzón.

El empleo en esta definición del derivado «poetizar», en lugar del primitivo «poesía», es altamente elocuente y connotativo. Dos cosas me parecen importantes, al margen de esto, en la nueva definición juanramoniana. Es la poesía, de un lado, una actividad espiritual, que puede definirse como reiterada expresión y *toma de conciencia*, por parte del poeta, de su propio *yo* y del *mundo*. De otro, dicha actividad redunda en ese *llegar-a-ser yo*; es decir, la actividad poética se traduce y se manifiesta, en el pensamiento de Juan Ramón, como diaria realización de un yo. He aquí ya los dos ejes de la poética juanramoniana: la creación es, a la vez, *conocimiento y realización*, y sus efectos repercuten sobre el *yo* y sobre el *mundo exterior* que rodea a este yo. En otras palabras, la poesía es, de una parte, conocimiento del propio yo y de la realidad en que dicho yo se mueve; de otra, autorrealización personal del poeta y ensanchamiento de la realidad. Explica este doble objetivo —mundo interior y mundo exterior— el carácter dualista de casi todas las definiciones juanramonianas.

Volvamos un momento, todavía, sobre las tres definiciones que acabo de recoger. Pertenecen a lo que se ha llamado la última época juanramoniana, muy distinta de aquella a la que pertenecían los textos del epistolario que cité con antelación. Se conserva, a pesar de ello, la identificación de *poesía* con la *expresión de un yo*, pero potenciada, matizada y enriquecida. Además de *expresión*, la poesía es ahora *realización*, y *toma de conciencia* que afecta al propio yo del poeta y también al mundo que rodea a dicho yo. Y, sobre todo ello, hay otra cosa que me parece importante: la creación —dice Juan Ramón— da cuerpo a la aspiración del poeta por crearse «una segunda vida para un poco más de tiempo». Así entendida, la poesía es una actividad espiritual que cae bajo tres campos distintos de observación: la estética, la ética y la metafísica. En consecuencia, hay que tener en cuenta que el concepto de belleza, tan mal interpretado por gran parte de la crítica juanramoniana, exige una revisión desde este triple punto de vista.

ESTETICA Y ETICA ESTETICA

Después de lo que acabo de afirmar, se impone reconstruir el razonamiento por el que nuestro autor llega a concluir que la creación estética es, a la vez, realización ética y búsqueda metafísica. Atenderé ahora a la primera de estas cuestiones.

Sabe Juan Ramón que la vida no es arte, pero cree que el arte erige paradigmas y valores, a través de los cuales se anuncian e impulsan formas superiores de vida. Piensa que toda interrupción en el proceso creativo supone una desviación en el proceso de realización del yo. En este sentido puede decir:

> Para mí, no trabajar en mi obra, es estar muerto con conciencia (*EEE*, 301).

Resulta evidente, pues, que la creación artística no supone una desviación de la experiencia ordinaria. Pertenece, por el contrario, a un orden práctico. Es un grado, un desarrollo y cumplimiento de la experiencia ordinaria; y, en definitiva, un acto de existencia encaminado a la *formación* del *yo definitivo* y a la *transformación* enriquecedora del *mundo exterior*:

> Un poeta sucesivo, renovado, presente, por ejemplo, lo es —escribe el poeta— primero por su espíritu, nunca por su materia artística o científica, ni por la materia que traiga entre manos. Por la materia hay cambio, pero horizontal, no en ascensión. La técnica puede servirle para fijar las radiaciones de su ser íntimo, que nunca saldrían de la técnica por sí misma (*TG*, 118).

La poesía es una actividad espiritual que, como ya hemos dicho, necesita «expresarse o realizarse», porque «en el aire —dice Juan Ramón— no se concierta nada» (*AO*, 272). Ahora bien, no sólo existe la poesía que se «expresa» en palabra escrita, sino que existe también «la poesía expresada con jestos, sonrisas y miradas» (*CI*, 220). Además de la «poesía escrita», existe —nos dice— la «realización no imaginativa, personal, de la poesía: en el amor, en la relijión, en la educación». Y añade a renglón seguido, que esta forma de poesía supone «un buen empleo para poetas, porque encontrarán en su desempeño inspiración, principio y utilidad fin» (*AO*, 85).

Desde el momento en que nuestro poeta piensa que la realización escrita no es nada esencial en la definición de la poesía, su estética renuncia a ser —sólo— el estudio de un «objeto», para convertirse en análisis de una dirección de conciencia; esto es, en ética-estética. Se aparta Juan Ramón tanto de aquellas fórmulas que dicen «no hay más poesía que la realizada en el poema», como de aquellas otras en que se apoyan las acusaciones de aislamiento, esteticismo y falta de compromiso, que con tanta frecuencia ha padecido su obra. Intenta probar Juan Ramón que incluso la creación artística escrita —el *libro*, dice— reúne en sí valores que van más allá de lo puramente estético y que escapan, por tanto, a todo análisis que los contemple desde esta sola perspectiva. Es lícito, por supuesto, estudiar la poesía como un objeto autónomo. Pero no le basta esto: «Libros, no: obra», dice uno de sus aforismos. En palabras de Bergson podemos decir que para Juan Ramón la poesía está, también, más allá de su propio texto, puesto que «el libro terminado» ha de quedar «vibrando de emoción e inteligencia a la vez, como una límpida saeta recién clavada siempre *en el biárbol de la vida y el arte*» [10]. El libro es un valor, al mismo tiempo, para *la vida* y para *el arte* [11], y ha de ser considerado desde las dos perspectivas. Juan Ramón «se prepara —dice él— tanto en la vida para la poesía como en la poesía para la vida» (*CP*, 145). En su teoría *la creación artística* es un canal que pone en relación ambas categorías —vida y arte—, e implica un proceso reflejo, que reúne en la actividad creadora dos momentos: el primero va *de la vida* al *arte* y puede concretarse como «salvación» de instantes supremos de la vida del poeta, llevada a cabo en el «vencimiento del espacio y tiempo»; un segundo momento, en camino hacia la renovación sucesiva del espíritu, recoge el movimiento inverso, del *arte a la vida*. El arte incide positivamente sobre la vida e incide como un *valor*, no como una *norma*: «Vivimos —dice el poeta— de y con lo que salvamos» por el arte. La única norma se concreta en la necesidad que tiene el poeta de sucederse en espíritu.

En virtud de la transitividad que rige la relación vida-arte, toda *obra* poseerá, desde cada una de estas perspectivas, dos posibles realizaciones: una actual y otra virtual. En relación con la vida, la creación artística puede ser vista como cumplimiento acabado de una experiencia (autor) y como virtual enriquecimiento y motivación de experiencias nuevas (receptor); en relación con el arte toda obra puede ser contemplada, a la vez, como actualización de un *valor* universalmente aceptado o como creación de otro *valor* nuevo. En cualquiera de las cuatro direcciones, el libro, «saeta recién clavada en el biárbol de la vida y el arte», ha de redundar en un perfeccionamiento, primero, del autor y, luego, del virtual lector.

He aquí uno de los puntos de partida de la concepción juanramoniana de lo poético, presente ya en los primeros momentos de su creación. Con toda seguridad debe referirse su filiación ideológica a la doctrina krausista que, durante su estancia en Sevilla, tuvo un influjo tan decisivo en el encauzamiento de sus anhelos e

---

10. «Diario vital y estético de *Estética y ética estética*, (1914-1924)», *España*, 414 (22 de marzo de 1924), 6.
11. No es la poesía —ni la crítica— de los años 30, quien, al inventar el término «rehumanización», se plantea por vez primera la ecuación *vida-arte*. Para Juan Ramón, como tuvimos ocasión de comprobar en el último capítulo de la primera parte, es éste un tema ya viejo. La cuestión de si la poesía pertenece a la vida y/o al arte la encontramos planteada ya en el corazón mismo del modernismo. Así, «Vida y arte», *Helios*, II, 5 (agosto de 1903), 46. Cfr. Patricia O'RIORDAN, «*Helios*, revista del modernismo», *art. cit.*, 107-108.

inquietudes espirituales. D. Francisco Giner [12] había definido ya el arte como «la aplicación sistemática de toda nuestra actividad con sus diversas facultades a la consecución de nuestro destino». Siguiendo esta doctrina intenta el moguereño reconciliar *ley moral* y *ley artística,* de modo que ni el imperativo moral se rinda o suplante al imperativo estético, ni éste se degrade en «rutinario amaneramiento» [13]. Como afirma Richard A. Cardwell [14], muchas de las ideas estéticas juanramonianas fermentaron en las tertulias krausistas. Son el resultado de combinar las direcciones éticas de la estética krausista con las doctrinas post-románticas del simbolismo. De esta suma surge una orientación del producto artístico hacia la reespiritualización, a través de una creciente sensibilidad para la Belleza, del hombre y de la masa.

Dentro ya del ámbito concreto del modernismo español, la idea de que la creación artística compromete al poeta en algo más, que en la producción de un objeto estético, está también claramente formulada. Esto es lo que, de una manera no exenta de cierta retórica de época, afirma Manuel Díaz Rodríguez, representante hispanoamericano de la novelística y del ensayo modernista, en una crítica a *Ninfeas* y *Almas de violeta* de Juan Ramón Jiménez. Dice el crítico venezolano:

> Entre los más altos elegidos de la Belleza, descubriste los hombres más prosaicos. Muy pocos hallaste suficientemente ricos para embellecer por igual su vida y su obra. Los más de ellos *invertían toda su belleza interior* en la obra de arte, y quedaban exhaustos de belleza. [15]

12. «El arte y las artes», *Ensayos,* ed. de López Morillas (Madrid: Alianza Editorial, 1969), 23.
13. *Ib. id.,* 29.
14. *Op. cit.,* 180.
15. «Para Juan Ramón Jiménez, 1902», recogido en *Peñalabra,* 20 (1976).

RELATIVISMO DE LA AXIOLOGIA ESTETICA
Y ETICA DE JUAN RAMON

La historia de la literatura ofrece, respecto a la forma de resolver en la obra literaria la ecuación vida-arte, dos soluciones perfectamente tipificadas. Mientras que en una dirección se tiende a subordinar el *arte* a la *vida*, en la otra se somete, invirtiendo los términos, la vida al arte. Si la obra adopta la primera opción, se la clasifica bajo la etiqueta del «compromiso»; se la tacha de literatura esteticista, si, por el contrario, revela una mayor simpatía hacia la segunda.

Como ya vimos, la teoría juanramoniana ofrece, sin embargo, una alternativa distinta a estas dos citadas. La posición particular de Juan Ramón es, a mi modo de entender, consecuencia del relativismo estético y ético de su teoría. Dicho relativismo es uno de los puntos firmes en que se apoya su poética, y aparece en ella en muchos lugares y en muy diversas fórmulas. [16]

Relativismo estético

El texto de Díaz Rodríguez citado más arriba se presta, como principio estético, a evidentes equívocos y, desde luego, está muy lejos de poder servir para una definición de la estética juanramoniana. En efecto, la fórmula «intento de embellecer por igual vida y obra» puede ser tachada todavía de «esteticista», riesgo que, ciertamente, no corre el pensamiento de nuestro poeta. La *vida* para él no deriva nunca hacia la forma, el gesto o la imagen; nunca se vacía de realidad. La conversión de las normas estéticas en dogmas éticos, lo cual es propio de todo «esteticismo», no se opera en la poética juanramoniana. En ella la fusión de *vida*

---

16. Veamos algunos ejemplos:
> Es inútil trazarse senda; el pensamiento es flor del día (*LPr*, 769).
>
> ¿Normas? ¿Disciplina? Caprichos, gustos (*CU*, 234).
>
> Reglas sí, pero de uno solo y sólo para una (Archivo Histórico Nacional, Caja 22/188/19).
>
> Hay quienes creen que, en el mundo, las cosas están ya hechas; que hay normas a las cuales tenemos fatalmente que atenernos. Yo pienso al contrario; creo que en cada instante nuevo todo está en la belleza abstracta de nuevo por hacer (*EEE*, 277-278).

y *arte* se realiza, más bien, en sentido contrario, hasta el punto de que cada uno de los imperativos «estéticos» halla su justificación en la *vida*: responde a un intento para satisfacer uno o varios imperativos vitales. «El error de los fundadores en arte —dijo el poeta—, como de los fundadores de relijiones, está en creer que puede haber muchos hombres iguales a ellos. *Cultivemos aisladamente nuestra personalidad.* No queramos ser discípulos ni maestros de nadie» (*EEE,* 237-238).

Si todo lo que he apuntado es verdad, resulta, en consecuencia, que la teoría juanramoniana es, antes que *esteticista,* una reacción contra toda concepción exclusivamente estética y formal del arte. El arte nunca es resultado de poner en acto una serie de normas o principios retóricos, sino cumplimiento y satisfacción de necesidades vitales. El modo en que dicha satisfacción se lleve a cabo permitirá establecer «grados, planos y niveles», entre los distintos objetos estéticos. Un último texto, sacado éste de las conversaciones del poeta con Juan Guerrero, viene a insistir en la misma idea:

> Yo vivo en un ascetismo espiritual, vivo por la poesía, por el arte, y no sólo en poesía, sino en todo, procuro ajustar mi vida a una norma de perfección moral (*JRVV,* 32).

Relativismo ético

Cree firmemente Juan Ramón en la capacidad, que toda obra artística posee, de influir positivamente en la sucesiva evolución del autor hacia su «mejor» yo. El arte según él, pone «una meta lejanísima en un futuro infinito» y nos empuja a que «caminemos cada día hacia ella, sin parar y lentamente, gozando en plenitud los dos del camino y lo dejado detrás» [17]. La poesía, además de ser expresión de una existencia, es resorte y motivación que encauza la vida del poeta hacia su propio perfeccionamiento. Dice:

> El estremo de la poesía es influir superiormente sobre el mismo poeta que la ha escrito en instantes de su ser superior; *hacer de un hombre divinizado un dios frecuente* (*EEE,* 347).

El poeta se hace a sí mismo a través de su creación, hasta llegar a divinizarse; hasta transformarse en «ese dios frecuente» —con minúscula— que, como veremos, es la versión existencialista juanramoniana del «imposible» platónico. La tarea poética es tarea interior; el progreso en la *obra,* en la *belleza,* lo es también en el *espíritu;* la perfección de la obra es la del ser. Así expresa Juan Ramón esta relación, en un tríptico perfecto: «Mi vida interior, la belleza eterna, mi obra» (*CU,* 237).

«Día tras día», el poeta se «entierra en el papel blanco» y, día tras día, «sale de él refigurado» (*LP,* 1.125). Mientras vive el poeta, su obra ha de reflejar una mudanza constante y progresiva. Vida y obra responden a un mismo principio: la creación perenne. [18]

---

17. «Diario vital y estético de *Estética y ética estética* (1914-1924)», *España,* 414 (marzo de 1924), 5.
18. Ricardo GULLÓN [«Vivir en poesía», *Clavileño,* 42 (1956), 17-27]. Véase también el siguiente texto: «Es decir, que mi vida es una síntesis y que mi escritura es una síntesis de mi vida y de toda

Toda esta serie de citas puede ayudarnos a comprender mejor algo que ya he dicho: Juan Ramón entiende el arte como instrumento de perfeccionamiento de un yo. En ella, el poeta es, a la vez, *sujeto y objeto, agente y producto*, de la propia creación:

> Mi ilusión —afirma Juan Ramón— ha sido siempre ser, más cada vez, poeta de lo que queda, hasta llegar un día a no escribir. Escribir no es sino preparación para no escribir, para el estado de gracia poético, intelectual o sensitivo, *ser uno poesía y no poeta* (*CI*, 177).

No estamos aquí muy lejos del platonismo que alienta la fórmula de Estrabón: «Es imposible que alguien llegue a ser buen poeta, sin antes haber llegado a ser un hombre bueno». Sin duda Juan Ramón habría aceptado la relación *buen poeta = hombre bueno*, aunque, en su caso, habría sustituido, seguramente, el sintagma «hombre bueno» por «hombre pleno». La ética estética juanramoniana no se rige, en absoluto, por preceptos morales. Es una ética de signo amoral; es decir, una ética cuyas normas se sitúan «más allá del bien y del mal», «más allá de todo lo divino y lo humano»:

> Dentro de mi alma, rosa obstinada, me río de todo lo divino y de todo lo humano, y no creo más que en la belleza [...]. [19]

Y en otro texto:

> La moral reside para mí en la belleza y en la verdad, y obra sin leyes. [20]

Volveré atrás un momento, para evitar la contradicción en que, al intentar seguir el pensamiento juanramoniano, aparentemente he caído. Se ha afirmado, por un lado, la raíz ética de la estética de Juan Ramón y al mismo tiempo, por otro, con palabras firmadas por el propio poeta, se ha ratificado la independencia de dicha estética respecto a toda ley «humana o divina», externa a ella misma. Para él, todo acto de creación tiene su ética interna con leyes propias, cuya autoridad y vigencia depende de la realización personal que la aplicación de las mismas lleve consigo, y no de baremo o código externo alguno. Dice otro texto inédito del poeta:

> Poeta, nada en el mundo es más que tu sueño. Resiste al mundo, no te cuides de la *llamada verdad* ni del *llamado dios*, búscate más allá y esto es bastante. Y cuando te vayas, lo que tú dejas en el mundo es un más allá del mundo; es un infinito para lo que se finiquita. [21]

Como actividad espiritual en continuo dinamismo, el arte desborda permanentemente los valores y las ideas establecidas, buscando «en un más allá» valores e

---

la poesía anterior a mí, que es una síntesis de la vida» [«Vida y época», *NE*, 4 (marzo de 1979), 8]. Interesante, en el mismo sentido, es, igualmente, el trabajo de Alfonso REYES, «Juan Ramón Jiménez y la Antología», *Social*, VIII, 3 (La Habana: 1923), 19.

19. «Autocrítica», *Renacimiento*, VIII (octubre de 1907), 426.
20. Citado por SAZ-OROZCO (*Desarrollo del concepto de Dios...*, op. cit., 124), que, a su vez, lo toma de una nota manuscrita e inédita de la «Sala de Zenobia y Juan Ramón».
21. Aforismo de «Crítica paralela. Mundo escrito» (1946). Signatura J-1/141 (5)/19 de la «Sala de Zenobia y Juan Ramón».

ideales nuevos y dando forma al deber radical que siente el poeta como suyo: el de buscarse y realizarse a sí mismo; y esto, sin cuidarse de la *llamada verdad*, ni del *llamado dios*:

> Mi libertad consiste —escribe el poeta— en tomar de la vida y de la crítica de la vida lo que me parezca mejor para mí, para todos, con la idea fija de aumentar cada día la calidad jeneral humana, sobre todo en la *sensibilidad* (*TG*, 212).

Participa, de este modo, Juan Ramón en la idea —muy de «fin de siglo»— de que, a medida que la humanidad avanzase, se concebiría la ley moral como una *estética de la conducta*. Sin imperativos extrínsecos, se huiría del mal como de una disonancia. Arranca esta idea de las tertulias krausistas y, arropada por varias doctrinas post-románticas, se difunde pronto en todo el ámbito del modernismo hispano. [22]

Nos damos ahora cuenta de que no existen en realidad contradicciones. El producto artístico, resultado de un espíritu que intenta interrogar al mundo y, a la vez, interrogarse a sí mismo, refleja las variaciones y la evolución de la sensibilidad vital de su creación. La creación artística nace como necesidad anímica del individuo y se rige tan sólo por las leyes de utilidad subjetiva, surgidas al arrimo de dicha necesidad. Toda otra norma es «imposible». Así lo afirma Juan Ramón:

> Imposible toda norma. Salgamos de cada día y de nosotros cada día lo mejor que podamos. Y basta (*EEE*, 365).

Como consecuencia de todo esto, comprobamos una vez más, que la creación es, en última instancia, respuesta a un intento del poeta por ser más, cada vez, «él mismo». La meta de Juan Ramón está puesta en un perfeccionamiento entitativo y no en un perfeccionamiento moral. Incluso, cuando afirma «¡Qué lucha, en mí, entre mi bueno y mi mejor!» (*CU*, 236), a los adjetivos «bueno» y «mejor» hemos de darles un significado óntico, antes que ético-moral. Un aforismo inédito de Juan Ramón puede ayudarnos a comprender esto y servir, a la vez, para introducir el tema que estudiaré a continuación. Dice:

> Mientras yo viva, y dándole lo suyo y en su sentido natural a la materia, preferiré siempre el espíritu y la creación poética porque sé que con ellos estoy ayudando a venir al hombre mejor que puede descubrir un día el secreto del mundo. Y, mientras no viene, a consolar con belleza escrita o no, al hombre sucesivo. [23]

Nace la poesía en Juan Ramón como una exigencia de perfección y de completamiento. Su función será proponer una «ficción» de totalidad, una forma de vida, en la cual se funden nuevamente las dos caras de lo vital: Naturaleza y Espíritu.

---

22. Richard A. CARDWELL (*op. cit.*, 180 y ss.) estudia cómo la idea, a la que ahora me estoy refiriendo, da en nuestra literatura frutos muy diversos. Deriva siempre —quizá por el influjo de *Ariel*, de José E. Rodó, quien afirmaba que la más alta facultad humana es estética, y que la moralidad dependía, en último término, de la belleza— hacia un cierto aristocraticismo elitista: la belleza no es propiedad de la mayoría, sino terreno acotado de espíritus elegidos. Pero este elitismo tiene como finalidad la educación (generación del 14) y reespiritualización de la «masa», a través de una creciente sensibilización para la belleza. Sobre esta base se sustenta la dedicatoria juanramoniana «a la *inmensa* minoría». El arte puede cimentar la creación de un mundo nuevo y guiar al resto de la humanidad a la plenitud de su destino. Con esto, lo ético nunca queda relegado a lo estético.

23. Aforismos de «Crítica». «Sala de Zenobia y Juan Ramón», signatura J-1/141 (1)/145.

Estética y ética se sancionan y autentifican mutuamente, lo cual implica un profundo relativismo: no existen principios estéticos universales ni absolutos, sino que su validez y operatividad estará en función de la realización personal que importen; no existen tampoco principios éticos absolutos, ya que la vida del hombre es un proyecto en progresión continua y cada etapa de esta progresión devalúa e invalida los principios rectores de la anterior. No existen valores absolutos, fuera de los que el poeta realiza en cada acto de creación. Los valores, pues, no normalizan la creación, sino que se realizan en ella.

UNA METAFISICA QUE PARTICIPA DE ESTETICA

En sus *Conversaciones* [24] con R. Gullón, dice Juan Ramón que el *Diario de un poeta recién casado* «tiene una metafísica que participa de *estética*». Asimismo, reiteradas veces, con antelación a la fecha de *Conversaciones*, había puesto de relieve cómo una concepción metafísica del arte anima en el fondo de las mejores producciones del modernismo español [25]. Dicha concepción procedía de Unamuno y de él la aprendieron Machado y Juan Ramón, entre otros [26]. Así lo confiesa este último:

> Si bien Rubén Darío [...] nos reveló un nuevo sentido de la forma poética, Miguel de Unamuno, nos reveló el sentido metafísico del nuevo concepto de la vida y arte (*CP*, 283).

Este sentido metafísico que, como reconoce Juan Ramón, preside su poesía —«Poesía metafísica, no filosófica» (*CU*, 230)— es, igualmente, un componente fundamental de su poética. Basta, para darnos cuenta de ello, recordar las definiciones de *poesía* que puse al frente de parágrafos anteriores. En ellas se nos decía que la escritura poética daba vida a un proceso de auto-realización; era un «venir a ser yo» y un «buscarse más allá» [27]. Pero, como también hemos visto ya, esto se lograba mediante una «nueva visión de mí mismo y del mundo que yo veo», y debía traducirse en la consecución de un «infinito para lo que se finiquita» (*LPr*, 281).

---

24. *Op. cit.*, 91.
25. Sólo a partir de Schulmann, la crítica actual del modernismo ha caído en la cuenta de que, «entre los mayores logros» de dicho movimiento, había que poner de relieve la profunda preocupación metafísica, de carácter agónico, que ilustra las obras de casi todos sus poetas. En ello ha insistido, igualmente, Octavio Paz. Véase Víctor GARCÍA DE LA CONCHA, *Los senderos poéticos...*, op. cit. 133 y ss.
26. Y a estos influjos debe sumarse, decisivamente, el del Krausismo. Hay que estar de acuerdo con AZAM (*Valeur metaphysique...*, op. cit., 1) en señalar, en la dimensión metafísica de la poesía de Juan Ramón, el decisivo componente krausista de la misma. Desde esta perspectiva se puede afirmar, con el crítico francés, que la filosofía krausista constituye una cierta forma de premodernismo.
27. Así, por ejemplo, en uno de los inéditos de *Alerta*, escribe Juan Ramón las palabras que siguen: «Yo, un ser humano, un representante de la humanidad como otro cualquiera, que vengo llamándome convencionalmente para el público Juan Ramón Jiménez, soy un perdido en tiempo y espacio, y estoy buscando mi tiempo y espacio; no soy nadie y me estoy buscando... He intentado siempre formarme, buscándome sin mi nombre y buscando sin su nombre a los otros» (Signatura J-1/134 (3)/161 de la «Sala de Zenobia y Juan Ramón»).

Desde dentro de la poética juanramoniana, resulta fácil explicar esta duplici-
dad de conceptos que las definiciones citadas intentan abarcar y casar. Parte Juan
Ramón de un punto de vista existencial, ético: la auto-realización de su yo se le
plantea como imperativo ineludible. Pero la obra, que es, en consecuencia, respuesta a este imperativo, se resuelve siempre en la creación de un mundo que
venza a la muerte. Por la palabra cambia, *«para él y para los demás, el aspecto
de la creación»* [28] y este cambio se traduce en una ampliación entitativa de la
realidad habitable. «Un poeta —dice Juan Ramón— ha de aumentar el mundo
en alguna forma y manera por su pensamiento, su sentimiento o su espresión»
(*CP*, 145). En otras palabras, toda realización *estética* es, a la vez, cumplimiento
ético con el proyecto de vida que es el yo y enriquecimiento entitativo de todo lo
real. Con la precisión sintética que caracteriza a todos los aforismos de Juan
Ramón, se concreta esta idea en un texto de *Unidad*: «Yo y la vida sin nombre»
(*CU*, 232). Como puente entre este yo que ha de ser realizado y *la vida sin nombre*, lo eterno y lo desconocido, que ha de ser nombrado —conocido y realizado—,
está situada su poesía.

La novedad de este mundo que aspira a crear en su poesía se resuelve en dos
direcciones. La creación poética lleva consigo la superación de la contingencia, por
el «vencimiento del espacio y del tiempo». Y, de otra parte, supone una ampliación de la realidad, por la penetración de lo desconocido que el poeta aspira a
nombrar. Ambos aspectos de la búsqueda metafísica se mantienen íntimamente
ligados con la crisis religiosa de su juventud y tienen, en el contexto histórico
literario en que se inserta su obra, nombres muy precisos que los definen. Andrés
González Blanco [29], en un agudísimo estudio valorativo de *Arias tristes* y *Jardines
lejanos*, encuentra uno de estos nombres al aludir a «la tristeza» de la primera
poesía juanramoniana con el título de *enfermedad del infinito*; Ramón Pérez de
Ayala, en *La pata de la raposa* (1912), halla el otro, al referirse a la crisis espiritual y religiosa de Alberto, definiéndola como *enfermedad de lo incognoscible*. [30]

Después de examinar en la teoría estos dos aspectos, creo que es posible afirmar con A. Schulman [31] que la profunda preocupación metafísica —de carácter
agónico— es una de las características de la poesía moderna. Vamos a poder comprobar todo esto a continuación y, quizá, después de hacerlo, sea más difícil hablar
de *esteticismo* en Juan Ramón. Su poesía nunca deriva hacia lo frívolo ni hacia la
lindeza, que según Ned Davison [32] es una de las bases estéticas del modernismo.
La búsqueda metafísica juanramoniana sigue, para conseguir lo que pretende, los
caminos del simbolismo. Poesía es para él «una tentativa de aproximarse a lo
absoluto, por medio de símbolos» (*CcJR*, 108).

28. «Aforística», *Mairena* 2 (1953-1954).
29. «La vida literaria: Juan Ramón Jiménez», *Nuestro tiempo*, V, 52 (1905), 542.
30. *Obras completas*, t. I, op. cit., 267. Fue, sin embargo, Unamuno el primer crítico que suma
estos dos factores, al referirse a la «brisa de *eternidad y de misterio*, más adelante de nuestro último
suspiro, más allá, hacia el mañana de nuestra muerte», que rodea a la literatura de principios de siglo.
Cfr. Richard A. CARDWELL, *Juan Ramón Jiménez: The Modernist...*, op. cit., 138.
31. Cfr. Víctor GARCÍA DE LA CONCHA, *Los senderos poéticos...*, op. cit., 133.
32. *El concepto de modernismo...*, op. cit., 68.

ENFERMEDAD DEL INFINITO

En uno de los papeles de Juan Ramón figura la siguiente anotación:

Los Jesuitas. A mis 11 años. Preparación para mi obsesión de la muerte. [33]

No es preciso demostrar la «obsesiva» presencia, en la obra de Juan Ramón, del tema de la muerte, pues es ésta una cuestión ampliamente aireada ya por toda la crítica. Dice uno de sus aforismos:

A veces pienso que toda mi vida no ha sido más que un poner algodón en rama entre mi sién y el martillo de la muerte. [34]

Me interesa, con todo, señalar que dicha presencia, motivaciones sicológicas aparte [35], está indudablemente unida a la búsqueda metafísica en que se empeña toda su poesía:

Hemos venido solamente para comprender por qué y para qué hemos venido.
Y el único saber que puede compensarnos en nuestro papel de ignorantes en la representación humana sucesiva (de nuestro volver a lo otro oscuro sin el seguro secreto entre cuyo sol anduvimos tanto) es el amor de nuestra materia animada por la semilla de la sucesiva verdad completa e ignorada. [36]

Es la presencia de la muerte, precisamente, la que convierte el acto poético en una «trágica lucha —al ciego sol funebre del liso cielo azul impenetrable— entre el Poeta y el Tiempo» (*EEE*, 392).

Desde Blake (*The Marriage of Heaven and Hell*), por lo menos, el tema de la muerte aparece siempre en la poesía como un obstáculo en el intento de conciliar *cuerpo* y *alma* o, si se prefiere, *materia* y *espíritu*, en una visión satisfactoria, que integre a ambos y los reduzca a la unidad. Este mismo intento explica, como ya han visto G. Palau de Nemes y, después, Lily Litvak [37], la mixtificada suma de sensualismo erótico y espiritual búsqueda metafísica, que lleva a cabo una de las líneas más interesantes de la literatura modernista y en la cual Juan Ramón, desde luego, es parte importante. [38]

---

33. De un manuscrito juanramoniano que CARDWELL (*op. cit.*, 63) recoge en su libro.
34. «Diario vital y estético», *España*, 414 (marzo de 1924), 6.
35. «Introducción», a *Crítica paralela*, de Juan Ramón Jiménez (*op. cit.*, 24-25).
36. Véase «Puntos». «Sala de Zenobia y Juan Ramón», signatura J-1/143 (1)/76.
37. *Erotismo fin de siglo* (Barcelona: Bosch, 1979).
38. Véase *LPr*, 131-132.

Materia y *espíritu*, al pertenecer una al reino de lo contingente y otro al reino de lo eterno, dividen al poeta, porque no puede reducirlos a un proyecto unitario de existencia. Así lo testimonia el siguiente poema de *Estío*:

> ¿El cuerpo tiene más hambre
> o el alma?... ¿Y de qué? Si hago
> el gusto del cuerpo, el alma
> es la que ansía... ¿qué? Si, harto,
> hago lo que el alma quiere,
> anhela el cuerpo... ¿qué? Hastiado
> el cuerpo, el alma es de oro;
> el alma, el cuerpo es el aúreo.
>
> ¡Amor del alma y del cuerpo!
> ¡Cuándo, ¡ay!, llegará, cuándo
> la luna de miel eterna
> de los dos enamorados!
>
> (*LP*, 121).

El texto, de 1915, cuando Juan Ramón ya no necesita recurrir a tópicos para configurar su pensamiento, está limpio del erotismo decadente de *Ninfeas* y, construido sobre una base lingüística reducida al mínimo figurativo —cuerpo y alma—, se halla muy alejado del neomisticismo modernista, a través del cual, como ya dije, Juan Ramón buscó resolver la dicotomía materia-espíritu, en el momento en que se produjo su crisis religiosa. Refleja ya, aunque la problemática sea idéntica, un estadio distinto. En la misma línea está el siguiente poema, también de *Estío*. Presentes ahora en el plano de la expresión a través de los pronombres *tú* y *yo*, *cuerpo* y *alma* siguen siendo los referentes del poema:

> Lejos tú, lejos de ti,
> yo más cerca del mí mío;
> afuera tú, hacia la tierra;
> yo hacia dentro, al infinito.
>
> (*LP*, 186).

De forma mucho más conseguida, expresa la misma idea el siguiente texto de la *Estación total*:

> Luz vertical,
> luz tú;
> alta luz tú,
> luz oro;
> luz vibrante,
> luz tú.
> Y yo la negra, ciega, sorda, muda sombra horizontal. [39]

Al poeta no le es posible reducir a una sola las dos fuerzas distintas que configuran su existencia. Una de ellas tiende a expandirse infinitamente, mientras que

---

[39]. *LP*, 1241. Poema muy conseguido, en virtud de la hábil utilización gráfica del espacio en blanco. Las ideas de verticalidad y horizontalidad, que constituyen el tema —cuerpo y alma, reducidas al diálogo *yo-tú*, de tantos poemas de esta época— se hallan reforzadas por la distribución gráfica del texto. La operatividad de estos dualismos en la poesía juanramoniana ha sido estudiada por Aurora de ALBORNOZ, «*Espacio*: algunos ecos del ayer en el hoy», *Camp de l'arpa*, 87 (1981), 10-11; también, Menene GRAS BALAGUER, «Juan Ramón Jiménez, el poeta y la vocación», *Camp de l'arpa*, 87 (1981), 16. Sobre el significado que el empleo de dichos desdoblamientos revela, véase Gilbert AZAM, *L'Oeuvre...*, op. cit., 427.

la otra se esfuerza por aprehenderse y encontrarse en esa infinitud [40]. La vida es, entonces, el escenario de la dolorosa aspiración de la materia por superar su contingencia. Al no ser posible esta superación, se origina el desgarro existencial y metafísico que testimonia la obra del poeta, esa «lucha agridulce entre lo finito y lo infinito», de la que nos habla el poeta en uno de sus aforismos (*EEE*, 378).

La presencia de la muerte, en *Eternidades*, convierte la *materia* en un sin-sentido:

> ¡Tan bien como se encuentra
> mi alma en mi cuerpo
> —como una idea única
> en su verso perfecto—,
> y que tenga que irse y que dejar
> el cuerpo —como el verso de un retórico—
> vano y yerto!
>
> (*LP*, 1116).

Es preciso, para superar el sin-sentido, «acomodar lo infinito al sentido diario de la vida» (*LPr*, 765). Debe buscar el poeta, en consecuencia, una solución al problema de la muerte: la de «procurar vengarse de la muerte con la misma labor que ella envenena» [41]; esto es, quemando el cuerpo, antes que la muerte lo destruya, en la consecución de un espíritu que, dentro de su infinitud, pueda conservar una existencia «única e individualizada». Se trata de imponer —dice Juan Ramón en un aforismo inédito— «la eternidad a la vida» [42]. Un conocido poema de *Belleza* matiza la idea:

> ¡Crearme, recrearme, vaciarme, hasta
> que el que se vaya muerto, de mí, un día,
> a la tierra, no sea yo; burlar honradamente,
> plenamente, con voluntad abierta,
> el crimen, y dejarle este pelele negro
> de mi cuerpo, por mí!
>
> (*LP*, 1003).

No le preocupa tanto al poeta «la podredumbre de la carne», como «¿el qué será, en qué se convertirá, en qué fuerza, en qué instinto de qué o de quién, puesto que nada se pierde, este ansia vibrante, este dinamismo espiritual, esta función de mis sentidos educados y absortos?» (*LPr*, 740). El carácter negativo de la muerte no radica sólo en que destruye el cuerpo, sino en que deja al espíritu sin concreción individualizada. [43]

---

40. Heredada la idea del pensamiento krausista, Juan Ramón cree que en lo temporal alienta lo eterno y que es misión del poeta revelar y dar cuerpo a dicha eternidad. La poesía vence a la muerte, pues en el acto poético le es posible al poeta encontrar un medio de trascender el tiempo. Es preciso, por último, hacer una referencia a Valle-Inclán en cuya *Lámpara Maravillosa* se hacen afirmaciones como las que siguen: «Todo nuestro arte nace de saber que un día pasaremos» y «cuando se rompen las normas del Tiempo, el instante más pequeño se rasga como un vientre preñado de eternidades». Bastan estas referencias para entender que el tema de la muerte en Juan Ramón, más que un problema biográfico «para la psiquiatría», enlaza con las preocupaciones metafísicas del tiempo del poeta.

41. «¡Te he de deslumbrar, muerte; te he de traspasar con la luz de la eternidad cojida en mi espejo!». De «Diario vital...», *España*, 414 (marzo de 1924), 6.

42. Archivo Histórico Nacional, caja 22/128/33.

43. «Cuando me encuentro en un espejo de cuerpo entero —escribe el poeta—, siento súbitamente que pierdo una mitad de mi peso. ¿Será eso lo que se llama estar ya de cuerpo presente, de medio cuerpo? y la muerte ¿no nos podría robar así a medias, y como tanteando nuestro peso, en el espejo, como el espejo?». De «Ideolojía Lírica», *LT*, II, 5 (enero-marzo de 1954), 62. Así explica este problema Gilbert AZAM (*op. cit.*, 558): «Il ne le suffit pas, en effet, que l'âme survive, parce qu'elle n'est pas

La victoria del espíritu sobre la muerte, no obstante, es posible, porque, aunque «no somos más que un débil saco / de sangre y huesos / y un alfiler, verdad, puede matarnos, / llevamos en nosotros la semilla / que puede dejar fuera de nosotros / la mariposa única, / sin piel [...] / ni posibilidad de ser cazada / por nada humano ni divino» (*LP*, 897). La semilla de eternidad, que es el espíritu, ha de buscar —como canta Juan Ramón en un poema de *La estación total*— la forma que pueda contener e individualizar su ansia perpetua de infinitud:

> Ya no nos sirve esta voz, ni esta mirada.
> No nos basta esta forma. Hay que salir
> y ser en otro ser el otro ser.
> Perpetuar nuestra esplosión gozosa.
>   (*LP*, 1139).

Ejemplifica el poeta esta «transformación» con un mito, el de Narciso, «homicida de su *forma única*, no suicida de su espíritu jeneral» (*AO*, 140 y ss.). [44]

Cuál pueda ser esa *otra forma* [45] que, una vez destruido el cuerpo por la muerte, dé existencia individualizada y concreta al espíritu del poeta, no es ya ningún misterio para nosotros. Es su propia palabra poética la que, con el alma del poeta dentro, se convierte en vida para «un poco más de tiempo». Así lo expresa el siguiente poema de *Poesía*:

> Tú, palabra de mi boca, animada
> de este sentido que te doy,
> *te haces mi cuerpo* con mi alma.
>   (*LP*, 863).

De este modo el poema, *cumplimiento ético* con el deber de desarrollar su propia inmanencia interior, es también *forma metafísica* de perpetuarse, «vencido el espacio y el tiempo».

Lo que he llamado, aceptando una expresión muy de fin de siglo, *enfermedad del infinito*, recorre toda la obra de Juan Ramón y adopta en ella dos formas simultáneas de manifestarse. Aparece, por un lado, como explosión gozosa de un espíritu que, en el vencimiento de la muerte, aspira a expandirse hacia el infinito, hacia lo eterno; y, por otro, como deseo de este mismo espíritu de realizarse y concretarse dentro de dicha infinitud. En un extremo —hacia lo infinito— se halla

---

âme pure, mais esprit incarné. Et ce qui précisément court le risque de mourir, c'est l'homme tout entier. Voilà pourquoi, la survivance de l'âme ne dissipe pas totalment l'angoisse du poète devant la fin de sa réalité humaine. Bien que l'âme soit inmortelle l'union de l'âme et du corps se défait».

44. La especial versión que nos ofrece Juan Ramón del mito de *Narciso* puede seguirse en los textos que doy a continuación:

> Narciso es el hombre que se encuentra con él en la naturaleza, un espejo del agua por ejemplo, y quiere dejar de ser el individuo aparte; es el poeta que quiere su eternidad en toda la naturaleza metamorfoseante; el dios, en suma, que quiere ser toda la naturaleza. Por eso es homicida de su forma única, no suicida del espíritu jeneral (*AO*, 143).

Continúa Juan Ramón desarrollando su especial traducción del mito. Ricardo GULLÓN nos cuenta en sus *Conversaciones con Juan Ramón* (*op. cit.*, 120): «Tras leerme bastantes más [aforismos], habla de una de sus preocupaciones actuales, el mito de Narciso... El hombre Narciso es el panteísta que quiere reintegrarse a la naturaleza. Es el suicida de su forma de hombre, pero no de su alma, porque cree que ésta se va a fundir con la naturaleza». Véase también, sobre el mismo tema, *EEE*, 103-104, 214.

45. Juan Ramón identifica la poesía con una «bella lucha del alma enloquecida y el cuerpo enamorado; *el alma quiere irse* de su prisión normal *a otras formas* que ha entrevisto por las ventanas de los sentidos; y el cuerpo, metamorfoseándose májicamente para ella —[...]— la retiene» (*CU*, 134-135). Basta recordar el «cumple quebrar toda la forma que se torna definitiva», para reconocer la raíz existencialista de la metafísica juanramoniana.

el dios con minúscula juanramoniano; en el otro —hacia la individualización y concreción— se encuentra la obra. Dios está en el límite de lo humano, en el afán de trascendencia del poeta. El hombre tiene una posibilidad de superar sus fronteras y de entrar en contacto con lo infinito, con lo eterno, a través de la poesía. Por ello «el devenir poético (juanramoniano) ha sido y es una sucesión de encuentros con una idea de dios» (*LP*, 1341-1342).

Animal de fondo da cuenta del hallazgo definitivo de ambas aspiraciones y viene a cerrar, con ello, el proceso abierto por la crisis religiosa de la primera juventud del poeta. Este libro nos enseña que, por la creación poética, el hombre puede ser hombre último con los dones que hemos supuesto a la divinidad encarnada, es decir, «enformada» (*LP*, 1344). Con su palabra crea el poeta el cuerpo y la forma actual en que puede cobrar vida su aspiración a lo infinito; esto es, crea un mundo para todos aquellos «atributos» que supuestamente conferimos a la divinidad, cuando son, no obstante, desarrollo inmanente del propio yo. En la creación de la belleza, a través del arte, encuentra un medio de autorrealización y, a la vez, una esperanza y una forma de inmortalidad.

Si tenemos en cuenta que la «avidez de eternidad» aparece también en toda la obra anterior, nos percatamos de que todo esto no explica el tono exaltado ni la atmósfera de hallazgo sorprendente que acompaña, en 1949, la aparición de *Animal de fondo*. Los explica, sin embargo, el encuentro de un segundo elemento constituyente esencial, junto a esta «avidez de eternidad», de su poesía: la necesidad de «*conciencia interior y ambiente*» (*LP*, 1342). La formación de esta conciencia es, por lo menos a partir de 1942, el objetivo primero de las últimas formulaciones de la poética juanramoniana y, aunque la crítica no ha reparado en ello, la *conciencia*, más que Dios, constituye en *Animal de fondo* el motivo estructural más claro de todo el libro. Un examen exhaustivo de esta cuestión me exigiría un tiempo y un espacio del que ahora no puedo disponer. Citaré, sin embargo, un nuevo texto, que viene a anudar la cuestión, a que ahora me estoy refiriendo, con la citada «enfermedad del infinito»:

> Tu forma se deshizo. Deshiciste tu forma. Mas tu conciencia queda difundida, igual, mayor, inmensa, en la totalidad (*LP*, 1164).

Siente Juan Ramón, ya en 1942, que su victoria sobre la muerte es incompleta, si no logra configurar como conciencia autónoma este espíritu al que quiere salvar por su palabra. Por ello «el mayor fracaso del hombre [...] —dice en una de sus series de aforismos inéditos— es no poder darle conciencia de Dios a su dios» [46]. Es en *Animal de fondo* donde Juan Ramón cree, pon fin, haber conseguido respuesta no sólo a *la avidez de eternidad*, sino también a *la necesidad de conciencia* (*LP*, 1342). No le basta perpetuar su espíritu en «forma» de Obra. Precisa, además, configurarlo y definirlo como conciencia. La poesía tiene un valor intrínseco: es una actividad con fin en sí misma. Pero, además, puede contribuir a formar una conciencia, unas «ideas», cuya validez desborda al propio poeta. Es su consecución lo que le permitirá decir:

> ¡Qué importa la muerte, si en la vida la hemos vencido, día tras día; si hemos ido más allá de ella con nuestro pensamiento y nuestro corazón! (*LPr*, 489).

46. «Puntos», «Sala de Zenobia y Juan Ramón», signatura J-1/143 (1)/74-75.

15.

LA ENFERMEDAD DE LO DESCONOCIDO

«A LUCE AD TENEBRAS»

La ética estética de nuestro poeta, en cuanto ética, atiende a las raíces existenciales que originan y motivan la creación poética; en cuanto estética, contempla el poema, la obra poética, como proyección metafísica del espíritu del poeta en una doble dimensión: ontológica y epistemológica. Por poesía —tal como he venido repitiendo— entiende Juan Ramón todo proceso de *realización* y *construcción de un yo*. Por ello, cualquier tipo de actividad —lo mismo la del «jardinero sevillano», que la del «regante granadino», que la del «carbonerillo de Palermo» o la del «mecánico malagueño» (*TG*, 24-29)— es para él «esencialmente poética», pues en el ejercicio de cualquier vocación es posible el desarrollo inmanente del propio ser interior. Pero además de auto-realización —y esto también está presente en todas las definiciones juanramonianas—, la poesía es una forma de conocimiento, que actúa allá «donde la intelijencia fracasa» (*TG*, 33). No hay que olvidar que, en la fórmula del poeta, el «venir-a-ser yo cada día» se logra mediante «una nueva visión» del mundo que rodea a este yo. Al ansia de «saber por qué y para qué hemos venido» al mundo de lo contingente, que veíamos ya antes, va emparejada otra: la de *conocer* qué es lo que está detrás de la realidad puramente fenoménica, de lo que la ciencia nos presenta como real.

La poesía, entonces, centra su foco de mira en aquellas cosas de la vida que están fuera del alcance de la razón, pero que, sin embargo, el espíritu anhela conocer y «formar», en su ansia de expandirse más allá de lo catalogado como real.

Desde época muy temprana, Juan Ramón deja constancia de su «afán de encontrar la fuente del universo» [47]. Dicho afán tiene en él unas motivaciones personales, pero responde, además, a un espíritu de época, y el tratamiento que el poeta de Moguer le da en su obra nos remite a un contexto literario muy preciso: «la dimensión metafísica del simbolismo franco-germánico, reelaborado e hispanizado en una síntesis personal de vida y de naturaleza, que no ha alterado en el curso de medio siglo los principios originales de la *dialéctica romántica*» [48]. A dicho contexto cabe referir el siguiente fragmento de un glosario de *Helios*:

47. «Cuaderno Negro (1909-1912)». Cfr. Ricardo GULLÓN, *In*, 238 (1970), 2.
48. Véase, de PÉREZ DE AYALA, *Más divagaciones literarias*, op. cit., 29.

Yo no sé de cosas más reales que estas que parecen misterio, y que nos estremecen con el escalofrío de lo sobrenatural. Todas las grandes realidades, misterios son: misterio el morir, misterio el nacer, misterio el alma, la realidad más real de nuestra vida. [49]

Desde el orfismo griego [50], el misterio constituye un material espiritual esencialmente poético. En el romanticismo, y Novalis puede en este caso servir de ejemplo, vuelve a ponerse de relieve el potencial estético de lo desconocido y el poeta se convierte en infatigable intérprete del misterio interior y exterior a la vida del hombre. Desde el siglo XIX, el misterio tiende, poco a poco, a ocupar en el poema el lugar que antes les correspondía a la fábula y al mito, y en el simbolismo francés, flor nacida del «humus» ideológico del romanticismo, esta tendencia se consolida definitivamente. Hay que tener en cuenta, sin embargo, que *lo desconocido* tiene en la poesía moderna una función distinta a la del mito o a la de la fábula en la poesía clásica. Para el poeta post-romántico, el misterio, además del valor estético ornamental común a la fábula y al mito, posee también un claro valor metafísico de cara a la configuración de la realidad verdadera.

En el marco del romanticismo afloran una serie de dicotomías, cuya vitalidad en la poesía posterior es indudable. *Materia y espíritu, lo conocido y lo desconocido, realidad interior y realidad exterior*, son algunos de los términos en que se plasma la visión dualista del universo romántico. Para los simbolistas, sin embargo, la unidad es posible, ya que, entre la realidad interior y la realidad exterior, entre materia y espíritu, entre lo conocido y lo desconocido, existen pluralidad de «correspondencias», que el arte puede reconstruir y hacer patentes. El arte potencia el paso de lo conocido a lo desconocido y hace posible el salto de la realidad visible a la realidad invisible. Es éste, sucintamente esquematizado, el mismo clima que emana la poética juanramoniana, y el siguiente texto de *Poesía y literatura* puede servir de punto de partida para comprobarlo:

La verdadera poesía —dice Juan Ramón— es la que estando sustentada, *arraigada en la realidad visible, anhela, ascendiendo, la realidad invisible*; enlace de raíz y ala que, a veces, se truecan; la que *aspira al mundo total*, fundiendo, como en el mundo total, evidencia e imajinación. Por eso es indecible: deja la mitad, al menos, en el absoluto, eterno presente májico, en ese «por decir» que tentará siempre, como en el amor, al hombre fatal y más cierto; por eso nos deja la emoción, *temblor de realidad y misterio*, que nos coje en los instantes supremos (amor, fe, arte) de nuestra vida completa [...]. Vida completa, vida poética [...]. Todos debemos desear, procurar y contajiar esa vida. El contajio es propio de la poesía, como lo es del baile y de la música, sagrados por ella; de todo lo que nos mueve y nos conmueve (*TG*, 58). [51]

No se ha estudiado con suficiente profundidad la presencia de lo misterioso, el tratamiento de la realidad invisible, en la obra del poeta de Moguer. Es cierto que

49. *Helios*, III, 12 (marzo de 1904), 322.
50. A Juan Ramón hay que relacionarlo más con el *orfismo*, que con el *hermetismo*. Por eso, discrepo, en general, con el planteamiento de PREDMORE en su *La poesía hermética de Juan Ramón Jiménez* (*op. cit.*). Poeta órfico es el que aspira a entrever lo desconocido; hermético, el que, en última instancia, nos da una adivinanza. Y el *Diario* es, mucho más, aspiración al goce de lo misterioso y eterno, que poesía de adivinanzas.
51. Como en tantos otros temas, no se halla muy lejos de las palabras de Juan Ramón el espíritu de las de Unamuno, en quien se establece una división, muy parecida a la juanramoniana, entre realidad «racional» y realidad «irracional»: «Hegel —escribe Unamuno— hizo célebre su aforismo de que todo lo racional es real y todo lo real racional; pero somos muchos los que, no convencidos por Hegel, seguimos creyendo que lo real, lo realmente real, es irracional».

tanto Gastón Figueira [52], como Giovanni Previtali [53], iniciaron hace tiempo sendas aproximaciones al tema, pero, por distintas razones, el «corpus» acotado para sus trabajos y, en consecuencia, las conclusiones a las que en ellos se llega, resultan insuficientes a todas luces. En un principio, como sugiere Previtali, el misterio aparece en la poesía de Juan Ramón como «una incierta vaga penumbra», que crea una atmósfera nebulosa en torno a todas las cosas. Como ejemplo de esto, puede citarse, abriendo al azar *Arias tristes*, cualquiera de los poemas de este libro. Pero, por encima de tal utilización, desde época muy temprana también, la alusión a lo misterioso encubre, en su poesía, la búsqueda de algo que está más allá de la realidad mentada, de «algo que se busca y no se encuentra». Al difuminar el misterio la frontera que separa lo real de lo irreal, se crea el ámbito adecuado para que, sobre él, el poeta proyecte «los fantasmas y quimeras» de su yo profundo (*CI*, 30): lo real externo se convierte, así, en *correlato* del alma del poeta. Pero, a la vez, lo real queda potenciado y convertido, por el misterio, en cifra de lo desconocido. El misterio es, en este segundo caso, «el crepúsculo vago *que cambia las verdades*» (*PLP*, 1457).

Toda la obra de Juan Ramón revela una profunda insatisfacción respecto a la «verdad» de la realidad visible de las cosas y su poética da cuenta de ello. No se opera en su poesía, sin embargo, la sustitución —que tantas veces ha pretendido ver la crítica— de lo real por una ficción compensadora [54], sino que, «arraigando» en lo visible, pretende, con lo invisible, enriquecer y fecundar la realidad. Se resiste a conformarse con las dimensiones limitadas, planas y mensurables de lo conocido, y aspira a ver más allá, en lo desconocido, la otra cara «no vista» de la realidad. Este es, ya en 1903, el programa juanramoniano:

> Desde esta ventana —escribe en *Helios*— por donde rimo el valle con el alma, he pensado hoy en la poesía de contornos limpios que han escrito nuestros poetas gloriosos del siglo de oro. Y no puedo menos de declarar que comprendo cómo, ante esta naturaleza fuerte y bella, la poesía sea precisa y hasta correcta. Pero yo no la siento así; si el que ha soñado en esta ventana antes que yo ha mirado a la montaña, yo miro detrás de la montaña. *Y mi poesía ha de ser poesía de lo no visto.* [55]

También su poesía se orienta en el mismo sentido:

> Yo quiero mirar las cosas,
> ¡mas veo a través de ellas!
> (*LIP*, 2, 220).

El poeta siente la presencia de algo misterioso e inefable, cuya realidad, aunque es inasible para los sentidos, tiene una indudable operatividad y repercusión. Se trata de algo que el alma acierta a vislumbrar ya, aunque las manos no puedan cogerlo. Eso dice el siguiente poema del *Diario*:

---

52. *Juan Ramón Jiménez, poeta de lo inefable* (Montevideo: Alfar, 1944).
53. «Lo inefable en la poesía de Juan Ramón Jiménez», *Atenea*, I, 3 (1960), 39-53.
54. Textos como el siguiente no son frecuentes en Juan Ramón, más allá de 1912: «Sobre la luz viva e incolora del claro sol poniente, los árboles se perdían en una vana confusión de verdor y de oro traslúcidos, finos, ilusorios. La realidad se hacía ilusión» (*LPr*, 441). Juan Ramón ya no tratará, en adelante, de transformar la realidad en ilusión, sino de enriquecer con esta última aquella primera.
55. Véase «Desde esta ventana...» en el «Glosario» de *Helios*, X (1903).

¡Qué cerca ya del alma
lo que está tan inmensamente lejos
de las manos aún!
                    (*LP*, 209).

Es algo misterioso, «voz sin nombre», «verdad sin realidad» —dice el mismo poema del *Diario*—, que el poeta no acierta a definir [56], pero de cuya existencia necesita dejar constancia en el poema. Abierta hacia «lo no visto», su poesía amplía con nuevos contenidos los límites de la realidad, anulando constantemente los criterios de verdad y certidumbre con que ésta habitualmente es medida. La poesía, dice Juan Ramón en otro poema del *Diario*,

... Con su belleza,
en un tranquilo vencimiento,
hace que la verdad ya no lo sea,
y que sea verdad eterna y sola,
la que no lo era.
    Sí.
        ¡Sencillez divina,
que derrotas lo cierto y pones alma
nueva a lo verdadero!
                    (*LP*, 447).

No se trata, vuelvo a insistir, de convertir la poesía en instrumento de desrealización, sino, todo lo contrario, de conocer y enriquecer la realidad, arraigando —cada vez «más enredadas las raíces / y más sueltas las alas» (*LP*, 753)— en lo conocido, sin renunciar por ello a lo desconocido, donde se encuentran «inminencias / de algo infinito y trastornado, / que aunque viene muy lejos, ya se siente / llorar, reír —nacer— a nuestro lado» (*LIP*, 2, 289-290).

Durante la primera etapa de su poesía, el poeta todavía duda de la eficacia de su esfuerzo, pues esa realidad misteriosa, apenas entrevista, lo mismo puede ser el *infinito*, lo *absoluto*, el *ideal*, *dios*..., que la *nada*. Así sucede en uno de sus *Sonetos espirituales*:

Se entró mi corazón en esta nada
como aquel pajarillo...
... ...
De cuando en cuando intenta una escapada
a lo infinito, que lo está engañando.
                    (*LP*, 59).

Las dudas, sin embargo, desaparecen y, como tendremos ocasión de comprobar más adelante, en la realidad invisible, Juan Ramón encuentra «pour l'âme la nourriture» y «pour l'universe une reserve de realité» [57]. El acto estético es fuente válida de conocimiento, como afirmó Schopenhauer, y el poeta *medium*, a través del cual se alumbran nuevas dimensiones de lo real:

---

56. El poeta no trabaja con conceptualizaciones. No pretende analizar y definir el misterio. Su anhelo está en experimentarlo: «En poesía —escribe Juan Ramón— no importa tanto aclarar el secreto, como hacerlo evidente, descubrirlo, espresarlo» [«Aforismos inéditos», *NE* (noviembre de 1979), 11].

57. Jules ROMAINS, *Les hommes de bone volonté*, t. VI (Paris: Flammarion), 282-285. Referencia que tomo de Pierre TRAHARD, *Le mystère poétique* (Paris: A. G. Nizet, 1970), 44-45. Dice un aforismo de Juan Ramón, que puede considerarse una glosa a las palabras de J. Romains: «Nuestra vida nunca sería cansada, vulgar, penosa, ¡ay!, si pensáramos, en cada instante, que estamos integrando lo desconocido» [«Estética y ética estética de libros inéditos (1914-1920)», *España*, 290 (20 de noviembre de 1920), 12].

La poesía —dice Juan Ramón— creo yo que debe brotar, sólo, de lo que no se puede tener de lo humano, que es tan interior como exterior; esto es, *que la poesía no es sino aspiración constante a algo nuevo* (TG, 93).

Se sitúa la poesía moderna, centrando su campo de acción en la belleza del misterio, lo más lejos posible de toda trivialización de la realidad; es decir, en una zona, donde, incluso los estímulos de la realidad visible dada, se convierten en alados y poéticos. Pero no es una huida, sino el comienzo de una conquista. Dice Juan Ramón en carta a Ricardo Gullón:

También sigo creyendo, como siempre [...], que la poesía es fatalmente sagrada, alada y graciosa y su reino está en el encanto y en el misterio [...].
Y si vivimos en un universo y somos parte microscópica de él, ¿por qué limitarnos a la superficie de lo microscópico de un puntito de este gran universo? (SC, 289-290).

EL MISTERIO, ALIMENTO ESPIRITUAL:
AMPLIACION EXISTENCIAL DE LA REALIDAD

Había escrito Rimbaud [58], ya en 1871, que al poeta le corresponde «despertar la cantidad de misterio que en cada época caracteriza al alma universal». Venía, de esta forma, a justificar el valor y la funcionalidad de la poesía en la edad moderna. Desde presupuestos no muy lejanos a éstos, llega Juan Ramón Jiménez a la misma justificación. Dice un texto inédito: «nuestra vida no sería nunca cansada, vulgar, tristona [...], si pensáramos en cada instante que estamos integrando lo desconocido» [59]. Para nuestro autor la realidad tiene dos zonas: una *visible*, sobre la que, adaptándola a las necesidades materiales del hombre y transformándola en función de las mismas, actúa la ciencia; y otra *invisible*, dominio del espíritu y objeto de la auténtica poesía. Así como el brazo y la pierna —dice Juan Ramón en uno de sus aforismos— necesitan realidades visibles en que descansar, el espíritu necesita de las invisibles; y la creación de estas últimas corresponde a la poesía. [60]

Al situar el objetivo de la poesía más allá de todo concepto limitado de realidad en que se mueve la razón, le importa a Juan Ramón demostrar la legitimidad y el valor de su intento, para dejar constancia de aquello que, en la edad de la ciencia, justifica la existencia de la creación poética. Ni la ciencia ni la poesía son, por sí solas, suficientes: «¡Pobre ciencia sin poesía y triste poesía con suficiencia!», escribe el poeta en otro aforismo (*EEE*, 194). La ciencia proporciona la verdad, pero no toda la verdad. Hace bien la ciencia en mantenerse dentro de los márgenes de exactitud que la definen. Los problemas últimos de la vida del hombre, sin embargo, exigen una respuesta que necesariamente queda fuera de dichos márgenes de exactitud. Por ello, el progreso del mundo de la ciencia, para que sea tal, ha de ir acompañado de «una continua ascensión interior, que la técnica lleve dentro una moralidad» (*AO*, 177). «El auténtico progreso —continúa diciendo el poeta— debe ser el fundamento de la inquietud en el espíritu» (*AO*, 178). Suscitar esta inquietud, creando, a partir del misterio, nuevas zonas de expansión posibles para el espíritu, es función primordial y característica, según H. Friedrich [61], de la poesía moderna.

58. En «Lettre à P. Demery» (15 de mayo de 1871).
59. Archivo Histórico Nacional, caja 18/116/6.
60. «Ideolojía lírica», *LT*, II, 5 (1954), 60.
61. *Estructura de la lírica moderna...*, *op. cit.*, 119. Estas son también, por ejemplo, las ideas de Baroja. La ciencia constantemente sigue las huellas del arte. El arte va escapándose hacia áreas a las que

Desarrolla Juan Ramón en profundidad este último tema en *Límite del progreso* (*AO*, 173), una de sus prosas literariamente más conseguidas. Ciencia y poesía se complementan. La ciencia se ocupa del progreso en lo material y la poesía, dando «forma a algo que no la tiene», «interpreta el espíritu» (*LPr*, 269-270). Como de manera tan clara expuso Ortega [62], la verdad científica es una verdad exacta, pero incompleta y penúltima, que necesariamente tiene que estar integrada en otra especie de verdad, aunque inexacta, más vasta. Es cierto que la poesía puede contentarse con «la realidad visible para su canto esaltado» (*EEE*, 93-94). Es lo más fácil y cómodo. Pero, si así sucede, «progresamos en la confitería, la ternura y la dulzura del postre», y no en el «sabor espiritual de la vida» (*TG*, 134). «Si —por el contrario— [el poeta] piensa, sueña y espresa otras realidades, las invisibles, que él clarivé, su expresión, su sueño, quizá, las cuaje» (*EEE*, 93-94). Sólo la poesía «es progreso del hombre —dirá más adelante—, puesto que es *realidad májica*, la máxima conseguible en hombre y poesía» (EEE, 212).

La poesía sigue siendo poesía con finalidad, pero, en lugar de «solaz y doctrina», su propósito, es, principalmente, cultivar el espíritu, las dotes innatas de la naturaleza humana, y orientarlo hacia su plena realización. Acota aquellas zonas que el espíritu anhela conocer en su ansia de expandirse más allá de los límites de lo real, consiguiendo así una nueva realidad —*májica*, dice Juan Ramón—, que desborda la material y la limitada por la razón. La actividad poética —añade el poeta— ha de ser considerada como sabiduría «de otra naturaleza distinta a la de la ciencia [63]. La conciencia estética antecede a todo cambio en la organización mental del hombre e impregna su actividad, antes de traducirse en facultad lógica y en conceptos. Al dar nombre a las realidades inmateriales del universo que aún no lo tienen, la palabra del poeta es —como afirmó Luis Felipe Vivanco en un espléndido estudio de la poesía juanramoniana— «palabra fundante de las realidades últimas del universo», que crea nuevos ámbitos de existencia:

> ¡Cómo están aumentando —continúa diciendo Vivanco— en ella [la palabra poética] nuestras posibilidades de existencia con esas realidades! [...] Pero, sobre todo, ¡qué alucinante aparición —con nosotros, orillas inflamadas— de realidades concretas referidas al misterio! [64]

Efectivamente, la revelación de «realidades últimas» lleva consigo, como supone Vivanco, una ruptura sobre el plano del existir: trastorna el curso normal de la vida utilitaria y, al introducir lo extraordinario y añadir una nueva dimensión —*májica*— a la realidad plana, amplía y enriquece la existencia; supone un acontecimiento histórico en la vida del hombre sucesivo, del que habla Juan Ramón. Puesto que, en términos de Heidegger, el ser se alberga en la palabra, la poesía amplía verbalmente la existencia, y contribuye a «modificar sucesivamente la idea de lo que es mejor» (*AO*, 281).

la ciencia no ha podido llegar, y por lo tanto aún no ha demolido las creencias edificadas por el arte. El arte, constantemente, creando nuevos sistemas de valores, infunde creencias e ilusiones nuevas. Cfr. Richard A. CARDWELL, *Juan Ramón Jiménez: The Modernist...*, op. cit., 128 y ss.
    62. Véase, de Guillermo ARAYA, *Claves filológicas para la comprensión de Ortega* (Madrid: Gredos, 1971), 98.
    63. Escribe nuestro autor: «El hombre de arte, si es puro, no debe ni puede tener otra popularidad que la escasa y exacta de un científico —[...]—; y su actividad ha de ser considerada como sabiduría» [«Estética y ética estética de libros inéditos...», *España*, 290 (1920), 11-12]
    64. *Introducción a la poesía española...*, op. cit., 68.

EL MISTERIO, RESERVA DE REALIDAD DEL UNIVERSO: AMPLIACION ONTOLOGICA DE LA REALIDAD

Para Juan Ramón, «la poesía es un juego que baja a jugar lo divino con lo humano» (*EEE*, 241). Canta la aspiración de la materia por espiritualizarse, y la del espíritu por encarnarse. Su «objetivo, el fin del arte, de las artes poéticas (literatura, pintura, música, etc.), es escribir, pintar, cantar el universo *uno, visible e invisible*» (*EEE*, 332). La poesía —nos dice en un poema lleno de platonismo— es:

> ¡Confusiones de acentos,
> en el camino,
> de las cosas del cielo y de la tierra!
> ¡Nombres de allí que vienen a la boca,
> entre flores y luces,
> para nombrar seres de acá!
> ¡Formas de aquí,
> que se van por las nubes, a su casa!
>
> (*Leyenda*, 447).

La división juanramoniana de la realidad en dos planos ontológicos —lo visible y lo invisible—, y su descontento e insatisfacción con el primero de ellos, han sido interpretados como una consecuencia de la raíz «idealista» de su pensamiento. No creo, sin embargo, que sea acertado hablar de idealismo en Juan Ramón, sin matizar y precisar qué queremos decir con ello. El poeta usa indistintamente términos como *ideal, absoluto, dios, realidad invisible*, etc. Toda trascendencia, si existe, carece de realidad útil y se halla fuera del área de interés del poeta. La realidad significada por dichos conceptos es producto último, «que cada uno de nosotros se hace [...] con el trabajo vocativo de su vida» (*CP*, 214). Dice Juan Ramón:

> Cuando yo quiero volar, no es para ir al cielo de este o el otro creyente, con un dios más o menos parecido de especie a nosotros, sino para conocer lo más y lo mejor posible a este universo que mis ojos ven desde dentro de él [...] y a cuyos infinitos mi conciencia, inmensa como ellos, puede llegar (*CI*, 265).

No hay, pues, noción alguna de idealismo trascendente.

Si las doctrinas de Freud llevaron consigo un ahondamiento en el yo, que tuvo notables consecuencias en el arte de principios de siglo, la teoría de la relatividad no supuso un influjo menor. Las teorías einstenianas situaron la verdad absoluta muy lejos del alcance de la razón humana. La literatura se convierte en una forma de conocimiento, cuyo objetivo se inserta precisamente en esta zona «desconocida» que la razón no alcanza a limitar con precisión. Al descubrirnos constantemente aspectos de la realidad que antes ignorábamos, hace que ésta deje de ser algo estático y se torne dinámica. Michael Predmore describe así la creación poética:

> La experiencia artística, que en el mundo del conocimiento cartesiano se realizaba a través de la mente, y que se podía poseer y descubrir en su totalidad, aquí se convierte, por el contrario, en un proceso de descubrimiento, en una aventura, en la que al faltarle conceptos apriorísticos sobre los que basarse es como un viaje hacia lo desconocido en busca de algo [...].
> La realidad oculta puede parecer ser parte de un mundo trascendente, de un mundo ideal y eterno que está tras la realidad fenoménica y tangible. [65]

No tengo ningún inconveniente en aceptar, en líneas generales, la descripción que Predmore hace de la experiencia poética. Hay que insistir, sin embargo, en el error en que incurre en la última parte de su texto. Realidad visible, realidad invisible y realidad mágica se refieren en Juan Ramón, siempre, a este mundo y no a otro «ideal y eterno»:

> La eternidad que quiero yo —dice el poeta— es esta eternidad
> de aquí y aquí con ella, más que en ella,
> porque yo quiero, Dios,
> que tú te vengas *a mi espacio,*
> *al tiempo que yo he limitado en lo infinito.* [66]

«Este mundo —afirma una y otra vez el poeta— *es nuestro único mundo y [...], en él, y con lo suyo, hemos de realizarlo todo*» (EEE, 95), Contamos, pues, con un doble punto de partida. Primero, *la realidad invisible* —lo absoluto, el todo...— es creación del poeta; y segundo, dicha realidad carece de todo valor trascendente. «No hay», dice Juan Ramón,

> idealismo y realismo, naturalismo y espiritualismo; sino diversos niveles de realismo [...] entre los cuales existe tal distancia que se han inventado inconscientemente nombres para entenderla. [67]

La concepción de una realidad trascendente repugna al arte moderno y, desde luego, Juan Ramón se halla lejos de atribuir este carácter a lo que él llama realidad invisible. [68]

---

65. *La obra en prosa de Juan Ramón Jiménez*, op. cit., 88.
66. Citado por Saz-Orozco, *Desarrollo del concepto de Dios...*, op. cit., 185.
67. «Aforismos inéditos», *NE* (noviembre de 1979), 10.
68. Escribe el poeta:
    A nadie que se haya planteado seriamente el problema de dios [...] se le ocurriría pensar que yo pueda haber situado en lugar alguno del universo esterior ni interior un hombre, un rey, un señor [...], que nos tiene aquí como en un internado... Pero es claro, que tengo una conciencia [...] y que esta conciencia me habla claramente durante todo el día y con mi propia lengua, de la verdad y la belleza del existir [...]. Yo coincidía poéticamente en mis versos, sobre el dios por venir, con la teolojía de la escuela alemana contemporánea [...]. Y esta idea de que dios existirá en el fin y de que cada uno de nosotros se hace su dios con el trabajo vocativo de su vida, porque en este trabajo está el encuentro con la conciencia, no ha variado en mí desde la juventud (*CP*, 214-216).

Realidad invisible

Arrancando de estos presupuestos, conviene revisar qué es lo que el poeta entiende, para cada uno de los conceptos de realidad que utiliza en su poética. Por *realidad visible* entiende todo el entorno físico y material; es decir, todo aquello susceptible de análisis, medida y clasificación. Lo real visible es el ámbito de la razón. El poeta se encuentra irremisiblemente inmerso en esta realidad y no puede renunciar a ella [69]. Sucede, sin embargo, que sus aspiraciones más profundas quedan fuera de este marco; o lo que es lo mismo, su «realidad» no basta para satisfacerlas. Entonces el poeta debe «realizarlas» él mismo. El cumplimiento de dichas aspiraciones origina otro nuevo tipo de realidad: *la realidad invisible*.

Lo que todavía es *nada*, porque aún no tiene nombre, puede por la poesía cobrar vida y pasar a enriquecer lo real. O, por el contrario, puede quedar increado, muerto. Colaborar a la realización de este proceso es —dice Juan Ramón— uno de los deberes del poeta:

> Todo lo que podemos crear y no creamos está asesinado por nosotros; peor, retenido, por gusto malo nuestro, en una muerte que puede ser cada momento una resurrección (*EEE*, 100).

Poniendo nombre a las cosas de esa zona que media entre lo llamado *real* y lo llamado *ideal*, el poeta crea la *realidad invisible*, que es también, sin ningún género de dudas, *realidad auténtica*. El misterio da cuerpo a las aspiraciones últimas del hombre, y el poeta forma con él los «mitos» o los «ideales» que dan profundidad y enriquecen su existencia: Dios, lo absoluto, el todo, lo eterno... Son todos ellos nombres que el poeta ha ido dando a distintos anhelos suyos y que, luego, como la realidad visible no podía saciarlos, tiene que llenar con lo desconocido. A este tipo de realidades se refiere el poeta cuando afirma: «Hay realidades que no son el fin de la esperanza, sino una prolongación de ella» (*LPr*, 748). Un texto de *Poesía y Literatura* nos servirá para completar el desarrollo de la idea del poeta de Moguer:

> Dios del hombre —dice éste— es en verdad un medio que el hombre ha inventado o confirmado para poder comunicarse y entenderse con lo absoluto (*TG*, 38).

La realidad invisible es, no ya el reino, sino la creación del arte. El mundo de los ideales, de los valores últimos —no heredados—, es creación de la poesía. El poeta los logra, exhalando su verbo creador sobre el misterio. «Y no se diga», apunta Juan Ramón,

> que el universo del poeta es menor que el de dios, ya que Dios suponemos que creó lo visible y se reserva lo invisible para sí o para premiarnos, y el poeta prescinde de casi todo lo visible y tantea lo invisible, *regalándole lo que encuentre a quien lo desee* (*TG*, 38).

---

69. Cito otro de sus aforismos: «El todo real invariable en torno. Y el poeta en medio, creador incesante de lo ideal, inventor perpetuo de lo irreal» (*EEE*, 344).

Realidad mágica

En este regalo de «ideales» creados radica la mayor utilidad de la poesía. Con ello, entramos ya en el examen de lo que el poeta llama *realidad májica*. Proyectando esta realidad creada por la poesía sobre la realidad visible, los objetos que componen esta última dejan de ser estáticos, evolucionan y cobran vida, una vida en la que los seres alcanzan plenitud de sentido:

> Crear el ideal —dice Juan Ramón— no quiere decir dejar de ser corriente, común [...]; el ideal sitúa la *vida* entre el ánjel y el demonio [...]. Hay que encontrar el ideal [...] para comprenderla [la vida] y, luego con dinamia mayor, amarla, gozarla, recrearla cada día [...], única forma de realizarla en plenitud (*TG*, 193).

Es insistente, a lo largo de toda la poética juanramoniana, el empeño del poeta por dejar claramente sentado lo siguiente: la *realidad invisible*, alumbrada en el poema, sólo tiene valor si repercute de forma enriquecedora sobre *la realidad visible*. Juan Ramón contempla el misterio desde una perspectiva gnoseológica, pero también desde una perspectiva ontológica. Puesto que «la realidad es mucho más rica que la imaginación» (*CcJR*, 141), al poeta no le basta con «clariver» un mundo distinto, necesita «realizarlo» (*CI*, 358); no es bastante concebir «lo absoluto abstracto», a continuación «el verdadero poeta» —y éste dice que es su papel principal— ha de «concretarlo» (*EEE*, 145). La *realidad májica* juanramoniana es, entonces, *realidad visible* enriquecida hasta su plenitud de valor y significación; es la fusión —«honda y alta», dice el poeta— de *realidad visible* y *realidad invisible* (*TG*, 37). La dimensión mágica de lo real tiene, pues, en la teoría juanramoniana, un carácter ontológico. Nuestra contemplación puede omitirla o aumentarla. Afirma nuestro poeta:

> ¿Realismo májico? Todo realismo lo es. Somos nosotros los que podemos ser o no májicos (*EEE*, 363).

La realidad ajena a las aspiraciones últimas del hombre carece de sentido. El poeta crea, entonces, una nueva realidad en la que todo lo real material, e incluso su propia vida, se salva de la *nada* y el sin-sentido [70]. Esta es *la realidad májica*, de la que nos habla Juan Ramón. No es la negación de la realidad conocida, sino su enriquecimiento cualitativo: la realidad conocida —variable histórica que depende de la concepción del mundo que en cada época maneja la historia [71]— está abierta por la poesía; puede, por ella, ampliarse, enriquecerse y adquirir profundidad, no en extensión (ciencia), sino en intensidad (arte). La realidad invisible —lo hemos comprobado en varios textos del poeta citados más arriba— «es un medio que el hombre ha inventado para comunicarse con lo absoluto» (*TG*, 38); es una nueva dimensión que da sentido a la *realidad visible*, reconstruyendo

---

70. La operatividad de esta idea de la creación literaria, entre los hombres del 98, ha sido estudiada por INMAN FOX [*La crisis intelectual del 98* (Madrid: Cuadernos para el diálogo, 1976), 209], quien señala acertadamente su origen romántico: El poeta romántico trabaja sobre la hipótesis de dos realidades: una subjetiva y otra objetiva, y para salvarse de la *nada*, en que toda realidad objetiva se asienta, crea otra nueva, sustentadora de la anterior, cuya cima es *dios*. Una idea semejante —concretando más ahora la cuestión— a la «realidad májica» de Juan Ramón la encontramos en Frauz Roh. Cfr. Anthony Leo GEIST, *La poética de la generación del 27 y las revistas literarias* (Madrid: Guadarrama, 1980), 147.
71. Dice Juan Ramón: «Lo objetivo —que varía en cada país— no puede ser universal. Sólo es universal el alma del hombre. Así, la poesía subjetiva es la única que llena el universo» (*EEE*, 249).

los lazos que unen dicha realidad de «lo concreto» con el *universo uno*; impregna, así, de espíritu e infinitud lo material y lo finito; convierte lo que en el lenguaje normal son nombres de cosas individuales y concretas en nombres revelación de la *realidad absoluta* (*TG*, 58). Ahora bien, como dicha realidad absoluta no admite los mismos criterios de verificación que la *realidad visible*, recibe en Juan Ramón el nombre de *realidad mágica*. Un poema de *Piedra y cielo* revela maravillosamente el esfuerzo espiritual que el logro de esta *realidad mágica* lleva consigo:

> ¡Qué inmensa desgarradura
> *la de mi vida en el Todo,*
> para estar, con todo yo,
> en cada cosa;
> para no dejar de estar
> con todo yo, en cada cosa!
>
> (*LP*, 701).

Otorga la palabra poética a las cosas pregnancia del *todo* y posibilita el paso de lo particular a lo absoluto. En la poética juanramoniana, como en la estética de Heidegger, *lo absoluto* —recordemos el texto de *Poesía y Literatura* antes citado— se revela parcialmente en las cosas visibles, concretas; pero permanece oculto como unidad, como totalidad. Capta la poesía esa totalidad —«sin principio, ni fin»— y la ilumina, aunque no la defina ni la determine, ya que el *todo* queda inabarcable y su expresión no termina nunca: «supongamos —dice Juan Ramón— que encontrásemos en nuestro camino a Dios. ¡Qué fracaso para él y para nosotros!» (*EEE*, 216). El misterio, que es la forma natural de manifestarse este *todo*, deja, sin embargo, constancia de su existencia. La poesía —que es el lenguaje del misterio— crea los entramados de sentido, a través de los cuales la *totalidad* manifiesta su presencia, como un campo virgen, «reserva de realidad del universo». Más que ningún otro conocimiento, el artístico entraña, junto a lo dicho, el sentido de lo que no está dicho, amasando con la suma de realidad visible y misterio un mundo, una realidad nueva, ampliación de la conocida:

> El poeta es un creador —dice Juan Ramón—. Lo que aparentemente no existe lo crea, y si lo crea es porque sus elementos [aunque desconocidos] existen [...]. ¿Por qué no ha de inventar un poeta, que puede hacerlo, un mundo o parte de él? (*TG*, 93).

Realidad visible

No es preciso preguntarnos ya cuál es el papel que Juan Ramón otorga en su poesía a la realidad visible. En un principio, como reconoce el poeta, la evita, poniendo toda su atención «en ese mundo tan grande y tan abierto que tenemos en el fondo de la carne negra y cerrada» (*LPr*, 226). Pero, luego, hace de ella trampolín hacia lo invisible:

> Cuando yo tenía 17, 18, 19 años —dice el poeta— evitaba el detalle realista en mi escritura, o lo cubría con velos más o menos ideales. Yo no sabía entonces que lo más ideal es nada sin lo más real, de donde sale como verdad de contraste (*EEE*, 219-220).

Los objetos que componen la realidad visible se hallan inmersos en un ámbito de misterio, de realidad invisible. «La sombra de los seres y las cosas tiene muchas veces más realidad, realidad superior, que las cosas y los seres mismos» (*EEE*, 338). La poesía devuelve a las cosas su misterio y las convierte en signos de un mensaje secreto —lo absoluto— que anhela expresarse:

> Todo hombre [...] —dice Juan Ramón— ha de vivir unido con su naturaleza, ya que en ella encontramos diariamente los símbolos, las señales que luego hemos de interpretar (*TG*, 65).

El poeta mira en los entes, más que sus formas actuales, sus dimensiones posibles y «da valor de signo a la mudez de las cosas». El poeta, como quería Goethe, es, para Juan Ramón, un órgano permanentemente abierto a la esencialidad de las cosas:

> Cuando contemplemos las cosas —dice Juan Ramón— las amemos, las gocemos [...]; cuando las consideremos conciencia plena y como plena conciencia nos manifiesten su contenido, *tendremos su más hondo secreto, y así podrán ofrecérsenos como un ideal*: que acaso el ideal sea el secreto que merecen sólo los más enamorados [...] (*TG*, 193-194).

Ese secreto que envuelve a todas las cosas constituye, en realidad, una dimensión ontológica de la realidad. Lo desconocido deja de ser, entonces, material ornamental añadido a lo conocido, para producir agrado. En vez de eso, Juan Ramón lo considera potencial campo de expansión de lo real. Es como una anticipación de la idea del ser, que actúa de acicate para la facultad de conocer del poeta y, a la vez, amplía la totalidad visible, convirtiéndola en realidad mágica. El arte, enformando lo que no tiene forma, inventa lo real verdadero y le da profundidad. Es creación completiva de la realidad. Se supera definitivamente, de esta forma, la dicotomía existente entre realismo e idealismo. [72]

---

72. Esto mismo puede, en realidad, hacerse extensivo a toda la generación del 14. Así lo estudia, en el caso de Ortega, E. COLOMER, «El pensamiento novecentista», en *Historia general de las literaturas hispánicas*, t. VI (Barcelona: Vergara, 1967).

AMPLIACION DE LA CONCIENCIA

El misterio que la poesía proyecta sobre la realidad conocida no es utilizado como material ornamental. En un principio, Juan Ramón se sirve de él para convertir dicha realidad en símbolo de determinados *estados de ánimo*; y, luego, para objetivar *estados de conciencia*, es decir, de intelección y valoración.

Asentada sobre el eje de lo desconocido, la poesía funda un movimiento dialéctico, de enriquecimiento mutuo, entre la conciencia del poeta y la realidad exterior. Acabamos de ver cómo dicho enriquecimiento, en lo que toca a la realidad, supone una ampliación entitativa de la misma. Es preciso ver, ahora, cómo de ello resulta también un aumento constante de la conciencia del poeta.

Un repaso por los distintos significados que la palabra *conciencia* adquiere en la teoría poética juanramoniana puede ayudarnos a comprender mejor cuál es el papel que en ella cumple dicha facultad: la poesía, primero, permite la reconstrucción del camino que va de los entes vivos al ser. Este camino —solución, como vimos ya, a la «enfermedad de lo infinito»— pasa necesariamente por la conciencia del poeta y desemboca en el dios juanramoniano de *Animal de fondo*; pero, además, la conciencia es peldaño intermedio —en el camino hacia lo desconocido— entre la realidad visible (naturaleza) y la realidad invisible (dios). Ambas direcciones convergen en la *conciencia*, agente y paciente en cada acto de creación poética. En un apartado anterior tuvimos ocasión de comprobar de qué forma actúa la creación poética, compensando la inconsistencia óntica del ser humano y dando cumplida respuesta a su «enfermedad de lo infinito». La mente del poeta es agente activo; el poeta ordena, añade su conciencia al universo y lo libera del caos. Tal como afirma Cernuda [73], Juan Ramón enseñó a todos los poetas del 27 que «la creación sería ciega, hasta hallar su mirada en el poeta». Sólo en la conciencia del poeta las cosas son, además de «sustanciosas y sustanciales», «esenciales y esenciosas», dice nuestro autor en un aforismo de su etapa puertorriqueña [74], contraponiendo, así, «su» realismo al realismo del Arcipreste de Hita. Las cosas alcanzan su

---

73. «Los dos Juan Ramón Jiménez», en *Poesía y literatura*, II (Barcelona: Seix-Barral, 1966), 105 y ss.

74. «De mi ideario poético. Isla de la simpatía», *Asomante*, IX, 1 (1953), 14.

esencia al asumir las funciones vitales que la conciencia del poeta les va confi-
riendo. La poesía, poniendo nombres a lo inefable, crea los entramados de sentido
que posibilitan la proyección de la realidad invisible sobre la visible; perfecciona
con ello la imagen del mundo; otorga en él un lugar a lo desconocido; y, finalmente, despierta de su sueño y su silencio a las cosas. Estas, que son tan sólo naturaleza muerta e inteligencia inmadura, alcanzan su plenitud de verdad cuando el
poeta les aplica su conciencia. Veámoslo en el siguiente poema de *Belleza*:

> *Alerta*
> La tierra duerme. Yo, despierto,
> soy su cabeza única.
>
> ¡Si ella pudiera,
> con todo su tesoro malgastado,
> obedecerme! ¡Si, de pronto,
> la fuerza de una frente nueva —de mi frente nueva—
> fuese mayor que la del cuerpo inerme!
>
> —¡Día sereno
> en que el insomnio de la frente nueva
> pueda mover el mundo;
> hacer que se despierte con la aurora
> dueño de la verdad libre y eterna!—
>
> (*LP*, 1060).

A este movimiento activo sigue otro receptivo. A ambos les confiere Juan
Ramón, respectivamente, los nombres de *dinamismo* y *éstasis*, y en el paso de un
tiempo a otro inscribe toda la historia de su poesía:

> Tres veces en mi vida, ¿cada quince años aproximadamente? (a mis 19, a mis 33, a
> mis 49) he salido de mi costumbre lírica conseguida a esplorar con ánimo libre el uni-
> verso poético.
> Tres revoluciones íntimas, tres renovaciones propias, tres renacimientos. Las tres veces
> he ido del «éstasis» al «dinamismo».
> Luego las tres veces he vuelto, más convencido cada vez, del movimiento al éstasis, a la
> paz, a la medida, al orden. Pero con las sienes cargadas de verdor y oro distinto, alre-
> dedor del nuevo tesoro secreto de los ojos (*EEE*, 198).

Todo el dinamismo que el poeta ha aplicado en su contemplación del universo
revierte, luego, enriquecedoramente, sobre su propia conciencia. La poesía actúa
como elemento de interacción entre lo interno y lo externo. En frase de Cole-
ridge, «el arte es el mediador entre la naturaleza y el hombre, y el que los reconcilia» [75]. El arte —la poesía— infunde la espiritualidad del poeta a todo lo que es
objeto de su contemplación y, después de actuar enriquecedoramente sobre el entorno, repercute en la evolución del pensamiento de su creador. La realidad exterior al poeta, convertida en pensamiento y sentimiento, actúa como material —valor y significado— enriquecedor de su propia interioridad:

> Todo lo que yo he pensado y sentido ya —dice uno de sus aforismos—, aunque no lo
> recuerde más, es tesoro mío, como lo no sentido ni pensado todavía (*EEE*, 383).

El poeta incorpora, así, a su vida —la realidad radical en la que deben hacerse
presentes, o, al menos, anunciarse todas las demás realidades, si han de ser rea-

---

75. Véase Abrams, *El espejo y la lámpara* (Buenos Aires: Nova, 1962), 79.

lidad para nosotros, dijo Ortega— las realidades invisibles con que su pensamiento ha ido iluminando y ensanchando la realidad exterior. De ello resulta también un «agrandamiento de la frente». La vida se convierte en el constante devenir de un *yo* actual a un *yo* definitivo. Pero no es un fluir heraclitiano, sin sentido; es concebida, por el contrario, como un ordenado crecimiento de la conciencia.

Para Juan Ramón, como para Pérez de Ayala en el siguiente texto, ampliación de la realidad y enriquecimiento de la conciencia son las claves que distinguen al poeta verdadero:

> ¿Descubre alguna idea nueva o alguna nueva sensación, algún nuevo camino por donde penetrar y comprender la realidad [...]?
> ¿Aumenta en la conciencia del hombre la inteligencia y la posesión del universo? [...] He aquí el escritor universal. [76]

Es la creación poética, en consecuencia, fuente válida de conocimiento y, a la vez, actividad constituyente del mundo espiritual —interno y externo del poeta. «La aspiración a comprenderlo [a Dios] es —dice Juan Ramón— la que nos hace avanzar en nuestro estado de hombres» [77]. No es la poesía sólo un resultado; es también un proceso que tiende a imprimir sentimientos nuevos, antes que a expresarlos; impone, al mismo tiempo que una comprensión, una transformación en poeta y lector, y dicha transformación, que es de carácter espiritual, consiste en:

> cambiar [...] inocencia primitiva por conciencia última. Si cada vez se desarrolla más o mejor el cuerpo, ¿por qué no se ha de desarrollar mejor y más cada vez el espíritu? El espíritu *no es todo el espíritu desde el primer instante*. Y si se inventan tantas cosas científicas, útiles para la vida práctica, ¿por qué la poesía no se ha de considerar invento sucesivo para la vida íntima? (*CI*, 257).

Alcanzada la plenitud de lo real y construida la conciencia última del universo, todavía le era preciso a Juan Ramón poner un nombre a ese *ser*, que, a la vez, saciaba su hambre de *eternidad* y *totalidad*, y su sed de *conocimiento*. Su «conciencia sucesiva del universo» se había resuelto «en lengua, en nombre hablado, en nombre escrito». Había ido poniendo nombres, convirtiendo en conciencia, todo el universo y, ahora, era necesario que *alguien* viniese a «tomar el puesto de toda esta nombradía» (*LP*, 1291). Ese alguien, que había de ser a la vez conciencia última, plenitud de lo real y encarnación de lo eterno, sólo podía admitir un nombre: Dios [78]. Dios —el infinito, el todo, lo absoluto— es el nombre que conviene a esa realidad que, trascendiendo lo tangible y lo pensable, se encuentra, a la vez, dentro y fuera del individuo:

> Hoy concreto yo lo divino como una conciencia única [...] que está dentro de nosotros y fuera también y al mismo tiempo (*LP*, 1342).

76. Tomo la cita de Víctor García de la Concha, *Los senderos poéticos...*, op. cit., 301.
77. Recogido este texto en Saz-Orozco, *Desarrollo del concepto de Dios...*, op. cit., 113.
78. El contexto ideológico al que cabe referir la búsqueda juanramoniana no hay que localizarlo muy lejos del poeta. Los ejes por los que su pensamiento discurre se hallan ya en el *Renan* (1909) de Ortega, texto que Juan Ramón, evidentemente, conoce. Como ocurre en el pensamiento de nuestro autor, allí Ortega define a Dios como algo inmanente y lo valora como un «objeto» cultural más. Lo mismo ocurre entre los hombres del 98 (Donald Shaw, *La generación del 98*, op. cit., 253). El fondo común del que arrancan todas estas interpretaciones hay que buscarlo en el krausismo. Un texto de Gilbert Azam descubre con exactitud el punto de partida juanramoniano: «l'absolu inmanent, fond mysterieux des choses, remplace le Créateur et n'est connu que par une sorte de révélation intime, illuminisme étrange et dan-

Ahora bien,

> el *ideal religioso* es como un cobijo colectivo, la cúpula que dijo Goethe, que ya está, si
> no definido, por lo menos muy propagado, como si fuera una enfermedad contajiosa que
> hay que pasar de niño o de muchacho, porque si no sería más grave en la vejez
> (*AO*, 231).

A Juan Ramón —ya lo hemos comprobado— no podía servirle un ideal religioso —un Dios— trascendente, asentado «sobre las bases de premio o castigo
eternos» (*AO*, 231)[79]. Su dios no podía hallarse fuera del proceso vital que
desarrolla la formación de su conciencia. «Yo creo —escribe— que Dios no fue
en el principio [...]. Sí, creo en Dios en el fin, o como fin. Dios en conciencia
final» (*CI*, 256-257):

> [la poesía] es un método —escribe en otra parte— mediante el cual el hombre llega a
> Dios en un esfuerzo por conseguir la fuerza espiritual que necesita para expresar aquí
> en la tierra, de un modo práctico, la inmanencia divina que encierran él y todos sus
> semejantes (*CI*, 204).

Se hace posible la identificación de la conciencia última con *dios*, porque es la
conciencia —creada en la palabra poética— forma definitiva que le permite al
poeta burlar a la muerte, penetrar en lo desconocido y fundar una nueva realidad
vital. Y, si la *conciencia* constituye la entidad más rica que el poeta llega a realizar
en su búsqueda —ontológica y epistemológica— de lo infinito y de lo desconocido, a su conciencia, constituida a partir de los atributos que «suponemos a la
divinidad» —plenitud de lo real, eternidad...[80]—, otorgará Juan Ramón, en un
razonamiento estructurado a modo de silogismo perfecto, «el nombre conseguido
de los nombres»:

> Mi obra poética es mi conciencia sucesiva del universo. La conciencia total del universo
> es dios... Entonces mi dios es mi obra porque mi obra es mi conciencia. Y si yo trabajo
> cada día en mi obra creadora, estoy trabajando cada día puestas mis manos en dios, mi
> dios, dándole forma a mi dios. Dios, entonces, es mi forma.[81]

gereux qui fait participer l'individu à la divinité. Paur tous les motifs avancés, il n'est donc pas aberrant
d'affirmer que le Panenthéisme de Krause est bien plus une religion q'une philosophie car il [...] vise à
donner une vue de l'ascension de l'âme à l'Unité supreme, puis de la réalité de la Trancesdance et, en
elle, une explication exhaustive de l'Univers; *il postule en fin, l'identité réelle de l'etre et de la*
connaissance» (*Valeur metaphysique...*, op. cit., 13). Pocos temas de la obra de Juan Ramón han merecido tanta atención como el de *dios* [remitiendo a la bibliografía existente en ellos, cito, nada más, dos
trabajos que, en mi opinión, se destacan sobre el resto: Francisco Alvarez Macías, «Juan Ramón Jiménez y *Animal de Fondo*», *Cuadernos del aula de cultura* (Sevilla: Universidad de Sevilla, 1962); y Antonio S. Romeralo, «Juan Ramón Jiménez en su fondo de Aire», *RHM*, XXVII (1961), 299 y ss.] y, sin
embargo, el desconcierto de la crítica ha sido, por lo general, absoluto. La causa de ello radica en el
hecho de que todos los trabajos se han centrado en los textos de *Animal de Fondo*, cuando este libro, y
sus notas finales, son el punto de llegada de un largo proceso, que debe seguirse desde el principio de la
obra Juanramoniana y, sobre todo, en ciertas prosas de 1942.

79. Véase, de Bernardo Gicovate, «Preámbulo a *Dios deseado y deseante*», *ALM*, IX (1971), 218-
219; y, sobre todo, Alvarez Macías, («Juan Ramón Jiménez y *Animal de Fondo*», *art. cit.*, 11), quien
pone en relación la idea juanramoniana de la divinidad con el «Dios evolucionista», de Rilke, dios que
no existió antes, ni existe ahora, pero existirá en el futuro. No es creador nuestro, sino nuestra creación.
Juan Ramón, en todo caso, no niega la existencia de un ser originario y creador, lo que hace es afirmar
que la existencia de dicho ser no es significativamente valiosa. Es el hombre el que le otorga realidad
significativa a ese ser. La existencia de Dios se va realizando en cada esfuerzo del poeta por hacer consciente «su realidad».

80. Escribe el poeta: «Y esta conciencia nuestra puede *darnos la eternidad* figurada, primero; luego,
la real, con alegría de poder permanecer [...] en nuestra acción y nuestra obra a través de lo posible
venidero» (*CI*, 326).

81. «Crítica paralela», «Sala de Zenobia y Juan Ramón», signatura J-1/141 (2)/199.

En cada salida a lo ignoto, el poeta vuelve llenas las manos de «flores de lo alto». La realidad total y última adquiere su auténtico significado cuando el hombre puede conocerla. No afirma Juan Ramón que dicha totalidad exista sólo al ser conocida por un yo, sino que el constitutivo ontológico de la misma es su cognoscibilidad. Por eso Dios se identifica con la conciencia del hombre y por eso es inmanente, es decir, del tamaño de la conciencia.

La conciencia es el Alfa —inocencia primitiva— y el Omega [82] —conciencia última— del proceso de realización personal y de crecimiento espiritual, que el poeta confía a su poesía. Así se justifica la identificación de conciencia última (creada en la obra) y dios. El error de todas las religiones consiste, precisamente, en distinguir ambos conceptos: en diferenciar entre *ser* y *conocer* (*LP*, 1175), y en colocar a Dios en el origen, no en el final:

> El hombre, aburrido de sí mismo —dice un aforismo de Juan Ramón—, inventó a dios; pero le salió mal el invento, y entonces inventó que dios lo había inventado a él. [83]

---

82. Veamos los siguientes textos:
    Hay, sin duda, un principio. Si algunos poetas le han encontrado nombres provisionales, que nos bastan (El Verbo, la Acción, el Dios), un poeta, un nombrador del universo, le encontrará, un día, el nombre verdadero y único.
    Para mí, por el momento, y mientras no se me dé nombre mejor, el principio de todo es la Conciencia, porque lo que sabemos, lo sabemos por la conciencia... Por la conciencia sabemos también lo que son el Vervo, la Acción y sabemos que Dios, palabra, no significa nada superior a Acción, Verbo o Conciencia [«Por amor consciente» (1949), «Sala de Zenobia y Juan Ramón», signatura J-1/141 (3)/2].
    O este otro:
    Si el fin del hombre no es crear una conciencia única superior, el Dios de cada hombre, yo no sé lo que es (*CI*, 325).
83. «Puntos», «Sala de Zenobia y Juan Ramón», signatura J-1/143 (1)/74.

BIEN, VERDAD Y... BELLEZA

El culto de Juan Ramón a la belleza, desde su profesión de fe en *Renacimiento* —«me río de todo lo divino y de todo lo humano y no creo más que en la Belleza» [84]— es constante en toda su obra. Resulta normal, por ello, que la belleza sea uno de los temas centrales de su poética. Por su importancia, en este aspecto, cabe destacar especialmente textos como «Belleza» [85] (*EEE*, 192-193) y «¿Fealdad?» (*AO*, 270-271).

No es difícil, en este punto de mi exposición, partiendo de los textos citados, reconstruir el pensamiento del poeta [86]. Puesto que el *ser*, lo absoluto, sólo se manifiesta parcialmente en los *entes*,

> estamos convencidos —dice Juan Ramón— de que *la verdad absoluta* no la podemos conseguir. [Sólo es posible llegar] a una *verdad circunstancial* suficiente, con arreglo a las condiciones de nuestro planeta, verdad que acaso no servirá para otro planeta de distintas condiciones [...] (*AO*, 233).

El objetivo de la poesía es lo real, y no lo verdadero. La verdad es un juicio circunstancial y suficiente, provisionalmente válido, cuando se aplica a lo conocido. Pero lo absoluto es inefable y no se puede definir. Cualquier afirmación acerca del *todo* carece de valor probatorio alguno. «Infinitos teólogos —dice el poeta— han dicho cosas infinitas de Dios, y *lo que han dicho puede, por lo tanto, ser verdad o no serlo* [...]; nada de ese dicho puede [...] sostenerse como verdadero ni desecharse como falso» [87]. Asentada la poesía —como hemos visto— en la realidad invisible, la *verdad* deja de ser para ella criterio suficiente de valoración. Esta realidad invisible sólo admite una lógica poética —«de distinta naturaleza que la

84. «Autocrítica», *Renacimiento*, VII (octubre de 1907), 426.
85. Publicado por vez primera, en *Presencia* (1938), revista con un solo número, que salió en La Habana, bajo la vigilancia de nuestro autor, editada por un grupo de alumnos del «Conservatorio Bach». Falla no admitió la propuesta, en favor de la belleza, del texto juanramoniano, y contestó a la revista en una carta que contiene los siguientes términos: «Sólo en Dios y por el evangelio podemos vencer al egoísmo, al dolor y a la muerte».
86. Coincidiendo, en este punto, con DÍAZ-PLAJA [*Juan Ramón Jiménez en su poesía* (Madrid: Aguilar, 1958], pienso que el origen del concepto de *Belleza*, que Juan Ramón utiliza, se encuentra ya en el «Atrio» que Rubén Darío escribe para *Ninfeas* (1900); pasando de allí al programa [«Génesis», recogido luego en *LT*, 19-20 (1958), 126] de *Helios* y, luego, a toda la obra juanramoniana.
87. «Ideas líricas», *LT*, II, 5 (1954), 60-61.

filosófica»—, cuya piedra de toque está en la *belleza* y no en la *verdad* [88]. No se propone el arte descubrir la verdad, sino configurarla: transferir a una esfera metafísica un modo estético de enfrentarse con la realidad, dotando de forma a lo que no la tiene. *La belleza*, así entendida, es una dimensión ontológica de la *verdad*. Ante el concepto juanramoniano de belleza, los valores éticos y lógicos des-- cubren su provisionalidad histórica. «Y por la belleza yo me uno —escribe— con la vida toda, más que con la llamada verdad. Quiero decir que estoy más seguro de lo que es la belleza que de lo que es la verdad, según las normas». [89]

En la medida en que la poesía parte de lo conquistado —añadiendo nuevas conquistas— hacia lo no alcanzado todavía, que es lo desconocido, anula la *verdad* comprendida como *juicio conveniente*, en favor de la *verdad*, como revelación o aparición del *ser*; es decir, de la *belleza*. La belleza es, para Juan Ramón, autorre- velación del *Todo*, un *dejar-ser* progresivo y enriquecedor. Escribe el poeta en *Belleza*:

> [...] el poeta, con su profunda, fija y feliz intuición, sabe seguro hoy como ayer, y no se le ocurre a él dudarlo ni discutirlo, [...] que en el *principio* era la belleza, aunque nadie la hubiera visto, oído, gustado ni tocado. Estaba sola sin nombre y sin imajen de espejo alguno. [...] En el principio era la Belleza, anterior por una eternidad a su nombre. Que le puso luego con acción y verbo el primer poeta [...]. La belleza es un medio sucesivo (pasado, presente y porvenir), y en el fin será ya nombrada la Belleza por una eternidad. La belleza es el único todo verdadero. [90]

No creo necesario a estas alturas insistir ya en el hecho de que para Juan Ramón la *belleza* no es concepto puramente estético, producto obtenido de la acertada aplicación de una serie de normas convencionales, ni tampoco una cua- lidad externa de la realidad ambiente [91]. Un texto de «¿Fealdad?», que anterior- mente cité, es muy explícito al respecto:

88. Dice Juan Ramón: «La poesía es el centro verdadero, el nido secreto en donde están, trinidad suprema e indivisible, aunque haya en el mundo quienes crean otra cosa: el bien, la verdad y la be- lleza» (*EEE*, 236). Basándonos en este aforismo, se podría añadir, a lo ya dicho, que para Juan Ramón —en idea de origen platónico—, más allá de la realidad visible, verdad, bondad y belleza se identifican. La verdad, sin embargo, se manifiesta antes como belleza que como verdad. La verdad de lo «invisible» está sólo en potencia. Ha de ser todavía realizada. «Lo primero que se ve de Dios —decía Clarín [*Obra olvidada*, ed. Antonio Ramos Gascón (Madrid: Júcar, 1973), 133]— es la hermosura», idea que guarda estrecho parentesco con el siguiente aforismo de Juan Ramón: «Para mí no hay otras razones en la vida (ni en la muerte) que las razones hermosas» (*EEE*, 380).
89. Citado por Saz-Orozco, *Desarrollo del concepto de Dios...*, op. cit., 180. En la misma línea que la cita trascrita en el texto está el siguiente poema:

> Es verdad y mentira,
> hija tan sólo del instante único,
> pero es verdad.
>
> La hace
> una armonía de la tarde
> y la ola,
> y nace, entre la espuma y las estrellas,
> como algo que no es, pero que quiere serlo
> o se quiere que sea,
> y sonríe ante el alma fascinada.
>
> ...   .
>
> Es verdad y mentira,
> pero es verdad (*LP*, 464).

90. «Belleza» está recogido en *EEE*, 192. Cito por la versión corregida y ampliada que se conserva inédita.
91. En absoluto, puede identificarse la «Belleza» juanramoniana, como hace Graciela Palau de Nemes (*Vida y obra...*, op. cit., 273), con la belleza física de las cosas. Es más bien, como estamos viendo, un concepto metafísico.

En nuestro mundo —escribe Juan Ramón— no hay seres ni cosas bellas ni feas. Fealdad y belleza dependen sólo de las circunstancias en que *esté lo que se mira y el que mira, en el momento de mirar* [...]. *No hay hermosura ordenada sino diferencia inquieta* (*AO*, 270).

La belleza es para él, ya desde una época muy temprana, un concepto metafísico y ético, tanto como estético. El siguiente texto, fechado por Francisco Garfias entre 1907 y 1917, basta para convencernos de ello:

No me deleita —dice el poeta— la mujer llamada jeneralmente bella; en ese concepto de belleza se sobreentiende el prestijio [la convención] de la forma [...]. [En la belleza verdadera] se advierte *la lucha inquieta, constante y atormentada de espíritu* (*LPr*, 738).

«Lucha inquieta, constante y atormentada del espíritu» es la Belleza [92]. En otras palabras, belleza hay en todas partes, donde existe algo espiritual absoluto, inefable, que anhela manifestarse y cobrar existencia histórica; la hay también en cada esfuerzo de la materia por encontrar «su otra forma», que le permita vencer y superar la destrucción de la muerte; en definitiva, «en todas partes hay belleza, porque en todas partes hay vida y muerte» (*SC*, 28). Por ello, «la *belleza verdadera* [...] está en lo llamado bello y lo llamado feo» (*TG*, 211). Todos los entes que, de alguna forma, han participado en la revelación del *ser*, de lo desconocido, son bellos. La muerte podrá acabar con su existencia, pero *la revelación de lo absoluto*, a la que, durante su limitada vida, han contribuido, es belleza, y belleza permanente e irreversible. Por ello, «lo bello —dice Juan Ramón— da a la vida *una eternidad suficiente y verdadera* [...] que acaba bien con la muerte» (*EEE*, 270). En el concepto juanramoniano de belleza confluyen, en suma, los dos temas centrales en torno a los cuales gira toda su obra: ansia de eternidad y anhelo de conocimiento.

La búsqueda de lo desconocido le confiere a su poética una dimensión epistemológica, al mismo tiempo que su concepción de la vida como proceso y proyecto, en que el *yo* y el mundo que rodea a este *yo* aspiran a realizarse en plenitud, le confiere una dimensión *ética y ontológica*. Ambas líneas engarzan coherentemente en su pensamiento. Utilizando, una vez más, las palabras de Vivanco, diré que en Juan Ramón «la preocupación estética va a quedar subordinada a la metafísica» [93]: conocimiento del yo y de la realidad total que envuelve a ese yo; enriquecimiento propio y cumplimiento entitativo de la realidad. Si en un principio, la exigencia de vaguedad y misterio para su obra tiene implicaciones exclusivamente formales, pronto esta exigencia acaba convirtiéndose en raíz —ya no consecuencia— de todo acto de creación poética. A través de su creación, reflejo de la Belleza divina, realiza el artista una parte de la obra de Dios; refleja en su obra un empeño por acabar lo que Dios dejó en potencia. Tal concepción es evidentemente de origen krausista, como ha demostrado Richard A. Cardwell [94], y ello explica el tinte ético de que, en Juan Ramón, se halla revestida. Con Guillermo de Torre [95] estoy de acuerdo en afirmar que «en último extremo, lo que Juan Ramón Jiménez entendía genéricamente por poesía [...] era la aspiración a una vida mejor».

---

92. Antes que la conformación del espíritu con lo convenido como bello, «la belleza es la conformidad del espíritu con todo lo indescifrable, lo exquisito, lo indecible y lo vago» (José Martí). Tomo la cita de Richard A. Cardwell, *Juan Ramón Jiménez: The Modernist...*, op. cit., 141.
93. *Introducción a la poesía española contemporánea*, op. cit., 59.
94. *Op. cit.*, 41.
95. «Prisma de Juan Ramón Jiménez», *art. cit.*, 29.

Ya he dicho que el arte es una revelación de la realidad total, que despierta el misterio de las cosas; esta revelación se manifiesta tanto en forma de «*eventus*» —relevante en la existencia del poeta—, como en forma de «*factum*», enriquecedor del mundo. La belleza es una categoría *ontológica* y, a la vez, una categoría *ética*. Más que la *verdad*, ella contribuye al auténtico progreso. De ella, sobre todo, depende esa «metamorfosis maravillosa del instinto hacia el sentido común, hacia la realidad mejor», de la que habla el poeta:

> Se reacciona más y mejor con un *cultivo de la sensibilidad* que con *una ahitez de cultura* más o menos demostrable. El verdadero progreso del mundo tiene que ser moral; y nuestro espíritu, nuestra alma, nuestra intelijencia, nuestro pensamiento, *nuestra conciencia en suma*, guarda en sí misma todas las posibilidades de virtud y empleo; virtud en un sentido original, y empleo en un sentido final (*AO*, 234-235).

En la concepción juanramoniana de *la belleza* se explica la dimensión pragmática atribuida por el poeta a la creación artística. La poesía incorpora a la vida —actualiza— «la belleza», que todas las utopías del hombre —y especialmente las religiosas— contemplan como atributo de la eternidad. Dice Juan Ramón:

AQUI Y AHORA

> Sí, la poesía es actividad práctica. Y el poeta es mucho más útil que el relijioso, por ejemplo, porque lo que intenta el poeta es crear «*aquí, ahora y gratuitamente*», la eternidad con la belleza que el relijioso pretende encontrar «allí, luego y como mérito» (*EEE*, 212).

Toda la poesía, y toda la poética, de Juan Ramón se fundan en la *búsqueda* de un fundamento absoluto en que apoyar lo real conocido. Infinitud, eternidad y misterio son los atributos de dicho absoluto, al que otorga el poeta distintos nombres en cada una de las etapas de su obra; *Belleza* es uno de ellos.

CAPITULO II

POESIA ESCRITA

POESIA ESCRITA Y POESIA NO ESCRITA

El concepto de poesía utilizado por Juan Ramón se ajusta con fidelidad a la distinción postcroceana entre *intuición* y *expresión*. Sabemos que esta distinción tiene un valor puramente teórico y, en realidad, intuición y expresión se dan conjuntamente en todo acto de creación estética. Para Croce, una vida interior inexpresada carece de existencia individualizada. El llamado mundo sublingüístico es un mundo de indeterminaciones. Se plantea Juan Ramón, también, el problema de si una intuición puramente mental admite un juicio estético y su respuesta parece ser negativa. Así figura en el siguiente texto de «Vivienda y morienda»:

> En el faquir, el poeta ha anulado al hombre y —como se queda sin hombre para expresarse a los hombres, como abole sus sentidos— *se queda en idea ignorada, inespresada; no es poesía no escrita pero emanadora de sentidos, sino cosa, cosa para los demás* (CI, 336).

Es claro, sin embargo, que, definida la poesía como suma de *intuición* y *expresión*, Juan Ramón se niega a aceptar que la escritura sea la única forma de *expresión* poética posible. El fenómeno estético se cierra con el hallazgo de la *palabra interior*, que, luego, como vehículo de exteriorización, podrá plasmarse en palabras —y en este caso tendremos el *poema*, la *poesía escrita*— o en actos —y tendremos lo que nuestro poeta llama *poesía no escrita*; es decir, la poesía puede ser, a la vez, expresión de una intuición y de una forma de comportamiento:

> Si no hubiera lengua, la poesía —dice Juan Ramón en una entrevista— expresada con gestos, sonrisas, miradas, como en realidad hace el poeta mejor, que convierte las palabras en sentir o pensar libres y que rompe su vaso constantemente [...], cumpliría con el carácter misterioso y encantador del platón humano y divino.

Matiza otro texto esta misma idea:

> Muchas veces, en los momentos más generosos de mí, he pensado en las formas posibles de poesía no escrita, en la *realización práctica* de la poesía, sentimiento, delicadeza, inteligencia notadas a la obra humana. Al hombre pleno que tiene ya su vida, que ha encontrado su sitio en su órbita, le conviene la poesía escrita, la música tocada, el arte visto, para lado, ladera de su acción cotidiana. Pero en el mundo existe también el hombre sin destino todavía, o para siempre sin destino, el niño, el enfermo, el ciego, por ejemplo. Y para éstos es, además de escrita, tocada, la poesía no escrita de la cálida pedagojía lírica... (AO, 84).

En consecuencia, la poesía es, a la vez, como tuvimos ocasión de ver anteriormente, un objeto que soporta una doble contemplación. Admite un juicio ético y un juicio estético.

En «Un andaluz de fuego», el texto corregido de la «elejía» que Juan Ramón escribió a la muerte de Giner de los Ríos [1], aparece el primer ejemplo de «poesía no escrita» que el poeta de Moguer propone, al calificar *la conducta* del ilustre pedagogo de «espresión natural de su poesía lírica íntima». La «poesía no escrita» de Francisco Giner de los Ríos es —dice Juan Ramón— «realización práctica de la poesía, sentimiento, delicadeza, inteligencia notadas a la obra humana». Y añade:

> ¡Y como la profesaba [la poesía], *la no escribía*, la vivía Francisco Giner! Verlo entre los niños, con los desgraciados, los enfermos, los ladistas del camino mayor en suma, era presenciar el orden natural de la belleza: el correr de un agua, el brotar de un árbol, el revolear de un pájaro. La ocurrencia relampagueante, el color, la imajen, la emoción, el ritmo interior, la creación poética viva, en suma, salían de su obra de fuego bello. Quien llegaba a él *salía mejorado* en algo y contento del todo. Daba inquietud apacible, dinamismo sereno, fortaleza delicada como lo mejor y superior a veces en su naturalidad, lo paralelo posible al hombre, de nuestra naturaleza (*AO*, 85).

Un número importante de sus conferencias vuelven a este mismo tema. *Límite del progreso* trata de la «poesía del progreso»; *El trabajo gustoso*, de la «poesía del trabajo»; *Aristocracia y democracia*, de la «poesía de la aristocracia inmanente» [2]. Para nuestro poeta, el comportamiento de un pueblo, su trayectoria histórico-social, es expresión de su grado de desarrollo y puede tener incorporados en sí altos valores poéticos; cuando menos, la poesía interviene e influye en ambos factores, desarrollo y comportamiento. Puesto que el hombre «es sucesión *interior* y *esterior*, a través del tiempo y del espacio dados», su realización ha de manifestarse en dos direcciones paralelas. El progreso técnico, el bienestar material, determina su «sucesión horizontal», mientras que la «sucesión en ascensión» lo es gracias al enriquecimiento del espíritu, «inmanencia en marcha». Al político le corresponde administrar lo material, el pan y el agua; al poeta, contribuir a la continua «sucesión» de lo espiritual, porque,

> como el pan y el agua, el espíritu es alimento renovado de sí mismo, fénix eterno; que el espíritu, cuanto más vive de sí, mientras más se trabaja a sí mismo, más cunde. Somos aquello mismo de que nos alimentamos; y convertimos en nosotros mismos, en hombres, nuestro alimento (*TG*, 121).

Con todo, la mayor parte de los textos de la teoría juanramoniana se ocupan de *la poesía escrita*, para la que distingue el poeta, de acuerdo con la dicotomía croceana antes esbozada, dos planos: *la letra* (*AO*, 272) o *expresión*, y la voz del pensamiento silencioso [3]. Ambos planos, como afirmaba Juan Ramón en el texto de «Vivienda y morienda», anteriormente citado, son, en la práctica, inseparables, lo cual no le impide pensar que es en el segundo de ellos, donde se realizan los valores que interesan a su *ética estética*:

1. *España*, I, 5 (1915).
2. En el «Saludo» inédito a *Límite del progreso*.
3. «Ideolojía lírica», *LT*, II, 5 (1954), 57.

En las juventudes de origen, los valores poéticos —dice Juan Ramón— no se manifiestan en sucesivos cambios superficiales de escritura, *sino en la continua elevación de la onda del pensamiento y sentimiento que trae la espresión distinta.* [4]

«La expresión», pues, carece de autonomía y no admite una valoración estética independiente. Es decir, su valor estético, que es secundario y dependiente, radica en su capacidad de ser fiel testimonio del hombre, idea o sentimiento, que «se traduce» al expresarse (*CI*, 312). Es sólo el *instrumento* de que el poeta se sirve para objetivar el desarrollo inmanente de su conciencia. Pero, «cuando el poeta haya llegado, con el estímulo constante del espresar, a *su aptitud máxima de visión y contemplación*, no debe *espresarse* —prepararse— más» (*CU*, 235).

El objetivo último de la poesía, para Juan Ramón, consiste en llegar a constituirse, en cuanto hombre, en «sucesión espiritual ascendente», *poema en poeta* (*CI*, 177). «Poesía escrita» es, entonces, un continuo prepararse para «la realización práctica (personal y social) de la poesía»:

Escribir poesía es aprender «a llegar» a no escribir, a ser, después de la escritura, poeta antes de la escritura, poema en poeta, poeta verdadero en inmanencia consciente.

Y todavía añade el poeta más adelante:

Y esa sería la «utilidad bella», «el destino verdadero» de mi obra, mío, de mi vida (*EEE*, 206-207).

---

4. Véase «Evolución superinocente»

INSUFICIENCIA DE LA GRAMATICA

Como consecuencia de lo que acabamos de ver, Juan Ramón no presta mucha atención en su poética ni a las formas de expresión, ni a los principios que pudiesen regular el funcionamiento de dichas formas en el poema. Todos los posibles principios los reduce a uno solo:

> La poesía puede ser —dice uno de sus aforismos— complicada por dentro, no por fuera. [5]

La idea central de este aforismo, bastante tardío, tiene una formulación anterior en otros de la época de Moguer:

> La espresión en literatura —escribió Juan Ramón entre 1906 y 1912— debe ser perfecta, justa, sana y natural al mismo tiempo... Una forma que parezca natural, pero que, al analizarla, descubra un cultivo estraordinario (*LPr*, 483).

Exactitud, concisión, naturalidad, precisión... son cualidades —las únicas— que Juan Ramón, en distintos lugares (*EEE*, 387), le exige a la expresión poética. Pero todas estas cualidades han de conseguirse —añade— dentro de «la libertad más absoluta». En esta libertad, que venía, en palabras de M. Machado, a «atentar contra la gramática» [6], radica uno de los principios constructivos más importantes del modernismo; Juan Ramón, no obstante, defiende dicha libertad desde presupuestos muy lejanos ya a la doctrina modernista. Cuando en 1933 dice: «Una gramática no puede contener, ni sobre todo detener, una poesía, un idioma», está negando toda posibilidad de regular el lenguaje de la poesía, pero, sobre todo, está saliendo al paso de cualquier intento de normalizar los contenidos. Como hemos comprobado con antelación, la intuición es actividad espiritual en continuo desbordamiento de sus propios límites. En consecuencia, se le exige a la expresión que ha de traducirla la ductibilidad y elasticidad necesaria para ello. Con el fin de lograr una exacta y precisa correspondencia entre intuición y expresión, el poeta ha de «hacer el castellano más matizado, más aéreo» (*LPr*, 271): ha de conseguir

---

5. «Aforismos inéditos», *NE* 12 (noviembre de 1979), 6.
6. Manuel MACHADO, *La guerra literaria*, ed. María Pilar CELMA y Francisco J. BLASCO (Madrid: Narcea, 1981), 106.

que palabras e ideas sean «contemporáneas entre sí» (*EEE*, 268). «Mi necesidad de cambiar cada día mi escritura —escribe en uno de sus últimos aforismos— viene de que yo quisiera tener *siempre* en presente toda mi vida; de que yo quisiera haber tenido *siempre* las ideas de cada instante» [7]. El lenguaje poético desborda constantemente las previsiones de la gramática e incluso, si esto ayuda a conseguir una mayor o mejor comunicación, va contra ella, puesto que existe una «lógica poética de otra familia» que la filosófica o la gramatical (*CI*, 220). «El poeta verdadero inventa», de esta forma, «con las palabras usuales un idioma distinto. Y es más verdadero cuanto más distinto sea su idioma, en prosa y en verso». [8]

La «libertad absoluta» de la expresión poética se ve limitada, no obstante, en dos puntos. Primero, por el ideal estético de *exacta* correspondencia entre la intuición y su «traducción» verbal, al que ya me referí anteriormente. Y segundo —íntimamente relacionado con el anterior y al que habré de referirme más adelante—, por lo que Juan Ramón llama la necesidad de *transparencia*. Mientras «se vea la sintaxis» (*EEE*, 268), toda licencia está permitida; pero, en ningún caso, la *oscuridad* de la expresión ha de entorpecer el camino hacia la *intuición difícil* y compleja, pues

> la poesía —dice Juan Ramón— debe tener apariencia comprensible, como los fenómenos naturales; pero, como en ellos, su hierro interior debe poder resistir, en una gradación interminable de relativas concesiones, al inquisidor más vocativo (*CU*, 230).

Se trata, pues, de un «límite libre» y de carácter pragmático: la inteligibilidad.

---

7. «Puntos», «Sala de Zenobia y Juan Ramón», signatura J-1/143 (1)/79.
8. Aforismos de «Con la inmensa minoría. *Salón sin muros*». He tomado directamente este texto del original juanramoniano. No conozco edición impresa del mismo, pues *Estética y ética estética* sólo recoge, parcialmente, parte del original citado.

CREAR UNA LENGUA, COMO UNA PATRIA

Ha sido puesto de relieve por todos los biógrafos del poeta que fue el idioma la causa determinante de su salida de la América de habla inglesa y de su establecimiento en Puerto Rico, donde podía oír y hablar su propia lengua. Juan Ramón, «para no sacrificar la esencia de su idioma» —dice Antonio Campoamor González [9]—, «se negó rotundamente a expresarse en inglés». Con todo, no se ha insistido bastante en señalar las razones exactas de la desazón que provoca en el poeta el encontrarse inmerso en un dominio lingüístico que le era ajeno.

Las reflexiones de Juan Ramón sobre la *lengua*, el español, están íntimamente ligadas con las circunstancias del exilio que le tocó vivir a raíz de la Guerra Civil española. El poeta las recogió en tres series de aforismos mayores, con los títulos —tan significativos— de «El español perdido», «Patria y Matria» y «Epílogo de 1948». Hasta el momento de su salida de España, escasean en su pensamiento —aún cuando su atención a la palabra poética había sido muy grande— reflexiones de este tipo. Ahora, sin embargo, *el español* —lengua y espíritu [10]— va a constituirse en tema central, y los motivos que determinan este interés no son ni meramente prácticos —es decir, producto de las dificultades comunicativas que el inglés pudiese plantearle—, ni puramente estéticos.

Hasta el exilio, el lenguaje es para Juan Ramón un simple instrumento de «exacta exteriorización» de sus intuiciones poéticas; es, para la objetivación de su pensamiento y de su conciencia, un vehículo necesario, cuya realidad no precisa ser sometida a examen, porque —más allá de cualquier regularización— la comunicación está asegurada:

> En España, Madrid, el español, que enseñaba Tomás Navarro Tomás a los extranjeros y que pretendía enseñar a los españoles, no me preocupaba nunca, porque allí estaba el español de la calle haciéndolo suyo (*CI*, 299).

---

9. Antonio CAMPOAMOR GONZÁLEZ, *Vida y poesía...*, op. cit., 266.
10. «Un idioma —escribe Juan Ramón— es la espresión más completa de los sentimientos más íntimos de un país» (*AO*, 81-82).

Ahora, en la América de su destierro, la lengua suscita en él, sin embargo, una atención y valoración muy distinta. El *español* es, nos dice el poeta, la propia esencia y alma de su ser; la realidad total que le permite identificarse y reconocerse a sí mismo como individuo; algo que América no podía darle:

> Vivir en América (América total) —dice Juan Ramón— es para mí, hoy, estar en el revés de Europa. Un estado intermedio entre la vida y la muerte, mi vida y mi muerte por lo menos. Pero Europa (la muerte) es ahora otra muerte con relación a ella misma, a la Europa de ayer mismo, a mi Europa; es otra muerte mía. (Europa puede ser mi muerte material, América quizás sea mi ausencia definitiva).
> España de Europa me da en cuerpo y alma mi paraje, mi luz, mi lengua y me quita mi libertad. América me da mi libertad y me quita el alma de mi lengua, el alma de mi luz y el alma de mi paraje. Soy en América, tan hermosa, un cuerpo bastante vivo, un alma en pena, un ausente (en la naturaleza particular) de mí mismo. ¿No tiene solución de espacio en este mundo el poeta enamorado, el chopo español con la raíz en el aire? (*EEE*, 181-182).

La situación del poeta, en este su segundo viaje a la América de habla inglesa, es muy distinta a la del primero, en 1916, aunque aparentemente el fenómeno que en él se produce, a raíz del paso de un ámbito lingüístico a otro distinto, es similar. Recordemos el poema «Sky» del *Diario*:

> *Sky*
> Como tu nombre es otro,
> cielo, y su sentimiento
> no es mío aún, aún no eres cielo.
>
> Sin cielo, ¡oh cielo!, estoy,
> pues estoy aprendiendo
> tu nombre, todavía...
> ¡Sin cielo, amor!
>   —¿Sin cielo?
>   (*LP*, 289).

La simple sustitución de un significante por otro —*cielo* por *Sky*— provoca en el poeta un extrañamiento de la realidad significada. El referente es el mismo, pero la carga emotiva que le acompaña es distinta. Por ello, el poeta puede decir en otro poema del *Diario*:

> Se me ha quedado el cielo
> en la tierra, *con todo lo aprendido*,
> *cantado*, allí.
>
>   Por el mar éste
> he salido a *otro cielo*, *más vacío*
> e iluminado como el mar, con otro
> nombre que todavía
> no es mío...
>   (*LP*, 250).

Estas experiencias del *Diario*, sin embargo, no alcanzaron pleno desarrollo en el pensamiento del poeta, hasta mucho más tarde, cuando el extrañamiento lingüístico, ya irreversible, implica también extrañamiento histórico. En el *Diario*, el acceso a significantes de una lengua distinta llegará a servirle, en su uso ocasional, de apertura a valoraciones distintas de la realidad, susceptibles de enriquecerle emotivamente. Ahora, por el contrario, se encuentra —nos dice él mismo (*CI*,

307-308)— *desterrado* y *deslenguado*. Es decir, enajenado de su realidad histórica y, a la vez, de su realidad lingüística. *El español* es ya para él «acento, sin verdadero eco posible, de España» (*EEE* ,182), aunque continúe utilizándolo como «resto supremo, naturaleza única, patria comunicable del desterrado» (*CP*, 266).

Para Juan Ramón —lo hemos podido comprobar con anterioridad—, ser poeta es ser un hombre que se va creando a sí mismo, al recrear el lenguaje [11], y esta posibilidad no podía ofrecérsela la lengua inglesa. El inglés podía servirle para la comunicación normal, pero el poeta no podía continuar edificando su *conciencia* sobre dicha base lingüística. Ya en 1936 había escrito:

> Me gusta leer mucho otros idiomas, me gustaría poder leerlos todos. Pero soy poco aficionado a hablarlos, porque cuando los quiero hablar me sueno a teatral, a falso, más falso y tetral cuanto mejor puedo hablarlos. Y yo odio instintiva y conscientemente lo teatral y lo falso. [12]

Hablar español es el único recurso que le queda para *«conterrarse y volverse a lenguar»*. Para volver a arraigar su destino en un destino histórico compartido con otros, «la solución única del poeta despatriado» —dice un texto inédito de 1946— «es crear (no por lujo, Joyce) *una lengua, como una patria»* [13]. Todo ello es lo que, en última instancia, le decide en 1951 a instalarse en Puerto Rico, donde podría oír «el mismo español de [su] madre», y es entonces cuando surge, con toda profundidad, el problema que nos revela el hondo, doloroso y obligado desarraigo de Juan Ramón. Tampoco en «los otros españoles de América» le es posible reconocer su auténtico yo:

> Temo, aunque tanto lo deseo —dice Juan Ramón—, y no quiero ir a más países de la América española que a los que ya fui... Porque no quiero y temo «perder» mi español y ganar, ¡qué extraño!, los otros españoles [...] (*CI*, 267).

Pocos espíritus habrán sido tan sensibles, como el de Juan Ramón, para apreciar la belleza estética y la fuerza expresiva de los distintos matices del español de América, y esto hace todavía más valioso su esfuerzo por conservar viva, entre ellos, la «lengua del agua de España, del viento de España, de la luz de España, de la sangre, de la muerte de España; acabada en el límite de la tierra de España, sin posibilidad de comunicación ni traslado» (*EEE*, 182). Las diversas opciones que pudiera ofrecerle el español de América [14] no le bastaban:

> Y no porque crea —dice otro de sus aforismos— que estos españoles son peores que mi español. Al contrario, pienso, ¡qué estraño!, que algunos son mejores (¡tan bellos, Lidia boliviana!).
> *Pero en este caso mío, lo mejor no es lo mejor, ni lo peor, lo peor* (*CI*, 296).

Su insuficiencia radica en que dichos «españoles» se habían desarrollado con independencia de la realidad histórica y del alma de España. Su insuficiencia tiene

---

11. Véase Octavio PAZ, *El arco y la lira* (México: Fondo de Cultura Económica, 1956), 34.
12. «Con la inmensa minoría», *El Sol* (24 de mayo de 1936), 5.
13. «Crítica. 1946», signatura J-1/141 (1)/17 de la «Sala de Zenobia y Juan Ramón».
14. También Juan Ramón, como Unamuno [véase Carlos BLANCO AGUINAGA, *Unamuno teórico del lenguaje* (México: El Colegio de México, 1954), 55], piensa en la posibilidad de un «Sobrecastellano»: «Un español no es el español que yo quiero ahora para mí; el español que yo quiero es todos los españoles. Y todos los hispanoamericanos» (*AO*, 130).

dos dimensiones: una personal y otra histórica. Ya sabemos que uno de los principios de la *ética-estética* juanramoniana pedía que *lengua e idea* fueran contemporáneas. Hasta el exilio,

> Yo, [...], escribí —dice Juan Ramón— un español auténtico y propio, y fui sencillo a veces y a veces complicado, corazón o cabeza, pero siempre de «dentro» de España y de los españoles de España.
> ¡Y yo estaba «creando» un español de España, mi español! (*CI*, 301).

Después de 1936, Juan Ramón cree que su trabajo en lengua española corre el riesgo de perder su dimensión histórica, aquella hacia la que iban encaminados la mayor parte de los fines de su poesía. Su obra toda corre el riesgo de convertirse en una obra sin destino.

«Como el idioma es un organismo libre, y vive, muere y se transforma constantemente» (*CI*, 295) —dice Juan Ramón—, su español, en 1948, cuando escribe «Mi español perdido», se halla detenido doce años en el pasado. La lengua, que en ese momento se hable en España, no será ya la lengua que Juan Ramón sacó de ella. Desde 1936, *lengua y pensamiento* en Juan Ramón —al menos él así lo cree— tienen edades distintas. Disminuye con ello la fuerza «inventiva», creadora, de su palabra, porque ésta ha dejado de estar «en su hora y su lugar, su espacio y su tiempo» (*CI*, 297).

Tenía la posibilidad de renovar su palabra en cualquiera de los caminos que le ofrecían «los otros españoles de América», pero eso era condenarse a «renovar (su) español con lo extranjero, ser extranjero definitivo, no ser de ningún país ¿ni nunca ya español?» (*CI*, 300); y, sobre todo, eso llevaba consigo la pérdida de la palabra auténtica [15] y la renuncia a su propia identidad:

> En Cuba, Santo Domingo, Puerto Rico —dice el poeta— noté por vez primera las diferencias, encantadoras diferencias. Unas veces, las palabras nuevas para mí me parecían *más falsas* que las otras; otras más verdaderas, más mías que las mías de... ¿cuándo?, más cerca de las mías de niño. *Falsas* por olvido, *verdaderas* por memoria (*CI*, 296).

Y añade:

> ¡Qué cerca y qué lejos yo de mí! Lo lejos hacia delante, si es lejos; lo cerca hacia atrás, qué cerca de mi madre [...] (*CI*, 297).

La libre evolución del español de América, por un lado, lo acerca al pasado, a su yo detenido —con su español— en el tiempo de España; por otro, lo proyecta hacia el futuro, pero éste carece también de realidad histórica sustentadora y auténtica.

Para «no tener parado (su) español» le quedaba todavía otra opción, que parece ser la elegida por el poeta: «escribir en otra metamorfosis, una metamorfosis cualquiera diferente» (*CI*, 298); crear, como Garcilaso, «una auténtica lengua...

---

15. «Las otras lenguas —escribe el poeta— deben servirnos, como el español jeneral le sirve al andaluz, para quitarnos los vicios de la nuestra, el localismo, el argot, la frase hecha. [Pero sin...] querer igualar lo propio, lo materno propio, con lo ajeno...» (*AO*, 81 y ss.).

de no sé qué destiempo, de no sé dónde» (*TG*, 154). Esta, no obstante, era una solución que tampoco resolvía los problemas. Juan Ramón todavía se pregunta en 1948:

> ¿Muerto hoy para mí el español de España; muerto el otro español desterrado, muerto mi español? ¿El español de España no se está desarrollando conmigo; yo no he contribuido «allí» ni «aquí» a desarrollarlo desde el año 1936? ¿El español desterrado no se desarrolla con España? ¿Mi español no se desarrolla con ninguno de los dos? (*CI*, 300).

Sólo entendiendo bien el valor disémico que Juan Ramón, en «El español perdido», otorga a la palabra *español*, podemos llegar a medir la profundidad del problema que anima sus reflexiones sobre la *lengua*. Los otros textos citados, «Patria y Matria» y «Epílogo a 1948», insisten en la misma idea y perfilan definitivamente el pensamiento juanramoniano: entre otros logros, el trabajo poético edifica, por medio de la lengua, el espíritu de un pueblo; compromete la autorrealización del poeta en un destino histórico que desborda lo propiamente personal. Mientras que la palabra es ámbito de creación, la lengua es la forma cambiante de la «sucesión» espiritual que dicha creación lleva consigo. Hablar español es —dice Juan Ramón— «españarse».

TEORIA JUANRAMONIANA DE LA PALABRA POETICA

Merece ser puesta de relieve la atención que Juan Ramón prestó al estudio de la palabra en su poética. El nombre es la célula inicial del poema, el núcleo poético más simple [16] y, en cuanto tal, ocupa un lugar destacado en el pensamiento de nuestro poeta. Si el tema de la lengua, o el de la gramática, nos remitían a los aledaños de su poética, ahora volvemos a encontrarnos en el centro de confluencia de todos los intereses de la misma. De otro modo, podemos decir que, si, como ya hemos podido ver, Juan Ramón defiende la necesaria evolución y libertad de la lengua, porque sobre dicha evolución y libertad se apoya la propia renovación ideológica, tal defensa se asienta en el estudio de la palabra poética: *el verbo creador.* Sus reflexiones sobre este tema tienen una raíz y una motivación muy concreta: se trata de conseguir que la palabra, instrumento válido para darnos las relaciones lógicas del *yo* con las cosas, lo sea también para expresar el sentimiento, lo irracional —que se encuentran debajo del pensamiento racional— y lo inefable —que se encuentra más allá de la realidad visible. En una dirección, el poeta cambia «el idioma de las palabras» por «el idioma de los sentimientos» (*LPr*, 749); en otra, ilumina, «poniendo *nombre* a lo desconocido», nuevas zonas de realidad. En cualquiera de las dos, puesto que el idioma resulta insuficiente para detener el dinamismo espiritual —interno y externo—, que el poeta desata en cada acto de creación, la poesía ha de «inventar con las palabras usuales un idioma distinto» (*EEE*, 354). Tales reflexiones sobre la palabra vertebran toda la prosa teórica de Juan Ramón y se inscriben en unas coordenadas muy precisas. Arrancan, por un lado, de los postulados simbolistas de la expresión indirecta —evocación, sugerencia, etc.— y limitan, por otro, con la exigencia de precisión y exactitud, tal como ésta fue formulada por los hombres —Ortega entre otros— de su propia generación. La palabra fue el motivo y núcleo temático central de muchos poemas juanramonianos de la época de *Eternidades* y de algunos «cuentos largos» de épocas más tardías [17]. Importa ahora dejar en claro cuáles son las causas que obligan al poeta a la creación de un «idioma distinto» y qué medios utiliza para ello.

---

16. «Primero —escribe nuestro autor— la palabra suelta, sola, isla. Después, la unión feliz, como en el amor, de dos palabras. Luego, en fin, el período entero, como un mundo creado y abierto a la vez, que contiene ya (en sí y sólo en sí) el infinito» (*EEE*, 354).

17. Hoy la mayor parte de dichos «Cuentos largos» pueden consultarse en la edición de *Historias y cuentos* preparada por Arturo del VILLAR (Barcelona: Bruguera, 1979).

Es evidente, de un lado, que a Juan Ramón no podía servirle el lenguaje que usamos para nuestro comercio con *la realidad plana* de las cosas. Precisa una «expresión distinta» que dé nombre a las realidades inmateriales y que aprese los objetos en aquello que tienen de «más allá»; es decir, de esencial [18]. Esta es la auténtica función de la poesía, crear un mundo donde la «palabra cumpla», la auténtica, la inefable, la misteriosa esencia de las cosas. Todo esto me lleva a recordar, por la innegable relación que un poema de Juan Ramón guarda con ellas, las palabras que, en *Amor y pedagogía* (1902), Unamuno pone en boca de don Fulgencio. Dice éste a Apolodoro:

> Cuando se hayan reducido por completo las cosas a ideas, desaparecerán las cosas quedando las ideas tan sólo; y reducidas estas últimas a nombres, quedarán sólo los nombres y el eterno e infinito silencio pronunciándolos, en la infinidad y por toda una eternidad. Tal será el fin y anegamiento de la realidad en la sobrerrealidad. Y por hoy te baste con lo dicho: ¡Vete! [19]

Paul R. Olson [20] interpreta el texto unamuniano en el siguiente sentido: el mundo de las cosas desaparecerá como entidad empírica, pero sus esencias, creadas por la palabra poética, permanecerán. La poesía inventa, así, una sobre-realidad esencial y libre del influjo destructivo del tiempo. El mismo significado cabe atribuir al poema de Juan Ramón que transcribo a continuación:

> Creemos los nombres.
> Derivarán los hombres.
> Luego, derivarán las cosas.
> Y sólo quedará el mundo de los nombres,
> letra del amor de los hombres,
> del olor de las rosas.
>
> Del amor y las rosas
> no ha de quedar sino los nombres.
> ¡Creemos los nombres!
>
> (*LIP, 1*, 287).

Sobre estas conclusiones parciales, he de añadir que, si en un primer momento de su poesía pretende Juan Ramón apresar en la palabra la esencia de las cosas, pronto su poética encarnará derroteros distintos. Después de 1914, intentará, antes que una definición de la esencia de la realidad, su ampliación entitativa.

Si las *palabras usuales* ponen en contacto al hombre con lo conocido, la poesía trata de hacer con ellas *un idioma distinto*, que sirva de camino hacia lo desconocido. En definitiva, todo lo que ignoramos es lo *innombrado*. El poeta ha de crear el lenguaje que dé existencia y realidad a lo desconocido. Este lenguaje nuevo es el de la poesía, y su diferencia respecto al *idioma usual* radica en que, mientras este último sirve a la comunicación de lo conocido, aquél crea nuevos objetos y zonas de conocimiento. Por la palabra poética, el poeta, al crear el lenguaje, se va creando a sí mismo, al tiempo que aumenta y da existencia a las realidades últimas del universo. El poeta, dice Juan Ramón,

---

18. Fernand VERMESEN, «Tiempo y espacio en la obra de Juan Ramón Jiménez», *LT*, V, 19-20 (1957), 89-118.
19. (Madrid: Libra, 1971), 85.
20. *Circle of Paradoxe* (Baltimore: The Johns Hopkins Press, 1957), 18.

es un condenado a nombrar y su gloria única, que es gloria interior, está en […] incorporarse por lo creado al mundo […], aumentar el mundo en alguna forma y manera por su pensamiento, su sentimiento o su espresión... (*CP*, 144).

La peculiaridad del poeta no pertenece al ámbito de la expresión, tanto cuanto pertenece a su intento de captar lo inexpresable: conseguir el nombre último que sea «la síntesis del universo» [21]. Como escribe Juan Ramón, la poesía se lanza «a la oscuridad llena de flores, de matices, de cosas májicas y misteriosas» (*LPr*, 230). Consigue, con ello, aumentar —en extensión— y enriquecer —en intensidad— lo real y nuestro conocimiento de lo real. Una nueva realidad nace, cuando la nombra una palabra poética. Dice Juan Ramón:

La poesía creo yo que debe brotar sólo de lo que no se puede tener de lo humano, que es tan interior como esterior; esto es, que la poesía no es sino aspiración constante a algo nuevo.

Este «algo nuevo», que no existe o, al menos, «no existe, por ejemplo, como una lapa», ha de ser creado por el poeta; y continúa argumentando Juan Ramón:

Si un científico inventa, y a todo el mundo le parece natural el invento, sea práctico o no, ¿por qué no ha de inventar un poeta, que puede hacerlo, un mundo o parte de él? […] Nombrar las cosas ¿no es crearlas? En realidad, el poeta es un nombrador a la manera de Dios: «Hágase, y hágase porque yo lo digo» (*TG*, 93).

Es la poesía, en este caso, un fenómeno expresivo que implica la «enformación» de una realidad expresante en un cauce expresivo, al que transfigura. La poesía está en el poeta reclamando una forma, y esto supone un conflicto entre el poder ontológico de la entidad que lucha por revelarse y la resistencia que le pone el medio expresivo. Se comprende, en este conflicto, la obsesión juanramoniana por lograr la precisión, la palabra *exacta*. La teoría de la palabra poética en Juan Ramón se basa en la fe que el poeta tiene en la capacidad del lenguaje para crear ámbitos metautilitarios de desarrollo humano.

---

21.   Según nota que publica SAZ-OROZCO en *Desarrollo del concepto de Dios...*, op. cit., 194.

EL NOMBRE EXACTO DE LAS COSAS

Acabamos de ver cómo, para que la lengua adquiera la dimensión creadora que Juan Ramón pretende darle, es necesario que la palabra ordinaria sea elevada, en poesía, a la categoría de palabra exacta. Veamos, ahora, en qué términos el poeta concreta dicha exactitud.

En un principio —por lo menos hasta 1911—, Juan Ramón concibe la auténtica realidad de las cosas a modo de universo platónico —«Puro, eterno, total e inmaterial, en donde estuviera contenido todo lo que es esencia» (C, 72)— de las ideas. Un texto suyo titulado «*El libro mudo*, carta a Ramón Gómez de la Serna» (C, 68 y ss.) puede ayudarnos a reconstruir el pensamiento de nuestro poeta. Allí, «una inquietud descontentadiza de lo real» le empuja a buscar una realidad más sólida, que la percibida por los sentidos. Dicha realidad pertenece a un «universo estraño, vivido ya, o presentido solamente, *pero que existe, sin duda, en alguna parte*», independiente del poeta [22] (C, 69). La palabra del poeta, «estraña al vulgo», ha de intentar traducir «el silencio» de este «universo que no quiere hablar» (C, 68) y aquél recurre para ello a la sugerencia y a la *evocación*, «una frase corta —dice Juan Ramón en otro texto—, espiritual, única, *que lo evoque todo sin decirlo*». Y a continuación añade:

> El verdadero arte no debe *mostrar*, sino evocar [...]. La evocación hará surgir enjambres pintorescos, llenos de la verdadera virtud, confusos y bellos, como la vida (LPr, 757).

Este *mundo de las ideas*, al que explícitamente se refiere Juan Ramón en su «carta» a Ramón Gómez de la Serna, tiene una existencia libre e independiente de la actividad creadora del poeta, por lo cual la palabra poética representa sólo un intento de aproximación escrutadora del mismo; la palabra puede, tan sólo, evocarlo, pero no nombrarlo. Apenas tiene valor de *realidad* para la vida del poeta. Es —dice el poeta— «cristal de plata y de oro que se deshace, al tocarlo con las manos, como una pompa, vana e irisada, de jabón...» (C, 73). Pronto, sin embargo, se empiezan a percibir en su obra —también en este tema— aires de cambio y renovación.

---

22. Este universo platónico es tanto interior como exterior al poeta. Véase C, 68-73.

En *Sonetos espirituales* se inicia un proceso de madurez intelectual que desarrollan, especialmente, el *Diario* y *Eternidades*. Díaz-Plaja [23], en su día, supo verlo así, pero no llegó a centrar con precisión las claves del cambio de rumbo a que me estoy refiriendo. Citaré a continuación varios poemas de *Eternidades* que concretan, de forma bastante clara, los puntos que, a mi entender, son esenciales en la transformación del pensamiento del poeta de Moguer. El primero de ellos —incluido el título— tiene un desarrollo bastante sintético, pero enmarca con precisión el tema de que me ocupo. Dice:

> EPITAFIO
> DE MÍ, VIVO
>
> Morí en el *sueño*.
> Resucité en la *vida*.
>
> (*LP*, 569).

El siguiente, glosa al último verso del «Epitafio», es bastante más explícito:

> VIDA
>
> Aquella que creí gloria cerrada,
> era la puerta abierta
> para esta claridad.
>
> ¡Campo sin nombre!
> ¡Camino inestinguible
> de puertas sucesivas,
> siempre a la realidad!
> ¡Vida sin cuento!
>
> (*LP*, 570).

El poeta y *la realidad más auténtica* —campo sin nombre— no se hallan incomunicados. La vida es edificación sucesiva de dicha *realidad*, y ésta viene a ocupar ahora, en la obra del poeta de Moguer, el lugar que antes le correspondía al *ensueño*, a la realidad soñada. Su existencia ya no es independiente de la actividad creadora del poeta, sino producto de ella. Ahora no se trata de soñar «un universo [...] que se encuentra en alguna parte», sino de realizar el *sueño*.

En este punto, nos encontramos en plena madurez del pensamiento de Juan Ramón. La realidad absoluta no pertenece ya a ningún universo platónico, sino que es —como sabemos— *realidad májica*, suma de realidad visible —con existencia objetiva para «los ojos de la tierra»— y realidad invisible —creada o conseguida por el poeta. Otro texto de *Eternidades* ejemplifica perfectamente lo que vengo diciendo:

> ¡*Toda mi alma, con su mundo,*
> pongo en mis *ojos de la tierra,*
> para mirarte, mujer clara!
>
> ¿No encontrarán tus dos violetas
> bello el paraje a que las llevó,
> cogiendo en mi alma lo increado?
>
> (*LP*, 599).

23. *Juan Ramón Jiménez en su poesía*, op. cit., 229.

Ante la existencia de esta nueva *realidad increada*, Juan Ramón necesita también una palabra nueva que la cumpla, que la *realice*. No le sirve ya la palabrra *evocadora*, ni el nombre «aproximado» y equivalente del *ensueño*; precisa una palabra con fuerza creadora, capaz de nombrar y dar vida a «lo increado». Esta palabra, en la poética de Juan Ramón, tiene una definición: es «*el nombre esacto de las cosas*».

Son muchos los lugares de su poética [24] en que aparece formulada una exigencia de justeza y trasparencia para la palabra poética. En todos ellos, lo que se postula es la identidad absoluta entre intuición y expresión, entre fondo y forma; que ni el brillo de las palabras ni su musicalidad aparten al lector del «pensamiento que las guía» (*C*, 96). Un aforismo inédito recoge esta idea y la expone en los siguientes términos:

> En el uso de la palabra escrita lo importante, creo yo, es que la palabra corriente parezca que se usa por vez primera, y que la rara parezca corriente; pero que no tropiece uno en ella, lo dije muchas veces. Que ninguna de las dos parezca estraña ni se sienta mal en donde esté colocada.
> No por usar palabras complicadas ni sobadas se es un escritor rico ni raro; la rareza y la riqueza está en el don de combinaciones infinitas.
> Creo también que la teoría de la palabra puede ser buena, pero hay que justificarla al escribir. Mallarmé no se preocupó tanto de la palabra como de su colocación:
> «La chevellure flotte d'une flamme a l'extreme...»
> Todas las palabras son aquí corrientes; el verso es raro, sin embargo, mágico, perfecto.
> En poesía no importan nada asonancias ni consonancias por dentro ni por fuera, repeticiones, nada. Lo importante es la exactitud, la precisión.
> Que la palabra no enturbie, ni entorpezca, ni malogre, en suma, la espresión de la emoción, pensamiento, metáfora, sentimiento... [25]

La palabra exacta es aquella que, de un lado, está *desnuda* de las resonancias significativas, sensitivas u ornamentales, que puedan distraer la atención del lector; de otra, es la palabra *libre* de las reglas lógicas del discurso, convertida en apoyatura mínima de sus resonancias entitativas. Las polivalencias y connotaciones de las palabras surgen, así, no de su plasticidad, sino del dinamismo interno y espiritual que las alumbra.

Creo, con todo, que el concepto de *exactitud*, en la poética de Juan Ramón, esconde algo más que una exigencia de identidad entre fondo y forma. Partiremos, para comprobarlo, del poema en que dicho concepto aparece formulado más claramente. Me refiero al poema tercero de *Eternidades*. Recojo la variante más difundida:

> ¡Inteligencia, dame
> el nombre esacto de las cosas!
>
> Que mi palabra sea
> la cosa misma,
> creada por mi alma nuevamente.
> Que por mí vayan todos
> los que no las conocen, a las cosas;

---

24. «Nunca la palabrería sobresalida, la barriga, el bulto poético, en sitio desde no sea bulto, barriga, sobresaliencia» (*EEE*, 196). Y «en poesía la palabra debe ser tan justa que se olvide el lector de ella y sólo quede la idea» (*LPr*, 484).
25. En «Crítica», «Sala de Zenobia y Juan Ramón», signatura J-1/141 (5)/14.

que por mí vayan todos
los que ya las olvidan, a las cosas;
que por mí vayan todos
los mismos que las aman, a las cosas...

¡Inteligencia, dame
el nombre esacto, y tuyo,
y suyo, y mío, de las cosas!

(*LP*, 553).

No puedo detenerme aquí en un examen detallado del poema. Muy poco, por otro lado, puede añadirse a lo ya dicho por el profesor Víctor García de la Concha [26] en el estudio que, en su día, hizo del mismo. Me limitaré por ello a recoger el enigma que el poeta plantea en sus tres últimos versos, pues pienso que en ellos se encuentra la clave en que debemos leer el concepto juanramoniano de *exactitud*.

El *nombre exacto* de Juan Ramón es palabra en su más alto grado de funcionalidad; establece la vía —cognoscitiva o afectiva— que permite una relación creadora entre el *yo* y la *realidad*. Pero ¿por qué el poeta la adjetiva con los posesivos de los dos últimos versos? Y ¿a quién hacen referencia éstos? El poeta no necesita ser excesivamente explícito. La clave está dentro mismo del poema. En él, sólo la *inteligencia* funciona con valor de segunda persona; la primera se refiere al propio poeta; y la tercera, a las *cosas*. Así, el *nombre exacto* es también palabra devuelta a su plena naturaleza; palabra que ha recuperado su fuerza creadora originaria en tres planos. Ha recobrado su valor plástico —es la cosa misma—; su valor afectivo —es la emoción misma que la cosa despierta en mí—; y su valor significativo —es, en fin, el conocimiento conseguido de las cosas. Es decir, la palabra aumenta el mundo en las tres direcciones ya apuntadas por el poeta en el texto de *Crítica paralela* citado antes: pensamiento, sentimiento y expresión; o, si se quiere, inteligencia, emoción y percepción.

Las cosas, para Juan Ramón —no podía, después de lo que llevo expuesto, ocurrir de otro modo—, son *realidad mágica*; es decir, *realidad visible*, enriquecida por *realidad invisible*, dimensión nueva creada por la poesía. El nombre, *exacto*, en consecuencia, será aquel que dé cabida a la realidad absoluta —visible e invisible—; es decir, que sea *nombre último* de las cosas. Que la palabra poética sea, pide el poeta, «adivinación vertical de la realidad última».

Como piedra de toque y para poner a prueba el alcance de su teoría, Juan Ramón examina a su luz la obra de Neruda. El poeta chileno, en el juicio crítico de Juan Ramón, carece de *exactitud*; «encuentra —nos dice— la rosa, el diamante, el oro, *pero no encuentra la palabra representativa o transmutadora*; no suple el objeto o el sujeto con su palabra [...]», cuando la verdadera poesía lo que hace es «cambiar aquello [los seres y las cosas] por la propiedad del *alma* de cada ser». Para Juan Ramón, el universo poético de Neruda es un universo detenido e inanimado, en el que se echa en falta el «soplo verbal» del poeta que lo ha de animar y vivificar —«con la entrada aquí y allá de lo inefable»—, hasta elevarlo de su realidad muerta a una nueva «*realidad mágica*». El *soplo verbal*, la fuerza creadora de la palabra exacta, es lo que diferencia el «*mosaico*», más o menos real, del poeta coleccionista y la creación auténtica del auténtico poeta (*ETM*, 182-183).

---

26. «La forja poética...», *art. cit.*, donde se estudian distintas variantes inéditas de este poema.

Las formas de precisión y exactitud poética

Tres son, principalmente, los recursos que, en su poética, Juan Ramón considera válidos para lograr dicha *exactitud*: el neologismo, el enriquecimiento semántico de una base léxica ya existente y la liberación de la palabra de su contenido convencional. Los tres pueden actuar conjuntamente o por separado, pero siempre lo han de hacer de acuerdo con un principio rector de carácter estético, que permanece invariable: «Intuición rara, palabra corriente: la mayor belleza» [27]. Para Juan Ramón, la lengua hablada [28] es norma de selección para la palabra poética. Dice en uno de sus aforismos:

> Suele decirse que, escribiendo, se puede llegar a la palabra rara a que no suele llegarse hablando. Yo digo que, en jeneral, debe llegarse a la palabra rara a que se puede llegar hablando, pero no a otra más rara, que será sólo, en último término, excepción, capricho, gracia, bizarría (*EEE*, 344).

Es éste, también, el criterio que rige la creación de palabras nuevas en la obra de nuestro poeta. Juan Ramón no renuncia a la «invención» de una palabra nueva, cuando «la palabra del pasado» ha perdido fuerza creadora. Se declara, en este sentido, rotundamente «anticasticista» (*EEE*, 331), pero limita las posibilidades de invención en dos sentidos. Primero, el neologismo ha de ser absolutamente preciso para la expresión de la *realidad invisible* [29], que el poema crea y a la que la lengua no ha puesto nombre todavía; y segundo, el neologismo no ha de «parecer nuevo en los oídos» (*EEE*, 266). Un aforismo inédito puede servir aquí, a modo de síntesis, para acabar de definir cuál es la postura de Juan Ramón respecto a este tema:

> En poesía prefiero siempre el neolojismo al saque de un vocablo gastado.
> Recoger vocablos en el diccionario es fácil. Crear palabras justas, necesarias, vivas, es don principal de un poeta.
> Palabras nuevas corrientes que se unan a las corrientes anteriores de una manera natural. [30]

Oreste Macrí [31] ha llevado a cabo un análisis de los principios gramaticales que rigen las creaciones léxicas registradas en la obra del poeta de Moguer. Un examen de las conclusiones a las que llega el ilustre crítico florentino y un repaso al índice de neologismos, que en su trabajo registramos, convence de la eficacia y operatividad que este recurso tiene en la poesía de Juan Ramón.

He de señalar, no obstante, que en su teoría Juan Ramón concede a este tema una atención muy pequeña. Mucha mayor, sin lugar a dudas, es la importancia que otorga a lo que anteriormente denominé «enriquecimiento semántico de una

27. «Estética y ética estética de *Libros inéditos* (1914-1920)», *España*, 290 (1920), 11-12.
28. Para documentar el origen unamuniano de esta idea de Juan Ramón, véase Carlos BLANCO AGUINAGA, *Unamuno, teórico del lenguaje*, op. cit., 115 y ss. Dice Juan Ramón: «Quien escribe como se habla, irá más lejos, en lo porvenir, que quien escribe como se escribe» [«Estética y ética estética de *Libros inéditos* (1914-1920)», *España*, 290 (1920), 12].
29. Véase lo que, en *El trabajo gustoso*, dice respecto a la lengua de Góngora: «La lengua es en él siete veces maravilla, siete veces lengua, exaltadora, con ripio magnético, de la plástica, el color, y la armonía. Se quema los ojos en los libros, ve todas las luces menos la de lo invisible» (*TG*, 53).
30. «Crítica. 1946», «Sala de Zenobia y Juan Ramón», signatura J-1/141 (21)/2.
31. *Metafísica e lingua poetica* (Parma, 1958).

base lexical ya existente». La razón de la preeminencia dada por Juan Ramón a este recurso es fácil de explicar. Desde *Eternidades*, como fecha límite, para Juan Ramón la función principal de la poesía no consiste ya en «crear los nombres», sino en «crear nuevos referentes»; esto es, ampliar la capacidad referencial de la palabra, de modo que lo inefable, lo absoluto —*la realidad invisible*, en una palabra—, pueda tomar asiento en los nombres, que la lengua corriente utiliza para denominar lo fable y concreto —la realidad visible. Se trata de tomar las palabras del «idioma usual» de la conversación, «para llenarlas de misterio y de encanto» (*CI*, 282). Exigir más y más a la palabra de cada día. Lo importante es la cantidad de misterio encerrado en el poema; lo secundario, la abundancia o «rareza» de la palabra utilizada. *La catácresis*, tal como define este tropo Alfonso Reyes [32] —«un mentar con las palabras lo que no tiene palabras ya hechas para ser mentado»—, es, a mi entender, uno de los procedimientos esenciales de la lengua poética juanramoniana [33]. Por la capacidad que para desempeñar esta función tiene, se explica que, en repetidos lugares de su teoría, el poeta ponga la lengua de los niños como modelo válido de poesía:

> En los niños —dice Juan Ramón—, el afán de expresión supera al conocimiento de palabras, y ésta es la causa de que inventen palabras nuevas *o de que dilaten arbitrariamente* las que saben, hasta llenar con ellas los moldes mayores de sus sentimientos. [34]

La atracción que le produce la palabra de Valle-Inclán puede explicarse, asimismo, por idénticos motivos. «Las palabras —escribe Valle [35]— son humildes como la vida. Pobres ánforas de barro, contienen la experiencia derivada de los afanes cotidianos, nunca lo inefable de las alusiones eternas. El hombre que consigue romper, alguna vez, la cárcel de los sentidos, reviste las palabras de un nuevo significado, como de una túnica de luz». No cabe duda alguna que Juan Ramón entiende y comparte el contenido del texto, de *La lámpara maravillosa*, que acabo de citar. Dan testimonio de ello las siguientes palabras de «Ramón del Valle-Inclán (Castillo de Quema)»:

> Su lengua fue *llama, martillo, yema y cincel de lo ignoto*, todo revuelto, sin saber él mismo por qué ni cómo [...]. *Dilataba su lengua madre hasta lo infinito* y pretendía, sin duda, estendiéndola, forzándola, inmensándola, que la entendieran todos, aún cuando no la supieran, que tuvieran él y ella virtud bastante para imponer su categoría, su calidad, [...] (*CP*, 323).

Tomados de la realidad sensible y trasmutados a otra realidad distinta, todos los objetos nombrados por la palabra poética se hacen polivalentes. La palabra poética en la teoría juanramoniana ha de fundir, en uno, dos campos de visión distintos. Uno de ellos nos remite a la realidad visible de la cosa; el otro, reflejo del primero, «inventa» su realidad invisible.

---

32. *La experiencia literaria* (Buenos Aires: Losada, 1942).
33. GICOVATE («El concepto de poesía en la poesía de Juan Ramón Jiménez», *art. cit.*) ha estudiado algunos procedimientos por los que Juan Ramón «expande» los límites de la lengua. Llega a afirmar que lo que Juan Ramón considera como su obligación de poeta es extender los significados de las palabras, conquistar nuevos significados para las palabras inermes. Ejemplifica esto con el poema «Sur» de *Poesía*.
34. «Pensamientos», signatura J-1/141 (5)/29 de la «Sala de Zenobia y Juan Ramón».
35. *Obras completas*, op. cit., 570.

Pero no es esto lo único que Juan Ramón consigue, ampliando el contenido semántico de la palabra. Logra, además, que su escritura sea escritura sucesiva; es decir, que lengua y conciencia «sean contemporáneas». El poeta no necesita «hablar mucho de aviones, teléfonos, radiadores...» para dejar constancia de su modernidad, pues la edad de su pensamiento ya «va supuesta en la escritura, tanto como va supuesto el cuerpo en el alma» (*TG*, 158).

Estrecha relación con esto mismo guarda el tercero de los recursos anteriormente citados: la liberación de la palabra de su contenido convencional. Para que el poeta pueda libremente —«con una lógica poética, de otra familia que la filosófica» (*CI*, 220)— crear o ampliar el contenido semántico de una palabra, le es preciso, antes, desnudarla de la carga de significados muertos que el hombre ha ido confiriéndole a lo largo de la historia. «Las palabras —dice Juan Ramón—, los nombres, tienen muchas veces un fantasma dentro que, a veces, se les mete ya de camino [...] y a veces les da un negro sonido terrible», y, en consecuancia, al poeta «le es necesario matar el fantasma de las palabras negras, metiéndose dentro de él y de ellas con su propio nombre, no dejándose asustar por el nombre del fantasma, ver en qué queda *desnombrándolo*» (*AO*, 176). El resultado obtenido de someter la palabra a este proceso liberador tiene, también, un nombre preciso en la poética de Juan Ramón: es *la palabra desnuda*. Veamos a continuación cómo Juan Ramón ejemplifica todo lo que llevamos dicho hasta aquí en uno de sus espléndidos —por muchas razones— «Cuentos largos de la palabra»:

> Resucitó de su honda vena de minados siglos, extrañamente bella y distinta, ejemplo mágico de una especie consumida; elemental, media y última; negra, dorada, blanca, gris, aguda redonda; con su triple prestigio indefinible de mujer diferente, de heroína milenaria y de exmuerta.
> Al principio, no quería nada con nosotros. Como una gacela, una libélula, una paloma, se arrinconaba defendiéndose con las manos, o quería volverse, extrañamente bella y distinta, a su tierra baja; con un encanto inconcebible en su susto, en sus maneras, en todas sus variantes.
> Poco a poco fue viniéndose a lo nuestro. Se *acercaba a nuestra mesa, a nuestro fuego; se acostaba, desnudándose ya casi del todo, en su cama*. Comenzó a jugar con los niños menores, a dar gritos casi claros, a reír y llorar como ellos, extrañamente bella y distinta. Un día, sin embargo, habló. Y... era lo mismo que nosotros. [36]

Con palabras de Luis Felipe Vivanco [37] hay que decir que la innovación esencial de la poesía juanramoniana «es de orden interno exclusivamente; [Juan Ramón] renueva la palabra misma fundante, y no la forma exterior». Un nuevo aforismo del poeta de Moguer confirma el juicio de Vivanco y pone de relieve que lo afirmado por éste no sólo es un logro de su poesía; es, también, una exigencia de su poética:

> Las palabras, como las ondas y las alas, son siempre vírjenes (*EEE*, 267).

Crea Juan Ramón con su palabra el mundo interno —su conciencia— de lo externo. Va poniendo *sus nombres* al universo, aspirando con ello al logro del *nombre total* —«el nombre esacto, y tuyo, y suyo, y mío, de las cosas»—, que sólo será posible en la suma y fusión de las conciencias. La utilidad del poema radica en la faceta del «diamante universal» que logra iluminar.

---

36. «Diario vital y estético de *Cuentos largos* (1917-1924)», *España*, 410 (febrero de 1924), 7.
37. *Introducción a la poesía española contemporánea*, op. cit., 50.

CAPITULO III

POESIA FRENTE A LITERATURA

MARCO EN EL QUE SURGE EL PROBLEMA

En el capítulo anterior tuvimos ocasión de ver, partiendo de un concepto de poesía muy amplio, cómo Juan Ramón distingue entre *poesía escrita* y *poesía no escrita*. Debemos encuadrar ahora, de forma paralela a dicha distinción, otras varias, tales como las de *poesía y literatura, poesía abierta y poesía cerrada.* Todas ellas tienen su origen en el deseo juanramoniano de cercar la esencia de lo poético y señalar con claridad las distancias que median entre la poesía auténtica y ciertas formas de expresión que, con frecuencia, suelen confundirse con ella. Para Juan Ramón la confusión es posible, porque la poética no ha acertado a fijar con precisión los rasgos relevantes de la poesía. Y, por ello, toda su obra de reflexión gira en torno a esta pretensión. Sabe que una definición exacta de la poesía no es posible:

> La poesía, principio y fin de todo, es indefinible. Si se pudiera definir, su definidor sería el dueño de su secreto, el dueño de ella, el verdadero, el único dios posible. Y el secreto de la poesía no lo ha sabido, no lo sabe, no lo sabrá nunca nadie, ni la poesía admite dios. Por fortuna, para Dios y para los poetas (*EEE*, 337).

Necesita, con todo, una definición, aunque sólo sea aproximada, para evitar los errores tradicionalmente difundidos. Y así, cuando Juan Ramón define la poesía como suma conciliadora de *realidad visible* y *realidad invisible*, no tiene en la mente los diferentes tipos de escritura tradicionalmente considerados como poesía, sino la *pura poesía*. Es la *pura poesía* —expresión que Juan Ramón prefiere a *poesía pura*— la invariable que permite distinguir, ante textos constituidos de materiales varios —no poéticos en sí mismos—, una uniformidad que los identifica como auténtica poesía. La presencia o ausencia de este núcleo básico, invariable, le sirve a Juan Ramón para establecer la distinción, primero, entre *poesía* y *literatura* y, más tarde, *entre poesía abierta y poesía cerrada.*

Toda arte poética es concebida, desde Aristóteles, como una filosofía puramente racional de la poesía. Es cierto que Platón ve en la poesía un *quid divinum* inexplicable. Aristóteles, sin embargo, opina que todo en la poesía puede ser reducido a variables puramente racionales y, por tanto, susceptibles de análisis: la gramática, la dialéctica, la moral. En el Renacimiento, atendiendo a los diferentes objetos a que se aplican, se estableció una diferencia entre *poesía e historia*:

la primera «imita» alguna forma de lo universal o irreal, mientras que la segunda «imita» acontecimientos reales. Sobre este distingo se asientan las poéticas del siglo XVII. Las neoclásicas, a su vez, se fundan en la distinción de *prosa y verso*, establecida ya en atención a las formas, y no a los referentes. Es en el siglo XIX cuando se abre una brecha insalvable en la estética y en la poética clásicas. El romanticismo constituye una crítica al racionalismo y a la estética racionalista, que pretende explicar un poema por la razón sólo. Piensan los críticos románticos que la razón sólo podrá extraer los elementos intelectuales o racionales del poema, pero no aislará la poesía. Hasta el romanticismo, las poéticas —elaboradas *a posteriori* sobre el hecho estético— siempre habían sido aproximativas. Algo se les escapaba en su intento de racionalizar el hecho poético: *el componente irracional* de la poesía. «En el amor, como en la poesía —dice Juan Ramón—, no nos satisface que la conciencia de la persona que amamos sea nuestra; queremos ser dueños de mucho más, de lo imposible: de su instinto». [1]

Comienzan, así, las poéticas del siglo XIX [2] a distinguir radicalmente entre el lenguaje de la literatura y el lenguaje de la ciencia, limitando el primero a la expresión de sentimientos: el lenguaje de la literatura da vida a un proceso de la imaginación, en el que los sentimientos desempeñan un papel fundamental, y en ello se diferencia del lenguaje aséptico de la ciencia. En la historia de la poética, las tesis románticas se presentan como una liberación de las teorías racionalistas, reafirman el misterio de la poesía y ponen de relieve su carácter místico; sustituyen la antigua regla de la crítica, dedicada a señalar en la obra belleza y defectos, por una ciencia experimental y metafísica de la poesía misma. El problema real se les plantea, sin embargo, a la hora de distinguir entre *poesía y literatura*, ya que no se conforman con las diferencias tradicionalmente establecidas entre *prosa y verso* [3]. Ambas formas de escritura se distinguen, tan sólo, por rasgos —ritmo, rima...— que ahora se comienzan a considerar como secundarios e irrelevantes en la definición de la poesía. Es un error racionalista confundir los elementos externos con los elementos esenciales de la poesía. En honor a la verdad, hay que concluir que los románticos, aunque plantearon agudamente el problema, no supieron encontrar las respuestas definitivas. La polémica, por ello, sigue viva a través de los distintos enfoques simbolistas, hasta el debate —ya en nuestro siglo— de la *poesía pura*.

Fue, quizá, Henri Bremond, quien, de modo más agudo, supo encarar el problema. Parte de las posturas antirracionalistas y antirretoricistas de los románticos, estableciendo un punto de partida básico para la definición de la poesía. Deja a un lado, en su investigación, no sólo rasgos técnicos, como son la rima o el metro, sino también aquellos otros que afectan a las facultades intelectuales del hombre —sentimientos e ideas—, ya que también estos últimos son comunes a otras formas de expresión. Nace entonces el término *poesía pura* —independiente de toda clasificación retórica o filosófica de la poesía— para nombrar aquel elemento que había de distinguir lo poético de lo prosaico. No es preciso insistir en

---

1.   «Diario vital y estético de *Estética y ética estética* (1914-1924)», *España,* 414 (1924), 6.
2.   Véase M. H. ABRAMS, *El espejo y la lámpara,* op. cit., 152.
3.   Para un estudio de este aspecto en el contexto modernista, véase, de C. LÓPEZ SANTOS, «Fichas provisionales. Estética viva», en *Espadaña* (facsímil) (León: Espadaña, 1978), 87. Desde la *Estética* de Croce, por lo menos, la cuestión queda claramente planteada. La distinción entre prosa y verso no se ha de buscar en elementos externos, sino en elementos internos, marginales también al contenido.

que, para Bremond, *la poesía pura* no elude a elemento alguno que pueda ser aislado por la razón. Desde el punto de vista racionalista, el problema es insoluble. Responden las investigaciones de Bremond, de esta forma, a una aspiración permanente en la estética simbolista [4]: piensa el académico francés que, para aislar la poesía en estado puro, es preciso disociar y descartar teóricamente los elementos que son comunes a la prosa: la narración, lo didáctico, la elocuencia, las imágenes, los razonamientos, etc. La esencia de lo poético, la *poesía pura*, será lo que reste, después de realizada esta operación. Por supuesto que la poesía necesita para su expresión de todos esos elementos impuros, de los cuales realmente no puede aislarse, pero Bremond no localiza en ellos la esencia de lo poético.

He aquí, muy resumido, el contexto en que se insertan las series de oposiciones que en la obra de Juan Ramón, tal como cité anteriormente, se nos presentan. Piensa nuestro autor, sin embargo, que lo poético se realiza igual en prosa y en verso (*TG*, 98); más aún, piensa que todo poema en verso puede transcribirse, sin perder por ello ningún valor esencial, en prosa, y, consecuentemente, prefiere hablar siempre de *poesía o de literatura* [5]. *Prosaico y poético* son categorías que ya no aparecen en su teoría poética.

Es en una carta a Unamuno (*C*, 46) donde el poeta, al enfrentar *literatura y espiritualidad* [6], y otorgar a este último elemento un valor relevante en la definición de lo poético, deja planteada la cuestión en sus justos términos [7]. Más tarde, insistirá en la misma línea a través de sus aforismos y, finalmente, dará forma definitiva a su idea sobre el tema en los textos titulados «Poesía y literatura» (1941) y «Poesía cerrada y poesía abierta» (1953).

---

4. Idéntica necesidad de distinguir entre ambos extremos la encontramos en Poe, en Verlaine, en Unamuno... y, en general, en todo el ámbito del simbolismo europeo. Véase Donald FOGELQUIST, «Literary Criticism», en *Juan Ramón Jiménez* (Boston: Twayne Publishers, 1976), 136.

5. La misma distinción, en el grupo del 27, ha sido estudiada por Leo GEIST, *op. cit.*, 103, 111 y ss.

6. Este enfrentamiento queda claro en textos como el siguiente: «Poesía escrita me parece [...] que es expresión [...] de lo inefable, de lo que no se puede decir —perdón por la redundancia—, de un imposible. Literatura, la expresión de la fable, de lo que se puede expresar, algo posible. Y, siendo el *espíritu*, creo yo, la inefabilidad inmanente, la inmanencia de lo inefable, es claro para mí que la poesía escrita ha de ser fatalmente espiritual y que la literatura no es necesario que lo sea, ni aún que intente serlo» (*TG*, 36).

7. Coincide Juan Ramón, en este punto, con las tesis centrales del modernismo, anteriores a la industrialización del movimiento. Véase, para el estudio de la misma distinción en Unamuno, A. BLANCH, *La poesía pura española*, op. cit., 87.

POESIA Y LITERATURA

Tomando lo *espiritual* como factor relevante para la definición de lo poético y arrancando de Bécquer (*CI*, 110), elabora Juan Ramón en sus conferencias una definición de lo que él entiende por *poesía* y por *literatura*:

> Lo que generalmente se quiere imponer como poesía —dice Juan Ramón en uno de sus aforismos— es literatura; lo que nosotros queremos imponer como poesía es *alma*. [8]

Siguiendo paso a paso el razonamiento del poeta, comentaré a continuación los rasgos que le permiten establecer la diferenciación. Estos ya no responden a criterios formales, sino que afectan, sobre todo, a la génesis y a la naturaleza de los dos tipos distintos de escritura. Veamos a continuación las series de oposiciones por él establecidas.

Lo desconocido frente a lo conocido

La *literatura* acota el mundo de lo conocido, mientras que la *poesía* se orienta hacia lo desconocido:

> Será, pues, la poesía una íntima, profunda (honda y alta) fusión, en nosotros, y gracias a nuestra contemplación y creación, de lo real que creemos conocer y lo trascendental que creemos desconocer (*TG*, 37).

Es a la poesía a la que le está reservada la tarea de penetrar en lo inefable (*TG*, 36) y, por ello, su punto de partida es irracionalista [9]. Sobre tal distinción, tan simple, se levantan el resto de oposiciones. Se conforma *la literatura* con la belleza relativa, en tanto que «la poesía está mucho más allá de la belleza relativa, y su espresión pretende la belleza absoluta» (*TG*, 38).

8. «Aforismos inéditos», *NE* (noviembre de 1979), 6.
9. El irracionalismo de la poesía juanramoniana ha sido puesto de relieve por Aurora de ALBORNOZ en su «Introducción» a la *Nueva antolojía*, op. cit., 18 y ss.

Así definida, la poesía se ofrece como una forma de conocimiento no conceptual. El problema lo planteó certeramente ya el romanticismo. Se trataba de saber
si nosotros no conocemos más que por conceptos; si, para penetrar las realidades
del mundo invisible, no tenemos otro medio que la razón. Desde el romanticismo,
se ve en la poesía la solución a dicho problema: la poesía es una forma de «experimentar» lo que creemos desconocer. Es, por tanto, una forma de conocimiento
supradiscursivo. De un lado está el conocimiento abstracto; de otro, la experiencia
de lo desconocido; de uno, el Dios de los teólogos, lejano, filosófico; de otro, el
Dios de los místicos y poetas, sensible al corazón y a lo más profundo de nosotros. El conocimiento de la poesía es directo. Nos ofrece, aunque no llegue a
definirlas, una comprensión cordial de las realidades invisibles. Tiene, por ello,
acceso a dominios nunca antes logrados por la ontología. El poeta está dotado de
una supervisión que va, más allá de lo sujeto a las leyes de la razón, a lo «desconocido del antes de la vida y a lo ignorado del después de la muerte». [10]

Canto frente a discurso

Compromete el *literato* en su escritura a la razón —y en todo caso al sentimiento—, pero no valora la dimensión irracional de lo humano. La *poesía*, sin
embargo,

> no puede ser la momia de la lójica —dice el poeta—, ni la piedra de toque de la razón.
> La poesía es lo único que se salva de la razón y que salva a la razón, porque es más
> hermosa y superior que ella, porque la supone, asimilada en lo que de autocrítica de
> destino lleva dentro la poesía, y la supera en todo lo demás (*TG*, 87-88).

Otro texto nos ayudará a completar la idea de nuestro poeta:

> La literatura es *estado de cultura*; la poesía, *estado de gracia*, anterior y posterior a la
> cultura (*TG*, 41).

El poema no es *discurso*, sino *canto*, que potencia una pluralidad de discursos.
El poeta rehúsa dirigirse a la *razón razonante* del lector. Es un ser inteligente que
piensa y los logros de su razón están supuestos en su creación, pero no son rasgos
relevantes para la definición de la poesía, porque

> la conciencia no obra en tal estado de éstasis dinámico total; en tal *presencia ausente*, la
> poesía es necesariamente intuitiva, y por lo tanto elemental, sencilla, que es uno solo
> el objeto y el sujeto de su creación y *contemplación*, y ellos no piden adorno innecesa-
> rio [...]. Si la poesía es para los sentidos profundos, la literatura es para los superfi-
> ciales (*TG*, 37).

La poesía suspende las facultades de superficie —*el animus*—, para dejar paso
a la actuación de los «sentidos profundos» —*el anima*. Por ello, la poesía «será,
al mismo tiempo, una pérdida y una ganancia nuestras imponderables» (*TG*, 37).
En esto radica la diferencia entre *poesía* y *literatura*, y no en la utilización de un
mero bagaje de recursos técnicos, que se pueden codificar. Frente a la literatura,

---

10. Esta forma de conocimiento está ligada a los conceptos de *intuición* en Bergson y a las formas
de conocimiento por connaturalidad de Blondel. Véase C. MOISAN, *Henri Bremond et la poésie pure*
(Paris: Minard, 1967), 14 y ss.

la poesía pone en movimiento las facultades profundas del hombre y adormece las superficiales. En un primer movimiento, cierra el camino a la *meditación* y lo abre —como la mística— a la *contemplación* y al *éstasis*. Sigue a este movimiento —ya lo hemos visto— otro de enriquecimiento interior: en la creación poética, poeta y lector, al moverse allí libres de todo esfuerzo intelectual y de todo juicio moral, experimentan un efecto purificante y enriquecedor. Por eso dice Juan Ramón que

> la poesía es práctica en sí misma, porque llena la parte más rica del hombre y su mayor necesidad. Así con ser bella, como el amor, tiene bastante y sobrado. Por eso le doy a la poesía un carácter de relijión. Es una relijión universal e individual al mismo tiempo. Uno es creador y crítico y prácticamente libre de esa fe (*CP*, 205).

Al no estar generada a partir de la *razón* ni de la *moral*, la poesía, frente a la literatura, no representa un estado de cultura, sino un «estado de gracia anterior y posterior a la cultura». Es —como ya había dicho Bremond— un estado místico paralelo a la plegaria; una plegaria secularizada, «sin dios necesario», que conduce al alma a una unión íntima con las realidades invisibles y misteriosas. La poesía se resuelve, entonces, en:

> comunicación, hallazgo, entrada en la naturaleza y el espíritu, en la realidad visible y la invisible, en el doble todo, cuya sombra absoluta es la doble nada (*TG*, 36).

No puede calificarse, pues, el tipo de poesía que defiende Juan Ramón de limitación ni de desencarnación del poeta, sino de glorificación de todas sus facultades humanas y, sobre todo, de las más profundas, por ser naturalmente las más originales y menos sometidas a lo convencional. Si el propósito de la prosa es exponer racionalmente ideas y sentimientos, el de la poesía es experimentarlos bajo una forma supra-discursiva, en un estado más puro. Lejos de despreciar el fondo humano de la creación poética, va a buscar Juan Ramón su fuente originaria y metafísicamente pura. Con esto entramos ya en el contenido del punto siguiente.

Creación frente a imitación

La poesía es *original*; la literatura, *traducción* (*TG*, 37). Sobre esta afirmación de nuestro poeta se sustenta otra posterior: la poesía es arte de *creación*, mientras que la literatura es, tan sólo, arte de *imitación*, de *copia*:

> Porque la poesía —dice Juan Ramón— es en sí misma, es nada y todo, antes y después, acción, verbo y creación, y, por lo tanto, poesía, belleza y todo lo demás. La pretenciosa literatura tiene que contentarse con llegar, por un complicado rito, a la belleza espejada, que puede conseguir en su cristal un resplandor de la poesía, a fuerza de ser copiada de la escritura poética por sus imitadores (*TG*, 38).

En definitiva, la semántica no-poética es transitiva, extrínseca, convencional y lógica. La semántica poética es, por el contrario, intrínseca, intransitiva y estética. Esto es lo que dicen las palabras de Juan Ramón. El lenguaje de la literatura es representativo, depende de una realidad exterior que pretende comunicar; tiene un valor de letra de cambio; da la significación preexistente de las cosas. Es instrumento del intelecto constituido por símbolos significantes y su mayor mérito radica en *representar* adecuadamente una realidad exterior, existente antes de la escritura.

El lenguaje de la poesía es, por el contrario, presentativo. No depende de realidad externa alguna, sino que crea nuevas realidades. Presenta las cosas, no las representa. Por eso:

> Dios puede ser un poeta o un poeta puede ser Dios. Y no se diga que el universo del poeta es menor que el de dios, ya que Dios suponemos que creó lo visible y se reserva lo invisible para sí o para premiarnos, y el poeta prescinde de casi todo lo visible y tantea en lo invisible, regalándole lo que encuentre a quien lo desee (*TG*, 38).

No pretende el lenguaje poético comunicar nada, sino producir un estado, una disposición. Puede compararse la palabra poética con una fórmula mágica, que nos impulsa a *llegar a ser*, más que a comprender. No repite el significado convencional de las cosas, sino que hace presente lo que está latente en ellas, por lo que su realidad no es preexistente a la escritura, sino creación de la misma. Ofrece revelaciones y no juicios. Disuelve la trabazón lógica del lenguaje ordinario, por lo que el *animus* llega a perder el sentido auténtico de la palabra poética. En definitiva, mientras que el lenguaje de la literatura es un medio para algo, el de la poesía es un fin en sí mismo. [11]

Pero no se limita nuestro autor a plantear esta diferencia, sino que desde ella extrae, todavía, nuevas conclusiones. El valor de la poesía se cifra en la calidad de las nuevas realidades creadas y, por ello, las características de la lengua poética bien pueden ser «sencillez, ternura, virtud, acento, misterio, inefabilidad» (*TG*, 57). Ha de despreciar el poeta todo aquello que sea mero juego de ingenio, añadido o artificio, todo aquello que pueda distraer la atención requerida por la esencia de lo poético, hacia zonas del poema que no son pura poesía. Esto es, para Juan Ramón, lo que distingue verdaderamente el lenguaje poético del lenguaje literario.

El literato, sin embargo, «*porque no está creando*, sino comparando, comentando, copiando [...], obsesionado por lo esterior que tiene que incorporarse», no tiene otro medio, para hacer valioso su trabajo, que complicar la lengua utilizada, haciéndola «injeniosa, esterna, decorativa, trabajada, premiosa, yuxtapuesta, barroca» (*TG*, 37). En consecuencia,

> entre poesía y literatura hay la misma distancia, por ejemplo, que entre amor y apetito, sensualidad y sexualidad, palabra y palabrería, ya que la literatura es jactanciosa, exagerada, donjuanesca y tiene el énfasis por ámbito y la manera por modo (*TG*, 39).

Esencia frente a forma

La literatura es *forma*, en tanto que la poesía es *esencia*. La primera fija los contenidos; la segunda los libera y los contagia. Así, puede decir Juan Ramón:

> La letra (la literatura) mata. Es la esencia la que vive, la que contagia, la que comunica, la que descubre... (*TG*, 49).

---

11. De lo habitual que esta idea llegó a ser en el contexto del modernismo español da fe la poética del Propio Eduardo Marquina: «La palabra, en el primer caso, [es utilizada] como vehículo de las ideas, para comunicarlas y hacerlas comprensibles, lógicas. En el segundo caso [en la poesía], como tal cuerpo de las ideas, que las encarna, y las hace sensibles, amables, coloridas, palpitantes, en una palabra: vivas». Cfr. *Poesía española contemporánea*, ed. de Gerardo Diego (Madrid: Taurus, 1974), 115.

Entre *poesía* y *literatura*, dice Juan Ramón en otro lugar, existe la misma distancia que entre *religión* y *teología*. El poeta sabe que

> no se llega a ella [a la poesía] nunca, si su reino no se pone en contacto con nosotros, si ella no viene a nosotros, si no la merecemos con nuestra inquietud y nuestro entusiasmo. De ahí que se pretenda decir, a la manera platónica, que el poeta es un medio, un poseído de un dios posible (*TG*, 38).

La poesía exige, para expresarse, transparencia y naturalidad y no admite codificación. Porque:

> Los verdaderos poetas no usan mucho para su concesión comunicativa las «formas» escritas regulares, sino casi siempre, o al menos cuando están en su mejor momento, *las formas inventadas*, o convierten las formas ríjidas de los literatos en formas ondulantes (*TG*, 39).

La poesía hace que la coherencia del texto quede puesta de relieve por la unidad interna de la experiencia y no por la unidad externa de la forma; que su canto sea prolongación del silencio en que se genera la experiencia. Por eso rehúsa las formas fijas y prefiere el verso libre. Este «se presta más a la poesía pura», mientras que «el consonante impone una idea [...]» (*Mod*, 93).

Al contrario de lo que ocurre con la poesía, la literatura es expresión voluntaria y artificial. Ha inventado la retórica y la norma, «que es el juego malabar de los escritores listos», y juzga el valor de las obras de acuerdo con dichas normas retóricas, de acuerdo «con la ciencia conceptual que es su tesoro limitado» (*TG*, 39) [12]. Como la poesía es vida, está obligada a romper constantemente *el orden*, para existir. La literatura, en cambio, es tanto más perfecta, cuanto más se ajusta al orden establecido, a las reglas del juego.

En virtud de esta diferencia, podrá hablar más tarde Juan Ramón de *poesía abierta* y *poesía cerrada*, términos que reproducen con bastante exactitud la primera oposición entre *poesía* y *literatura*. La *poesía cerrada* es eminentemente literaria, artificial, convencional y retórica. Su mérito mayor está en cumplir ajustadamente una normativa y unas reglas. Sus *formas* son rígidas, arquitectuales y cerradas, y, en consecuencia, tiene al alcance de su mano la perfección. Le basta para ser perfecta con realizar exactamente las reglas convenidas. La *poesía abierta*, por el contrario, nunca es perfecta, ya que

> la poesía no se «realiza» nunca, por fortuna para todos; escapa siempre, y el verdadero poeta, que suele ser un ente honrado porque tiene el hábito de vivir con la verdad, sabe dejarla escapar, ya que el estado de gracia poético, el éstasis dinámico, el embeleso rítmico embriagador, el indecible milagro palpitante [...] es forma de la huída, forma apasionada de la libertad (*TG*, 40).

La *poesía abierta* es continua renovación, huida en ansia, aspiración de todo aquello que no se puede tener (*TG*, 93); la *cerrada*, mientras tanto, se satisface

---

12. «Hay bastantes pedantescos retóricos malabaristas —escribe Juan Ramón— que se imajinan que, con la ciencia conceptual, que es su tesoro limitado, por cebo y por espejuelo, han cojido a la poesía por el pecho nada menos, que la poseen en cuerpo y alma, que le han encontrado el corazón, el centro, que la han *escrito*, *realizado*. Y la poesía no se *realiza* nunca, por fortuna para todos» (*TG*, 39-40).

en lo limitado. *La poesía cerrada* es más cuerpo; *la abierta*, más espíritu. En virtud de lo cual, esta última no tolera formas preexistentes ni cerradas:

> De modo que la forma poética perfecta sería, para mí, la que pudiera tener el espíritu, si el cuerpo se le cayera como un molde; el agua de un vaso, si el cristal se pudiera separar. Un cuerpo se llama cuerpo, aunque esté muerto, pero nunca se llama espíritu a lo muerto. Muerto es lo sin espíritu; creo que esto da una idea clara de lo que yo entiendo por poesía cerrada y poesía abierta (*TG*, 90-91).

Como el amor, la poesía, por todo lo dicho, es una esencia idéntica siempre a sí misma, aunque para «comunicarse» puede adoptar innumerables formas nuevas. Es irrepetible (*TG*, 110) y, por viva, inimitable. Como la sexualidad, la literatura es siempre limitada en sus formas y admite la repetición indefinida, así como la imitación (*TG*, 91-92). Más todavía, la literatura navega contra corriente hacia su fuente y hacia sus antecedentes, materiales cuyo prestigio «autoriza» las normas retóricas en que se funda lo literario. Mientras,

> el poeta que tiene personalidad no necesita volver nunca a nada. La tradición debe estar asumida como abono de raíz, *pero el ala no debe ser antigua* (*TG*, 101).

Eternidad frente a temporalidad

La literatura es un arte de espacio y tiempo limitados; la poesía lo es de eternidad. Arraigada en lo temporal, la *literatura* no logra trascender sus límites históricos y culturales, mientras que la *poesía*, «con sus entradas y salidas de lo temporal en lo eterno [...], ve hacia dentro y camina hacia fuera, uniendo en su caminar y su ver el principio y el fin: la eternidad» (*TG*, 47). Centrando su atención en lo que es *esencia*, la poesía es la sonda que mide la profundidad espiritual de una cultura; es una, idéntica siempre a sí misma, y da cuenta de la unidad y continuidad que subyace a todo cambio en el proceso histórico. La literatura, por el contrario, mide la profundidad del estrato intelectual; acoge lo móvil y pasajero, dando cuenta de los cambios históricos que todo proceso lleva consigo. Tal distinción determina el carácter metafísico de la poesía, frente al filosófico de la literatura, y hace, además, que la poesía auténtica se escape con frecuencia a las grandes clasificaciones y periodizaciones de la historia de la literatura. La *poesía cerrada* o literaria tiende a adaptarse a los gustos presidentes de una época y, por esa razón, es fácil de clasificar y emparejar con la tónica de un determinado período histórico:

> No hay que olvidar —dice Juan Ramón— que muchas de las grandes obras literarias iban dirijidas a los llamados aristócratas y pagadas, aunque mal, por ellos (*TG*, 42).

La *poesía abierta*, sin embargo, ha arrancado y surgido siempre del pueblo, de lo popular, y por lo popular le ha sido posible escapar de la normativa impuesta por los gustos vigentes en cada época. Lo popular ha conservado vivas las eternas esencias de que se nutre la verdadera poesía, ya que,

> el pueblo, como un río total, ha andado siempre por debajo [de los gustos imperantes en la España sobresaliente], regando con su sangre jenerosa y escéptica esa enorme frondosidad visible, dueño natural, en la sombra, de los mejores secretos de la vida, poesía y muerte [...]. La filtración ascendente de la savia popular es inestinguible.

Ello hace que

en cualquier canción española, donde se encuentre la verdadera poesía, [pueda] señalarse, sin vacilación y en más o menos cantidad, la sustancia del pueblo (*TG*, 42-43). [13]

Arte frente a técnica

Finalmente, la *poesía* es arte, mientras que la *literatura* es, ante todo, técnica. La técnica se caracteriza por distinguir entre medios y fines, entre proyecto y ejecución, entre autor y destinatario. Emplea la literatura, con deliberada intención, ciertos elementos para obtener tales efectos. El resultado es conocido de antemano y condiciona, por tanto, los medios que han de ser empleados. No actúa así el arte. Este nace y surge por sorpresa para el creador mismo. Es, dice Juan Ramón, hallazgo y misterio para el autor, que, por supuesto, no conoce el resultado.

De acuerdo con la raíz idealista de su pensamiento, opina Juan Ramón que la verdadera obra de arte existe o se realiza en el espíritu del artista o del lector, y su valor estético es independiente de su objetivación física. Su objetivación, por la escritura, es ya producto de la puesta en funcionamiento de ciertas técnicas utilizadas siempre como medios para la consecución de un fin. La escritura hace autónoma la experiencia estética y la independiza de su autor. Pero, mientras que en la literatura lo sustantivo es la obra externa, en la poesía la exteriorización de la experiencia es un simple vehículo de expresión imaginativa que se actualiza, idénticamente, en la conciencia del autor y el lector. Respecto a la poesía, autor y lector no son nunca entidades distintas, ya que la auténtica creación poética no radica en la escritura, ni en su realización fónica, sino en la traducción interior, en el ánimo de lector, de la actividad expresivo-imaginativa generada en el del autor. No quiere esto decir que la obra pierda su carácter sensible, sino todo lo contrario: en su traducción interior, el material sensible se enriquece; de lo limitado que era en su exterioridad física, se hace polivalente en la imaginación.

---

13. «La verdadera poesía —dice Juan Ramón un poco antes— nació con el sentir del pueblo» (*TG*, 41).

LA POESIA PURA

Acabamos de ver a lo largo de todo el apartado precedente cómo Juan Ramón evita dar una definición precisa de la poesía. No le es posible hacerlo. Toda su exposición, en las dos conferencias comentadas, gira en torno a distintas aproximaciones al tema, necesitando siempre, para ello, tomar un segundo elemento —lo literario— como término de comparación. A lo sumo, sus especulaciones, acaban en fórmulas como la siguiente:

> Poesía no puede significar más que *encanto* y *misterio* intensos, y el encanto y el misterio pueden ser de mil maneras y estar en todos los lugares, incluso en los estercoleros (*TG*, 94-95).

Al igual que Bremond, Juan Ramón, para definir la esencia de la poesía, ha de recurrir a términos imprecisos tales como *misterio* o *encanto* [14]. La línea de su argumentación, con todo, es de una claridad meridiana. Comprobamos que lo que Juan Ramón pretende no es definir una «forma» de poesía, sino aislar la *esencia* de lo poético. Y para nombrar dicha esencia aceptará el término *poesía pura*.

Antes de entrar a fondo en el estudio de *la pureza poética* juanramoniana, hay que hacer una precisión. Ha acostumbrado la crítica, con excesiva facilidad, a hablar de *poesía pura*, restringiendo el significado del término a la dirección señalada por Paul Valéry. En esta línea, el término nos remite a ciertos rasgos de «fabricación» que distinguen una «forma» de poesía de otras posibles. No pueden, por ello, sumarse a dicha línea las tesis de Juan Ramón. En la definición de nuestro poeta, la pureza poética nunca tendrá un valor «formal». Para Juan Ramón la *poesía pura*, elemento constitutivo esencial de lo poético, es común a todas las formas posibles de escritura poética. Dice uno de sus aforismos:

> Los críticos empezaron a decir, como siempre, las mayores tonterías sobre la pureza poética, en este caso, confundiéndola con la castidad, con la moralidad, etc. No, nada de eso. *La poesía pura puede ser*, decía yo, *todo lo demás si es pura; puede ser casta o lasciva, puede venir del estiércol o del diamante.* Lo puro en poesía no tiene nada que ver con la moralidad. Y, además, puede ser oscura o demoníaca (*EEE*, 222).

---

14. Así lo afirma expresamente también en carta (30 de enero de 1953) a Ricardo Gullón: «El poeta es el hombre que tiene dentro un dios inmanente y como el medium de esa inmanencia: algo sagrado, alado y gracioso del gran *misterio* y el gran *encanto* que nos aprisiona» (*SC*, 292). En otras ocasiones, matizando lo expresado sobre el tema por García Lorca, hablará Juan Ramón del «ánjel y del duende» de la poesía (*TG*, 83-89).

Hay que ligar el concepto juanramoniano de *poesía pura* con la tesis de Henri Bremond[15] y no con la de Paul Valéry. *Pureza* no significa para él ni supresión de lo vital, ni eliminación de la experiencia. La poesía de Juan Ramón se llama *pura* y *abierta*, o simplemente poesía, para diferenciarse de la retórica. Pero hay que tener presente que no pierde nunca su raíz existencial. Frente a la pureza de fabricación, lograda por la destilación, análisis y selección de los distintos elementos fundantes del poema, para nuestro autor, lo relevante, hablando de poesía, es la fuerza de irradiación y transformación de una realidad misteriosa e inefable, sin la cual jamás habrá poesía posible. Dicha fuerza se puede experimentar, pero no definir conceptualmente. Escapa por ello al análisis y a la selección. De la poesía pura escribe Henri Bremond:

> Ce n'est pas seulement le plu beau des sujets, ce le sujet de tous les sujets, ce qui reste a dire quand tout a été dit, *ce que l'on sent bien que nul ne dira jamais*. On ne définit pas la poésie pure.

La misma idea expresa Juan Ramón, refiriéndose al «Cantar del alma», de San Juan de la Cruz:

> «Su orijen no lo sé, pues no lo tiene». «Sé que no puede ser cosa tan bella». «Bien sé que suelo en ella no se halla». No creo posible dar mejor definición de la poesía que la que dan estos versos imponderables. La musicalidad ideal de ese cantar espresa de modo único, en una metafísica sutil, esos intercambios, esas entradas y salidas de lo temporal en lo eterno.[16]

La propuesta juanramoniana, a pesar de la deuda que tiene contraída con el simbolismo, no puede ser más moderna. Si el neoclasicismo representa el triunfo de la razón y el romanticismo es la exaltación de la pasión, da primacía el poeta moderno a la experiencia. Superando viejas dicotomías decimonónicas, para Juan Ramón sólo cuentan las ideas· y los sentimientos que pueden, inmediatamente, ser convertidos en vida propia, en experiencia directa. «Lo importante —se pregunta en "Poesía cerrada y Poesía abierta"— ¿no es hacer sentir nuestro latido permanente, nuestra sangre manadera, hacia lo fugitivo [...]?» (*TG*, 87). Es esta experiencia de carácter metafísico la que convierte al hombre en poeta; ella es la *pura* poesía que se realiza, como la experiencia mística, en el silencio:

> En realidad el poeta —dice Juan Ramón—, callado o escrito [...], si escribe, es por debilidad cotidiana, que, en puridad, no debiera escribir. El que debe escribir es el literato (*TG*, 37).

---

15. Para el concepto de *pureza* en el crítico francés, véase, especialmente, de C. MOISAN, *Henri Bremond et la poésie pure*, *op. cit.* Una síntesis fiable de sus ideas la hizo Robert de SOUZA [Cfr. Alberto MONTERDE, *La poesía pura en la lírica española* (México: Imprenta Universitaria, 1953), 27], quien destacó los siguientes seis puntos: I.—Una realidad misteriosa y unificante; II.—Un encantamiento oscuro, independiente del sentido; III.—Una expresión que excede las formas del discurso, irreductible al conocimiento racional; IV.—Una música, conductora de un fluido que transmite lo más íntimo de nuestra alma; V.—Un encantamiento por el cual se traduce inconscientemente el estado de alma que hace al poeta, antes que las ideas o los sentimientos que expresa: VI.—Una magia mística que se asemeja a la plegaria.

16. La experiencia poética es, en definitiva, tan *inexplicable* como la experiencia mística. Así lo afirma nuestro autor: «Escribir poesía es como rezar [...] un místico. Si uno y otro quieren concretar, mientras rezan o cantan, la imajen de Dios o de la poesía, se acaban canto y rezo, se acaban poesía y Dios. No olviden los momificadores del pájaro en la mano» (*CI*, 291). Respecto a la identidad y diferencias de ambas expresiones, véase también C. MOISAN, *Henri Bremond...*, *op. cit.*, 117 y ss.

El problema de la poesía no engloba tan sólo una cuestión de tipo estético. Primero, la poesía tiene una vertiente vital. Más tarde, sin embargo, la experiencia poética, lo espiritual, lo misterioso e inefable «presentido», puede ser aprehendido y convertido en un objeto —el poema—, por medio de la escritura. Sólo en ese momento alcanza la poesía su dimensión o vertiente textual. La poesía, que se da en estado puro en la experiencia poética, necesita de la palabra para expresarse, pero no es —como entiende la línea encabezada por Paul Valéry[17]— resultado de las imágenes, pensamientos, sentimientos, palabras y sonidos que constituyen el poema. Existe con anterioridad a todo este conjunto de elementos, los enforma, les da unidad estructural, los transforma y, finalmente, se amolda a ellos, como «el espíritu (sea lo llamado alma, o sea un fenómeno eléctrico [18] o conciencia abstracta) [...] se amolda a todos los escondrijos, todos los pliegues y repliegues de nuestro cuerpo, como el aire o el agua a un continente cededor cualquiera» (*TG*, 90).

No rechaza la *poesía pura*, en la línea de pureza de Henri Bremond, las impurezas de la expresión. «Poeta puro, pero total. Y *pureza* es una totalidad», escribe Juan Ramón. La experiencia inefable ha de unirse a toda una serie de elementos impuros para comunicarse [19]. Es impuro todo aquello que en el poema ocupa nuestras facultades de superficie: el ritmo, lo expresado por el poeta, lo que a nosotros nos sugieren las palabras, la estructura formal, la elaboración retórica. Por sí solos, tales elementos —por bien elegidos que estén— no son capaces de hacer poético un verso. Le son imprescindibles, sin embargo, a la poesía para su expresión. El valor poético de un poema, por todo ello, no reside ni en el fondo —pensamientos o sentimientos— ni en la forma. Fondo y forma actualizan, mejor o peor, la poesía pura, pero ésta, en cualquier caso, es anterior a ambos. Los valores de contenido o de expresión estimulan sólo las facultades superficiales del hombre, mientras que la poesía las suspende. Para que un poema sea poesía, es necesario, por tanto, reducir al mínimo aquellos factores que agitan las actividades ordinarias y lograr que la *impureza*, que la expresión añade a la experiencia, no anule la fuerza de irradiación de esta última, sino que, por el contrario, la haga transparente. En consecuencia, lo que la poesía pretende no es comunicar unos contenidos, sino transmitir y hacer compartible una experiencia; y, ya que dicha experiencia es inefable y el lenguaje no puede definirla, la función de la poesía consistirá en suscitar, por impregnación y contagio, la misma experiencia en el lector: la poesía, para Juan Ramón, es «un temblor de realidad y misterio, que nos coje en los instantes supremos [...] de nuestra vida completa, es vida completa», que «todos debemos desear, procurar y contajiar [...]. El contajio (de todo lo que nos conmueve y nos mueve) es propio de la poesía» (*TG*, 58). Y en otro lugar, añade:

La gran poesía «difícil» comunica por soplo, imán, majia, fatalismo, como fue creada, y no por análisis metódico, su secreto profundo (*EEE*, 335).

---

17. Véase, de Wladimir WEIDLE, «La poesía *pura* y el espíritu mediterráneo», *LT*, V, 19-20 (1957), 201 y ss.

18. En esta concepción mecánica de lo espiritual, y en su utilización en la polémica de la *poesía pura*, tuvo una influencia decisiva Robert de Souza, quien unía la doble condición de lingüista e ingeniero electricista. Uno de sus trabajos en este último campo (*Psicodinámica general*) le sirve de punto de partida para su tesis sobre la comunicación de la poesía, que, como ciertos fenómenos eléctricos, se produce por irradiación y no por traslación o rotación.

19. Véase ALBERTO MONTERDE, *La poesía pura en la lírica española*, op. cit., 17 y ss.

Me referiré, para terminar, a un punto que ya ha sido tocado en páginas anteriores, pero en el que merece la pena insistir, dado que la crítica ha tendido siempre a identificar *poesía pura* con poesía «limitada a ciertos temas y a ciertas exigencias formales» [20]. Ante tan difundida opinión, nuestro autor se expresa en los siguientes términos:

> Parecía ya innecesario insistir, pero hay que hacerlo. Cada hornada de amarillitos pollos poéticos y críticos viene piando la misma pipirigaña inconsecuente: Poesía pura, pi, poesía impura, pi, pi.
> Poesía pura no es poesía casta, ni noble, ni química, ni aristocrática ni abstracta. Es poesía auténtica, poesía de calidad. Poesía que espresa de manera orijinal, aguda, rara, directa, viva, en suma, un fenómeno espiritual o material, objetivo o subjetivo, corriente o estraño, feo o hermoso, alto o bajo, estenso o breve. Y, es claro, pollitos, que si nuestra imajinación tiene un fundamento de materia interior, que si el alma sale de la vejetación y es flor de la entraña cálida, secretoria, corruptible, la poesía pura puede encontrarse con la podredumbre esterior. Es la rosa de nuestro abono. Así, por ej., en Baudelaire, gran «poeta puro» de toda la apretada lira (*EEE*, 65).

Puesto que la esencia de lo poético no reside ni en el fondo ni en la forma, todos los temas y todas las expresiones son, en principio, susceptibles de ser incorporadas al poema.

---

20. Así opina, por ejemplo, Francisco Ayala en una entrevista para el *Almanaque literario*, que ha sido recogida por José ESTEBAN-GONZALO SANTOJA en *Los novelistas sociales españoles (1928-1936)* (Madrid: Ayuso, 1977), 72.

POETAS VOLUNTARIOS Y POETAS FATALES

Hecha esta precisión, pasaré ahora a comentar cómo, en opinión de Juan Ramón, se genera la poesía. Partiré para ello de una diferenciación que, junto a las ya citadas, me parece esencial en su poética. Habla Juan Ramón, distinguiéndolos por los procedimientos de que unos y otros se sirven, de *poetas voluntarios* y *poetas fatales*:

> El poeta fatal es el que cumple involuntaria y voluntariamente su destino. El poeta simplemente voluntario «cumple», como suele decirse, con la poesía, pero su destino puede ser otro, otros son sus destinos. *Escribe su poesía*, digo, su *escritura poética*, como haría un reló, una escalera o una jaula. Es, sin duda, un artesano (*EEE*, 202).

Son tan claras sus palabras que apenas exigen comentario. El poeta fatal o necesario, como dice en otros lugares, *necesita* dar cauce a lo poético y, cuando se sienta a escribir, lo hace sin saber las normas que van a presidir su creación y sin conocer qué temas o motivos van a dar forma a su experiencia. El poeta voluntario escribe por imposición; realiza, al escribir, un acto de voluntad; conoce e intenta seguir las normas que convencionalmente rigen para la escritura poética; conoce los temas, los motivos, e incluso las palabras que va a utilizar; tiene a su disposición todas las piezas y todas las normas de montaje, sólo le falta construir el «reló». El poeta voluntario sigue unas normas externas; el fatal sigue una norma interna que necesariamente es originaria e inherente al núcleo inicial del que surgirá el poema. El mundo del primero es la *escritura poética*; el del segundo, la *poesía*. Para este último, el poema está más allá de su propio texto.

Como para Juan Ramón la escritura es accidental —frente a la experiencia poética, que es lo esencial—, se detiene especialmente en esta última, y en ella destaca la función desempeñada por dos facultades: el *instinto* y la *conciencia*. Volvamos de nuevo a su palabra:

> ... la poesía pura nada tiene que ver con la pureza corporal [...]; es sólo *pura poesía, hija del puro instinto, hijo del hombre natural.* [21]

---

21. Aforismo «Autocrítica» (1954), «Sala de Zenobia y Juan Ramón», signatura J-1/141 (3)/62.

Coincide la afirmación destacada por el subrayado con algo que ya dije antes. En el momento en que se genera la poesía, las facultades superficiales del poeta quedan adormecidas, dejando paso al instinto, a las facultades profundas del alma. Esto da lugar a una experiencia en la que el hombre reconquista su ser originario. Accede, más allá de la realidad racional, a una realidad interior —el claroscuro del ser pensante, dijo Bachelard— nueva, vedada a la razón, que es lo originario y primigenio del hombre, y que es la que éste debe desarrollar.

Ha habido quienes, tomando como base tal concepción de la experiencia poética, han situado la poesía pura en el vértice opuesto a la razón. Hay que tener en cuenta, sin embargo, que el irracionalismo no tenía nada que ver con el ideal de pureza juanramoniano —y mucho menos con el ideal de pureza de Paul Valéry, para quien la poesía pura es «el intelecto en fiesta». La inteligencia no está desterrada de la escritura poética. Queda, tan sólo, suspendida en el momento del «éstasis» poético. Pero «esta poesía pura (y no hay otra) —dice Juan Ramón— *ha de ser siempre responsable*. Aquí está la cuestión. El hombre despierto ha de responder hasta del hombre dormido. Y el poeta verdadero *debe responder siempre, con su mitad conciente, de lo que escriba su mitad subconciente* oscuro o claro, absurdo o lójico, natural o estravagante. Debe responder *siempre* de cualquier estremo de poesía pura que hable, escriba o cante. Y también de la que no esprese» (*EEE*, 66). Actúa la conciencia, y su concurso es necesario, antes y después de la experiencia misma. Actúa antes porque,

> [...] las ideas, los colores, las formas que uno lleva en el espíritu, producto de mil diversas impresiones —de las mismas en diversas formas— han de determinar un tesoro vario y distinto en cada individuo. Lo que de allí surje, si es sincero y si es poesía, será nuevo y será bello. [22]

El instinto, dice Juan Ramón, «podemos convertir[lo], con nuestro cultivo y nuestra cultura, en *superior clarividencia*» (*TG*, 189). Y, para que el producto del instinto sea valioso, es preciso haber cultivado antes cuidadosamente dicho instinto.

Actúa también la conciencia un momento después de que tal experiencia poética haya tenido lugar. Así dice un texto inédito de 1919:

> Primero: Entregarse a la emoción, y escribir sin conciencia. Segundo: Meter la conciencia entre cada dos palabras, tenderla sobre cada ritmo, y apretarla entre cada dos sones, clavarla en cada coma, y en cada punto y en cada interjección. [23]

Examinaré más tarde, con mayor detalle, las funciones que nuestro autor otorga a la conciencia en la creación poética.

22. «Aforismos inéditos», *NE* (noviembre 1979), 4.
23. Archivo Histórico Nacional, caja 10/51/6.

LA FUNCION DE LA POESIA PURA

Antes de nada, recordar algo que ya ha sido anotado: la poesía pura es un fin y no un medio. Es el arte —había dicho Kant y luego lo repitieron los krausistas españoles [24]— una finalidad, sin representación de fin necesario alguno: «La poesía —dice también Juan Ramón—, que es, me parece a mí, el *fin* de la vida, de cualquier modo que la vida se considere, no puede convertirse, sería empequeñecerla y empequeñecernos, en un *medio* para esto ni para lo otro, sino que, en calidad de fin, debe acompañarnos constantemente, *con apariencia quizá de medio, a nuestro propio fin*» (*TG*, 19).

Supone esto el rechazo de cualquier tipo de poesía didáctica, porque el didactismo, en sí, es un ejercicio normal de la inteligencia, que no admite estado poético alguno. Hemos visto ya que la poesía pura rehúsa comunicar ideas; rehúsa dirigirse a la razón. Lo que pretende es iniciar y motivar en el alma del lector el estado de «gracia» del autor. La función del lenguaje, en la comunicación ordinaria, es la de transmitir al lector las representaciones intelectuales que se encuentran en las palabras. «Siempre preferí —dice, sin embargo, Juan Ramón—, y sigo prefiriendo, la poesía *penetrante* a la poesía llamada *profunda*: la poesía que entra honda y hondo por ser punzante y segura» (*AO*, 142). La poesía gana en penetración lo que pierde en discursividad. La función del lenguaje poético es construir los equivalentes lingüísticos de la experiencia estética vivida por el poeta. Por ello la poesía reproduce en el lector una experiencia, antes de traducirse en facultad lógica y en conceptos. Así lo expresa Juan Ramón en varios lugares. Comparando la función desempeñada por la poesía pura con la de la matemática pura, escribe el poeta:

> Hay una poesía y un arte poético de periodistas, de habladores, de callejeros, como hay unas matemáticas de cocinera, [...] de logrero; pero hay también una poesía y unas matemáticas puras, de rejión alta, que no, por ser incomprensibles para la mayoría, dejan de ser. [25]

---

24. Véase, de J. LÓPEZ MORILLAS, *Krausismo: estética y literatura*, op. cit., 189.
25. De «Poesía pura y crítica menos pura». Carta inédita a Azorín en la «Sala de Zenobia y Juan Ramón». En la copia que del original manuscrito yo tengo no consta signatura alguna.

En ninguno de los dos casos —en el de la matemática pura y en el de la poesía pura— estas actividades tienen una aplicación práctica inmediata. Para quien las ejerce son un fin en sí mismas. Sin embargo, cuando a nadie se le ha ocurrido nunca negar la misión que el matemático cumple en la sociedad moderna, se ha negado con insistencia que el poeta puro cumpla misión social alguna, mientras no se digne descender a los problemas concretos y circunstanciales que rodean a su sociedad. Así plantea la cuestión Juan Ramón Jiménez:

> Desdeñar, pues, a un ser humano, artista, científico, poeta, por aristocrático, por amante y amigo de lo bello [...] es una estraña, inconcebible paradoja, sobre todo cuando el desdeñoso es un llamado demócrata; y el hecho se repite bastante. Es desdeñar, ¡qué paradoja!, lo mejor o el ansia de lo mejor. Y en nombre ¿de qué? [...]. Pues, ¿qué es lo que estos «amigos del pueblo», tenidos por cultos, quieren que haga hoy un Eins-tein, por ejemplo, para merecer ser de ellos? Einstein es un indudable aristócrata de la ciencia y del arte, de la ciencia por la ciencia y del arte por el arte y para todos, para la inmensa minoría, un matemático puro y un demócrata verdadero [...]. Pero ten-drá que dejarse de su matemática pura y escribir la matemática del tanto por ciento, para ser digno del pueblo y comprendido por él? [...]. ¿No sería esto la más profunda ofensa al pueblo? ¿No es suponer que el pueblo no puede llegar a la ciencia ni a la belleza mayor, cualquier día y además, por si acaso, suprimírsela? (*TG*, 73-74).

Una vez asegurado —y creo que las palabras que acabo de citar no dejan lugar a dudas— que el arte, la poesía pura, tiene una misión dentro de la sociedad mo-derna, debe concretarse en qué consiste dicha misión. Escribe Juan Ramón:

> El arte no es activamente docente... Pero es claro que el fruto perfecto de un espíritu cultivado (sin otra intención que la perfección propia) puede luego educar por su misma perfección (*EEE* 256).

En la línea marcada por Henri Bremond —y sigo en este punto las exposi-ciones de Clement Moisan [26]—, la poesía pura cumple, ante todo, con una función *catártica*, no de orden moral —inoculación contra determinadas pasiones—, sino psicológico, produciendo un efecto beneficioso, al refrenar las facultades intelec-tuales en provecho de los anhelos irracionales que también configuran al hombre total. Juan Ramón, que hasta este punto había venido a coincidir con la tesis del teórico francés, se aparta ahora de las conclusiones de éste. No tiene nada que ver con la desviación psicologicista del francés, concretando la función de la poesía en otra dirección arraigada en la existencia. Dice uno de sus aforismos:

> Si yo soy pensativo y sensitivo, en lo peor de lo mío habrá una sensitividad y una pen-satividad por las cuales el hombre menos cultivado podrá llegar un día a lo mejor mío y a lo mejor de él (*EEE*, 221). [27]

Es decir, la catarsis poética de que habla Bremond, en Juan Ramón, actúa, primero, ayudando a descubrir —en autor y lector— lo originario y esencial hu-mano y, luego, ayudando a su completo desarrollo. Su función principal consiste

---

26. *Henri Bremond et la poésie pure*, op. cit., 170 y ss.
27. En carta a *La Torre* (5, enero-marzo de 1954), Juan Ramón hace suyo el siguiente texto de S. S. P.: «Yo diría que, en última instancia, la función poética contiene, cuando es legítima, una sola virtud: la de penetrar profundamente en nuestro temple de ánimo, ahí donde yace la más radical inti-midad y soledad del alma, a fin de ayudarnos en el intento que subyace en cada humano por revelar al ser la existencia» (*SC*, 330-331).

en «actualizar» algo que estaba en potencia: hacer crecer la semilla inmanente, provocar la reacción personal del autor y del lector hacia su propia formación y cultivo interior:

> Diríase que llevamos dentro, inadvertida, toda futura poesía y que el poeta, al llegar, no hace más que subrayarnos, destacar a nuestros ojos lo que ya poseíamos. Ello es que el descubrimiento lírico tiene para nosotros un sabor de reminiscencia, de cosa que supimos y habíamos olvidado.

Por ello, «para poder hablar de una obra de arte, no hay que tener en cuenta solamente lo que ella encierra, sino lo que nosotros tengamos dentro» (*LPr*, 484).

La principal virtud del arte reside —dice Juan Ramón— en lo que es capaz de excitar y estimular en poeta y lector: «La virtud primera del arte es ser contagioso» (*EEE*, 304); por ello, la norma de todo poeta es ser «igual que la llama: lo inflama todo y hace muchas llamas iguales a ella, sin perder nada de sí misma» (*EEE*, 256). Por el contrario —dice un texto inédito de Juan Ramón—, «poesía que no prende, que no contagia, por bien que esté, no sirve para nada». [28]

---

28. «Crítica paralela» (1920), «Sala de Zenobia y Juan Ramón», signatura J-1/141 (8)/33.

POESIA NEOPOPULARISTA

Se generó y evolucionó el concepto de *poesía pura* en relación dialéctica —como vimos en el capítulo IV de la primera parte— con distintas formas de concebir lo poético, tales como son la *poesía social* y la *poesía popularista* o neopopularista. Entonces tuvimos ocasión de examinar los contactos histórico-literarios existentes entre las direcciones señaladas. Veremos ahora las diferencias teóricas sobre las que dicha dialéctica puede establecerse.

Para Juan Ramón, lo esencial en un poema es que haya poesía. Si ésta condición se cumple, el poema podrá ser, después, todo lo demás: social, popularista, religioso, místico, político... Ello dependerá del enfoque que en la escritura el poeta dé a la poesía. Ahora bien, sea éste el enfoque que sea, ni lo social, ni lo religioso, etc., serán nunca rasgos pertinentes para una definición de la esencia poética. Afectan, por el contrario, a la sustancia. Son cualidades adjetivas tan sólo. Por ello, rehúsa Juan Ramón oponer a su concepción de la poesía las concepciones significadas por los términos *poesía social* o *poesía popular*. «La poesía es una: sustantiva, no adjetiva» [29]. Es más, piensa nuestro autor que su poesía es profundamente social e íntimamente popular. Por ello, puede decir:

> Siempre me gustó el periódico diario para publicar mis escritos y, de haber tenido ocasión, lo hubiera hecho siempre. *Poner lo delicado y alto en medio de la calle.* [30]

Todo esto, sin embargo, no le impide colocarse enfrente y en contra de las corrientes poéticas *neopopularista* y *social*, tal como dichas corrientes poéticas se plantearon en la España de los años 20 y 30, respectivamente. Y, si lo hace así, es porque considera que las realizaciones correctas de ambas tendencias convierten en esencial lo adjetivo —lo social o lo popular—, relegando a segundo término lo automáticamente esencial: la poesía. Veamos a continuación las líneas maestras de su argumentación. En la concepción poética juanramoniana está implícita ya la dimensión social y la raíz popular de todo arte. En las corrientes a que me estoy refiriendo, sin embargo, lo social y lo popular son elementos —que afectan a la

---

29. «Crítica» (1952).
30. «Sala de Zenobia y Juan Ramón». Signatura J-1/137 (3)/34.

temática y al estilo— adheridos a la poesía y, por tanto, se prestan a servir a la definición, si no de un género dentro de la historia de la poesía, sí de una escuela o «manera» perfectamente localizada en el tiempo de la historia.

Define Gustav Siebenmann [31] el «neopopularismo» como el «descubrimiento de procedimientos *modernos* en la poesía tradicional y su posterior ejecución en las creaciones propias». El «neopopularismo» —así lo vio Juan Ramón en varias ocasiones (*CI*, 191-193)— se corresponde bastante fielmente con muchas de las manifestaciones indigenistas de la poesía hispanoamericana. Ambas corrientes buscan la imitación de ciertos procedimientos modernos anticipados por la tradición y ambas corrientes, con la misma finalidad estética, buscan sus motivos en el folklore popular. Se convierten, de esta forma, en interpretaciones de una tradición cuyo caudal intentan y esperan continuar y ensanchar. Se sirven de ciertos procedimientos externos —formales o temáticos—, pero, en opinión de nuestro autor, se olvidan, al hacer esto, del alma profunda del propio pueblo. Son experimentos de laboratorio.

Es evidente que a Juan Ramón no podían satisfacerle ni la dirección popularista, ni la indigenista; una y otra, por el contrario, le parecen injustas con lo popular auténtico, ya que toman al pueblo detenido en su «mal momento», para convertir sus rasgos más externos, y menos auténticos, en espectáculo para la burguesía. En esta línea debe situarse la crítica que hace de Federico García Lorca. En los siguientes términos escribe Juan Ramón a José Luis Cano:

> En su *Romancero Gitano* no es poeta para el pueblo, tipo corriente, porque su Andalucía es una Andalucía de pandereta, con la gran diferencia sobre los estranjeros de esa Andalucía de que es profunda y plástica, de color y acento. Pero la Andalucía de pandereta siempre ha sido para burgueses o para estranjeros, y el pueblo andaluz siempre se ha reído de ella. Gran parte de la difusión estranjera de Lorca está en el torero, el gitano y el cante jondo (*SC*, 248).

La mirada del arte verdadero ha de estar puesta en el pueblo. Pero ha de llevar consigo no un deseo arqueológico de perpetuar determinadas tradiciones, sino una voluntad de transformación enriquecedora. Así lo confirma el texto que cito a continuación:

> Un civilizado no puede ser ya indíjena, pero un indíjena puede siempre ser civilizado; ¿y por qué un indíjena no puede salvar y salvarse, libertar y libertarse; no puede ser completo y consciente, salirse del pantano y de la sombra? ¿O es que queremos al indio como espectáculo detenido, estancado en su mal momento, el indio sufrido sólo por él y gozado sólo por los otros, por nosotros? (*CI*, 197-198).

Sabe Juan Ramón que «lo mejor y más puro de su ser será siempre pueblo», pero se niega a identificar esta esencia constitutiva con ciertas manifestaciones externas de lo popular. Y, sobre todo, se niega a admitir lo popular como espectáculo detenido, y no como vida que fecundar y mantener en constante aspiración de mejoramiento. Debe ser, por el contrario, la plasmación de un humano deseo de continuo perfeccionamiento. Frente a «los exaltadores del ruralismo del pueblo actual», Juan Ramón afirma:

---

31. *Los estilos poéticos en España desde 1900* (Madrid: Gredos, 1973), 270.

Yo soy un enamorado de mi pueblo, del pueblo universal, de sus costumbres, su arte, su eficacia; pero un sentimiento más humano que estético, y quiero ser poeta, me lleva a desear este mejoramiento, esta obra social, aunque se pierda y pierda yo la escena pintoresca que tanto egoísta disimulado necesita consciente e inconscientemente como espectáculo y mina.

Del pueblo se debe exaltar lo que no puede cambiar con este cambio, con este mejoramiento social: la raíz pura y libre, la intemperie, el panteísmo. Por eso yo detesto esa poesía, pintura, música, todo ese arte que es verdadera y sostenida incomprensión e injusticia, a base del pueblo, y *levanto el arte del pueblo cultivado*, es decir, su instintiva elección tradicional del arte, que puede representar sucesivamente su cultivo propio. De modo que los poetas, pintores, músicos, creadores, etc., ¡los «apóstoles», ay!, que hoy más que nunca nos aturden, nos estragan con un falso amor a un pueblo detenido, aunque alardeen de popularistas, de «amigos del pueblo», son sus mayores y peores enemigos, sus decididos estancadores (*EEE*, 179).

Lo popular es lo eterno y no lo histórico. Son las esencias, y no las formas, de lo popular lo que el arte verdadero debe rescatar, cultivar y desarrollar. Lo popular es un punto de partida necesario para la poesía. Nunca, un ideal estético. No deben desear los poetas quedarse, ni retornar a lo que este punto de partida representa. Su meta es otra y distinta: lo refinado (*EEE*, 38). Pues,

un poeta sólo tradicional en espíritu o forma, un poeta hacia atrás, podrá ser bueno y gustarse como bueno, pero no cumplirá con su función luminosa, no pasará su antorcha, de día en día, en él o para los demás (*TG*, 118-119).

Ha de ayudar la poesía al pueblo a encontrar su esencia y ha de ponerlo en camino hacia el desarrollo de su originalidad constitutiva (*TG*, 64-65). No ha de espejarlo en vanas, externas y coloristas imágenes, que sólo representan sus manifestaciones más superficiales. Sólo «*levantando* la poesía del pueblo se habrá diseminado la mejor semilla social» (*TG*, 31). Lo popular le sirve al poeta de diapasón para su sensibilidad. Esta, sin embargo, no debe estancarse, sino cultivarse.

LA POESIA SOCIAL

Utiliza Juan Ramón los mismos presupuestos para oponerse a la llamada *poesía social*. Pero, si antes argumentaba, frente a la llamada *poesía popularista*, razones de índole ética, ahora se opone a ciertas formas de poesía social, esgrimiendo, sobre todo, razones de carácter estético. No es el desacuerdo con la ideología representada por la poesía social, lo que le lleva a Juan Ramón a negar la posición estética por esta última representada, puesto que la poesía «puede —si es poesía auténtica— cantar maravillosamente» cualquier tema (*TG*, 118). Sabe nuestro autor, igualmente, que todo arte tiene una irrenunciable misión social. Así lo afirma ya en 1920:

> El arte tiene una misión social, indirecta, como toda misión honrada y fructífera: la de hacer verdaderamente fuertes —quiero decir delicados— a los hombres, y verdaderamente buenos —esto es, enamorados conscientemente de la tierna belleza desnuda del mundo—. Misión del artista es templar con el ejemplo de su vida el ánimo de los hombres... El artista cumple una misión religiosa con infundir una *espiritualidad social* [...]. No pretendo sino que por mí, y no en mí, se difunda la idea espiritual del mundo. [32]

Tales palabras nos obligan a preguntarnos por qué, si la poesía de Juan Ramón pretende tener un destino social, nuestro poeta se pone en contra de ciertas formas de «poesía social». La respuesta, para cualquier lector libre de prejuicios antijuanramonianos, es clara. Se opone Juan Ramón a una poesía dependiente de una «toma de partido» previa, y lo hace, porque, por principio, sitúa lo poético más allá de los partidos, en lo universal, en una zona de lo humano que es común a todos los hombres. La poesía tiene una misión social no restringida a una sola clase. Sirve o pretende servir a aquellas necesidades humanas que nos identifican e igualan a todos, por encima de los partidos y de las clases sociales. Va dirigida a una «conciencia colectiva» y no a una conciencia de clase:

> Escribir poesía comunista o fascista, o lo que sea, y como programa o proclama, no lo encuentro necesario ni conveniente [...], que yo soy libre y envolvente, y que estoy por encima, por debajo y por los costados de todas las izquierdas y todas las derechas (*CI*, 246).

32. Respuesta a la pregunta «¿Qué es el arte?», en entrevista realizada al poeta por Cipriano Rivas Cherif para *La Internacional* (10 de septiembre de 1920).

Es claro que el poeta, como hombre que vive inmerso en una sociedad precisa, «puede y debe [hacer] una crítica exijente, dura, si es preciso, *pero en prosa clara y lójica*; porque el canto desorbitado puede llegar a hacer creer en la poesía de la guerra, quiero decir, en el regodeo poético de la guerra» (*AO*, 196). No se evade Juan Ramón de los problemas sociales y políticos de su entorno. Por el contrario, nos dice:

> Siempre acudí a todo llamado social, di mi firma a cuantos documentos públicos me parecieron justos y *escribí sobre política con mi conciencia alerta* (*CI*, 246).

Y en otro lugar añade:

> El poeta callará acaso en la guerra, porque otras circunstancias graves e inminentes le cojen el alma y la vida; porque debe ayudar con su intelijencia, su sensibilidad, su esfuerzo íntegro a los que luchan por la verdad evidente (esa verdad que fecunde la poesía inmanente que sea antiimperialista), para que venga pronto la paz (*EEE*, 173).

En los asuntos públicos el poeta debe intervenir activamente, «con prosa crítica y lógica», escrita con su «conciencia alerta». Es claro, sin embargo, que su escritura no podrá, ni deberá confundirse entonces con el arte. Será, tan sólo, literatura ideológica, afín a un determinado programa o pensamiento político. Su propia caducidad —porque, propuesto un fin práctico, o se consigue, o no se consigue, pero en cualquier caso queda desbordado por inútil o superado [33]— impide relacionar esta escritura con la poesía auténtica, que —como ya sabemos— en Juan Ramón mira hacia lo eterno y no hacia lo histórico.

Resumiendo lo expuesto en este apartado, hay que insistir en la función social que nuestro autor reconoce en la poesía. Se ha de tener en cuenta, sin embargo, que dicha función la realiza la poesía, sirviéndose de medios propios, distintos a los literarios, y, sobre todo, se ha de saber que la misión principal no admite ser sustituida por otras circunstanciales u ocasionales, sin agostar con ello la verdadera poesía:

> En poesía soy platónico [...]. La poesía es práctica en sí misma, porque llena la parte más rica del hombre y su mayor necesidad. Así, con ser bella, como el amor, tiene bastante y sobrado. Por eso le doy a la poesía un carácter de relijión.
> Yo creo que la poesía es fruto de paz. *Creo que un hombre puede y debe intervenir en lo social, en prosa, con crítica real y clara y para lo práctico, y luego cantar o decir su mensaje íntimo en verso para la delicia.* Muy fuerte en crítica, muy delicado en creación poética (*CP*, 205).

La poesía no puede ser «la piedra de toque de la razón». No va dirigida a la inteligencia, ni se sirve de ésta para construir un determinado mensaje. Se encamina, por el contrario, a las facultades profundas del lector [34] y no pretende comunicar nada. Evita ceder a cualquier tentación de «oficiosa actividad docente» y evita, asimismo, caer en una «antipática incitación al juego o al trabajo». Lo que sí hace es transferir —como hemos visto ya—, por «contajio e irradiación», un

---

33. Así lo afirma Ramón Pérez de Ayala en *Más divagaciones literarias*, op. cit., 104 y ss.
34. El lector se abre a las palabras del poeta para recibir «el fluido misterioso que transmiten», ya que la poesía es «contagio e irradiación», transformación mágica. Por ello no asumimos en principio las ideas del poema, sino «el estado de alma subyacente en ellas». Cfr. José Hierro, «Poesía pura, poesía práctica», *In*, XII, 128-129 (1957), 1 y 4.

estado de alma. Es «poesía visible, diaria, libre [...], sin otra aplicación que la de su propia esencia y existencia» (*TG*, 17-20). Es «impregnación expresiva de belleza y hablar májico», no discursivo (*CI*, 269) [35]. Cuando la poesía intenta convertirse en medio para la difusión de una determinada idea, se desvirtúa la esencia misma de lo poético y se desvirtúan también las ideas que se intentaban comunicar: [36]

> Hay personas que creen que la poesía debe ser filosófica; una idea, claro, puede ser filosófica si es muy buena. Ahora, no es corriente que la filosofía espresada poéticamente sea muy buena, porque las cosas claras se esplican en prosa [...], ni eso de creer que las ideas, la verdad, se pueden fijar por medio de consonante [...] (*Mod*, 217).

El hecho de que la poesía no vaya, como la filosofía, dirigida a la razón, determina la función que ella cumple y distingue ésta de la función encomendada a otros tipos de escritura. La *sustancia social* de la poesía no está «cojida con arreglo a una fórmula esterior o ajena» [37], sino que «está asimilada a su esencia, que ya lo esencial es social, una manera de ser social de la poesía». La peculiar misión social desempeñada por la poesía queda hermosamente precisada en las siguientes palabras de Juan Ramón, que todavía permanecen inéditas:

> No hay en [la poesía] propaganda alguna, ni programa, ni retórica, ni aspaviento, sino relijión [...]. Cada [poema] parece un ente moral de una vida poética organizada desde muy adentro. Platón nunca dijo, como tanto se ha dicho, que los poetas eran inútiles para la república. Lo que Platón decía y dice es que, si el político es el hombre de la ciudad y el poeta el hombre de la soledad, el poeta, para ser ciudadano, debe dar la esencia de su soledad a la sustancia de su sociedad [...]. Su esencia quedaba incorporada a su ciudad [...], a pesar de la desaparición corporal. [38]

Por todo lo anotado, esta dimensión social de la poesía, en la opinión de Juan Ramón, no la cumple exactamente la llamada *poesía social*. Esta última actúa sobre las facultades de superficie y se olvida de la zona más profunda e íntima de lo humano. Canta «al dictado del político», en vez de ser un «canto libre» (*CI*, 269). Evidentemente, toda escritura de tipo programático es una actividad de tipo moral y admite por ello un juicio moral positivo o negativo. Es más difícil, sin embargo, que resista un enjuiciamiento estético [39]. Si es la inteligencia —las llamadas ideas buenas o ideas malas— la que separa a los hombres en castas, razas o clases sociales, y si es el instinto el que los reconcilia, cumplirá mejor su función

35. Recordemos que, para Juan Ramón, «La auténtica poesía se reconoce por su profundidad [...], por su intuitiva metafísica» (*TG*, 40-41).

36. Descubre claramente Juan Ramón su pensamiento, haciendo suyas las siguientes palabras de Santayana: «Cuando un retórico compone largos poemas sobre Dios, Satanás, el Universo, las labores agrícolas, el Amor, la libertad, o la Revolución, yo no digo que no pueda estar exponiendo verdades importantes, aunque lo dudo, ni que su sentimiento moral deje de parecer edificante a los de su propia secta; pero digo que no es un poeta. Va cargado» (*EEE*, 206).

37. La cita completa nos ayudará a entender mejor la idea de Juan Ramón: «En muchas pájinas [de *La poesía cubana en 1936*] vibra una poesía dolorosa, directa, honda, de verdadero sentimiento social... Es poesía cuando es profunda; cuando no, no. La poesía social, para mí, como *la otra*, es busca y encanto; de ningún modo postura media *cojida con arreglo a una fórmula esterior, ajena*» (Véase «Estado poético cubano. Final», en *La poesía cubana en 1936*, op. cit.

38. De «Sofia Azarello», «Sala de Zenobia y Juan Ramón», signatura J-1/135 (10)/9-11.

39. Véase lo que dice sobre este tema Luis Cernuda [«Entrevista con un poeta», en *Poesía y literatura*, II (Barcelona: Seix-Barral, 1966), 233]: «En la poesía siempre ha entrado, en proporción mayor o menor, cierto elemento cambiante, ajeno a la misma, unas veces es religioso, otras moral, otras social [...] y, sobre todo, alguna gente, ajena a la literatura y a la poesía, pretende darle importancia mayor que a *la calidad artística misma, que es la única que decide del valor de una obra literaria*».

social aquella poesía dirigida a cultivar el instinto, que aquella otra destinada a difundir y hacer amable un programa político (*TG*, 131-132). El siguiente texto inédito nos resume el pensamiento de Juan Ramón sobre el tema:

> ¿Qué es un poeta revolucionario? Para un poeta es el que remueve la poesía. Para un tendencioso, el poeta que hace política. Todo poeta es un removedor social; pero no todo revolucionario social es un poeta.
> Federico García Lorca fue un verdadero poeta revolucionario de lo poético plástico, pero nunca social [...]. Antonio Machado fue un removedor social, pero no un revolucionario poético, fue tradicional. [40]

---

40. De «Notas sobre la poesía escondida de la Arjentina y el Uruguay», *art. cit.* Aunque las referencias sobre este tema no son abundantes en Juan Ramón, el poeta también somete a crítica determinadas tendencias «cósmicas y demoníacas» de nuestra poesía moderna. Cito, como ejemplo, un texto inédito que juzgo representativo: «Lo demoníaco (Baudelaire, Remy de Gourmet, misas negras...). Lo demoníaco tan puro y tan bello como lo anjélico. Lo *anjélico*: la aurora bella, lo normal. Lo *demoníaco*: la tempestad, el rayo, lo revolucionario, pero limpio como la aurora. El escremento no es demoníaco. Lo demoníaco es afirmativo: un amor o un odio más allá del bien y del mal, como quiere Nietzsche. *Anjélico* es el éstasis. *Demoníaco* es el dinamismo estético. Anjel y demonio son mitad y mitad en lo espiritual y lo ideal. El demonismo se tomó al revés..., vicios malsanos, perversiones... El demonio, en su origen, es sólo un ánjel que no quiere someterse pasivamente, porque sí [...]. El demonio no es malo. Es un ser que quiere saber, encontrar, por sí mismo, la verdad, que no se conforma con la verdad impuesta» [«Sala de Zenobia y Juan Ramón», signatura J-1/134 (3)/231-235].

EL DESTINATARIO DE LA CREACION POETICA

Carecen las reflexiones de Juan Ramón —y esta carencia es fácilmente explicable en el contexto en que surgen— de una terminología precisa y técnica. Con frecuencia, acude el poeta al léxico del lenguaje corriente de la comunicación. Extrae de él los términos que necesita y los adapta a las necesidades de su poética. El uso hará, luego, que dichos términos se vayan especializando, restringiendo o ampliando los significados que en la lengua común les eran propios. Esta forma de proceder explica las dificultades con que la crítica se ha encontrado y los errores en que ha incurrido, cuando ha intentado explicar la terminología de nuestro poeta sin tener en cuenta la peculiar significación que, desde dentro del propio sistema, adquiere su léxico.

Una de las cosas peor entendidas siempre es la dedicatoria de Juan Ramón, desde la *Segunda antolojía poética*, «a la inmensa minoría» o «a la minoría siempre». Se ha dicho hasta la saciedad que la dedicatoria juanramoniana esconde una actitud vital elitista y aristocrática, lo cual es decir bien poco, si se sabe que en Juan Ramón el concepto *aristocracia* tiene un valor particular, que dista mucho de convenir al uso que normalmente damos a este término. No es posible, pues, entender correctamente el elitismo juanramoniano, sin situar el pensamiento de nuestro autor en las coordenadas históricas y teóricas que le corresponden.

En primer lugar, hay que señalar que todo el arte del siglo XX nace bajo auspicios minoritarios. Elitista es la filosofía krausista, que tanto influjo tuvo en España en todos los órdenes de la vida; elitista es el pensamiento de la generación del 14; y elitista, en fin, es el arte de vanguardia. Centrada en estas perspectivas, la obra de nuestro autor no evade la tónica general de la época. Muy por el contrario, reafirma, sin limitar por ello su peculiaridad, todos los presupuestos del arte moderno. En torno a 1920 escribe el siguiente aforismo:

> La decadencia de un artista se anuncia casi siempre con la adopción de la perezosa idea: El arte para todos (*CU*, 222).

El aristocraticismo juanramoniano queda, con lo dicho, constatado. Constatar un hecho, sin embargo, no ha de presuponer nunca un juicio. Sobre todo, no es posible juzgar la dedicatoria juanramoniana «a la minoría», desde una época en que lo que priva es «la mayoría», sin evaluar las motivaciones que relativizan una y otra expresión.

Es Ortega, en 1908, quien, tras valorar con precisión la situación de la sociedad española, justifica en ella la creación de minorías «rectoras». Escribe en *El Imparcial* (10 de agosto de 1908):

> España es la inconsciencia —concluía ya el lunes pasado—; es decir, en España no hay más que pueblo. Esta es probablemente nuestra desdicha. Faltan [...] los pocos que *espiritualicen y den un sentido de la vida a los muchos.* [41]

El pensamiento de Juan Ramón coincide en este punto con el de Ortega. No se trata de crear un arte restringido para el uso de una clase determinada, sólo para artistas; ni una ciencia tan sólo para científicos; ni una política exclusivamente para políticos. Se trata sólo de acercar —elevar— el pueblo hasta el *Quijote*, para no tener que bajar el *Quijote* hasta el pueblo. En el «minoritarismo» juanramoniano no existe, en modo alguno, un concepto restrictivo ni clasista del arte. Un texto inédito puede servir, en este caso, para comprobarlo:

> Siempre he soñado, y lo saben mis amigos, en el diario como lugar gustoso de mi «obra en marcha», para la que anhelo ámbitos de totalidad humana. Llegar a esa «inmensa minoría» [...]. En el diario cabe todo, hasta la poesía, porque el diario lo leen todos [...]. Como la poesía es vida, puede y debe ir entre todo lo otro que suele llamarse vida: el crimen, el robo, la muerte, el nacimiento, el reclamo [...].
> ¡Y qué posibilidades no hay en ese posible contacto diario con la ciencia, el arte, la poesía! ¡Cuántos podrán volver a su casa [...] *con una visión distinta de su vida!* [42]

La misma idea puede seguirse en los presupuestos teóricos del arte de vanguardia. Este aumenta las exigencias artísticas o las modifica; se desprende de los gustos del público común y prepara el camino a un arte, que no pretende dejarse guiar por las imposiciones de la mayoría. No se trata de llegar a más público, sino de conseguir que cada vez mayor número de gente esté preparada para recibir las nuevas conquistas. Otro aforismo inédito de Juan Ramón nos concretará lo que intento decir:

> Creo en el llamado «gran poeta», que no es *el que llega* a más público, sino *el que crea* más público.
> Y el más grande sería el que constituyera la inmensa minoría total. ¡Qué ilusión para un hombre! [43]

También la Residencia de Estudiantes contribuye a edificar una concepción elitista de la cultura, pero también esta institución está muy lejos de considerar los valores culturales propiedad restringida de una clase social o intelectual determinada. Contra este peligro dirige su palabra Jiménez Fraud:

> La formación de una minoría lleva consigo el peligro de la creación de una clase, que después de dar vida a valores culturales, quiera retenerlos para sí sola [...], por olvidar que la sana función social de una minoría consiste en ir generalizando la cultura por ella adquirida y en dejarse absorber por la clase más contigua. [44]

---

41. *Obras completas*, op. cit., t. I, 105.
42. De «Estado poético español. (Poesía y poetría)», «Sala de Zenobia y Juan Ramón», signatura J-1/141 (17)/57-59.
43. De «Crítica» (1946), signatura J-1/141 (1)/182 de la «Sala de Zenobia y Juan Ramón».
44. Tomo la cita de Gabriel CELAYA, «Cincuentenario de la Residencia de Estudiantes», *In*, XV, 169 (1960), 7.

La misma intencionalidad podemos encontrar en muchos textos de Juan Ramón Jiménez. Este es el caso del siguiente fragmento de un «Prólogo» de *Alerta*:

> Me dirijo, como siempre, a la inmensa minoría [...], a los buenos de todas partes, que son los que harán mejores a los demás (*CP*, 292).

Todo lo expuesto ayuda a comprender que el manido elitismo, en que —según la crítica— nuestro autor se mueve, está estrechamente ligado a una idea social —no limitada— de la cultura. Es índice de un anhelo constante de progreso y dinamismo, y se opone tan sólo a un arte que no busca el crecimiento y la mejora, sino que «perezosamente» se conforma con las exigencias cuantitativa o cualitativamente imperantes.

Es éste y no otro el sentido que cabe atribuir al elitismo juanramoniano. Su «a la inmensa minoría» no esconde nunca ni una limitación clasista, ni una limitación estética. Es simplemente producto de su concepción de la poesía, actividad en constante sucesión y progreso continuo, lo que impide que sea fijada de acuerdo con las normas imperantes en un determinado momento. Frente a esto, de elitismo social cabe hablar, cuando el artista dirige su creación a una determinada clase; de elitismo estético, cuando la manipula en pro de la consecución del «cultismo», de algo así como un habla de minorías «a lo Herrera» o «a lo Góngora». Ninguna de las dos circunstancias, sin embargo, convienen a la obra de nuestro autor. El se dirige a todos y su labor lleva consigo una continua poda, hecha con el fin de que todos puedan acceder a su creación [45]. De una parte, su poesía nunca supone limitación alguna, ni de clase, ni de edad, ni de sexo:

> Las mujeres, los hombres, los niños, aquí y en todas partes, deben leerlo todo..., todo lo que puedan. Cada uno se quedará, como ante la naturaleza, con lo que comprenda; cada vez, sin duda, con más [...] y con menos. Siempre con lo más inesperado, por fortuna para todos (*LPr*, 727). [46]

De otra parte, se opone igualmente nuestro poeta a una escritura poética difícil y reservada sólo para poetas [47]. Su poesía exige, por parte del lector, una continua readaptación, pero el sentido de la misma se orienta hacia «una progresiva ascensión interior», no hacia el constante aprendizaje y asimilación de nuevas y distintas técnicas (*AO*, 177). Con esto entramos en una cuestión aneja a la planteada hasta aquí.

Está el elitismo juanramoniano en íntima y coherente dependencia con la concepción poética anteriormente expuesta. Puesto que la poesía es «búsqueda y hallazgo» de nuevas zonas de realidad, exige en el lector una continua adaptación a las leyes del mundo «encontrado». Por ello, es minoritaria; es decir, distinta al gusto de la mayoría y anticipadora de una estética nueva. Pero, a la vez, como no está basada en elementos lógicos y limita el papel de la razón, la minoría a la

45. «En muchos casos —escribe Juan Ramón—, para que los otros sepan que existe en nuestra obra la belleza [...] es necesario crear [...] una simpatía» (*LPr*, 485).
46. Trata Juan Ramón el mismo tema también en «Sobre el teatro para niños» y «Crítica paralela» (1920), en textos que permanecen inéditos.
47. Hay que estar de acuerdo con José HIERRO («Poesía pura, poesía práctica», *art. cit.*, 1 y 4), cuando propone distinguir entre poesía minoritaria y poesía de laboratorio. La segunda sería, efectivamente, una poesía para poetas sólo; pero no ocurre lo mismo con la primera.

que se destina no se identifica con aquella mejor pertrechada culturalmente. Se halla, por el contrario, en todas las zonas sociales, cualquiera que sea el criterio adoptado para la división de éstas. Así lo afirma nuestro autor en carta a José Luis Cano:

> [...] cuando yo empecé a poner al frente de mis libros «a la minoría siempre», estaba pensando que la minoría se encuentra en todas partes, en el pueblo «cultivado» por sí mismo, tanto o más que en el hombre «culturado» en los libros de las ciudades.
> [...] Al hombre corriente no se llega nunca por fórmulas, sino por emoción, quiero decir, por movimiento (*CP*, 207).

Ya sabemos que el arte no es nunca, para Juan Ramón, producto de la cultura sino actividad espiritual anterior a la cultura. En consecuencia, a pesar de su naturaleza —que no destino— «minoritaria», siempre llega a todos (*EEE*, 215) [48]. Ya que la poesía, al contrario de lo que —siempre según la teoría junramoniana— ocurre con la literatura, no exige una comprensión, sino una comunión espiritual con la experiencia reflejada en el poema, la creación poética está abierta siempre a todos los lectores. Podría argumentarse que la falta de cultura es un impedimento importante para gustar en plenitud una creación poética cualquiera; Juan Ramón, sin embargo, no lo cree así, puesto que «no es necesario que la mayoría entienda todo el arte, basta con que se penetre de su honda emanación». Es normal que esto suceda así, ya que el poema no es exposición de idea alguna, sino formalización de una experiencia, como ya sabemos (*CP*, 159).

Cuando menos, existe una doble forma de captar el fenómeno estético. Este no siempre precisa una comprensión. Basta con que mueva al lector a un cambio interior, a una pronfunda transformación enriquecedora, semejante a la que se produce en el autor. Dice en un texto de 1933:

> Poesía difícil, poesía fácil, inteligente, relativa, corriente... ¿Es necesario que la poesía sea entendida «plenamente» por todos? En diversos lugares y por otros motivos he hablado de esto, suscitado con diverso motivo también. Y no, no es preciso como no lo es que sea plenamente comprendida la mecánica celeste o la cancioncilla de los pájaros. La poesía, como otras artes y ciencias altas, es un estímulo para la vida jeneral [...]; puede ser impulso suficiente hacia otra cosa, hacia cada cosa, hacia todas cosas. [49]

Es minoritaria la poesía, pues, en función de su propia naturaleza, ya que está dando forma a algo que no la tiene y, por ello, exige un tiempo para la adecuación de nuestra mirada [50]. Pero no lo es por su destino o, al menos, no lo es en mayor grado que una puesta de sol o que «la cancioncilla de los pájaros». Como los fenómenos naturales, no está dirigida a excitar nuestra comprensión, sino nuestra vivencia. Transforma primero a su autor y luego al universo entero:

> El individuo sucesivo impulsa al mundo sin proponérselo. Esta idea es mía desde mi juventud [...] (*TG*, 117).

48. Doy la cita completa: «Un poeta verdadero no escribe nunca para todos, esto es inútil repetirlo; *pero siempre llega a todos* por los diversos caminos de su obra total, que va siempre, en proceso natural y lójico, desde la flor a la semilla, deteniéndose en el fruto de su plenitud» (*EEE*, 215).

49. De «Estado poético español. (Poesía y poetría)», signatura J-1/141 (17)/57-58 de la «Sala de Zenobia y Juan Ramón».

50. Dice así un texto inédito del poeta: «Como son más los que saben leer, que los que saben música..., esa mayoría se considera capacitada para leer todos los libros. Pero hay que tener presente que la obra literaria verdaderamente artística necesita un aprendizaje nuevo en el alfabeto» (Archivo Histórico nacional, caja 13/67/31).

CAPITULO IV

OTROS CONCEPTOS IMPORTANTES
EN LA POETICA DE JUAN RAMON JIMENEZ

RAIZ HISTORICA

La poética de Juan Ramón hace transparente, de modo más genuino que cualquier otra, los rasgos de modernidad que caracterizan una parte importante de nuestra literatura contemporánea. Descubrimos en ella, especialmente, la moderna ambición de resolver en la unidad las viejas dicotomías existentes entre razón y pasión, entre libertad romántica y normatividad clásica, entre lo popular y lo culto; se orientan las reflexiones de nuestro poeta, en consecuencia, a la búsqueda de una posición que le permitiese superar —teórica y prácticamente— las dos concepciones del hecho literario —la romántica y la clásica—, que su siglo había heredado como irreconciliables. El pensamiento romántico hace depender la creación literaria de la inspiración; da preeminencia al sentimiento sobre la razón; revaloriza los productos populares sobre las creaciones cultas; destaca lo peculiar e individual sobre lo universal; aprecia lo espontáneo sobre lo consciente, la creación original sobre la imitación, etc. El gusto clásico, o clasicista, por el contrario, desconfía de la inspiración y se refugia por ello en las reglas; desprecia lo sentimental e infravalora la espontánea originalidad, frente al trabajo consciente; pretende crear productos de validez universal y no refleja lo individual y peculiar; supedita lo popular a lo culto, etcétera.

Frente a ambas posturas, la poética juanramoniana pretende —como ya he dicho— ofrecer una solución alternativa. La aspiración a *la poesía total* no revela tan sólo una intencionalidad metafísica. Es también una formulación estética. Juan Ramón se sirve de la terminología heredada. No es nunca su poética, sin embargo, una suma ecléctica de elementos procedentes del romanticismo y del clasicismo. Muy por el contrario, carga de significados nuevos, desde una concepción plenamente moderna del hecho literario, los términos en que ambas concepciones habían dirimido sus diferencias [1]. Es por ello por lo que se hace preciso, en este momento, revisar el contenido preciso de ciertas expresiones juanramonianas. La crítica no siempre lo ha hecho así y ha incurrido, en consecuencia, en graves errores. No podemos tomar los términos empleados por el poeta y leerlos a la luz de su significación histórica, puesto que en su pluma se cargan de significados nuevos.

---

1. En la superación de dichas dicotomías cifra René WELLEK [*Historia de la crítica moderna (1750-1950)* (Madrid: Gredos, 1959), 15] uno de los distintivos de lo moderno.

En las primeras manifestaciones de su pensamiento, mantiene Juan Ramón todavía, junto a los términos que utiliza, la significación tradicional de los mismos. En las «Notas» a la *Segunda antolojía poética*, sin embargo, percibimos ya unos contenidos totalmente modernos: no se oponen ya *sencillez* y *complejidad*, ni *espontaneidad* y *conciencia*, ni *pasión* y *conocimiento*, ni *forma* y *contenido*... Se sirve Juan Ramón de términos viejos para expresar conceptos nuevos. Su pensamiento, en este momento, ha alcanzado ya plena madurez y, a partir de ahora, no hará sino ampliarse y perfilarse más en el sentido apuntado en dichas «Notas».

El fondo ético krausista y la estética simbolista hacen que la poética de Juan Ramón sea, a la vez, una metafísica de la creación y una metafísica del creador. El contenido de dicha metafísica, por otro lado, se funda especialmente en un pensamiento, por Ortega, próximo al de la generación del 14.

CLASICO Y ROMANTICO

Leemos en la *Segunda antolojía poética*: «*Clásico* es, únicamente, vivo» (*SAP*, 263). Nos ofrece ya esta fórmula un anticipo de la orientación que va a adoptar toda la estética juanramoniana. En ella, siguiendo la tendencia general de valorar lo poético en sus constituyentes esenciales y eternos, pierden los términos empleados por Juan Ramón su dimensión histórico-literaria, para admitir tan sólo contenidos estéticos de carácter suprahistórico; es decir, nos remiten a constantes que se sustraen a los imperativos vigentes en cada una de las épocas literarias. Así se afirma en el siguiente texto:

> El clasicismo [...] no es nada objetivo, ni, insisto, lo condiciona esencialmente el tiempo. Está en nosotros, cuando está, como la sangre, vivo, hondo y ardiente; en nuestra vida diaria, no en libro ni museo; y si queremos ser «clásicos» hemos de encontrar en nosotros mismos, sin consejo ni ayuda, nuestro propio y único clasicismo. [2]

Se apercibe Guillermo de Torre, al comentar este texto, de que el «concepto juanramoniano de clasicismo es singularmente certero, ilumina perspectivas que otros más sabihondos [...] no entrevieron [...]: el clasicismo como madurez, la tradición como conquista, antes que como herencia» [3]. Dos aforismos de nuestro autor servirán ahora para refrendar el acierto del juicio emitido por Guillermo de Torre:

> La palabra «clásico» vuela más el porvenir que del pasado (*EEE*, 357).
> Clasicismo es orijinalidad y porvenir (*EEE*, 270).

En la pluma de Juan Ramón, la palabra *clásico* deja de ser un término de la historia de la literatura, para convertirse en un rasgo estético que define la verdadera poesía de todas las épocas. Dice otro de sus aforismos:

> Clásico: lo perfecto —completo— con la ideolojía, el sentimiento y las palabras *de su tiempo*. [4]

2. Citado por Guillermo de TORRE, en «Juan Ramón Jiménez y su estética», *art. cit.*, 9.
3. *Ib. id.*, 11.
4. «Diario vital y estético de *Estética y ética estética* (1914-1924)», *España*, 414 (22 de marzo de 1924), 6.

Son clásicas, por tanto, todas aquellas obras «*vivas*, orijinales y con pervenir» (*EEE*, 90); es decir, aquellas «que han vencido con su *verdad vital* el tiempo y el espacio» (*TG*, 61). En el pensamiento de Juan Ramón *clásico* se opone a *tradicionalista* o a casticista. Los tradicionalistas pretenden guiar el presente por la norma y el gusto de los siglos muertos (*LPr*, 207). Carecen de una fecunda visión del pasado. No han captado su espíritu, ya que pretenden petrificarlo. Sin embargo, el pasado auténtico, lo clásico, sigue vivo en el presente y se proyecta hacia el futuro [5]. En la visión krausista, a la que Juan Ramón sirve en este punto, se ha de evitar recrear el arte de otra época. Para que, en la evolución del espíritu de la humanidad, no se produzca un estancamiento, es preciso siempre el avance gradual hacia *la perfección*. Es éste un imperativo moral para todo artista: ser fiel a las ideas de su tiempo. Sólo un arte que refleje las ideas y el sentir de su tiempo será *sincero* y tendrá la fuerza necesaria para abrir el camino del porvenir. Ahora bien, el punto de partida es la tradición, aunque no deba ésta ser vista como elemento a perpetuar, sino como vida que ha de ser integrada en el inevitable proceso evolutivo de la historia. Es por ello por lo que el presente, lo original y lo vivo —es decir, lo clásico—, no se confunde nunca con la «moda». La moda afecta sólo a lo externo. Escribe Juan Ramón:

> La verdadera poesía no puede nunca, aunque lo quiera, «estar a la moda»: porque la poesía verdadera es «la verdad» y la moda no es *la verdad*. Así que la poesía puede, por este lado, definirse: una armoniosa espresión muy bella, cuya palabra tenga la inactualidad de lo verdadero. [6]

Se opone también *clásico* a *académico* y a *clasicista*. Leemos en un inédito del poeta:

> Se confunde lamentablemente «academicismo» con «clasicismo». Lo clásico *no depende esencialmente de tales cualidades de pensamiento o forma, sino de vitalidad y espíritu.* [7]

Los clasicistas pretenden «imitar» los rasgos que definen las obras maestras del pasado, e

> incurriendo en este error, los escritores que no tienen ese poder de creación, de invención, de *gracia*, que les hace vivir y les hará sobrevivir, quieren hacerse clásicos en su día metiéndose en la tumba con los clásicos, con los maestros vivos, para que se les juzgue desde *entonces*. Es una mascarada de usurpación ridícula, triste, aburrida, insoportable (*EEE*, 91).

Lo que suele llamarse clásico —dice Juan Ramón— «no es, en realidad, sino lo *neoclásico, pseudoclásico* [...]; es decir, el yeso, el vaciado, lo muerto» (*TG*, 92). No se dan cuenta los «clasicistas» de que los rasgos externos que pretenden limitar e imponer, como norma de escritura, no son los que hacen valiosa una

---

5. La misma idea la encontramos reiteradas veces en Ortega. Así, *Obras completas*, I, 363-365, 425-429; II, 43.
6. «Aforística», *Mairena*, 2 (1952-1954). En muchos otros lugares insiste Juan Ramón. Cito solamente otro de sus aforismos: «No se es nuevo por cantar las novedades, inventos, etc., de una época, que han de estar supuestas en la voz, sino por cantar en cada época, con voz propia, los sentimientos primordiales» (*EEE*, 322).
7. Archivo Histórico Nacional, caja 15/87.

obra. Si dichos rasgos son valiosos en una determinada creación, es la vida [8] que hay detrás de ellos la que les da valor. Y esta vida es inimitable, porque depende inevitablemente del presente de la creación. Así lo afirma nuestro autor:

> [lo clásico] es parafraseado luego por poetas nuestros posteriores. Esto es [...] lo que suele llamarse *clasicismo*, sin sentido profundo ni verdadero, puesto que *clásico* no es sino aquello que, *por ser hermoso y estar vivo* permanece como modelo *inimitable* [...]. Para mí, Fray Luis de León es más clásico en su *Noche Serena* que en *La vida del campo*, es decir, en lo que se supone que es menos clásico, porque es más entrañable. Y la forma de lo clásico es la entraña. El Partenón, otro ejemplo, no era *clásico* para los que lo estaban levantando ni para los griegos de su tiempo que lo veían construir; es *clásico* hoy, porque es la expresión duradera arquitectónica, plenamente conseguida, de una idea entrañablemente bella. Pero construir un monumento a la memoria de Lincoln [...] con las mismas medidas, proporciones y líneas del Partenón, no me parece cosa clásica. Porque, repito, *todo lo clásico es inimitable*. Y como *clásico* creo yo que quiere decir *completo*, y lo completo puede serlo de muchas maneras, no es posible reducir lo clásico, tan libre, a tales o cuales reglas (*TG*, 91-92).

Como acabamos de ver, no depende el concepto de clasicismo en Juan Ramón de apreciaciones estáticas. Es, por el contrario, expresión de cualidades dinámicas. Es por ello por lo que, oponiéndose a casticismo y a academicismo, no se opone, sin embargo, a romanticismo. «El romanticismo —escribe Juan Ramón a Sánchez Ocaña— puede ser y ha sido y sigue siendo muchas veces clásico: Goethe, Vigny, Shelley, Keats, Góngora, Baudelaire» (*C*, 324). Si, a pesar de esta identidad básica, conserva Juan Ramón la utilización de ambos términos, es por que ello le permite distinguir formas distintas de ser *completa* la poesía. Dicen otros de sus aforismos:

> Hay dos dinamismos: el del que monta una fuerza libre y se va con ella en suelto galope ciego; el del que coje esa fuerza, se hace con ella, la envuelve, la circunda, la fija, la redondea, la domina. El mío es el segundo.
> Y añado: con la fuerza removiéndose dentro de mi abrazo: fuga perdida sin dominio de lo dinámico, es Romanticismo. (Dominio sin fuerza dentro. Academicismo). Clasicismo, dominio redentor de lo dinámico. [9]

De momento dejaré sin comentario este texto, puesto que es tal la trabazón interna de todas las formulaciones juanramonianas que, para una lectura exacta del mismo, habré de referirme, antes, a otros conceptos utilizados por el poeta, tales como *inspiración* y *corrección* o como *espontaneidad* y *consciencia*.

---

8. Son muchos los aforismos de Juan Ramón que reproducen la oposición *clasicismo/academicismo*. En todos ellos se insiste en identificar lo clásico como *vivo, actual, futuro*: «Clásico es perfecto, y perfecto es completo, y —¡ojo con esto, trasnochados, empachosos amasadores del vocablo y el giro de ayer!— completo es, necesariamente, vivo» [«Diario vital de *Estética y ética estética*», *España*, 414 (1924), 5]. Y en otro lugar: «Es curiosa la idea de algunos críticos del *clasicismo*. J. Casalduero, hombre de indudable talento cuando obra por su cuenta y no se deja imbuir por sus criticados, dice que J. G. era el llamado a dar forma clásica a la poesía moderna española. Eso es lo que se dijo de P. V. en Francia hace unos años. Pero Valéry ha muerto y hoy su obra está ya en las Academias» [Inédito de la «Sala de Zenobia y Juan Ramón», con el título «Respuestas. Muertos de Risa (1949)»]. Una concepción idéntica a la de Juan Ramón encontramos en autores como Azorín o Unamuno, como puede verse por las conclusiones a las que llega E. INMAN FOX, al estudiar este tema en *La crisis intelectual del 98*, op. cit., 127 y 172.

9. Más referencias del poeta a los conceptos de *clasicismo* o *romanticismo* pueden verse en los siguientes textos: «El carácter peculiar que para mí tiene el romanticismo: una aventura espiritual o material» (*TG*, 199). «Clasicismo: secreto plena y exactamente revelado» (*EEE*, 375). «El perdurable error en la aplicación de la palabra *clasicismo* procede, creo yo, de que se quiere definir con ella, como 'condición', lo que es sólo 'resultado'; de tomar como 'sustantiva' una virtud 'adjetiva'» [«Diario vital...», *España*, 408 (1924), 6-8]. Se encuadra, perfectamente, el particular uso que Juan Ramón da al término *clasicismo* dentro de las líneas mayores de la poesía post-romántica. Véase, al respecto, Guillermo de TORRE, *Las metamorfosis de Proteo*, op. cit., 263.

LA PERFECCION POETICA

También en este caso, al hablar de la perfección en materia de arte, el pensamiento de Juan Ramón está en deuda con el krausismo. La perfección de una obra de arte no depende, en absoluto, del acierto técnico con que dicha obra realiza una serie de cualidades. No es un ideal estético resoluble en normas o en cánones de belleza:

> ¡Qué fracaso!
> Supongamos que encontrásemos en nuestro camino a Dios. ¡Qué fracaso para El y para nosotros!
> Pues así es esa monserga de la poesía acabada, cerrada, perfecta. «Las doce en el reló».
> Doce tiros a la poesía y al lector (*EEE*, 216).

En Juan Ramón «perfección no quiere decir acabamiento de *estilo*, sino de idea» [10]. Su objetivo estético no se define en la perfección [11], sino en la belleza (*AO*, 293), y esta última no excluye el defecto. Así lo afirma en uno de sus aforismos:

> Hay defectos en la poesía, que son gracias casi siempre; como casi siempre es gracia en la mujer tener desiguales las sienes, las rodillas, los senos; o un hombro un poco caído, o un ojo esquisitamente cambiado. ¡Leonardo! [12]

Hay que acudir, para entender en este punto las ideas de Juan Ramón, al meliorismo de la filosofía krausista. Los discípulos de Krause —esto ha sido estudiado con exactitud y acierto por Juan López-Morillas [13]— conciben el discurrir de la humanidad por la vida como un progresivo, gradual e irrenunciable avance hacia la perfección. Puede, por ello, ser considerada la perfección como una meta, pero nunca como una cualidad históricamente concebida y realizada en el arte:

---

10. Archivo Histórico Nacional, caja 22/188/92.
11. Ya que «lo que te perfecciona te mata, la perfección es veneno, sin ningún género de duda» (*EEE*, 212).
12. «Ideolojía lírica», *LT*, II, V (1954), 58. Aunque aquí no puedo detenerme a examinar el tema, debo apuntar que en Juan Ramón existe toda una estética de lo que él llama el «defecto gracioso». Citaré una serie de textos que perfilan claramente la dirección de su pensamiento. «Era casi perfecta. Su mayor encanto estaba en el *casi*» (*EEE*, 380); «Yo siempre he sido un gozador del defecto, un ojo distinto, un hombre lunaco... ¡Bendito el llamado defecto, que no lo es, y que nos salva de la odiosa perfección! [...]; he pensado muchas veces que me gustaría que toda mi obra fuese como un defecto de un andaluz» (*C*, 65); «Yo nunca busco el defecto, lo encuentro en mí, en todos y en todo, pero me gusta el defecto cuando es falta y no es sobra, no es ripio. Yo siempre veo la parte débil, fea, ridícula en mí y en los otros, como la parte bella» [«Vida y época», *NE*, 4 (1979), 9]; «El defecto visible es lo plebeyo; lo aristocrático, el defecto invisible» [«Diario vital...», *España*, 408 (1924), 6-8]; «Lunar es nombre de un fenómeno, pero no de una inmoralidad» (*ib. id.*); «En la obra completa, lo perfecto y lo imperfecto han de *existir* equilibrados, con su categoría de perpetuas, ineludibles, exijentes realidades bellas» (*EEE*, 267).
13. *Krausismo: estética y literatura* (Barcelona: Lábor, 1973), 15.

El hombre, la sociedad humana, nunca pueden llegar a su fin absoluto; siempre pueden ser más y deben serlo, ya que cada momento lleva en sí nuevas perspectivas [...]. La sociedad y el hombre son sólo y siempre sucesión, provisionalidad, devenir, presente, y ésta es la gran fuerza del hombre: ser siempre presente y saber que puede serlo si llega a sentir con fuerza y a sentirse en ella [...].
[...] No podemos llegar al ideal, porque nosotros somos también siempre nuevos (*TG*, 124).

El arte, como expresión de una individualidad integrada en la existencia, es vida y «la vida es inmarcesible imperfección» (*EEE*, 273). En consecuencia, puede decir nuestro poeta:

Yo no creo en la perfección, creería en la «perfección sucesiva imposible»; como en la «posible sucesiva imperfección» [...]. Si yo me considerara perfecto, es decir, estéril por acabamiento perfecto, para mí o para los otros, cortaría mi vida de su libertad... Sí, me gusta el orden, el orden anterior y posterior a la creación. Ordenar no es terminar, es empezar (*EEE*, 204).

Sabiendo, pues, que «perfección es penúltima imperfección» y que «de ahí no hay que pasar, si queremos seguir vivos» (*EEE*, 217), conviene examinar el valor que Juan Ramón otorga al término, cuando lo aplica a la valoración de una obra literaria. En este sentido, será perfecta una creación estética, cuando «cumpla vivamente su fin» (*EEE*, 269); esto es, cuando coadyuve al ideal de progreso y perfeccionamiento entitativo, en que toda la humanidad está embarcada. Lo será, asimismo, cuando logre alcanzar la expresión fidedigna y exacta del *carácter* [14] de su creador. Y lo será, finalmente, cuando acierte a conciliar, en positiva armonía, los dos factores que intervienen en todo acto de creación: el instinto y la conciencia; lo espontáneo y lo consciente, el dinamismo y el éxtasis. Está ya presente esta última utilización del término *perfección* en las «Notas» a la *Segunda antolojía poética*. Alcanza, sin embargo, una formulación más precisa en otros textos de, aproximadamente, la misma época. En carta a Manuel Bartolomé Cossío (7 de junio de 1919) escribe Juan Ramón:

La perfección artística me parece que no puede ser otra cosa que la *espontaneidad del espíritu cultivado* [...] (*SC*, 42).

Y en otra parte leemos:

La perfección intelijente cansa, cansa la espontaneidad descuidada. Lo único que no cansa es el *seguro instinto completo*. [15]

Podemos observar que, al identificar el concepto de *perfección* con la suma ajustada de instinto y cultivo, de dinamismo y control, Juan Ramón hace de este término un sinónimo de *clásico*, que anteriormente estudiamos. En definitiva, lo clásico es lo perfecto, pero la perfección se cifra ahora en un factor que queda más allá de toda codificación racionalista.

---

14. «Cuando sea imposible la perfección, búsquese el carácter, que casi siempre es más, y nunca menos, que la perfección» (*EEE*, 362). Y en otro lugar: «Carácter antes ¡y después! que perfección» (*EEE*, 269). En cualquier caso, como muy bien supo interpretar Ricardo GULLÓN [«Plenitudes de Juan Ramón Jiménez», *Hisp*, XL, 3 (1957), 270-286], el anhelo de perfección, en Juan Ramón, nunca vuelve hacia atrás en busca de modelos, sino que va hacia adelante en conquista de posiciones nuevas.
15. «Con la inmensa minoría», *El Sol* (17 de noviembre de 1935), 2.

INSTINTO Y CONCIENCIA

Hemos tenido ocasión de comprobar, a lo largo de los apartados anteriores, la importancia que Juan Ramón confiere a los conceptos puestos al frente de este epígrafe. Un poema, para nuestro autor, puede calificarse de *clásico* o de *perfecto*, cuando el poeta acierta a conjugar satisfactoriamente, en su creación, *instinto* y *conciencia*. En otros textos, preferirá hablar Juan Ramón de dinamismo, intuición o *espontaneidad*, en vez de *instinto*; de corrección, cultivo o éxtasis, en vez de *conciencia* [16]. En cualquier caso, sea cual sea el término empleado, la creación poética se funda sobre dos elementos, de cuya acción conjunta dependerá el valor del objeto estético.

Este dualismo en la concepción del hecho literario afecta especialmente a la génesis, pero en la obra realizada, en el resultado, será difícilmente perceptible. En realidad, el planteamiento a que me estoy refiriendo es desarrollo normal de los principios generales que rigen la estética de Juan Ramón. Tal como vimos en el primer capítulo de esta segunda parte, la creación literaria, en Juan Ramón, se define como *experiencia* y, a la vez, como *forma de conocimiento*. De aquí arrancan todos los dualismos que podemos observar en su poética.

En primer lugar, la poesía es *una experiencia* en la que, como ya hemos analizado al hablar del concepto de *pureza*, quedan adormecidas las facultades de superficie —el *animus*: la razón y los sentidos— y libres las facultades profundas del hombre —el *anima*: el instinto, la intuición. La experiencia poética, a pesar de dejar en suspenso la conciencia del poeta, no supone una disminución del ser de éste. Por el contrario, ya que el objetivo de la poesía es experimentar lo desconocido —simbolismo— o enformar al «mundo de dentro» —Ortega—, en el momento de la inspiración, quedan libres de la vigilancia de la razón [17] facultades

---

16. También en esto se demuestra la raíz simbolista de la poética de Juan Ramón: necesidad de fundir lo contradictorio en una unidad significativa.

17. «Vijilemos con nuestra inteligencia nuestro instinto —dice el poeta—, pero dejémosle suficiente libertad para que el niño haga un poco... ¡Bastante!, lo que quiera» (*EEE*, 380). La razón pura, por un lado, fracasa por considerar y denominar *real* sólo entidades vistas como objetos discernibles y definidos. El «pensamiento poético», por el contrario, caminaba desde Edgar A. Poe hacia lo desconocido y lo oculto, y la poesía de Juan Ramón —como hemos visto— no se sustrae tampoco de esta atracción hacia el «mundo de las sombras».

mucho mejor dotadas que ésta para cumplir con el citado objetivo. Ellas le permiten al poeta *sobrepasarse* y acceder a territorios que a la razón le están vedados:

> En el momento de la inspiración el hombre se sobrepasa a sí mismo; y esto significa que *puede sobrepasarse...*
> La inspiración es como un destello momentáneo de una vida más perfecta que podría ser perdurable, como una ventana abierta del alma a una vida posible, una vida ecuánime que existe en potencia —y a la que se podría llegar en el fondo de nuestro espíritu (*LPr*, 764).

Arranca la experiencia poética del instinto; se le presenta al poeta dicha experiencia —recordemos las ya citadas palabras de Juan Ramón— como *una necesidad espontánea* e ineludible que, en absoluto, depende de su voluntad o de su conciencia. En este momento inicial, poesía y conciencia son incompatibles,

> porque —leemos en un texto inédito de Juan Ramón— [...] la conciencia [es] un ente moral, y la poesía, un ente amoral, es anterior a la conciencia. Y el poeta verdadero [...], el hombre mejor, es el hombre de instinto supremo, anterior y superior a la conciencia y a la moral. [...] Conocidos la verdad y dios, quedará siempre inédita la poesía. [18]

El instinto trabaja con intuiciones, mucho más dinámicas —según Bergson— que los conceptos, y es ello lo que le permite a la poesía crear nuevos ámbitos de sentido e inteligibilidad de lo real: «rehacer —dice Juan Ramón en el siguiente poema de *Estío*— el sentido de la tierra»:

> No os quitéis la pasión
> del momento. *Que el grito*
> *de la sangre en los ojos*
> *os rehaga el sentido*
> *tierra,* un punto, de fuego
> sólo, sobre el sol ígneo.
>
> ¡No! Ciegos, como el mundo
> en que miráis... lo visto,
> cuando veis lo que veis;
> *tal vez con el instinto*
> *uno y fuerte, un momento*
> *vayáis hasta el destino.*
>
> Tiempo tendréis después
> de alargar los caminos,
> vistiendo, hora tras hora,
> el desnudo bien visto.
>
> ¡Con qué segura frente
> se piensa lo sentido!
>
> (*LP*, 110).

Parte el artista de la naturaleza y produce su obra —«el arte imita a la naturaleza», dice Aristóteles—, de acuerdo a las leyes de ésta —instinto, espontanei-

---

18. Texto inédito. Signatura J-1/141 (5)/9 de la «Sala de Zenobia y Juan Ramón» en la Universidad de Puerto Rico. Es claro que, en virtud de las coordenadas generales de su estética, la poesía es una actividad «amoral». El poeta parte de una intuición cuya elección, *a priori*, no es posible, ya que no es voluntaria. Resulta de ello que el tema o contenido no puede ser calificado práctica o moralmente con alabanzas o censuras. Sólo la expresión admitirá, en consecuencia, un juicio de valor. Se da con esto cabida en el poema a lo feo.

dad: «Así es la rosa», dice un conocido verso del poeta. Debe, sin embargo, llegar más lejos: intentar «realizar», «dar cumplimiento», a las *finalidades* que cree descubrir en la naturaleza. De acuerdo con estas finalidades el poeta deberá crear su poema [19]. Dice en un texto inédito del Archivo de Río Piedras:

> Respuestas a J. G., P. S. y A LOS CRITICOS QUE ELLOS IMBUYEN. El poeta auténtico es naturalmente fácil en su expresión, aunque sea difícil lo que exprese. Naturalidad, frescura y gracia son las cualidades esenciales de un poeta auténtico. [20]

Lo espontáneo e instintivo es lo vivo; es vida. Esta vida, sin embargo, es ciega, y al arte no le basta con ser «natural», sino que «ha de intentar abrirle los ojos a la naturaleza» [21]. El poeta, añadiendo a lo espontáneo la conciencia, ha de dotar de sentido y finalidad a la naturaleza. Ha de conseguir el arte —si es tal— que las «ondas musicales [22], que llegan espontáneamente al artista, lleguen a ser en el tiempo *universos de armonía y de luz*» (*EEE*, 240).

Es la poesía, en segundo lugar, *una forma de conocimiento* y, desde esta pers- pectiva, el instinto resulta insuficiente. Así lo afirma Juan Ramón en múltiples lugares. Selecciono, entre algunas series de aforismos, los siguientes:

> Que una poesía sea espontánea, no quiere decir que, después de haber surjido ella por sí misma, no haya sido sometida a espurgo por la conciencia. Es el solo arte: lo espon- táneo sometido a lo consciente (*CP*, 157).
> Fácil, gracioso nacimiento; proceso riguroso y alegre término perfecto. [23]
> Para que mi yo completo esté contento de mi obra, necesito que mi mitad consciente depure, mida, defina, fije lo que ha creado mi yo subconsciente (*EEE*, 280).
> En la corrección creo que conservo las dos cosas esenciales en poesía: los hallazgos y el acento. Y no sé por qué lo sencillo y lo espontáneo ha de eludir la conciencia (*LPr*, 776).
> Más que la creación consciente, es la crítica eficaz de lo espontáneo. [24]

Es evidente, a partir de estos textos, que Juan Ramón distingue dos momentos distintos en la creación estética. La poesía es *una experiencia* que se manifiesta espontáneamente —es decir, sin el concurso de la razón o de la voluntad del poeta [25]—, pero que, luego, redunda en una ampliación enriquecedora de la *conciencia*:

> El arte mejor da siempre, *al principio*, una sorpresa imprecisa, como la belleza absoluta *Luego* viene la conquista (*EEE*, 340).

---

19. Véase Leopoldo E. PALACIOS, «El poema y la rosa», *El Español* (24 de mayo de 1945), 5, un artículo que Juan Ramón leyó cuidadosamente y subrayó con profusión.

20. «Crítica paralela» (1946), «Sala de Zenobia y Juan Ramón», signatura J-1/141 (16)/57.

21. Cito tan sólo dos aforismos del poeta: «¿Que la *naturaleza* (que la vida) es así, ciega? (¿desor- denada, inconsecuente?). Bien; y ¿por qué el arte no ha de intentar abrirle los ojos a la naturaleza?» (*EEE*, 265). «Lo artificial tiene y sigue teniendo fatalmente, en el mundo, el mismo desorden que lo natural. La vida es desorden total con orden (¿para cuándo?) inmanente. Y este *orden* para cuándo es el que tantean los pobres clarividentes» (*EEE*, 213).

22. Sobre la identidad «naturaleza = instinto» se sustenta la oposición de estos dos elementos a «artificial = ingenio» (Véase *AO*, 203).

23. «Diario vital y estético...», *España*, 408 (1924), 6-8.

24. «Estética y ética estética de *Libros inéditos*», *España*, 290 (1920), 11-12. Guillermo de TORRE («Juan Ramón Jiménez y su estética», *art. cit.*, 10), comentando un texto paralelo a los aquí citados, pone de relieve la estrecha semejanza de estos aforismos con un texto de George Brake, publicado en *Nord-Sud*, revista que Juan Ramón recibía habitualmente: «J'aime de la règle qui corrige l'emotion».

25. «Crear —escribe nuestro autor— es *ser dominado* por lo bello; corrijir es crear dominando» (*EEE*, 318).

El poeta —ya lo he señalado— parte del instinto y crea de acuerdo a las leyes de éste, pero, como resultado de su creación, debe llegar a una segunda naturaleza —la conciencia—, ya que «la naturaleza» —escribe Juan Ramón— «siempre puede ser sobrenaturaleza» (*EEE*, 185). Ni la conciencia ni el instinto se bastan a sí mismos. Esta última —sola— producirá «tristes flores abiertas a la fuerza» [26]; aquél —solo— puede «anegar y cegar el cielo de la inteligencia» (*EEE*, 247). Por ello, en Juan Ramón, el papel concedido a la *conciencia* no supone nunca la negación de la teoría romántica de la *inspiración*. [27]

Hemos visto hasta aquí la función que, en la creación poética, otorga Juan Ramón al instinto. Queda por precisar la función exacta que le corresponde a la *conciencia*. Los textos citados parecen señalar que a la *conciencia* le toca *corregir, depurar, definir...*, lo que el instinto ha creado. Cualquier conocedor del pensamiento de nuestro poeta sabe, sin embargo, que el tema de la corrección [28] no aparece planteado nunca por él en términos tan simplistas. En primer lugar, la distinción teorética entre instinto y conciencia no puede mantenerse empíricamente. Y, en segundo lugar, es evidente que la conciencia no se limita a una tarea de inspección sobre los errores que, en la creación, hayan podido escapársele al instinto: «porque —escribe el poeta— lo interior que nos dé el dios del instinto no se puede correjir. Y lo que nos queda, ya sin el dios del instinto, es sólo la *inspección*» [29]. Su labor más importante no es servir a «la corrección del estilo» en que la instintiva intuición inicial se expresa; según se desprende del inédito que cito a continuación, su función es más compleja:

El escritor en verso que se forma mediante un ejercicio intelectual con desdén de lo emotivo (Valéry) no es un poeta, sino un literato.
Pero esto no quiere decir que el poeta no corrija, mejore y suceda su escritura. El poeta es fatalmente sucesivo y su papel [consiste en] vijilar su creación emotiva súbita [...].
El poeta debe ser el sostén y el vehículo de su poesía; suya porque viene de él, pero no porque él sea su autor. Quien hace la flor y el fruto es la tierra, el agua, el fuego, el aire, toda la naturaleza terrestre, todo el cosmos y el caos, y un dios posible.
[...] El poeta es tan salvaje como el árbol pero [es] además un hombre civilizado, culto, cultivado por sí mismo, que vijila a su salvaje. Y esta posibilidad de que su intelijencia pueda vijilar a su instinto ha sido también sucesiva. [30]

26. «Estética y ética estética de *Libros inéditos* (1914-1920)», *España*, 290 (1920), 12.
27. Cosa que sí ocurre ya entre los poetas del 27, a juzgar por las palabras de Vicente GAOS en su «Introducción» a la *Antología del grupo poético del 1927* (Madrid: Cátedra, 1977), 29.
28. Una prueba de ello es la pluralidad de matices que apuntan los siguientes aforismos: «La disciplina sirve sólo para los días en que el destino, lo fatal, te distrae»» (Archivo Histórico Nacional, caja 17/104/2); «Hay que hacer la corrección consciente, la loca, la de luz, la sombría, la de pie, la de sofá y la de espacio» [«Diario vital y estético...», *España*, 408 (1924), 6-8]; «La poesía (el arte en jeneral) puede considerarse espresión vital de un instante y en ese caso no se debe volver mucho sobre ella, que podemos estropearla y estropearnos. Pero si se toma como síntesis de un sentimiento, que es como yo la tomo, puede y debe volverse siempre sobre ella sin perjuicio suyo ni nuestro» [«Con la inmensa minoría», *El Sol* (17 de noviembre de 1935), 2]; «Al correjir nuestra escritura, basta con que le encontremos un sentido cualquiera de los innumerables que puede tener, aunque sea otro, o un matiz distinto de otro de los que creíamos que tenía cuando fue creada» [«Crítica paralela» (1920), «Sala de Zenobia y Juan Ramón», signatura J-1/141 (8)/27]; «Nada más vano y absurdo que correjir con "voluntad" de terminar» [«Crítica», en *Floresta de prosa y verso*, I (enero de 1936)]; «Por mucho que se corrija un poema, el arranque (sentimiento, pensamiento, y espresión) siempre será de su época. Su época lo domina a uno y eso basta... Si la época de uno fue vacilante, qué justo orgullo el de llegar a esa vacilación en una espresión conseguida por uno mismo» [«Prólogo jeneral (inédito)», «Sala de Zenobia y Juan Ramón», signatura J-1/134 (3)/6].
29. «Idelojía lírica», *LT*, 5 (1954), 59-60.
30. Documento con la signatura J-1/141 (9)/19 en el Archivo de Puerto Rico, «Sala de Zenobia y Juan Ramón».

La primera parte del texto incide sobre el concepto de *corrección* como vigilancia de la escritura, pero la segunda anuncia ya una idea que, en mi opinión, es mucho más importante: la vigilancia de la conciencia se ejerce, realmente, no sobre la escritura o sobre el resultado de la creación, sino sobre el instinto directamente. No se trata, pues, de corregir *a posteriori* los productos del instinto, sino de cultivarlo, enriquecerlo y perfeccionarlo, cada vez más, para que a través de él pueda lo desconocido y lo subconsciente ser elevado a la conciencia de una forma más *exacta*. «Nos han traído» —escribe Juan Ramón— «dotados de un instinto que podemos convertir, con nuestro cultivo y nuestra cultura, en superior *clarividencia*» (*TG*, 189). Es así como el arte, experiencia *necesaria*, acaba siendo *una forma paralela de conocimiento*. La labor de la conciencia no es tanto guiar al instinto como comprenderlo. En cada momento el alma del poeta se puebla espontáneamente de elementos procedentes de la inteligencia y de los sentidos. Ella les da una vida, que redunda en una transformación espiritual e interior que, al alcanzar un punto de madurez, hace emerger nuevos valores para la vida consciente. Ahora, instinto y conciencia actúan simultáneamente sobre la creación poética.

Así, la obra perfecta es fruto «*espontáneo y sencillo*», pero conseguido a través de un «*espíritu cultivado*» (*SAP*, 25) [31]. Los productos de la intuición y del instinto, en el hombre cultivado, se incorporan inmediatamente a su conciencia, constituyendo, como formas del pensamiento en progreso continuo, una alternativa a la razón. Este cultivo del instinto es anterior al «llegar-a-ser» del poema. Si esto no es así, el poema se queda en un mero desbordamiento de la pasión, y la pasión no debe ser desbordamiento, sino camino hacia el conocimiento, «concentración en el objeto [...] y por lo tanto exactitud» (*CP*, 158). El poema emerge espontáneamente de las profundidades subliminares de la mente creadora. Pero no aparece de forma caótica; no es poesía automática ni prelógica, sino supralógica. A lo que Juan Ramón aspira es a ese

> día feliz en que, a fuerza de belleza, nuestra intuición entre la actividad y bullicio valga tanto —y podamos confiar en ello— como nuestra consciencia en el silencio y en el reposo. [32]

31. Un aforismo de «Ideolojía lírica» [*LT*, II, 5 (1954), 58] cierra esta idea en los siguientes términos: «La perfección sale de la raíz misma *de lo subconsciente bien alimentado*, y un poco *al azar*, como la flor».
32. «Diario vital...», *España*, 414 (1924), 6.

CULTURA Y CULTIVO

Ya conocemos el dualismo en que se mueve la estética juanramoniana y ello es suficiente para explicar que toda su poética gire en torno a conceptos emparejados. Sencillez, espontaneidad, naturaleza, pueblo, son términos que expresan matices distintos de un mismo concepto. Según se examine uno de los elementos esenciales de la creación poética —el instinto— desde una perspectiva u otra, podrá hablarse de sencillez, de espontaneidad, etc. Del mismo modo, al examinar el otro —la conciencia—, podremos hablar, según la perspectiva en que nos situemos, de artificiosidad, razón o cultura.

Es la *cultura*, para Juan Ramón —coincidente en esté punto con el vitalismo de Ortega—, algo estático; algo que tiene estrechas vinculaciones con la razón, pero que deja fuera al instinto. Ve en la *cultura* algo dado, que se impone desde fuera al hombre; un conjunto de valores fijos que se administran desde una «verdad» que no es absoluta, sino perfectible. Rechaza, en consecuencia, toda configuración que parte de la verdad y se olvida de la vida. Sabe que las «cosas» que componen la realidad no objetual no son entidades rígidas y que, por tanto, no son nunca verdades *dadas* de una vez para siempre, sino verdades emergentes; valiosas en tanto en cuanto son susceptibles de fundar nuevas relaciones con la vida y crear valores y significados operantes en el desarrollo de los tres cultivos eternos: espiritualidad, inteligencia y sentimiento. Esto nos permite leer con nueva luz un texto ya comentado:

> Que el libro terminado quede vibrando de *emoción* e *intelijencia* a la vez, como una limpia saeta recién clavada siempre en el biárbol de la *vida* y el *arte*.

En el sentido que ofrecen las palabras del poeta, la poesía puede ser vista como la creación de objetos valiosos para la cultura, pero, sobre todo, está ligada a la vida; es, sobre todo, un medio de cultivo, destinado a lograr el progresivo enriquecimiento entitativo y ético de creador y lector. La cultura expresa un resultado; el *cultivo*, un proceso, y en este sentido guarda también Juan Ramón estrecha relación con el pensamiento krausista[33]: el *cultivo* consiste en ayudar a actualizar y desarrollar aquellos valores que son innatos e inmanentes al hombre:

> Para ser vivo verdadero, para revivirse, para ser nuevo siempre, hay que serlo primero por resorte conjénito instintivo, ideal o espiritual, y luego, necesariamente, por cultivo diario [...]. El *espíritu* es inmanencia en marcha, y cuanto el espíritu concibe para la vida, tiene que ser marcha, devenir [...] (*TG*, 119).

---

33. Véase Juan López-Morillas, *Hacia el 98* (Barcelona: Ariel, 1972), 83.

Toma Juan Ramón, pues, el término *cultivo* de la pedagogía krausista y lo adapta a las formulaciones de su estética. Sobre esta identificación se asienta, precisamente, la relación metafórica que tantas veces establece entre el poema y la rosa[34]. La creación poética, mucho más ligada originariamente al instinto que a la razón, brota espontáneamente como una planta silvestre, pero la calidad y cantidad de sus frutos depende, en gran medida, del cultivo que se le aplique.

Sobre la distinción entre cultura y cultivo se apoya el concepto juanramoniano de *poesía desnuda*. Es éste, no obstante, un tema al que habré de referirme más adelante, puesto que ahora me interesa insistir en la vertiente ética que el término *cultivo* posee en Juan Ramón. La producción artística ha de ser *espontánea*; esto es: «*creada sin esfuerzo* [...] por un espíritu cultivado» (*SAP*, 25). El trabajo de la conciencia, el cultivo, ha de hacerse efectivo —insisto— sobre el propio espíritu del creador, antes que sobre la creación. Por ello, con Ricardo Gullón, hay que admitir que «la historia de las correcciones sucesivas de la poesía juanramoniana está ligada al progreso de madurez espiritual del poeta, y es la historia de un incesante progreso»[35]. Dicho progreso es lo que Juan Ramón llama cultivo, un tránsito que arranca de una «salvaje independencia» y debe dar acceso a una «independencia cultivada» (*EEE*, 271). El poeta ha de hacerse «dueño de [sus] instintos» (*EEE*, 257). Ya que la creación, para que sea sincera, ha de brotar espontáneamente, en un dejar surgir las palabras —sin el concurso de la razón ni de la voluntad—, «tales cuales ellas han roto a hablar en él interiormente», es preciso que el poeta se haya sometido, antes, a una ascética de perfeccionamiento interior. Sólo tras haberse completado humanamente el poeta, su poesía nacerá perfecta —esto es, fruto maduro de instinto y conciencia—, con una perfección que no podría lograrse nunca a través de la lima y corrección externa. Vienen a identificarse espantáneamente, de esta forma, la historia del poeta y la historia de su creación. El arte es el desarrollo de una conciencia que se hace a sí misma en una ininterrumpida sucesión de *yos*, cada uno superación del anterior del que surge. Las siguientes palabras de Juan Ramón hacen patente el acierto de Ricardo Gullón:

> ¿Mi corrección? Yo corrijo sin forzar nada; leo el romance de mi otro tiempo, y, al irlo leyendo, se me transforma él mismo con lo que tiene en germen. Es como un desarrollo natural de un niño en un joven, en un hombre. Es como yo, conserva todo lo que yo conservo de mis edades pasadas (*CP*, 188).

Queda patente, una vez más, la dimensión ética que posee la estética juanramoniana; una ética absoluta que no tiene nada que ver con el llamado *bien* y sí, en cambio, está en relación evidente con el «proyecto de conciencia que es el yo». El *cultivo* juanramoniano describe el trayecto que media entre ese *instinto inicial*, del que se parte, y la *conciencia final*, que el poeta desea configurar. Cuando este trayecto se traslada de lo individual a lo social, lo *popular* y lo *aristocrático* darán nombre al punto de partida y al punto de llegada del mismo.

---

34. La vigencia de la metáfora que compara la creación poética al crecimiento de una planta ha sido puesta de relieve por ABRAMS, *op. cit.*, 289.
35. Véase, de Ricardo GULLÓN, «Vivir en poesía», *art. cit.*, 22-23.

LO POPULAR Y LO ARISTOCRATICO

No se entiende fácilmente el significado exacto de estos términos en la poética de Juan Ramón, sin ponerlos inmediatamente en relación con el binomio instinto-conciencia, que hemos analizado con anterioridad. Están desprovistos de todo significado clasista [36]. Señalan, por el contrario, una trayectoria, en la que lo *popular* es el punto de partida y lo *aristocrático* el punto de llegada. Y en esta trayectoria está comprometida tanto la humanidad entera, como el hombre individual concreto. Quiero decir que la historia de la humanidad no es sino el reflejo, la constatación, de este progreso constante de lo *popular* y lo *aristocrático*. Las historia de cada hombre, a su vez, debe reproducir —contribuyendo así al progreso de la humanidad— este mismo proceso.

Lo popular es, entonces, lo *natural* e *instintivo*. Es la «naturaleza e infancia de la humanidad» [37]. El siguiente texto —titulado, precisamente, «Lo *popular*»— precisa con claridad la idea de progreso continuo a que me estoy refiriendo:

> El pueblo es —dice Juan Ramón— principio y fin, sin pasar por el medio; es principio unido al fin, es *eternidad. El pueblo, la naturaleza*, es más eternidad que la ciudad, la civilización, la cultura. *La cultura no es eterna, es eterna la intuición.* El pueblo es la *intuición*, y cuando un hombre cansado de la vida se «retira» a la naturaleza [...] va en busca de *intuición*, de la *desnudez* de la *cultura* [...]. Todos sospechamos siempre que el pueblo tiene la verdad, *sabiéndolo o sin saberlo* [...]. La naturaleza y el pueblo sólo elijen y conservan la verdad suficiente (*CP*, 203).

Es éste un texto, en mi opinión, importante, ya que nos permite comprobar, en las escasas líneas citadas, la coherente trabazón del pensamiento de nuestro autor, así como la serie de paralelismos y oposiciones que, sobre el eje *instinto-*

---

36. Así desmonta Juan Ramón el concepto tradicional de clase, que los términos *aristocracia* y *pueblo* tienen habitualmente: «La burguesía está siempre más lejos del pueblo que la aristocracia convencional, por la sencilla razón de que está relativamente más cerca y no quiere, la tonta, reconocerlo. Como la aristocracia convencional no anda muy segura nunca de ser de veras aristocracia y detesta la burguesía [...] suele refrescarse (y en todos los sentidos) en lo plebeyo, que es para ella lo popular, como una concesión y una gracia. La aristocracia convencional, insisto, no suele ser aristocracia, la burguesía no suele resignarse a ser burguesa, el pueblo es fatalmente popular siempre y siempre está seguro de su fuerza» (*CI*, 109 y ss); véase también *TG*, 80.

37. Véase el siguiente texto de «Puntos», «Sala de Zenobia y Juan Ramón», signatura J-1/143 (1)/79: «¿Por qué tanto el niño en tu poesía?, me dijo. Le dije: Porque el niño es antes y en jermen todo lo que quiere ser, más que el hombre, el poeta: instinto, voluntad, secreto, verdad, fantasía, soledad, capricho, libertad, presente».

conciencia, se establecen: *intuición = desnudez = pueblo = naturaleza = eternidad / cultura = historia*... Me detendré ahora en señalar aquellos factores que hacen de lo popular un valor estético. [38]

Lo popular, desde un punto de vista estético, aporta a la creación poética varios elementos de interés. A través de lo popular, el poeta da cabida a ciertos contenidos irracionalistas. De ello es consciente Juan Ramón; pero, limitándonos a lo que explícitamente aparece en el texto citado, son otros los valores y funciones que ahora el poeta reconoce en lo popular. El pueblo, de una parte, es el depositario de las esencias eternas que el arte, para cumplir con la función que le corresponde, debe desarrollar [39]. Cualquier forma de arte que deja a un lado lo popular pierde su centro de gravedad y se «limita» al enfoque de lo accidental y circunstancial, cuando su misión está en lo esencial y eterno. De otra parte, al identificar pueblo y naturaleza, la verdadera poesía precisa acudir a lo popular, donde encontrará ya elaborados y libres de toda deformación culturalista «los símbolos, las señales que luego hemos de interpretar en la vida social completa» (*AO*, 155). La naturaleza es fuente primigenia de símbolos valiosos para el progreso espiritual del hombre, y el pueblo es exacto y autorizado lector de dichos símbolos y claves. Viene lo popular, de esta forma, a integrarse con pleno derecho en el contexto simbolista de la estética juanramoniana. No reside la fuerza del simbolismo en la creación de símbolos cada vez más nuevos, sino en el desciframiento de los existentes en la naturaleza, y, en esto, el pueblo es la escuela del poeta, escuela en la que aprender consiste en olvidar imposiciones culturalistas forzadas, en «retirarse a la naturaleza».

Se opone Juan Ramón, desde estas coordenadas, al ruralismo, así como a otras diversas formas de incorporar lo popular a la obra de arte. Si en la sencillez espontánea de lo popular reside el origen de la poesía, el punto de llegada debe situarse en la sencillez cultivada. Su misión no es copiar lo popular, sino hacer germinar las eternas esencias de que el pueblo es depositario, ya que «no es justo que [el pueblo] quede en la fase de plebe [en...] que hoy está en buena parte del mundo». *Pueblo* es «lo que no es todavía verdadera *aristocracia*» (*TG*, 60-61), aunque la *aristocracia* —no lo duda Juan Ramón— es inevitable su meta:

> Claro que el fin del hombre es la suma aristocracia total: moral y física. No hay otra aristocracia. El hombre debe llegar a ser mejor y a lo mejor por un cultivo de sí mismo hasta llegar a *la mayor sencillez física y a su mayor riqueza espiritual e ideal* (*CP*, 205-206).

No edifica Juan Ramón su concepto de *aristocracia* [40] en matiz sectorial alguno, no lo utiliza para nombrar una supuesta élite intelectual. No es la aristocracia sino

---

38. José BERGAMÍN [*Lázaro, Don Juan y Segismundo* (Madrid: Taurus, 1959), 69 y ss.] hace un repaso interesante de los valores que, desde el romanticismo y a través de Novalis, Bécquer, Machado, el 98, Heidegger..., ha asumido en la literatura el concepto *pueblo*. Luis MARFANY (*Aspectes...*, op. cit., 159) estudia, en la figura de Joan Maragall, el significado que los modernistas confieren a este último término.

39. El pueblo salva de las creaciones originales todo aquello que las bibliotecas o museos no pueden conservar. Lo salva y lo convierte en esencia fecunda para la vida. Pero precisa siempre de nuevas creaciones individuales que introduzcan elementos de renovación y enriquecimiento. El pueblo, en sí mismo y por sí mismo, no se renueva (*CP*, 203). Véase, al respecto, ABRAMS, op. cit., 164.

40. «La aristocracia verdadera, en España y dondequiera que exista, tiene necesariamente carácter religioso, *sin sectarismo*, entiéndase eso, que *lo sectario no puede ser aristocrático*» (*TG*, 69).

pueblo cultivado, y cultivado no por imposición culturalista alguna. Su cultivo consiste en el «natural» desarrollo de su propio potencial:

> Somos aristócratas —dice Juan Ramón— por ascender o querer ascender a un ser que todos debemos estar creando, porque estamos aspirando a crear y creando nuestro yo superior, nuestro mejor descendiente (*TG*, 62).

Reproducen, pues, los términos *pueblo* y *aristocracia* —en un plano social— la idea de progreso y cultivo que —en un plano personal— veíamos antes entre *instinto* y *conciencia*. Sin embargo, se hace aquí más patente, si se quiere, la deuda de nuestro poeta con el pensamiento krausista. [41]

Todo el progreso de la humanidad debe tender a crear una *aristocracia de intemperie*. Esta, dice Juan Ramón, fue la «batalla pacífica» en la que él empeñó toda su vida y toda su obra. «El peligro está», sin embargo,

> en que la mal llamada masa, mal llamada plebe, más o menos pueblo, con un nombre u otro, y que es la mayoría en cada país, en vez de convertirse en una aristocracia lógica por un proceso ideal inteligente, se detenga, por un progreso excesivamente material aumentativo o disminutivo, en el purgatorio de la burguesía, la empantanada burguesía de los siglos últimos, que había remitido la vida a eso que se llama bienestar, bienestar individual (*AO*, 197).

En evitar este peligro reside para Juan Ramón, ya que «la aristocracia de espíritu ennoblece toda la pobreza material que toca» (*EEE*, 33), el valor principal de la poesía y de las «artes espirituales» todas. Será inherente e irrenunciable función de la poesía conseguir que el progresivo bienestar cotidiano vaya siempre acompañado de un progresivo enriquecimiento espiritual (*TG*, 118-119). No otro es el tema de la —por muchos motivos— bellísima conferencia titulada «Límite del progreso». El progreso auténtico puede verse amenazado o detenido «por un cese de ideales», y el evitarlo es tarea del arte. Este arranca de lo popular pero no copia sus «esencias», sino que las transforma y enriquece con aportes nuevos, logrando de este modo su continuo progreso y cultivo (*TG*, 60). En lo popular reside la verdad suficiente —como vimos en el texto antes citado (*CP*, 203)—, pero el pueblo la posee, muchas veces, «sin saberlo» y, por ello, le corresponde al arte hacer *consciente* dicha verdad. En el poeta auténtico —definido, ya desde Bécquer, por la fusión de lo aristocrático y lo popular—, según Juan Ramón,

> se unen —unión suma— *un cultivo profundo del ser interior* y un convencimiento profundo de la *sencillez natural* de vivir: Idealidad [que es aportación del poeta individual] y economía [que es fundamento de lo popular] (*TG*, 60).

El carácter aristocrático del arte se cifra, pues, en una elevación del germen espiritual inmanente en lo popular; nunca en una mayor complicación «estética, cultural o retórica» (*AO*, 142). Representa una sencillez final idéntica a la sencillez inicial de la que arranca, de modo que la *aristocracia* de hoy pueda ser el *pueblo* del que partir mañana: principio y fin, como pedía Juan Ramón.

---

41. Véase, de Angel GONZÁLEZ, *Juan Ramón Jiménez. Estudio* (Madrid: Júcar, 1973), 132 y ss.

LA POESIA DESNUDA

La «desnudez», como ideal poético juanramoniano, aparece planteada en el muy conocido poema de *Eternidades*:

> ....
> Y se quitó la túnica,
> y apareció *desnuda* toda...
> ¡Oh pasión de mi vida, *poesía*
> *desnuda*, mía para siempre!
>
> (*LP*, 555).

El término *poesía desnuda*, con todo, no se acuña en este poema. Recordemos que aparecía ya, expresamente, en el poema de *Estío* que cité con antelación y puede rastrearse en etapas muy anteriores de su poesía. De *Arte menor* (1909) es el siguiente texto:

> Ver, entrever de nuevo
> lo que he visto *desnudo*
> ya, velado;
> el cielo en un museo,
> el mar en un estaño,
> el campo en un soneto puro
> y clásico;
> ¡tener, como un azor,
> volando,
> el amor que ya tengo, aquí
> en mi mano!
>
> (*LIP, 1,* 163).

No es preciso buscar más textos, ni remontarnos a etapas precedentes [42], para entender que el poeta no utiliza el concepto *desnudez* con vistas a definir una forma peculiar de poesía. No me parece correcto pretender, por tanto, como se ha hecho, agrupar bajo tal epígrafe la producción juanramoniana de una etapa bien precisa. La *desnudez*, desde los *Libros inéditos* de Moguer, cuando menos, es

---

42. La exigencia de *desnudez* está presente ya en el «Credo Poético», que UNAMUNO pone al frente de sus *Poesías (1907)* (Barcelona: Lábor, 1975), 59: «No te cuides en exceso del ropaje, / de escultor, no de sastre, es tu tarea, / no te olvides de que nunca más hermosa / que *desnuda* está la idea».

una exigencia que Juan Ramón impone a su poesía y que guarda estrecho parentesco significativo con otras, tales como *sencillez* o *espontaneidad*. Dicha exigencia permanecerá constante a lo largo de toda la producción juanramoniana, y es por ello por lo que difícilmente puede adoptarse este término para denominar una sola de las etapas de su producción. El ideal de *desnudez*, así como —más tarde— el anhelo de *totalidad*, no contradice en nada los presupuestos de lo que Juan Ramón entiende por *poesía pura*. Son cohipónimos. Cada uno de los dos términos citados dirige el centro de nuestra atención hacia matices distintos y concretos, encuadrables perfectamente en el concepto —más amplio— de *poesía pura*.

Hechas estas precisiones, pasaré a analizar lo que Juan Ramón entiende exactamente por *poesía desnuda*. Aunque no han faltado los críticos que han querido relacionar este concepto juanramoniano con otros tales como «deshumanización» o «desarraigo de la realidad», por lo general el tema ha sido —aunque parcialmente enfocado, como veremos más adelante— bien entendido. *Poesía desnuda* es aquella que renuncia a los excesos ornamentales, al lujo formal, al abuso en el empleo de los aspectos sensoriales del lenguaje, e incluso al propio verso. Desde esta perspectiva, la «desnudez» se identifica con la sencillez expresiva. Así es, efectivamente, y así lo han visto todos aquellos que han prestado alguna atención al poema quinto de *Eternidades*. La teoría juanramoniana de la «desnudez» no se agota, sin embargo, en este poema, como ya he anunciado anteriormente. Citaré ahora otro texto —éste, de 1933— que nos permitirá ver cómo dicho concepto significa algo más que una exigencia de sencillez expresiva:

> Cuando hay mucho adorno, el cuerpo es prestijio; cuando el cuerpo está desnudo, el prestijio hay que buscarlo más adentro [...]. La obligación gustosa es *encarnar*, no «vestir», este espíritu. [43]

Ha sido Ricardo Gullón el único, quizá, que ha sabido ver cómo la *poesía desnuda* es una fórmula que actúa tanto sobre la sustancia del contenido, como sobre la sustancia de la expresión. El muy ilustre crítico apunta la idea en los siguientes términos:

> La desnudez [...] es la reintegración a lo más suyo y la supresión de lo que, según las convenciones del momento, resultaba «poético». [44]

Según este juicio, se trata de eliminar —tanto en forma como en contenido— todo aquello que el poeta —independiente de cualquier poética convencional— consideraba no funcional para la *expresión* exacta de la esencia poética. Es en esta línea, apenas explorada, en la que, en mi opinión, debe insistirse más. Poesía *desnuda* es la poesía independiente de toda normativa retórica. De forma espléndida nos confirma la idea el siguiente texto del poeta:

> En cuanto al ideal estético, tenemos el mismo progreso, y por tanto la misma crisis [...]. No nos bastan ya los convencionalismos tradicionales del arte [...], y como los ideales hemos de separarlos necesariamente de los dogmas establecidos, respetando sólo los indestructibles [...]: un retorno a la inocencia, después de muchos intentos vanos de sabiduría.

43. Aforismo recogido en *Hoja literaria* (junio-julio de 1933).
44. «Vivir en poesía», *art. cit.*, 22.

Muchos artistas contemporáneos, poetas, músicos, pintores, etc., vuelven a lo primitivo o lo infantil para librarse de ese horrible fardo inútil que la crítica ha echado encima de la belleza..., [vuelta que] en este caso es a nuestra propia inmanencia inefable. Repetiré siempre que lo inefable existe y su espresión está no en definiciones que serían imposibles [...], sino en el milagro intuitivo, siempre posible; en un balbuceo consciente de su sencillez [...] (*AO*, 232).

Encarado desde esta perspectiva, vemos que el tema de la *desnudez* poética tiene un alcance mayor que el habitualmente admitido. No habla Juan Ramón sólo de *desnudez* expresiva. Habla, sobre todo, de *desnudez* en la intuición misma. Se trata, sobre todo, de que «lo que he visto desnudo ya» no se complique y falsifique luego en la expresión. Es decir, que la exigencia de desnudez expresiva es consecuencia de otra exigencia primera y más profunda. Es la misma «realidad contemplada» en la experiencia poética la que ha de ser *desnuda*, esto es, libre del velo de interpretaciones que el hombre ha ido dándole a lo largo de la historia; libre de las convenciones, no sólo retóricas, sino históricas, ideológicas y culturales [45]. El objetivo es ver el mundo con ojos nuevos, y todo el *Diario*, por no insistir más en el tema, está elaborado sobre este eje de pensamiento. [46]

Hay un aspecto, todavía, que me parece interesante tratar, antes de terminar con este tema. Exige Juan Ramón *desnudez* a la poesía, pero no a la literatura. Esta diferenciación resulta lógica, si recordamos que una y otra son formas distintas de conocimiento de la realidad [47]. En la literatura, la razón tiene un papel activo, como forma de *manipulación absoluta de lo real*. En la poesía, por el contrario, tiene un papel pasivo. Son ahora las propias realidades espirituales, dotadas de capacidad expresiva, las que se *muestran y revelan* en ese instante, en que «los ojos no ven lo esterior, sino que se ensimisman». Y, puesto que «la conciencia no obra en tal estado de éstasis dinámico total», las realidades que se revelan están «desnudas» de toda manipulación cultural. Necesitan de las palabras para «encarnarse», pero, como son realidades espirituales [48] —recordemos el texto citado más arriba—, rechazan todo ornato y buscan, tan sólo, el lenguaje *sencillo, elemental, intuitivo*, que las haga *transparentes* (*TG*, 37). Se logra, de esta forma, ya que «lo que cambia no es más que lo accidental», dotar a la poesía, frente a la temporalidad histórica de la literatura, de eternidad, y sustraerla a los cambios de la moda. Lo que cambia es la historia, las ideologías, la cultura, pero no el espíritu, y la poesía, como «encarnación» de lo espiritual, «es eterna, no empieza ni acaba nunca» (*CI*, 219). Por eso,

para que el arte no sea nunca «pasado», bastará tenerlo *desnudo*. [49]
La poesía no admite moda, porque «es» desnuda (*EEE*, 322).

45.   La solución, no obstante, no está en evitar la cultura, sino en superarla y, sobre todo, en no dejar que ésta ahogue los impulsos vitales. Por eso puede decir Juan Ramón que «no es lo mismo tener *ante* que *poshastío* de la cultura» [«Diario vital...», *España*, 408 (1924), 6-8].
46.   A esta luz, en mi opinión, deben leerse «Cielo» (*LP*, 250), «Sky» (*LP*, 289), y «New Sky» (*LP*, 309), del *Diario de un poeta recién casado*.
47.   Ello es lo que afirma toda la poesía moderna desde Víctor Hugo y Gérard de Nerval. Véase, de Víctor GARCÍA DE LA CONCHA, *Los senderos poéticos de Ramón Pérez de Ayala*, op. cit., 298 y ss.
48.   Se percibe esto claramente en los siguientes textos: «A veces, siento vergüenza de ciertas poesías mías, como una mujer rescatada de sus íntimas desnudeces» (*LPr*, 734). O este otro: «Si anduviéramos siempre desnudos, quizás, por desnudarnos más, nos viéramos desnuda el alma y nos enamoráramos tal vez de ella. Entonces sería un recato al desnudo corporal, un vestido, y lo desnudo más sensual, el alma» [«Ideolojía lírica», *LT*, II, 5 (1954), 5-6].
49.   «Complemento estético», *El Sol* (26 de marzo de 1935).

EL ANHELO DE TOTALIDAD

Las mismas consideraciones hechas al comienzo del apartado anterior valen para éste. Tampoco el concepto *poesía total* puede servir para etiquetar una etapa de la obra de Juan Ramón, siendo, por el contrario, una exigencia que, de una u otra forma, está presente en todas las fases de su producción. Así, aún cuando el término explicitado no sea *totalidad*, esta exigencia podemos encontrarla ya en la *Segunda antolojía*: *Perfecto* no es *retórico*, sino *completo* (*SAP*, 263). El término *completo* ahora, como más tarde el término *total*, hace referencia a una cualidad que debe poseer la poesía para ser «perfecta». Ahora bien, nos damos cuenta en seguida, por la cita de la *Segunda antolojía*, de que lo *completo* y lo *total* se refieren a «otra perfección» distinta a la retórica. De lo que Juan Ramón habla es de perfección entitativa y su anhelo de *totalidad*, desde esta perspectiva, queda perfectamente asumido dentro del ideal de pureza que ya hemos estudiado. «Poeta puro, pero total», escribe ya Juan Ramón en sus *Cuadernos*. Desde aquí, sin embargo, hay que señalar que son también varios los niveles de significación que encontramos detrás de la exigencia de *totalidad*. En su primer nivel, poesía *total* será aquella que no se autolimita temáticamente. Es decir, que concede igual virtualidad poética a todos los contenidos. Tiene el término, con todo, valores más profundos, como podremos comprobar a continuación.

Volvamos a una de las definiciones de poesía comentadas en el primer capítulo de esta segunda parte. Veíamos allí que *poesía*, para Juan Ramón, era «un *venir-a-ser yo* en una *nueva visión del mundo*. Si el término *poesía desnuda* especificaba cómo había de ser el tipo de intuición que está en la base de la experiencia poética, el ansia de *totalidad* hace referencia a la forma de *conciencia* que de dicha experiencia debe seguirse. Partiendo de la citada definición, veíamos que Juan Ramón concebía la poesía como medio para la *realización de un «yo»* y, a la vez, como forma de *ampliar y enriquecer el conocimiento del mundo* que rodea a ese «yo». Esta poesía cumplirá con la exigencia de *totalidad*, cuando no ponga límites a ambas funciones. Así, el anhelo de la *totalidad*, en paralelo al «ansia de eternidad» que Sánchez Barbudo ha estudiado como tema central de la segunda época juanramoniana, no es sino la consecuencia estética de lo que en un capítulo anterior estudié como «enfermedad del infinito y enfermedad de lo desconocido». La creación poética cumple, entonces, con la función de crear una *ficción de totalidad*, sirviendo de instrumento para salvar las limitaciones de espacio y tiempo que restringen la existencia del poeta. Entendido esto, no es preciso insistir en cómo la poesía resulta ser una ampliación entitativa y existencial —total realización— del *yo* del poeta. [50]

Pero la poesía es también una ampliación ontológica de la realidad. Aurora de Albornoz [51] dice que *poeta total* es «aquel que no se limita a interpretar un aspecto de la realidad». Efectivamente, así es. Pero Aurora de Albornoz, a continuación, añade: «Lo total significa, en el lenguaje del poeta, lo que más o menos significa para el común de los hablantes: *general, universal*». Es costumbre habitual en nuestro poeta tomar del lenguaje común los distintos términos que utiliza en su poética. Prefiere siempre hacer esto a utilizar tecnicismos procedentes del campo de la crítica. Ello no le impide, sin embargo, matizar los términos elegidos, hasta hacer de ellos expresión exacta de sus ideas poéticas; es decir, hasta convertirlos en tecnicismos de uso particular. Y esto también ocurre con el concepto de *totalidad*, el cual hay que referirlo, necesariamente, a la dualista definición de poesía que líneas más arriba he citado. Si, de una parte, hemos dicho que el anhelo de *totalidad* hemos de ponerlo en relación con la plena realización de un yo, de otra hay que estudiarlo desde el interés del poeta por lograr un conocimiento totalizador del universo; desde su no querer «limitarse a interpretar un solo aspecto de la realidad»; desde la definición juanramoniana de lo poético como «una íntima, profunda (honda y alta) fusión en nosotros, y gracias a nuestra contemplación y creación, de *lo real que creemos conocer, y lo trascendental que creemos desconocer*» (*TG*, 37). Otro texto perfila con claridad lo que para nuestro poeta significa la *totalidad* en poesía:

> El objeto, el fin del arte, de las artes poéticas [...], es escribir, pintar, cantar el universo «uno», visible e invisible. Su único sujeto [...].
> El arte será «más completo» cuando reúna más las posibilidades de todas las artes, que no es isla el arte, sino continente. Y no son las artes sino modos, partes, lados de *expresión de lo mismo*, ese «lo mismo» absoluto que es la verdad más profunda y más alta del artista, del poeta. [52]

Cómo quedó apuntado ya, el concepto de realidad que elabora Juan Ramón no supone la negación de las cosas sensibles, sino que, por el contrario, significa su inclusión en un *Todo*, orgánicamente conexo y articulado, que integra —en unidad reconciliadora— lo visible y lo invisible. Es más, para Juan Ramón, las cosas de la realidad visible —los entes— son revelaciones parciales del *ser* y, aunque el conocimiento racional carece de medios adecuados para dar el salto de los *entes* al *ser*, el conocimiento poético está perfectamente dotado para ello. En consecuencia, una función de la poesía —y no la de menor importancia— consistirá en reconstruir el *ser* y a partir de los entes, que son signos y señales de

---

50. Al considerar la poesía como expresión y realización del *yo* íntimo y profundo del poeta, se opone Juan Ramón, en plano, a la doctrina tradicional, que considera el lenguaje literario y poético como *ornato*, dirigido a producir un determinado placer estético. No precisa Juan Ramón, por tanto, que la poesía se aleje del lenguaje ordinario. Lo esencial es que el lenguaje poético sea expresión espontánea y genuina, no artificiosa y simulada, del estado del poeta. Se huye de todo lenguaje cerrado.
51. En su «Introducción» a la *Nueva antolojía*, op. cit., 66.
52. «Con la inmensa minoría», *El Sol* (17 de noviembre de 1935).

aquél. Todas las cosas del entorno del hombre alcanzan su sentido «total» cuando, a través del lenguaje del poeta, se convierten en signos y revelación de lo absoluto. [53]

Reconstruyendo el «universo uno», cumple la poesía con el anhelo de totalidad que Juan Ramón exige. Crea una nueva realidad, en la que la *ficción de totalidad* se logra definitivamente, mediante la fusión de lo visible y lo invisible, de lo conocido y lo desconocido. En la búsqueda de la *totalidad* que reduzca a uno solo los dos planos ontológicos de lo real, toda la historia de la poesía de Juan Ramón representa un intento de nombrar y, por tanto, de llenar el vacío semántico de aquella zona que se halla, en lo desconocido, más allá de los límites de la razón humana. *Belleza, espíritu, conciencia* y, finalmente, *Dios* son los nombres que marcan las etapas sucesivas de su creación. Un progresivo enriquecimiento semántico y vivencial, de esta forma, viene a sustituir el anterior vacío cognoscitivo. Hay que tener en cuenta, con todo, que, para llenar dicho vacío y para satisfacer la aspiración a lo absoluto del poeta, toda forma de pensamiento racional y todo lenguaje concebido como discurso lógico resultaban insuficientes. Debe el poeta, en consecuencia, sustituir la conciencia racional por otra «poética», crear una forma nueva de lenguaje y, finalmente, servirse, ordenándolos e interpretándolos, de los contenidos de los *sueños, éxtasis* —entendidos, dentro del simbolismo, como capacidad de captar la totalidad de un objeto o fenómeno, antes que la secuencia y relación de las partes que lo componen haya podido ser comprendida [54]— de la *memoria* y de la *intuición*.

---

53. Hugo FRIEDRICH (*La estructura de la lírica moderna*, op. cit., 165 y ss.) documenta esta misma dirección en toda la poesía postsimbolista. El lenguaje de la poesía confiere al objeto aquella ausencia material que, en cuanto categoría, lo equipara al absoluto.

54. Véase, de Anna BALAKIAN, *El movimiento simbolista*, op. cit., 34-35.

SOLEDAD, SILENCIO, EXTASIS

La secuencia que estos tres términos establecen sintetiza —enmarcando las condiciones necesarias para que la experiencia poética se produzca— la ascética-mística sobre la que se levantan importantes presupuestos estéticos juanramonianos. Soledad y silencio adquieren relieve estético, examinados desde el «éxtasis dinámico» en que se genera el poema. Empezaré, por tanto, comentando este último término.

La presencia del mismo en la estética juanramoniana es necesaria y se explica perfectamente, por la identificación que nuestro autor establece entre experiencia poética y experiencia mística. Partiré de los textos en que esta identidad se hace explícita. Dice uno de sus aforismos:

> España, país realista. Casi toda su producción literaria, artística, es realista [...]. Los místicos, escepción única, [...] porque su espiritualidad era relijiosa, *única salida espiritual tolerada en España*. Lo moderno es realista también. Cuando un poeta pretende subir a otro plano [...] no le ven, no lo miran (*EEE*, 34).

Y un fragmento, que tomo de «Poesía y literatura», completa así la idea:

> Por eso la mejor lírica española ha sido y es fatalmente mística, con Dios o sin él, *ya que el poeta*, vuelvo a decirlo de otro modo, *es un místico sin dios necesario* (*TG*, 41).

Destacaré las dos ideas centrales, en mi opinión, de estos textos: primera, la poesía es mística sin dios necesario; y segunda, por serlo, precisamente, se opone a toda concepción del arte limitadamente realista. La poesía nace —escribe Juan Ramón en otro lugar— como respuesta compensatoria que satisfaga al hombre de todo aquello «que no se puede tener de lo humano, que es tan interior como esterior; esto es, que la poesía no es sino aspiración constante de algo nuevo» (*TG*, 93). Por ello no es realista. Porque no se conforma con cantar lo conocido, dando cuerpo, como la mística, a las naturales —aunque irracionalistas— aspiraciones del hombre a lo desconocido. Dichas aspiraciones, en un determinado momento, dieron sus frutos en la poesía y literatura místicas, porque allí estaban encauzados en una vertiente religiosa «tolerada»; pero fueron reprimidas en otras posibles direcciones, lo que motivó la orientación exclusiva de la poesía no religiosa hacia lo conocido, hacia lo realista. Da pruebas Juan Ramón, una vez más, de su aguda intuición como lector, anticipándose, con las ideas que acabo de comentar, a un juicio que toda la crítica más reciente está dispuesta a asumir: hasta el nacimiento del simbolismo, tan sólo la literatura ascético-mística había servido de cauce para la expresión de las aspiraciones subconscientes e irracionales del hombre [55]. Cambia el panorama, sin embargo, a partir del simbolismo y la poesía encuentra, entonces, nuevos cauces —mejor o peor «tolerados»— para dar «salida» a lo espiritual. Pierde lo desconocido, de esta forma, su monovalencia y univocidad religiosa, y aparecen nuevas «estéticas del misterio» desde posiciones al margen de lo confesional.

Un temprano artículo de Ortega [56], titulado «El poeta del misterio» y referido a Maeterlinck, ofrece un diagnóstico bastante preciso del marco en que se mueve y nace la moderna poesía. Es consciente el poeta moderno de que «nos envuelve lo *desconocido*» y de que la palabra poética ha de ser palabra que le permita al *misterio* erguirse.

Según el propio Juan Ramón ahora, al misterio le corresponden dos planos de existencia —está dentro y fuera, a la vez, del poeta—, pero se manifiesta, tan sólo, de una forma: a través del éxtasis, que ahora no tiene significado religioso alguno, pero que reviste valores similares a los de la experiencia mística. Es el éxtasis poético comunicación y religión del *yo* con el *Todo* y, como el éxtasis místico, precisa del anegamiento de la conciencia y la voluntad. Las nociones de soledad, silencio y éxtasis poético proceden de un fondo romántico que, a través del misticismo tolstiano, nietzscheano y bergsoniano, extiende sus ramificaciones a la poesía del siglo xx. El *éxtasis*, en poesía, aparece definido también como un estado de gracia que se resiste a todo análisis.

La razón y la voluntad distraen su atención en el «amor a cada criatura separadamente y en sí», y ello impide el acceso a la unidad. El misterio se interpone entre los entes y el ser, y esa distancia no puede salvarse en un *acto de razón*, sino en un «*éstasis* que no mate lo vivo» (*EEE*, 38); esto es, en una *experiencia* que sustituya la meditación por la *contemplación y el goce*. Lo que de la contemplación y goce de lo desconocido logra transmitir la poesía no es la cifra del misterio, sino el estado de gracia y la experiencia del misterio. Así lo entiende Valle-Inclán en su *Lámpara maravillosa* [57] y así —como demuestra el siguiente texto— lo afirmaban Unamuno y Juan Ramón. Escribe este último:

> En la dedicatoria del ejemplar de sus *Poesías* que tuvo la bondad de enviarme, hace años, don Miguel de Unamuno, el maestro me dice: poeta, esto es, «*creador y contemplativo*».
> Eso creo que es el poeta y eso creo que soy yo (*EEE*, 32).

---

55. Víctor GARCÍA DE LA CONCHA (en «Anotaciones propedéuticas sobre la vanguardia...», *art. cit.*, 108 y ss.) hace una valoración y una síntesis exhaustiva de esta problemática.
56. *El Imparcial* (14 de marzo de 1904).
57. «Hay dos maneras de conocer... *Meditación y contemplación*: la *meditación* es aquel enlace de razonamientos por donde se llega a una verdad, y la *contemplación* es la misma verdad deducida, cuando se hace sustancia nuestra, olvidando el camino que enlaza razones a razones... *La contemplación* es una manera absoluta de conocer, una intuición amable, deleitosa y quieta por donde el alma goza la belleza del mundo, privada del discurso y en divina tiniebla: Es así como una exégesis mística de todo conocimiento, y la suprema manera de comunicación con el todo. Pero cuando nuestra voluntad se reparte para amar a cada criatura separadamente y en sí, jamás asciende de las verdades meditativas a la cima donde la visión es una suma». Tomo la cita de Víctor GARCÍA DE LA CONCHA, *Los senderos poéticos...*, op. cit., 299.

Y en otra parte precisa:

> *El gozo, la comprensión de la belleza por sí misma, en sí sola y en su espresión,* pueden ser tan profundos o más que los del pensamiento o el sentimiento. La *contemplación,* sí, más, el verdadero *éstasis* sereno.
> Y ese éstasis sereno es para mí la eternidad. Porque ¿qué otra cosa puede ser la eternidad si no es contemplación? [58]

Recupera el poeta en el momento del éxtasis poético la unidad —«El silencio es la unidad», dice Juan Ramón (*EEE,* 269)— con lo absoluto (espíritu y naturaleza), pues sólo en el silencio llega a percibir «la onda que trae de *improviso* a nuestra alma una estrofa cerrada, una frase perfecta», que es «una cláusula de este idioma íntimo y concreto que hablan los árboles con las nubes, las estrellas con los pájaros, las rosas con el corazón [...]». Sólo entonces, continúa diciendo Juan Ramón, «somos como testigos, como oyentes de nosotros mismos, y cuando más *solos* estamos, más intensamente nos comprendemos. La idea se densifica a fuerza de *silencio* y de éstasis [...]» (*C,* 69 y 71).

Como se desprende de lo que acabo de decir, soledad y silencio constituyen las vías, purgativa e iluminativa, que conducen al éxtasis poético. Son condiciones imprescindibles para que éste se produzca. Ya en temprana carta a Rubén Darío, propone Juan Ramón el aislamiento y la soledad «del sabio» como un ideal perfecto de vida (*C,* 41-42). Pertenece esta idea al mismo contexto simbolista del que arranca toda su estética: el poeta es un hombre de soledad frente al político, hombre de sociedad; y, si este último es responsable del progreso social y material, aquél debe velar por el progreso espiritual [59]. Además, el retraimiento juanramoniano, como bien vio Ricardo Gullón, lo guiaba y justificaba su «actitud [...] ante el mundo natural de compenetración y encanto, de identificación con las fuerzas y las gracias constitutivas de esa naturaleza, a quien el poeta se rinde y canta» [60]. No hemos de olvidar, con todo, que lo natural —como acabamos de ver— no es nada sin el cultivo y sin «un fondo de tesoros mentales». El poeta ha de prestarle su voz y su conciencia. Ha de imponer su espíritu a la naturaleza. Por eso escribe Juan Ramón:

> Tened siempre presente que a la soledad no se puede ir sino con bagaje suficiente en el alma para colmarla de sentido (*LPr,* 496).

También la estética juanramoniana del silencio tiene el mismo origen ideológico y la misma filiación. Basta recordar que en *Helios,* en la pluma de González Blan-

---

58. «Ideolojía lírica», *LT,* II, 5 (1954), 60-61. En este texto, Juan Ramón habla de «éstasis sereno»; en muchas otras ocasiones, sin embargo, hablará de «éstasis dinámico». Ambos adjetivos, según el fragmento que recojo a continuación, deben leerse como complementarios: «Pero el dinamismo —escribe el poeta— debe ser principalmente de espíritu, de la idea, debe ser éstasis dinámico moral: *dinámico* en cuanto a *sucesión; estático* en cuanto a *permanencia,* [...]. El espíritu ha fijado siempre lo superior, y la vida es bella/ y buena cuando lo superior queda fijo en movimiento permanente...» (*TG,* 136).

59. No es nunca la soledad, en Juan Ramón, aislamiento ni evasión de la realidad. Así lo afirman Luis Felipe VIVANCO (*Introducción a la poesía española...,* op. cit., 43), Ricardo GULLÓN [«Juan Ramón en su laberinto», *In,* 128-129 (julio-agosto de 1957), 3] y Ramón GÓMEZ DE LA SERNA [«La desesperación del poeta», en *El doctor inverosímil* (Madrid: Imp. Alrededor del Mundo, 1921), 178-192].

60. «Vivir en poesía», *art. cit.,* 18.

co [61], se desarrolla toda su «filosofía del silencio». No es difícil encontrar textos que confirman la adhesión de Juan Ramón a las pautas simbolistas de dicha filosofía. Así, cuando afirma que «en realidad el poeta, si escribe, es por debilidad cotidiana, que, en puridad, no debiera escribir. El que debe escribir es el literato» (*TG*, 37), se está haciendo eco Juan Ramón de uno de los postulados centrales del simbolismo: la palabra sólo puede expresar cosas limitadas, conocidas, y, en consecuencia, ya que la meta de la poesía está puesta en lo desconocido, el poeta debiera, en puridad, guardar silencio.

No es éste, sin embargo, el giro que da nuestro autor a sus reflexiones sobre el tema. Lo enfoca siempre, más bien, desde otra perspectiva: el silencio como preparación de la experiencia poética. La pauta de su pensamiento puede seguirse perfectamente a través de ciertos aforismos de *Pájaros perdidos*, de Tagore, que Zenobia tradujo en 1917:

> El hombre se entra en la multitud por ahogar el clamor de su propio silencio.
> Se quiere bullicioso el camino porque no se le ama.
> Pues que se prende entre el polvo de las palabras muertas, lava tu alma en el silencio. [62]

Trasvasó Juan Ramón la esencia de estos aforismos a su propio contexto literario y, entre las distintas serie de su producción aforística, nos encontramos con textos como el que sigue:

> Las criaturas, por miedo al trueno sordo del negro infinito silencioso, se llaman con ruido y se congregan. De vez en cuando, una criatura amiga de la soledad peligrosa, oasis del silencio sin fin, se pone de parte del misterio, contra las criaturas (*EEE*, 303).

Las palabras, el ruido del mundo, establecen una barrera entre el misterio y el hombre, y éste, por tanto, se ve privado de esa realidad invisible que puebla lo desconocido. Es el ruido «múltiple espina defensora de ¿qué eterna virjen rosa inmensa e invisible?» (*EEE*, 312). Suprimida esta barrera, sin embargo, se abre el camino a la experiencia directa con ese absoluto, cuya esencia auténtica —mucho más que la realidad visible— es el misterio. Busca el poeta, pues, el silencio, para satisfacer en sus aguas la sed espiritual que le mueve, y entregar lo que allí encuentre a los demás (*TG*, 38).

Como consecuencia importante de todo esto, hay que añadir que la palabra poética es, admitidos los presupuestos anteriores, una suma a este silencio; nunca una resta. Así lo afirma Juan Ramón:

> Cada poema mío es como el silencio necesario de mi necesaria conversión innecesaria de cada día (*EEE*, 372).

---

61. «Sobre la filosofía del silencio», *Helios*, I, 4 (julio de 1903), 426. Ya Carlyle había definido la poesía como la «acción simultánea de silencio y de palabra». Bremond, asimismo, afirmó en su día que «la poesía debería de ser silencio, y el poema ruido de palabras y música de silencio».
62. Rabindranath TAGORE, *Obra escogida* (Madrid: Aguilar, 1968), 1188 y ss.

FIGURACION Y LEYENDA

Hemos de entender también estos conceptos dentro de la poética del simbolismo. Desde ella, sabemos que el trabajo de la poesía consiste, esencialmente, en la construcción de una síntesis «habitable» y significativa del universo [63]. Se trata, en definitiva, de crear la raíz, en derivación de la cual encuentren significado las cosas del plano de «la realidad visible». Hemos dicho ya que la poesía pretende —con la intención de darles sentido— devolver a su unidad constitutiva todas las cosas que, por pertenecer al reino de la realidad visible, la razón percibe como separadas y distintas. A la razón, sin embargo, no le es posible dar el salto de la diversidad a la unidad. Entre realidad visible y realidad invisible media un abismo habitado por el misterio y lo desconocido, y es a la poesía, por los caminos ya señalados, a la que corresponde intentar el recorrido. Esta, para ello, lo primero que deberá hacer es llenar de contenidos el virtual espacio vacío que ocupa el misterio y lo hará, especialmente, sumando a lo histórico lo *legendario*, producto de sus *ensueños* y *figuraciones*.

Es posible entender ahora a Juan Ramón, cuando afirma que *Dios* es una creación poética, pues su «invención», por parte del hombre, sigue un proceso idéntico al de cualquier otra creación literaria. No es la divinidad sino un nombre inventado para comunicarse con lo absoluto, nombre al que, con los productos de sus ensueños y figuraciones, el hombre ha ido llenando de contenidos susceptibles de cubrir el vacío ocupado por lo desconocido, que él aspira conocer. Así expresa la idea el siguiente aforismo:

> Dios es como un hombre superior provisional que muchos hombres necesitan para que les realice todos los sueños que ellos no pueden realizar, como en un milagro. Y que va quedando cada vez en lo menos práctico, a medida que los hombres, menos inferiores cada vez, pueden realizar esos sueños (*EEE*, 219).

Desde el momento en que el hombre no se conforma con la «realidad visible», ni con la verdad de la *historia*, da carta de naturaleza y otorga valor, frente a

---

63. La poesía une lo preciso con lo impreciso (*Mod.*, 174 y 229); lo subjetivo con lo objetivo (*Mod.*, 178); lo humano con lo divino (*Mod.*, 258).

ambas, a la *leyenda*. Puesto que las «realidades invisibles» no son verificables, su «historia» es leyenda; su existencia no tiene valor de verdad. Sin embargo, afirma Juan Ramón:

> Conviene siempre fundir la leyenda con la historia. De otro modo la historia no existiría, pues todos venimos de una vieja leyenda *que empieza en la eternidad y va al infinito* (*TG*, 113).

Ya que el poeta, a distinción del historiador, se sitúa en la perspectiva de lo eterno, resulta que, desde allí, «la mentira es igualmente existente que la verdad» (*EEE*, 280). Escribe Juan Ramón:

> Soñemos lo que queramos, porque, pasados vivir y sueño, ¿qué más es una cosa que ha pasado que una cosa que se ha soñado? (*EEE*, 245).

La poesía tiene la misión de edificar esa «leyenda» que venga a ocupar el vacío semántico del misterio [64]. Es ésta una forma de luchar contra la nada [65] y el poeta la lleva a cabo por medio de sus *ensueños y figuraciones o imaginaciones*. Se salva de la angustia ante la nada, creando un mundo, donde las categorías de espacio y tiempo se han suspendido. Cuando menos, «la mentira vista con imajinación» es uno de los caminos posibles de la poesía; el otro —dice Juan Ramón— es «la realidad vista con sentimiento» (*EEE*, 279).

Con excesiva frecuencia no ha sido bien entendida, sin embargo, la función que estos elementos desempeñaban en la poesía de Juan Ramón. Se ha señalado, una y otra vez, la tendencia escapista que su utilización suponía y se ha destacado, también excesivas veces, el enfrentamiento tajante entre sueños y realidades [66] que su poesía llevaba a cabo. Es evidente, sin embargo, que quienes así lo han hecho no han sabido, o no han querido, llegar al fondo de la cuestión. Juan Ramón no enfrenta nunca la «leyenda» a la «historia», sino que aspira a la fusión de ambas en su poesía. Recordemos, por otra parte, el texto de *Estética y ética estética* citado anteriormente; podremos comprobar en él que la función otorgada por Juan Ramón a los «sueños» tiene escasa relación con la tendencia escapista que se ha querido ver en su obra. Los sueños nacen como compensaciones de cosas que, en ese momento, no son verdades realizadas. Pero su destino es llegar a realizarse un día, con lo cual la realidad se irá progresivamente ensanchando. «El sueño —dice Juan Ramón— es el preludio, el resorte de la acción» [67]. «Fantasear es realizar los sueños con voluntad» (*TG*, 194). Y en otra parte añade: «el sueño

---

64. Dice un texto inédito de Juan Ramón [«Sala de Zenobia y Juan Ramón», signatura J-1/134 (1)/58]: «¿Por qué ser demasiado histórico, si puedo ser un poco leyendesco? La leyenda es el hombre verdadero, el hombre perdido en los nombres». Cabe referir este pensamiento al contexto que INMAN FOX acota para un sector del 98 (*La crisis intelectual del 98*, op. cit., 203 y ss.): «Dios, el *Todo*, lo *Absoluto* son una leyenda metafísica creada por la imaginación del poeta para salvarse de la *Nada* a que la razón conduce al hombre. La razón mata; pero cuando ella dice *Nada*, la imaginación dice *Todo*. Cuando todos los valores han sido desmontados por la razón, la imaginación le permite al poeta crear la ficción de nuevos valores».

65. Es la imaginación también, como ya apuntaba en «Del género de poesía más propio de nuestro tiempo» Giner de los Ríos, una dinámica aspiración interior que sirve para configurar el principio armónico que haga la vida habitable. Véase, al respecto, de Richard A. CARDWELL, *Juan Ramón Jiménez: The Modernist...*, op. cit., 275, n. 30.

66. Guillermo DÍAZ-PLAJA, *Juan Ramón Jiménez en su poesía*, op. cit., 184.

67. «Ideolojía lírica», *LT*, II, 5 (1954), 56.

es como una vida mejor, cuyas rosas quisiera sembrar en mi realidad» (*LPr*, 766). Es el *sueño* un aprendizaje para la vida [68] y un estímulo que amplía las metas de nuestras realizaciones. Puede Juan Ramón decir por ello:

> El artista que sueña una verdad inasequible sabe todo lo bello y lo fuerte que puede ser lo que hemos dado en llamar mentira (*EEE*, 280).

He usado indistintamente, hasta este momento, los términos sueño o imaginación, ya que ambos tienen, en principio, el mismo objetivo: dar cuerpo a la *leyenda* de lo desconocido. Sin embargo, sus funciones están perfectamente diferenciadas en Juan Ramón. El sueño, o «el ensueño», «es una nostaljia de cosas adivinadas y distantes, que viven, sin embargo, *dentro de nuestro corazón*» (*LPr*, 244). Su labor consiste en configurar y dar forma a ese mundo desconocido y misterioso que habita dentro del hombre. El siguiente texto lo confirma una vez más:

> [...] En las imprecisiones de los grupos de ensueño está todo el tema de la vida, porque nosotros llevamos en la sombra de la frente todos los motivos, memoria de no sé qué jardines y estela de no sé qué cortejo de almas familiares (*LPr*, 906).

La imaginación [69], o la figuración —uno de los nombres del poeta es «Juanito Figuraciones»—, por el contrario, mira hacia afuera y su objetivo está en la *configuración y encarnación* del misterio externo que rodea al poeta [70]; en la fusión de «evidencia y secreto» (*CU*, 225). Las *figuraciones* «son leyendas de la vijilia; como las pesadillas... son historias del sueño». [71]

Destaca Juan Ramón, en la imaginación, el poder de esta facultad para ver en las cosas lo sustancial y originario, en una exaltada contemplación que no suprime lo externo, sino que potencia su esencia y sentido, al reconstruir las misteriosas ligaduras que lo atan con el *todo*. La imaginación no es nunca un modo de vivir al margen, sino un trabajado esfuerzo por ordenar las cosas de fuera de acuerdo con las representaciones interiores que el poeta tiene de la totalidad. De este modo, la realidad, sin dejar de serlo, se ve enriquecida por las íntimas interpretaciones que aquél le da. Lo que el poeta piensa, sueña e imagina, constituye una segunda naturaleza de las cosas. Su verdad no es verificable, pero sí objetiva. Es, si se quiere, una objetividad puramente intencional —en términos de Husserl—, cuyo fundamento ontológico reside en las profundidades de la conciencia constitutiva. La «leyenda», producto de operaciones subjetivas de conciencia, surgida espontáneamente, se objetiva, al ser asimilada a la vida y vinculada al espacio y tiempo de una cultura que la erige como realidad.

---

68. «Aunque tarde, he comprendido una cosa: el hombre no debiera nunca soñar, sino intentar realizar los elementos de sus sueños» (*LPr*, 762); «Parece más lójico vivir la llamada realidad, que el llamado ensueño. Pero, a la muerte, queda más verdad y más vida de los que han vivido este sueño, que de los que han perseguido esa realidad» [«Con la inmensa minoría», *El Sol* (noviembre de 1935)].
69. Sobre el concepto de *imaginación* en Unamuno, véase INMAN FOX, *La crisis intelectual del 98...*, op. cit., 196.
70. Posiblemente, entre ensueño y figuración, haya otra diferencia. Mientras que el *ensueño* da forma al misterio interior con restos del pasado (memoria), la *figuración* inventa y añade, orientándose hacia el futuro.
71. «Ideolojía lírica», *LT*, II, 5 (1954), 56.

CONCLUSIONES

La exhumación de un importante número de textos juanramonianos, inéditos y olvidados, me ha permitido, tras su análisis y ordenación, encarar el estudio de una de las facetas más desconocidas e infravaloradas en la producción de nuestro autor: la de su prosa crítica y de reflexión teórica. La luz proyectada por el estudio de dicha prosa ilumina —y es esto lo que he intentado probar en el cuerpo de mi trabajo— las siguientes conclusiones:

1. Las reflexiones de Juan Ramón sobre el hecho literario no constituyen, como podría suponerse a la vista de lo recogido en las distintas antologías existentes, unos materiales de segundo orden, ni son producto del desvarío de un poeta que, ocasionalmente, desciende a pensar sobre la poesía. Vertebran, por el contrario, todas las etapas de su obra; forman un «corpus» paralelo, necesario e imprescindible para su trabajo de creación; y, finalmente, dan lugar a un sistema teórico que, a pesar de su aparente heterogeneidad formal, se estructura con extraordinaria trabazón y coherencia ideológica.

2. Un examen diacrónico de esta producción —constituye la primera parte del trabajo— permite descubrir las líneas que configuran el pensamiento y la estética de nuestro autor, así como las distintas etapas que pautan el desarrollo y crecimiento de las mismas. La poética juanramoniana hunde sus raíces en el «humus» ideológico y estético del simbolismo francés, que forma el núcleo germinal de toda su obra. Tal constituyente básico padecerá después la influencia de otras corrientes ideológicas y literarias, se transformará y, en la pluma de Juan Ramón, se redefinirá hasta originar un pensamiento y una poética profundamente personales. Las pautas de transformación de este simbolismo originario se inscriben en tres marcos distintos: el krausismo hace que la metafísica del simbolismo francés se oriente en Juan Ramón hacia una dirección profundamente ética; la línea trazada por San Juan-Bécquer-Unamuno anuda el simbolismo juanramoniano a la más acendrada y viva tradición hispana y le da un carácter pleno y distintamente español; la poesía inglesa y norteamericana de nuestro tiempo le marcan las vías de modernidad.

3. Fundada en estas coordenadas generales, esta poética inicia un proceso de crecimiento, que puede seguirse a través de tres momentos capitales en la historia de la literatura española del siglo XX y que la categorización generalizada

conoce como *modernismo, generación del 14* y *generación del 27*. Se desarrolla y enriquece la teoría poética de Juan Ramón por la relación dialéctica que su obra establece con los presupuestos estéticos generales de cada uno de los momentos citados. Conserva, sin embargo, a través de cada uno de ellos, su peculiaridad e integridad originaria, constituyendo un *continuum*, a cuya luz, y por encima de las divisiones que las Historias de la Literatura han convenido, toda la poesía del primer cuarto del siglo xx descubre su esencial unidad estética.

4. Paralelamente a esto, nos es posible, desde las perspectivas que ofrecen las reflexiones teóricas juanramonianas, superar algunas aparentes contradicciones que, con el tiempo, se han hecho tópicas en el estudio de los distintos períodos recorridos por la obra de nuestro poeta. Así, el modernismo, a través de su obra, deja de ser un movimiento de evasión estética enfrentado al 98. El modernismo juanramoniano y el pensamiento de los noventayochistas coinciden en ver en la literatura un medio extraordinariamente dotado para la «espiritual regeneración de España», y es esto, precisamente, lo que determina que la poética de Juan Ramón sitúe el más alto valor de la creación literaria no en el «fondo», ni tampoco en la «forma», sino en lo que llama el «fondo de la forma»; esto es, en la espiritualidad que da vida a ambos planos. Ofrece la poética juanramoniana, asimismo, un «corpus» imprescindible para entender las raíces de la estética de la generación del 14 y el nacimiento de las primeras vanguardias hispanas. Es la obra de nuestro poeta, en este punto, cita obligada para entender el doble magisterio ejercido por Ortega, pues, si es cierto que los trabajos específicamente literarios del pensador —baste recordar su prólogo al *Pasajero* y «La deshumanización del arte»— enmarcan un espacio decisivo del recorrido de nuestra vanguardia, sus escritos más específicamente filosóficos —estudio, en concreto, los conceptos del vitalismo, objetivismo y perspectivismo— determinan el punto definitivo de inflexión de estéticas como las de Juan Ramón y Pérez de Ayala. Si, en una dirección, el pensamiento de Ortega se resuelve en nuevas técnicas literarias, crea, en otra, la terminología filosófica, que está en la base de la poética que Juan Ramón realiza a partir de este momento.

5. En relación con la generación del 27, ofrezco una lista de proyectos inéditos y desconocidos, que juzgo testimonio suficiente para confirmar, una vez más, el magisterio de nuestro autor sobre los jóvenes poetas. El estudio de la poética juanramoniana, de esos años generacionales, permite, sin embargo, poner de manifiesto el independiente discurrir de su pensamiento. Nunca podría éste dividirse según la pauta 'pureza-compromiso' que parecen seguir los poetas profesores. Conserva, frente a dicha división, una unidad e indivisibilidad que está fuera de toda duda. Mucho más cerca del concepto de *pureza* profesado por Bremond que del de Valéry, mantiene viva, en el tiempo de vigencia del 27, una corriente intimista que no encaja ni en las tendencias formalistas ni en las tendencias sociales que periodizan esta época. Enriquecido su simbolismo inicial con la carga teórica que le suministra Ortega, su pensamiento describe una trayectoria, cuya seguridad contrasta con los vaivenes sucesivos de la estética de los años 1925-1936.

6. Puede afirmarse que, a partir de 1923, la teoría poética juanramoniana está ya plenamente configurada. Es también, a partir de este momento, cuando su formulación es más abundante y continua. No aparecen en ella, sin embargo, nú-

cleos ideológicos nuevos que alteren sustancialmente las líneas generales descritas. Por eso, un enfoque diacrónico, como el empleado hasta aquí, resulta estéril. En la segunda parte de mi trabajo adopto, en consecuencia, un criterio distinto y estudio en bloque todo el «corpus» teórico de Juan Ramón posterior a las fechas referidas.

7. Examinada en su conjunto, comprobamos que la poética de Juan Ramón admite una triple vía de investigación, ya que pretende ser, al mismo tiempo, una *ética*, una *estética* y una *metafísica*. Pronto, sin embargo, todas las vías confluyen en una sola. Es preciso renunciar a un enfoque meramente estético, porque todo canon varía con la historia y, en consecuencia, toda regla que de dicho canon se derive tendrá una provisionalidad estética, a la que Juan Ramón renuncia de antemano servir. Comprobamos de inmediato también cómo, para él, la creación literaria no admite un juicio ético. Está más allá del bien y del mal, ya que su objetivo no se sitúa en la perfección moral, sino en la perfección entitativa de poeta y lector. Por todo ello, la poética de Juan Ramón se resuelve, en definitiva, en una *metafísica* de la creación literaria.

8. Desde una perspectiva metafísica, Juan Ramón concibe la poesía como *forma de conocimiento supradiscursivo* —primero del *yo* y luego de la *realidad* que rodea a este yo— y como *forma de realización ontológica*, a la vez también, del *yo* y de la *realidad* ambiente. Esta concepción de la poesía es desarrollo moral de un proceso que cabe resumir en los siguientes términos: Juan Ramón se engolfa en la creación poética en busca de algo que satisfaga sus «ansias de infinito» y sus «anhelos de alcanzar lo desconocido», algo que, después de la crisis religiosa (1896), no podía ofrecerle ya la religión tradicional. Constatamos así el arraigo existencial que, junto a la dimensión metafísica de su teoría, caracteriza su creación poética.

9. *Como forma de conocimiento*, la poesía aspira a reconstruir una visión *totalizadora* del universo que al hombre le ha tocado vivir. Suma lo desconocido a lo conocido y revela, de este modo, valores y significados nuevos de las cosas, con lo cual resulta ser, en definitiva, una ampliación existencial de la realidad; esto es, una forma de realización personal. De este núcleo de pensamiento surgen términos como *realidad májica*, *realidad visible* y *realidad invisible*, que tan gran operatividad llegan a poseer en la poética estudiada.

10. *Como forma de realización ontológica* de la realidad, proyecta la poesía sobre el vacío semántico que limita lo desconocido, la sustancia de los sueños del poeta, sus intuiciones, fantasías e imágenes, e impulsa a la ciencia a realizar, desde la vida, dichas sustancias.

11. Por último, concebida la poesía *como una actividad espiritual*, el concepto de *belleza* que Juan Ramón utiliza no depende de cualidad sensible alguna, ni está en relación con la adecuación de la escritura a ciertas normas externas. Es también un concepto metafísico. Es *bello* todo acto que presenta al espíritu manifestándose en formas sensibles. Podemos decir que la poesía es realización de la belleza, pero es preciso advertir que, en la poética de Juan Ramón, la poesía realiza la belleza no sólo en la escritura, sino en una variada gama de formas sensibles, acciones, gestos, etc. Es esto lo que le permite al poeta distinguir entre *poesía escrita* y *poesía no escrita*.

12.   El dualismo en que se genera toda su estética determina también la geminación terminológica de toda su poética. Sitúa nuestro autor su concepción de la poesía a mitad de camino entre la vida y el arte, y, en consecuencia, todas sus definiciones apuntan en esta doble dirección, intentando fundir en una sola fórmula *instinto* y *conciencia*, lo *romántico* y lo *clásico*, lo *popular* y lo *cultivado*, *ensoñación* y *realidad racional*. Especial atención en esta suma concede a los términos *poesía* y *literatura*, cuyas diferencias, sucintamente resumidas, se establecen en los siguientes puntos: a) la poesía se orienta hacia lo desconocido, mientras que la literatura acota el mundo de lo *conocido*; b) la poesía, frente a la literatura, concede el valor que le corresponde a la *dimensión irracionalista* del hombre; c) la literatura es *arte de copia*, cuando la posía es *creación*; d) la poesía es *esencia*, reduciéndose la literatura a pura *forma*; y e) siendo la literatura arte de *espacio y tiempo limitados*, la poesía lo es de eternidad.

13.   A la luz de cuanto precede, vemos cómo los conceptos de *poesía desnuda* y *poesía total* hacen referencia a un anhelo de *desnudez* y de *totalidad* más metafísico que expresivo.

LISTA DE ABREVIATURAS UTILIZADAS

AL	=	*Anuario de letras*. México.
ALM	=	*Anuario de letras de México*.
AO	=	*Archivum*. Oviedo.
Asom	=	*Asomante*. San Juan de Puerto Rico.
At.	=	*Atenea*. Concepción.
BH	=	*Bulletin Hispanique*. Burdeos.
BRAE	=	*Boletín de la Real Academia Española*.
BSS	=	*Bulletin of Spanish Studies*. Liverpool.
CA	=	*Cuadernos americanos*. México.
Car	=	*Caracola*. Málaga.
CHA	=	*Cuadernos hispanoamericanos*. Madrid.
CL	=	*Comparative literature*. Oregon.
Clav	=	*Clavileño*. Madrid.
Elit	=	*Estafeta literaria*. Madrid.
Fin	=	*Finisterre*. Madrid.
HR	=	*Hispanic Review*. Filadelfia.
Hisp	=	*Hispania*. Madrid.
In	=	*Insula*. Madrid.
L	=	*La lectura*. Madrid.
LT	=	*La Torre*. San Juan de Puerto Rico.
MLN	=	*Modern Languaje Notes*. Baltimore.
NE	=	*Nueva Estafeta*. Madrid.
Nos	=	*Nosotros*. Buenos Aires.
NRFH	=	*Nueva Revista de Filología Hispánica*. México.
PE	=	*Punta Europa*. Madrid.
Pesp	=	*Poesía Española*. Madrid.
PSA	=	*Papeles de Son Armadans*. Madrid. Palma de Mallorca.
QIA	=	*Quaderni Ibero-americani*. Torino.
REHA	=	*Revista de Estudios Hispánicos*. Alabama.
RJ	=	*Romanisches Jahrburch*.
RFE	=	*Revista de Filología Española*. Madrid.
RHM	=	*Revista Hispánica Moderna*. New York.
RIA	=	*Revista iberoamericana*. México.
Rlit	=	*Revista de literatura*. Madrid.
RNC	=	*Revista Nacional de Cultura*. Caracas.
ROcc	=	*Revista de Occidente*. Madrid.
R y F	=	*Razón y Fe*. Madrid.
UA	=	*Universidad de Antioquía*. Colombia.